Daniel Stelter

Deflationäre Depression

Konsequenzen für das Management

Daniel Stelter

Deflationäre Depression

Konsequenzen für das Management

DUV Springer Fachmedien Wiesbaden GmbH

CIP-Titelaufnahme der Deutschen Bibliothek

Stelter, Daniel:
Deflationäre Depression : Konsequenzen für das Management / Daniel Stelter.
(DUV : Wirtschaftswissenschaft)
Zugl.: St. Gallen, Diss., 1990
ISBN 978-3-8244-0065-2

Verlagsgruppe Bertelsmann International.

Ursprünglich erschienen bei Deutscher Universitäts-Verlag GmbH, Wiesbaden

ISBN 978-3-8244-0065-2 ISBN 978-3-322-96169-3 (eBook)
DOI 10.1007/978-3-322-96169-3

Meinen Eltern

VORWORT

Die vorliegende Arbeit war ein Wettlauf, ein Wettlauf mit der Zeit. Mit jedem neuen Crash, mit jedem neuen Finanzskandal, mit jedem neuen spektakulären Unternehmenskonkurs wuchs die Gefahr einer heftigen, deflationären Wirtschaftskrise. Und bekanntlich nutzen Szenarien und Verhaltensvorschläge wenig, wenn sie bereits vom tatsächlichen Wirtschaftsgeschehen überholt wurden. Nichtsdestotrotz sollte es gelungen sein, die Kernthesen überzeugend und einleuchtend darzulegen.

Doch damit dies gelingen konnte, war die Unterstützung von vielen Seiten nötig, wobei ich vor allem den nachstehend Genannten besonderen Dank schulde, so

- Herrn **Prof. Dr. F. Malik**, der die Ausarbeitung dieser Arbeit ermöglichte, für die tatkräftige Unterstützung und die Möglichkeit, gemeinsam mit ihm ein Buch mit ähnlicher Thematik zu verfassen, in das bereits eine Vielzahl von Ideen eingeflossen ist
- Herrn **Prof. Dr. W. Krieg** für die freundliche Übernahme des Korreferats
- meinen **Interviewpartnern**, die aus Vertraulichkeitsgründen leider ungenannt bleiben müssen, für die offene und geduldige Auskunftsbereitschaft
- Frau **Maria Riedhammer** für die tatkräftige Unterstützung bei den Korrekturarbeiten
- den **Mitarbeitern der Hochschulbibliothek** für ihre stets freundliche Hilfsbereitschaft
- all jenen, die bereit waren, mit mir über diese Thematik zu diskutieren, und dabei vor allem denjenigen, die auf das heftigste Kritik geübt haben. Sie trugen so massgeblich zum Gelingen der vorliegenden Arbeit bei
- meinen **Eltern**, die mir dieses interessante und auch vergnügliche Studium ermöglicht haben.

Daniel Stelter

INHALTSVERZEICHNIS

ABBILDUNGSVERZEICHNIS

ABBILDUNGEN IM ANHANG:

TABELLENVERZEICHNIS

TABELLEN IM ANHANG:

ABKÜRZUNGSVERZEICHNIS

Abb.	Abbildung
Bd.	Band
BIP	Bruttoinlandsprodukt
BIZ	Bank für Internationalen Zahlungsausgleich
BSP	Bruttosozialprodukt
EK	Eigenkapital
FDIC	Federal Deposit Insurance Corporation
Fed	Federal Reserve System
FIR	Financial interrelations ratio
FK	Fremdkapital
FN	Fussnote
FSLIC	Federal Savings and Loan Insurance Corporation
GDP	Gross Domestic Product
GNP	Gross National Product
HTL(s)	High Leveraged Transaction(s)
LBO(s)	Leveraged Buyout(s)
m.E.	meines Erachtens
NIF(s)	Note Issuance Facilities
NZZ	Neue Zürcher Zeitung
o.S.	ohne Seitenangabe
o.V.	ohne Verfasser
PIMS	Profit Impact of Market Strategies
ROI	Return on Investment
RUF(s)	Revolving Underwriting Facilities
S&L	Saving and Loan
SGE	Strategische Geschäftseinheit
Sp.	Spalte
SPI	Strategic Planning Institute
Tab.	Tabelle

"Es kommt keine Krise mehr in unserer Zeit."

John M. Keynes, Sommer 1928

"Bei der Art und Weise, in der sowohl Unternehmungen wie auch Haushaltungen sich während der zwanziger Jahre in Schulden gestürzt hatten, ist es klar, dass die aufgelaufene Belastung (...) ursächliche Bedeutung für das plötzliche Hinabstürzen in die Depression hatte."

Joseph A. Schumpeter, 1939

"In unserer unruhigen Zeit kommt ein Unternehmen nicht umhin, sich darüber Gedanken zu machen, was es im Falle einer Krise, einer Kreditklemme oder einer plötzlichen Deflation tun könnte und würde."

Peter F. Drucker, 1980

"Deflation is the more immediate threat to our economic and financial stability."

Henry Kaufmann, 1986

"If my theory's right, the bad times are going to strike fast and furious. That means that the next few years will witness some sort of a cisis or crash."

Lee Iacocca, 1988

"At the Federal Reserve, we are particulary concerned about the increasing share of restructuring loans made by banks. Massive failures of these loans could have broad ramifications."

Alan Greenspan, 1989

1 EINFÜHRUNG

1.1 Gegenstand der Arbeit

Gegenstand der vorliegenden Arbeit ist die Gefahr einer deflationären Depression und die sich daraus ergebenden Konsequenzen und Anforderungen an die Unternehmensführung.

Unter einer **Deflation** versteht man eine "(k)umulative Abwärtsbewegung der wirtschaftlichen Aktivität, die mit einem Verfall der Güter und Faktorpreise verknüpft ist."[1]

Mit dem Begriff der **Depression** werden wirtschaftliche Niedergangsperioden bezeichnet, in denen "(...) das Volkseinkommen in seiner Höhe absolut zurück(geht), während in der Rezession lediglich die Wachstumsrate des Volkseinkommens (...)"[2] sinkt.

Folgen der schweren Depressionen der Vergangenheit waren:

"1. Massenzusammenbrüche von Betrieben und damit verbunden hohe Arbeitslosigkeit,
2. augenfällige soziale Übelstände,
3. Zusammenbruch der internationalen Währungsordnung,
4. Autarkiepolitik sowie
5. verhängnisvolle Stärkung radikaler politischer Strömungen."[3]

Unter einer **deflationären Depression** wird in der vorliegenden Arbeit eine Kombination von Deflation und Depression verstanden, wie sie zum letzten Mal in der Weltwirtschaftskrise der 30er Jahre aufgetreten ist.

Die Begriffe "Krise"[4], "Wirtschaftskrise" und "Depression" werden in der Folge synonym verwendet.

---

1 o.V. (1983a) Sp. 995
2 o.V. (1983b) Sp. 1013
3 FN 2
4 siehe ausführlich zum Begriff der "Krise" Löhneysen (1982) 9ff. und die dort zitierte Literatur.

Basierend auf der Annahme, dass die Wiederholung einer solchen schweren weltwirtschaftlichen Erschütterung in naher Zukunft möglich ist, werden die betriebswirtschaftlichen Konsequenzen untersucht und die erforderlichen Massnahmen auf Unternehmensebene dargestellt.

1.2 Begründung und Zielsetzung der Arbeit

Im Oktober 1987 erlebten die führenden Weltbörsen, allen voran Wall Street, einen schweren Kurseinbruch. Erinnerungen an den Börsenkrach des Jahres 1929, der bekanntlich den Auftakt zur schwersten Wirtschaftskrise dieses Jahrhunderts gebildet hat, wurden wach.

Seither sind mehr als zwei Jahre vergangen, in denen - aus welchen Gründen auch immer - die befürchteten negativen Konsequenzen ausgeblieben sind. Doch darf schon Entwarnung gegeben werden? Oder zeigen die nervösen Finanzmärkte mit jedem neuen "Crash" doch tieferliegende Probleme und Gefahren auf, die durchaus auch die reale Wirtschaft beeinflussen könnten? Fragen, auf die auch die vorliegende Arbeit keine abschliessende Antwort geben kann und will. Denn die Ziele sind anders gesteckt.

Bereits wenige Monate nach dem Crash 1987 erschienen die ersten Publikationen, die sich mit den Auswirkungen auf die weitere konjunkturelle Entwicklung, den Erfordernissen der Wirtschaftspolitik und dem Verhalten der Privatanleger im Umfeld einer Wirtschaftskrise beschäftigten und konkrete Handlungsempfehlungen abgaben.[1] Doch erstaunlicherweise befassten sich nur wenige mit den **betriebswirtschaftlichen** Konsequenzen einer etwaigen Depression, wie sie in den 30er Jahren zum letzten Mal zu erleben war.[2]

---

1 so z.B. Batra (1988b), Erdman (1988), Welzk (1988)
2 für Ansätze siehe Batra (1988b) 75ff. und Silver (1988)

Vielleicht ging man überwiegend davon aus, dass die Verantwortungsträger in Unternehmen ausreichend auf eine solche Entwicklung vorbereitet sind und auch wissen, wie sie sich in einem solchen, völlig veränderten Umfeld zu verhalten hätten. Doch muss die Richtigkeit dieser Annahme ernsthaft in Frage gestellt werden. Zum einen **fehlt** den heute Verantwortlichen die praktische Erfahrung mit einer tiefgreifenden Wirtschaftskrise, zum anderen zeigt das tatsächliche Verhalten nach dem Börsenkrach, zumindest in den USA, dass eben kein ausreichendes Verständnis für Wesen und Ablauf einer derartigen Krise besteht. Gerade die Aktienrückkäufe, die im grossen Stil unmittelbar nach dem Kurssturz angekündigt wurden, mögen zwar rückblickend als berechtigt und erfolgreich erscheinen. Anders hätte es jedoch bei Eintritt einer Depression ausgesehen, die man trotz aller Beteuerungen von offizieller Seite keineswegs ausschliessen konnte.

Dieser Umstand des offensichtlich fehlenden betriebswirtschaftlichen Interesses war Auslöser, sich intensiver mit der Gefahr einer Wirtschaftskrise und den potentiellen Konsequenzen für die Unternehmensführung auseinanderzusetzen. Es sollte untersucht werden, was überhaupt eine solche Krise für die Unternehmung bedeute und vor allem, welche Massnahmen vor und in einer solchen Wirtschaftslage geeignet wären, das Überleben der Unternehmung zu sichern.

Basis der Arbeit bildet das Verständnis der Betriebswirtschaftslehre als einer anwendungsorientierten Wissenschaft.[1] Deshalb ist es das oberste Ziel der nachfolgenden Ausführungen, konkrete Handlungsempfehlungen abzugeben und ein Verständnis für das Szenario einer deflationären Depression zu wecken, um so die Fähigkeit zur Krisenbewältigung zu erhöhen, also einen Lösungsbeitrag für ein Problem der Praxis zu liefern.[2] Dabei ist es völlig unerheblich, dass ein Grossteil der Verantwortungsträger

1 siehe dazu ausführlich Ulrich (1981) 1ff.
2 Dabei werden sowohl inhaltliche Lösungen als auch ein Lösungsverfahren angestrebt; siehe dazu Ulrich (1981) 11.

die Notwendigkeit, sich mit derartigen Überlegungen auseinanderzusetzen, noch nicht erkannt hat. Sobald nämlich das Problem für die Allgemeinheit offensichtlich wird, ist es zu spät, vorbereitende Massnahmen zu ergreifen.

Im einzelnen werden folgende fünf Ziele angestrebt:

1. Aufzeigen jener Gefahrenmomente in der Weltwirtschaft, die Ursache für eine deflationäre Wirtschaftskrise sein können
2. Verdeutlichung, was überhaupt unter einer deflationären Depression zu verstehen ist
3. Darstellung dreier bedeutender "Krisentheorien", die allerdings von der traditionellen Nationalökonomie noch nicht anerkannt wurden. Ziel dieses Teils der Ausführungen ist es, dem Leser vor Augen zu führen, dass die herrschende volkswirtschaftliche Theorie nicht unumstritten ist und ein Verantwortungsträger sich folglich nicht auf die Nationalökonomie verlassen sollte, da dies unter Umständen die Existenz der betreffenden Unternehmung gefährdet.
4. Begründung der Notwendigkeit, sich bereits vorgängig mit einer solchen Wirtschaftslage auseinanderzusetzen und Vorbereitungen zu treffen
5. Ableitung von Handlungsempfehlungen für Verantwortungsträger in heutiger Zeit und im Fall einer Depression.

1.3 Forschungsmethodik und Überblick über die Arbeit

Um den gesetzten Zielen gerecht zu werden, erfolgt eine Aufteilung der Arbeit in zwei Teile (siehe Abb. 1).

Im ersten Teil (Kapitel 2-6) werden die Umfeldbedingungen und die darauf aufbauenden "Crashtheorien" dargelegt, um diejenigen Faktoren aufzuzeigen, die für die Möglichkeit einer deflationären Depression sprechen.

In Kapitel 2 erfolgt eine Darstellung des Phänomens der langen Wellen der Konjunktur, der verschiedenen Erklärungsansätze und der damit einhergehenden Erscheinungen sowie der Versuch einer Standortbestimmung im theoretischen Schema.

Die weltweit gestiegene Verschuldung und ihre Bedeutung für die weitere wirtschaftliche Entwicklung ist Gegenstand der Ausführungen im darauffolgenden Kapitel, wobei aus Platzgründen eine weitgehende Beschränkung auf die Lage in den USA erfolgt. Weitere Angaben zur Wirtschaftsentwicklung im vergangenen Jahrzehnt und vor allem dem Verschuldungszuwachs finden sich in Anhang 1.

Schliesslich werden in Kapitel 4 die Ansätze der bekanntesten "Depressions-Propheten" vorgestellt und diskutiert, bevor anschliessend die Möglichkeiten der Wirtschaftspolitik, eine solche Krise zu verhindern, angesprochen werden.

Abschluss dieses Teils der Ausführungen bildet eine knappe Zusammenfassung der gemachten Aussagen und ein denkbares Krisenszenario.

Basierend auf den dargelegten Umfeldfaktoren erfolgt im zweiten Teil der Arbeit die Ableitung von Handlungsempfehlungen für Verantwortungsträger in Unternehmen, zur Vorbereitung auf und zum Verhalten in einer deflationären Depression.

Dabei wird **forschungsmethodisch** wie folgt vorgegangen:

Nachdem es sich bei derartigen Wirtschaftskrisen um ein nur in grossen zeitlichen Abständen auftretendes Phänomen handelt, wird zu allererst auf die Erfahrungen der 30er Jahre in den USA eingegangen. Die damaligen Entwicklungen vermitteln ein Bild der Ausmasse einer potentiellen neuen Weltwirtschaftskrise und erlauben die Beurteilung der Krisenanfälligkeit einzelner Branchen und Märkte.

Eine weitere Quelle zur Gewinnung von Aussagen sind die vorhandenen betriebswirtschaftlichen Erkenntnisse, so bezüglich des betrieblichen Krisenmanagements und der Massnahmen im Finanzbereich, z.B. zur Liquiditätserhöhung oder Kostensenkung, die auf die hier gegebene Problemstellung Anwendung finden.

Zusätzlich fliessen Erfahrungen von Praktikern mit der Vorbereitung einer Unternehmung auf eine Deflation mit ein. Dabei erwies es sich als schwierig, Praktikererfahrungen zu erfassen, da sich zum einen vermutlich nur sehr wenige Unternehmen mit dieser Problematik auseinandergesetzt haben und zum anderen über derartige Planungen bei Unternehmen - aus verständlichen Gründen - grösste Geheimhaltung besteht. Deshalb wurden lediglich vier Gespräche anhand eines offenen Fragebogens geführt. Bei den Gesprächspartnern handelte es sich durchwegs um Vertreter der obersten Geschäftsführungsstufe, die persönlich an den Planungen beteiligt waren. Trotz der nur geringen Anzahl an Gesprächen geben diese wertvolle Hinweise auf Verhaltensweisen und Strategien, die im Zuge einer Depression denkbar wären (siehe dazu das Beispiel unter 14).

Dort, wo Theorie und Praxis keine Erkenntnisse zu liefern vermochten, wurden die Empfehlungen auf Plausibilitätsüberlegungen gestützt.

Die Erfahrung der grossen Depression erlaubt, verknüpft mit Praktikererfahrungen und bestehendem betriebswirtschaftlichen Wissen, die Abgabe von Handlungsempfehlungen, die sowohl eine Vorgehensweise zur Bestimmung erforderlicher unternehmerischer Massnahmen als auch konkrete Vorschläge für Einzelmassnahmen umfassen.

In den Kapiteln 7-13 werden sowohl das Vorgehen bei der Ableitung von Massnahmen als auch konkrete Vorschläge dargelegt. Dabei muss allerdings einschränkend festgehalten werden, dass im Rahmen dieser Arbeit letztlich nur Anregungen für mögliche Massnahmen gegeben werden können. In der Praxis werden sich je nach konkreter Situation andere Massnahmen aufdrängen oder als möglich erweisen.

<u>Abb. 1:</u> Überblick über die Arbeit und das forschungsmethodische Vorgehen

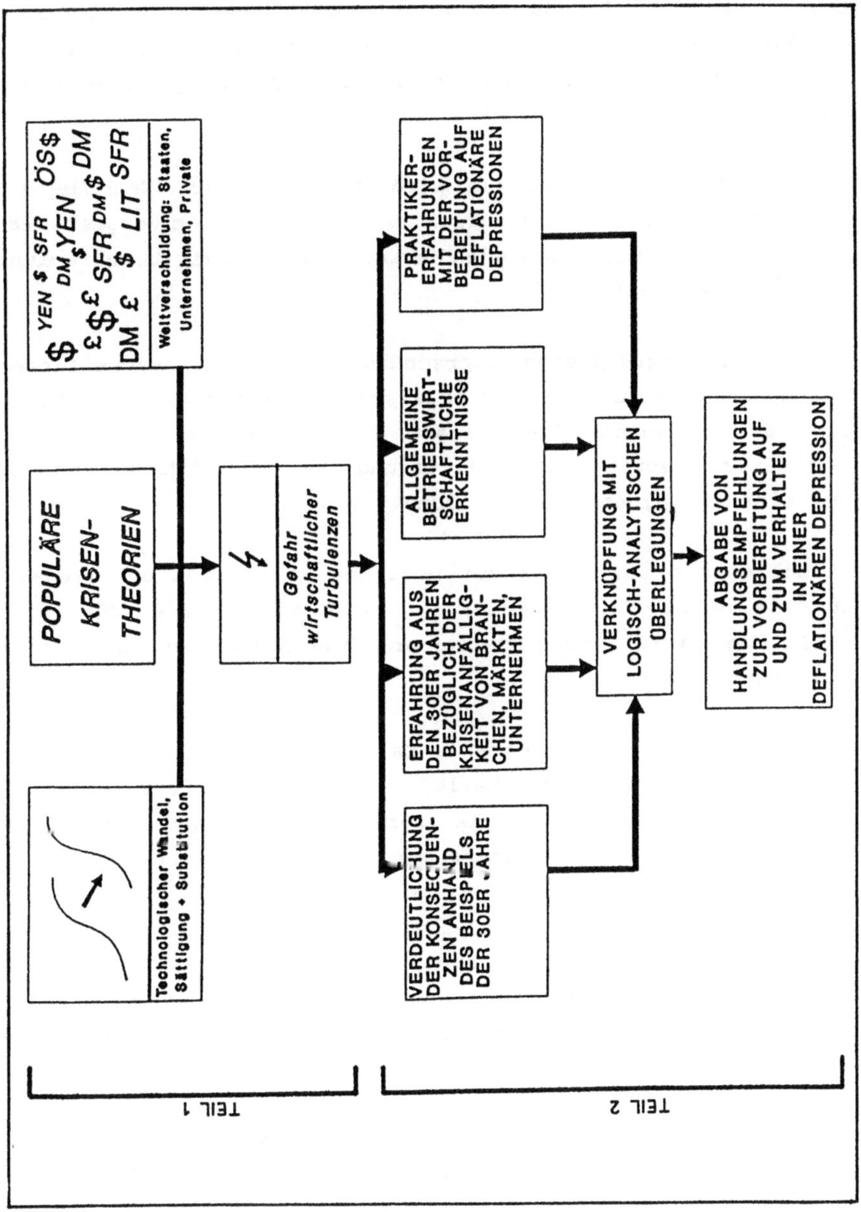

Gegenstand von Kapitel 7 bilden die Anforderungen an das betriebliche Krisenmanagement und die Begründung der Notwendigkeit vorbereitender Massnahmen, um für eine Depression ausreichend gerüstet zu sein. Auch die Organisation des Krisenmanagements und die Einsetzbarkeit von Frühwarnsystemen werden angesprochen.

Im darauffolgenden Kapitel wird eine denkbare Methode der Unternehmensanalyse im Hinblick auf eine Deflation vorgestellt, und die sich daraus ergebenden Massnahmen der Risikobeschränkung werden diskutiert.

In Kapitel 9 erfolgt eine Besprechung einzelner Bilanzpositionen und der Anforderungen an die betriebliche Finanzierungspolitik. Ziel der Massnahmen auf diesem Gebiet ist die Beschränkung von Risiken sowie die Verhinderung von Liquiditätsengpässen und einer etwaigen Überschuldung.

Anschliessend wird kurz auf mögliche Massnahmen der Kostensenkung und -flexibilisierung eingegangen, die für eine Deflation mit fallenden Preisen und Umsätzen von entscheidender Bedeutung wären.

In Kapitel 11 werden spezielle Massnahmen der Risikobeschränkung eingehender dargestellt, wobei neben Versicherungen auch andere Massnahmen wie Terminverkäufe und rechtliche Verselbständigung von Unternehmensteilen denkbar sind.

Nachdem jede Krise auch gleichzeitig Chancen bietet (siehe dazu auch unter 7), ist das anschliessende Kapitel der Chancenwahrung gewidmet. Beispielhaft wird eine Auswahl von Strategien dargestellt, die dazu dienen sollen, die eigene Wettbewerbsposition für den anschliessenden Aufschwung zu stärken.

Die Frage des adäquaten Verhaltens in einer Depression wird in Kapitel 13 erörtert. Dabei geht es um das Aufzeigen jener Verhaltensweisen, die dazu beitragen, die **strategische** Positionierung der Unternehmung für den anschliessenden Aufschwung zu stärken.

Den Abschluss der betriebswirtschaftlichen Ausführungen bildet das Beispiel einer Notfallplanung, wie sie bei einer der befragten Unternehmungen erarbeitet wurde, und eine knappe Zusammenfassung und Würdigung der vorangegangenen Ausführungen.

2 DIE THEORIE DER LANGEN WELLEN DER KONJUNKTUR[1]

2.1 Grundlagen

Anfang der 70er Jahre erlebte die Theorie der langen Wellen der Konjunktur eine wahrhafte Wiedergeburt, nachdem sie in den vorangegangenen Jahrzehnten stürmischen Wachstums in Vergessenheit geraten war. Seither wurden viele neuere Untersuchungen des Phänomens vorgenommen, und es gibt "(...) eine relativ grosse, an Zahl ständig wachsende Gruppe von Nationalökonomen, (...) für welche die Existenz von Wachstumswellen nicht nur feststeht, sondern auch deren immer wiederkehrende Periodizität."[2] Statistische Untersuchungen führen jedoch zu keiner eindeutigen Bestätigung der Existenz langer Konjunkturwellen.[3]

Bereits in den 20er Jahren dieses Jahrhunderts gab es erste Untersuchungen über die langfristige Entwicklung von Volkswirtschaften. Die bekannteste stammt von **N.D. Kondratieff**[4], nach dem die langen Wellen der Konjunktur noch heute benannt werden.

---

1 Eine umfassende Diskussion der bestehenden Literatur zum Phänomen der langen Wellen der Konjunktur würde den Rahmen der vorliegenden Arbeit sprengen. Der Verfasser beschränkt sich im folgenden auf die Darstellung der seines Erachtens bedeutsamsten Erklärungsansätze. Weiterführende Literatur findet sich in den zitierten Quellen. Einen sehr guten Überblick über die verschiedensten Erklärungsansätze sowie die historische Entwicklung der Diskussion geben Goldstein (1988) 40ff. und van Duijn (1983).

2 Kneschaurek (1987) 254

3 Clark/Freeman/Soete (1981) 134f.; darüber hinaus besteht die Gefahr, dass das verwendete statistische Instrumentarium zur Feststellung von Schwankungen führen kann, selbst wenn diese in den benutzten Daten nicht vorliegen (sog. "Slutzky-Effekte"); Goldstein (1988) 75. Siehe zu dieser Problematik u.a. Cleary/Hobbs (1984) 165 und Metz (1987) 390ff. sowie die dort angegebene Literatur. Die Evidenz der Existenz langer Wellen ist für Preisrelationen deutlich stärker als für die industrielle Produktion; Cleary/Hobbs (1984) 166ff.

4 Kondratieff (1926), (1928) und (1984); zuvor gab es schon Untersuchungen, wie jene von Hyde Clark (1847) und Samuel Benner (1884), der Wirtschaftszyklen von 54 Jahren feststellte, die er mit Wettereinflüssen erklärte; Faber (1988) 162; van Duijn (1983) 59, siehe dort auch für die übrigen Forschungsanstrengungen.

Abb. 2: Kondratieff-Zyklen in den USA[1]

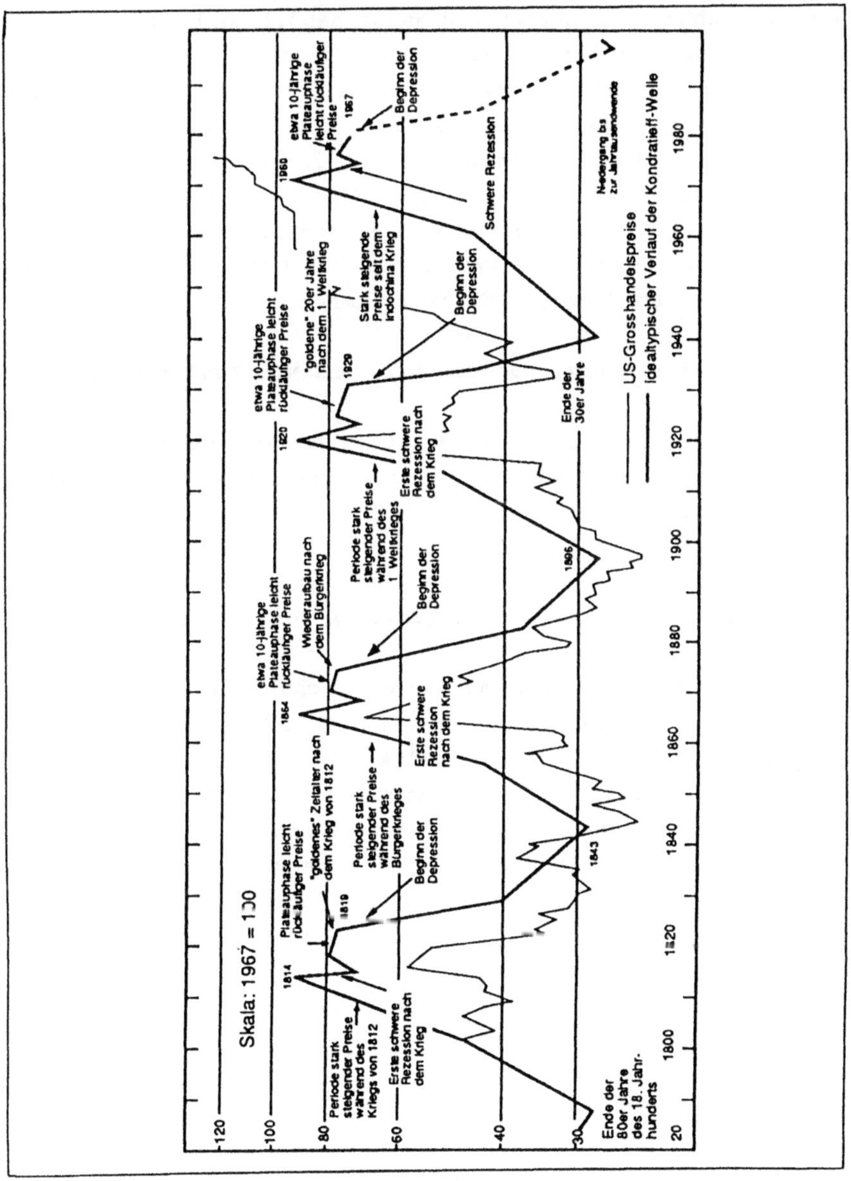

---

1 entnommen aus Elliott Wave Commodity Forecast, 6.01.1989; siehe auch Malik/Stelter (1990)

Bei der Analyse verschiedenster Grössen, wie Preisniveau, Zinsen, Löhne, Produktion und Aussenhandel, gelang es ihm, die Vermutung der Existenz derartiger Zyklen zu stützen.[1] So spricht er von einer hohen Wahrscheinlichkeit des "(...) Vorhandensein(s) langer zyklischer Wellen der Konjunktur (...)"[2]. Aufbauend auf diesen Ergebnissen entwickelte **Schumpeter** seine "Drei-Zyklen-Theorie", die vom Vorhandensein eines etwa 3jährigen Kitchin-, eines 10jährigen Juglar- und eines 60jährigen Kondratieff-Zyklus ausgeht.[3] Tabelle 1 fasst den typisierten Ablauf einer Kondratieff-Welle zusammen.

2.2 Erklärungsansätze für die Existenz von Kondratieffzyklen

Von besonderem Interesse sind zweifellos die Ursachen, die zu zyklischen Schwankungen in der Entwicklung von Volkswirtschaften führen. Einige der bedeutendsten Theorien sollen im folgenden kurz charakterisiert werden.

2.2.1 Innovationscluster als Auslöser der langen Wellen

Dieser Ansatz, der vor allem von Schumpeters "dynamischem Unternehmer" geprägt wurde, stellt die technologische Entwicklung in den Mittelpunkt der Analyse. Basierend auf **Schumpeter**[4] waren es vor allem Mensch, Marchetti, Kleinknecht und van Duijn, die die Bedeutung von Innovationen für die gesamtwirtschaftliche Entwicklung und den Zusammenhang zwischen Kondratieffzyklen und Auftreten von Innovationen untersucht haben.

---

1 Kondratieff (1926) 577ff. und (1928) 31ff.

2 Kondratieff (1926) 599

3 zusammengefasst dargestellt in Schumpeter (1961) 223

4 siehe zur Rolle der Innovationen in seiner Theorie: Schumpeter (1961) 91ff. und vor allem 139ff., wo er den Prozess der Innovation und den Zusammenhang mit der Entwicklung der gesamten Volkswirtschaft detailliert darstellt. Es ist jedoch Mensch/Coutinho/Kaasch (1984) 37 darin zuzustimmen, dass Schumpeter eine befriedigende Erklärung für die von ihm angenommene Bündelung der Innovationen, (1961) 108, schuldig bleibt. Eine gute Diskussion des Ansatzes von Schumpeter findet sich bei Freeman/Clark/Soete (1982) 18ff. Bereits Kondratieff hatte Innovationsbündel festgestellt; (1984) 89ff., van Duijn (1983) 67

Tab. 1: Phasen der Kondratieff-Welle[1]

EXPANSIONSPHASE	Ausgangspunkt bildet eine Änderung der ökonomischen Rahmenbedingungen, vor allem durch die Diffusion neuer Technologien. Folge ist eine Zunahme der Investitionen, der Produktion und der Beschäftigung; die Preise beginnen zu steigen. Der allgemeine Wohlstand nimmt zu; Ursache sind die positiven Multiplikatoreffekte beim Wachstum der neuen Industrien. Kriege und soziale Unruhen treten am Anfang und am Ende des Aufschwungs auf. Am Tiefpunkt tragen sie zur Trendwende für einen neuen Aufschwung bei, in der Schlussphase der Expansion ist es der Versuch, den Abschwung zu vermeiden. Dauer: ca. 25 Jahre.
DER HÖHEPUNKT	Die Expansionsphase erreicht schliesslich ihren Höhepunkt. Es kommt zu Knappheitserscheinungen; Kostensteigerungen führen zu sinkenden Gewinnen, Stagflation ist die Folge. Es treten zusehends Ineffizienzen auf. Die Konsumneigung nimmt zu Lasten der Investitionen zu. Die Industrien, die den Aufschwung getragen haben, weisen immer mehr Überkapazitäten auf. Dominanz der Verbesserungsinnovationen; Inflation und Zinsen auf Rekordstand.
PRIMARY RECESSION	Erste schwere Rezession ist Zeichen für das Ende der langen Aufwärtsentwicklung; meist in Anschluss an einen Krieg; Dauer der Rezession meist 2 bis 5 Jahre. ("Signalkrise")
PLATEAU PHASE	Nach Erholung von der Rezession kommt es zu einer ca. 10 Jahre dauernden Phase weitgehender Stabilität. Die nachlassende Inflation und die stabile Wirtschaft verleiten zur Spekulation; die Bereitschaft zur Verschuldung nimmt zu; allgemein positive Beurteilung der Zukunftsaussichten, Bereitschaft zu vermehrter Lagerhaltung im Hinblick auf eine anhaltend gute Konjunktur. Kurz: Euphorie bei stark zunehmender Verschuldung; jedoch Krise in der Landwirtschaft.
PANIK UND ABSTIEG	Verschuldung und Überkapazitäten machen die Wirtschaft immer anfälliger; die Zahl der Konkurse steigt; schliesslich kommt es zu einer Vertrauenskrise, und die Spekulation bricht zusammen (Crash). Der sich daran anschliessende Abstieg führt zu einer starken Rezession, wobei die aufgelaufenen Schulden die Wirtschaftskrise verschärfen. Dauer: ca. 15 Jahre.

1 Mager (1987) 33ff., Höltschi/Rockstroh (1988) 74; Zusammenstellung durch den Verfasser. Siehe auch Malik/Stelter (1990)

2.2.1.1 **Der Ansatz von G. Mensch**

2.2.1.1.1 **Grundzüge**

Im Zentrum der Untersuchungen von **Mensch** steht der Zusammenhang zwischen dem Auftreten von sog. Basisinnovationen und der langfristigen Entwicklung der Volkswirtschaft, wobei dieser nicht auf den Kapitalismus beschränkt, sondern auch im Sozialismus festzustellen ist.[1]

Die bedeutenste Erkenntnis ist jene, dass Basisinnovationen, also Innovationen die auf industrielles Neuland führen, gebündelt auftreten.[2] So stellt sich die wirtschaftliche Entwicklung nach Mensch wie folgt dar:[3]
Ein Bündel von Basisinnovationen führt zum Aufbau verschiedener neuer Industriezweige, die Nachfrage auf sich ziehen und ständig Verbesserungsinnovationen vornehmen. Es kommen gleichzeitig verschiedene Wachstumszyklen in Gang, die weitgehend parallel verlaufen. In der Aufschwungsphase besteht ein Verkäufermarkt, es kommt zu Massenfertigung und Standardisierung. Mit zunehmendem Wachstum der neuen Industriezweige sinkt die Neigung zu Basisinnovationen, da diese risikoreicher sind als die Vornahme von Verbesserungsinnovationen. Dies führt dann zu einem Innovationsstau, da die Erfindungen (Inventionen) relativ gleichmässig im Zeitablauf auftreten. Der einsetzende Konzentrationsprozess verringert den Druck zur Durchführung von Verbesserungsinnovationen, die, wegen der mit ihnen verbundenen Produktionsumstellungen und der Erschwerung von Standardisierung und Massenfertigung, beim Management nicht beliebt sind. Auf der anderen Seite ist eine steigende Marktsättigung festzustellen, das Nachfragevolumen stagniert, und die in der Prosperität aufgebauten Kapazitäten bleiben immer mehr unausgelastet. In dieser Situation gesättigter Märkte in den wichtigsten Schlüsselindustrien,

---

1 Mensch (1975) 15; Glismann/Rodemer/Wolter (1981) 86, weisen langfristige Zyklen auch im Sozialismus, anhand des Beispiels der Sowjetunion, nach.
2 Mensch (1975) 19
3 Mensch (1975) passim

die Mensch als **"technologisches Patt"** bezeichnet, haben sich die industrialisierten Länder bis "aufs Engste angeglichen"[1], was Produktionstechnik, Lebensstandard und Lebensweise betrifft.

Die einsetzende Stagnation ist Ausdruck eines Mangels an grundlegenden Innovationen[2], jedoch ist das technologische Patt nur eine Umbruchsphase, die zu einer Weltwirtschaftskrise führen kann, **nicht muss**. Verschiedene Branchen erreichen gleichzeitig einen Sättigungsgrad, was sich über Multiplikatoreffekte in der ganzen Wirtschaft auswirkt.[3]

Dieser von Mensch "Metamorphose-Modell" genannte Ablauf ist aus Abb. 3 ersichtlich.

Abb. 3: Metamorphose-Modell und Kondratieff-Zyklus[4]

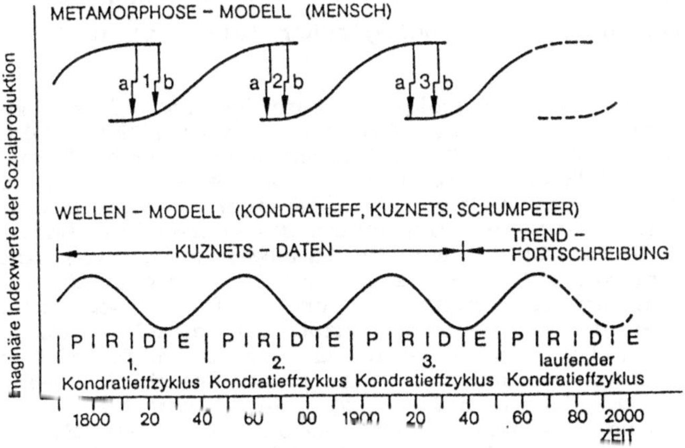

P=Prosperität, R=Rezession, D=Depression, E=Erholung (a und b stehen für den Übergang von Inventionen und Innovationen auf eine neue Welle).

Der Zusammenhang der Aufschwungsphasen im Kondratieff-Zyklus mit dem Aufbau von Industriezweigen ist offensichtlich.

---

1 Mensch (1975) 32
2 Mensch (1975) 37
3 Mensch (1975) 76
4 entnommen aus Mensch (1975) 84

Stagnation ist in diesem Modell die originäre Kraft, "Innovation und Stagnation induzieren einander."[1]

Dieses Modell entspricht nach Auffassung von Mensch eher der Realität, da diese keine Sinuskurve, sondern aufeinanderfolgende Wachstumstrends zeigt. Zudem ist der fehlende Determinismus vorteilhaft, kann doch aus der Stagnation heraus ein Kollaps, ein langsamer Nieder- oder ein fliessender Übergang in einen neuen Wachstumsschub resultieren. Auch lässt sich anhand einzelner Unternehmen und Branchen eine Analyse durchführen, was dazu beiträgt, die einseitige "Black-Box"-Betrachtung des Phänomens der langen Wellen zu überwinden.[2]

2.2.1.1.2 **Zusammenhang zwischen Invention und Innovation**

Innovationsarmut und -reichtum wechseln einander ab, wobei der Trendwechsel im technologischen Patt erfolgt.[3] Anhand von

---

1 Mensch (1975) 85; ein Beispiel für derartige Innovationsschübe ist die Entwicklung der Nahrungsmittelindustrie zwischen 1929 und 1939. Alleine in dieser Dekade wurden 38 Produktinnovationen durchgeführt, darunter Tiefkühl- und Dosenkost sowie Margarine. Bernstein (1987) 61ff. und 123ff. Dabei handelt es sich zwar nicht um grundlegende Basisinnovationen, dennoch sind sie exemplarisch für Innovationsschübe auch auf tieferer Stufe. Einige der Entwicklungen wurden vom schlechteren wirtschaftlichen Umfeld begünstigt, welches zu einer Modifizierung des Konsumverhaltens beigetragen hat. Dort (123ff.) findet sich auch eine Darstellung der Innovationsaktivität der einzelnen amerikanischen Industriebranchen zwischen den beiden Weltkriegen. Es zeigt sich, dass die innovativen Bereiche die Krise besser überstanden haben als die übrigen (142; siehe auch Anhang 2). Die Schlussfolgerung Bernsteins, dass die Innovationsaktivität der 20er Jahre die These Schumpeters (und damit Menschs), wonach zuwenig Innovationen die Krise verursachen, widerlegt, ist m.E. nicht angebracht. Zweifellos hatten bereits im Jahre 1929 bedeutende Innovationen massgebliche Marktanteile erlangt. Dies genügte jedoch nicht, war doch der technologische Umbruch noch in vollem Gange. So ist die Arbeitslosigkeit der 30er Jahre in den USA als eine strukturelle anzusehen, weil die innovativen Branchen nicht in der Lage waren, die in reifen Industrien freigesetzten Arbeitskräfte aufzunehmen; Bernstein (1987) 48. Auch Feske (1933) 48 verweist auf den sich vollziehenden Strukturwandel.

2 Mensch/Coutinho/Kaasch (1984) 33f.

3 Mensch (1975) 129; in der Tat ähnelt diese Analyse den bekannten Konzepten zur Beurteilung der Lebenszyklusphasen von Technologien; siehe dazu Sommerlatte/Deschamps (1985) 52ff., Foster (1986) sowie die Darstellung unter 8.3.2.

historischen Daten der letzten 3 Kondratieff-Zyklen analysiert Mensch den Zusammenhang zwischen Invention und Innovation, wobei er feststellt, dass[1]

- Invention und Innovation nicht dicht beieinander liegen
- das Auftreten von Basisinnovationen zwischen 1740 und 1955 heftigen Schwankungen unterlag
- in Prosperitätsphasen geringe Neigung zu Basisinnovationen bestand
- in Krisen grosse Neigung zu Basisinnovationen bestand
- diese Ergebnisse mit dem Metamorphose-Modell im Einklang stehen.

Bei Analyse der Ursachen für das zyklische Verhalten von Basisinnovationen stellt er fest, dass es keine ähnlichen Schwankungen bei den Inventionen gibt. Vor jeder Krise gab es einen aufgestauten Wissensstock, da die Investoren erst in der Krise ihre Risikoaversion überwinden und sich auf die Möglichkeiten der Basisinnovationen besinnen.[2]

Der heutige Eindruck des sich beschleunigenden technischen Wandels beruht auf Verbesserungs- und Scheininnovationen in traditionellen Bereichen, während es bei Basisinnovationen eher zu einer Verlangsamung gekommen ist. [3]

Die Zeitspanne, die zwischen Basisinventionen und -innovationen vergeht, wird **innerhalb** eines Zyklus kleiner, was an der Leitfunktion der Vorläufer liegt. Diese erleichtern die Durchführung von Folgeinnovationen, die deshalb weniger Zeit in Anspruch nehmen. Ausgangspunkt bildet meist ein grundlegender Paradigmawechsel, der in verschiedenen Wissensgebieten völlig neue Forschungsmöglichkeiten eröffnet.

---

1 Mensch (1975) 142ff.
2 Mensch (1975) 179. So waren beispielsweise bis zum Jahre 1929 3/4 der Basisinventionen des derzeitigen Zyklus längst erfolgt, jedoch erst 1/4 der dazugehörigen Basisinnovationen umgesetzt; Mensch (1975) 185.
3 Mensch (1975) 189; gleicher Ansicht ist Drucker (1980) 58ff.

Gerade wenn die Verkürzung der Innovationszeiten am deutlichsten ist, werden jene völlig neuen Ansätze, welche Basis für die neue Kondratieff-Welle bilden, jedoch verzögert.[1] Erst im Zuge einer Depression erfolgt deren Umsetzung.

So lässt sich **zusammenfassend** sagen, dass:
- Stagnation die Folge von fehlenden Innovationen ist
- diese Situation des technologischen Patts zu tiefgreifenden Krisen führen kann
- der Innovationsmangel auf Fehler der Wirtschaftsführung zurückzuführen ist
- nur Basisinnovationen einen neuen Aufwärtstrend auslösen können.

2.2.1.1.3 **Kritik am Ansatz von Mensch**

Folgende Kritik wird an dem Ansatz von Mensch zumeist geübt:
- "systematische Häufungen von Basisinnovationen - deren Identifikation ohnehin nie frei von Willkür ist -" sind bisher noch nicht hinreichend belegt worden.[2] Vernachlässigung des Diffusionsprozesses.[3]
- Zweifel an der Reliabilität von Menschs empirischen Beobachtungen.[4]
- Zweifel an der theoretischen Erklärung: Innovationen werden von Gewinnerwartungen ausgelöst. Diese sind in expandierenden Märkten besser als in Depressionen, weshalb eine Zunahme der Innovationen im Aufschwung/Boom vorliegen müsste.[5]
- Fehlen eines eindeutigen Abgrenzungskriteriums zwischen Basis- und Verbesserungsinnovationen.[6]

---

1 Mensch (1975) 199ff.
2 Glismann/Rodemer/Wolter (1981) 69f; ähnlich: Dupriez (1963) 218
3 Hardach (1981) 212; ebenso Clark/Freeman/Soete (1984), die den Diffusionsprozess in den Vordergrund stellen.
4 Clark/Freeman/Soete (1981) 148, Freeman/Clark/Soete (1982) 63
5 Clark/Freeman/Soete (1981) 150ff.
6 Delbeke (1984) 5

2.2.1.2 **Der Ansatz von J. van Duijn**[1]

Ebenso wie bei Mensch steht auch bei **van Duijn** die Bündelung von Basisinnovationen als Hauptursache für die zyklische Wirtschaftsentwicklung fest. Sie begründen seiner Meinung nach neue Industriezweige, die sich entlang logistischer Kurven entwickeln. Dies führt zu Multiplikator- und Akzelleratoreffekten und so zum Aufbau von Überkapazitäten, die dann, über einen Rückgang der Investitionstätigkeit, die Depression auslösen. Erst ein erneuter Anstieg der Investitionen ermöglicht, über die damit verbundenen positiven Multiplikatoreffekte, die Wirtschaftskrise zu überwinden.[2] Die volkswirtschaftliche Entwicklung basiert folglich auf den Lebenszyklen der Innovationen. Es gibt zwar Innovationen, deren Lebenszyklus sich über mehr als eine lange Welle erstreckt (z.B. US Automobil- und Flugzeugindustrie), das Wachstum flacht jedoch mit jeder Welle ab.[3] Im Gegensatz zu Mensch erwartet van Duijn den Innovationsboom nicht in der Depression, sondern im Laufe des Aufschwungs, da die Innovatoren davon überzeugt sein müssen, dass sie neue Märkte entwickeln. Diese Überzeugung tritt erst während einer Aufwärtsentwicklung ein.[4] Ursache dieses erneuten Aufschwungs ist eine "technische Reaktion", wenn die Überkapazitäten beseitigt sind und die bestehende Infrastruktur einer Erneuerung bedarf.[5]

2.2.1.3 **Der Ansatz von A. Kleinknecht**

Für **Kleinknecht** ist die von Mensch vorgenommene Analyse theoretisch richtig, da er von einer Konzentration auf Verbesserungsinnovationen in der Prosperität ausgeht: weshalb sollte eine Unternehmung ein erhöhtes Risiko eingehen, wenn ihre

---

1 van Duijn (1983) 129ff.
2 van Duijn (1984) 19f.
3 van Duijn (1983) 136, (1984) 23
4 van Duijn (1983) 137, (1984) 29f.; ein Beispiel sind neue Stahlherstellungsverfahren, die immer im Aufschwung eingeführt wurden; van Duijn (1983) 31f.
5 van Duijn (1983) 140

vorhandenen Produkte leicht verkauft werden können? In Depressionszeiten hingegen erscheinen Investitionen in alten Industrien wenig attraktiv, zudem sie von grösserem Risiko und Unsicherheit gezeichnet sind.[1] "Thus, longer depression periods are favourable times for process innovations (...), and for radical product innovations, giving the basis for new growth industries."[2]

Seine empirischen und statistischen Untersuchungen bestätigen die These von Mensch, dass Innovationen konzentriert in Depressionen auftreten.[3] Ausdrücklich verweist Kleinknecht auf die politischen Einflüsse, wie die forcierten Rüstungsanstrengungen in den 30er Jahren. Letztlich muss, um eine umfassende Theorie der Clusterungstendenzen zu entwickeln, der gesamte Komplex sozialer, politischer und wirtschaftlicher Veränderungen während der Krise betrachtet werden.[4]

2.2.1.4 **Der Ansatz von C. Marchetti et al.**

Auch **Marchetti** untersucht den Zusammenhang zwischen Invention und Innovation, wobei er sich auf das Datenmaterial von Mensch stützt. Dabei gelangt er zu folgenden Ergebnissen:

- es kommt erst dann zu einem Wirtschaftsaufschwung, "(...) wenn ein beträchtlicher Teil der Innovationen nennenswerte Marktanteile erobert hat".[5]
- von Zyklus zu Zyklus ergibt sich eine Beschleunigung sowohl von Inventionen als auch von Innovationen.[6] Dies bedeutet, dass die benötigte Zeit um 80% der Inventionen/Innovationen (zwischen 10% und 90% der gesamten Inventionen/Innovationen) umzusetzen, immer kürzer wurde.
- der Abstand zwischen den Zeitpunkten, bis zu denen 50% der

1 Kleinknecht (1984) 49
2 Kleinknecht (1984) 49
3 Kleinknecht (1984) 58
4 Kleinknecht (1984) 60
5 Marchetti (1982) 123
6 Marchetti (1982) 123f.

Innovationen umgesetzt wurden, blieb mit etwa 57 Jahren konstant.[1]
Die Hauptursache einer möglichen Krise liegt seiner Meinung nach in der Sättigung der wichtigsten Märkte, wobei er den Automobilmarkt als Paradebeispiel anführt.[2]

Mit der von ihm angewandten Methode lässt sich der voraussichtliche Sättigungswert einzelner Märkte berechnen, was entsprechende Rückschlüsse auf die gesamtwirtschaftliche Entwicklung erlaubt. Dabei stützt er sich auf Analogien der Marktentwicklung zu Prozessen in der Natur. Demzufolge ist von einem logistischen Wachstum von Industrien auszugehen, ähnlich der Besetzung von ökologischen Nischen[3] durch Lebewesen. Die berechnete maximale Marktgrösse entspricht der Grösse der "Eco-Niche" für das betreffende Produkt. Es kann sein, dass dieser Wert nie erreicht oder aber deutlich überschritten wird, wobei es aber vorwiegend nur Schwankungen um einen Sättigungswert sind.[4] Ob eine Vergrösserung der Nische, wie in der Biologie, mit zunehmendem Wachstum der Spezies möglich ist, kann gemäss Marchetti nicht beantwortet werden.[5]

Wesentlich ist, dass Marchetti bewusst von finanziellen bzw. geldmässigen Aspekten abstrahiert und nur die mengenmässige Sättigung eines Marktes betrachtet.[6] Diese soll hier als eine **absolute** definiert werden, im Unterschied zu einer kaufkraftabhängigen **relativen** Sättigung. Absolute Sättigung versteht der Verfasser als die Ausschöpfung der mengenmässigen Aufnahmefähigkeit eines Marktes, z.B. die Menge verzehrbaren Fleisches pro Kopf der Bevölkerung. Hat hingegen der überwiegende Teil

1 Marchetti (1980) 275
2 Marchetti (1983a) 332ff.; "It is a current observation that when a product nears saturation of the market, the corresponding industry enters into trouble"; Marchetti (1980) 281
3 Die Nische entsteht dabei durch das Absterben einer alten Industrie; Marchetti (1983a) 336
4 Marchetti (1983b) 4
5 Marchetti (1983b) 9
6 Marchetti (1983a) 331, da er die Meinung vertritt, dass Preise lediglich Folge der physischen Entwicklung sind; so auch Nakicenovic (1987) 87

der Privathaushalte seine finanziellen Möglichkeiten ausgeschöpft (inkl. Verschuldungskapazität), so sind praktisch alle Märkte gesättigt, weil keine weitere Nachfrage mehr möglich ist (relative Sättigung).[1]

Abb. 4: Verlauf des nächsten Innovationszyklus[2]

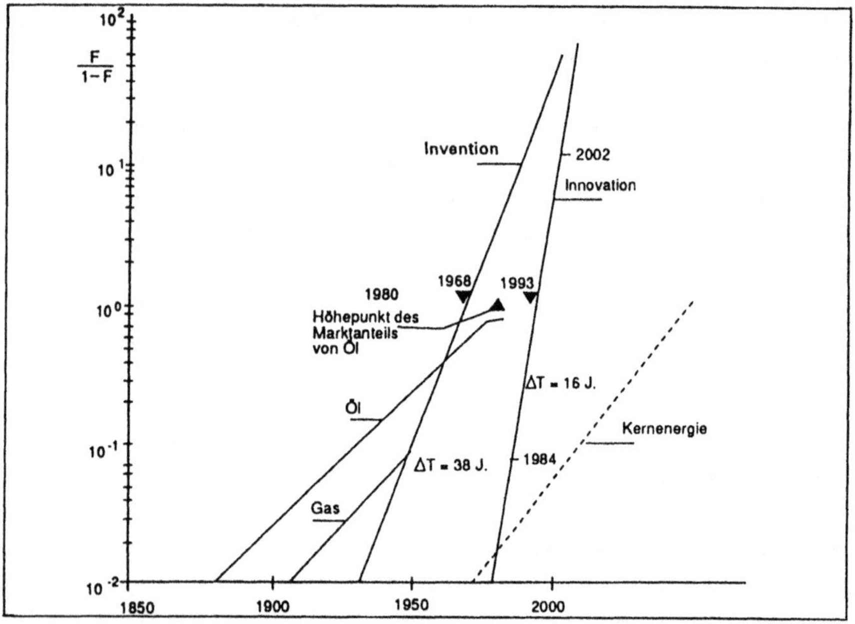

In Abb. 4 sind die logistischen Kurven der Inventions- und Innovationswellen des nächsten Zyklus in Geraden transformiert dargestellt.[3] Die linke Gerade kennzeichnet das Auftreten von Erfindungen, die die zukünftige wirtschaftliche Entwicklung massgeblich bestimmen werden. Im Jahre 1968 waren vermutlich

1 So war der amerikanische Automobilmarkt im Jahre 1929 weitgehend gesättigt; Feske (1933) 44. Aus heutiger Sicht eine **relative** Sättigung, im Unterschied zur Sättigung europäischer Automobilmärkte zum gegenwärtigen Zeitpunkt; Marchetti (1983b). Die hier vorgenommene Definition ähnelt der Unterscheidung von Meffert (1984) 38, der zwischen **struktureller** und **temporärer** Marktsättigung unterscheidet.

2 entnommen aus Marchetti (1982) 125

3 siehe zur Methodik der Transformation in Geraden: Marchetti (1982) 119, Gälweiler (1987) 49

bereits 50% der diesem Zyklus zuzurechnenden Inventionen gemacht, die folglich auch in Innovationen umgesetzt werden. Demnach hätte der letzte Innovationsschub im Jahre 1984 beginnen müssen. Es würden danach 16 Jahre vergehen, bis 90% der Innovationen dieses Zyklus durchgeführt sind. Eine Belebung der wirtschaftlichen Entwicklung tritt ein, sobald 50% der Basisinnovationen getätigt sind, voraussichtlich also 1993.[1]

Interessant an diesem Ansatz ist m.E., dass es zu immer kürzeren Innovationsphasen bei erhöhter Geschwindigkeit kommt. Da aber die Distanz zwischen den einzelnen Zyklen gleich bleibt, lässt sich dies dahingehend interpretieren, dass zukünftig immer längere Phasen wirtschaftlicher Stagnation zu erwarten sind.

Angewendet auf einzelne Märkte weisen seine Prognosen eine erstaunliche Präzision auf.[2] So erlebte der britische Kohlebergbau in den letzten Jahren einen Niedergang, der ziemlich genau mit den theoretisch ermittelten (logistischen) Abläufen übereinstimmt. Nur kurzzeitig gab es eine deutliche Abweichung, die auf Eingriffe der britischen Regierung zurückzuführen ist. Unterdessen ist deren Wirkung jedoch vergangen, und die tatsächliche Fördermenge gleicht sich der prognostizierten an.[3] Ein Beispiel, welches die Unveränderlichkeit derartiger Prozesse und die Wirkungslosigkeit staatlicher Eingriffe aufzeigt.

Die wesentliche Ergänzung diese Ansatzes zu jenem von Mensch liegt in der engen Verknüpfung des Strukturwandels mit der langfristigen Entwicklung der einzelnen Volkswirtschaften. So wird nachgewiesen, dass sich der Einsatz von neuen Technologien, aber auch von verschiedensten Energieträgern zyklisch entwickelt

---

1 Marchetti (1982) 125
2 für eine Auswahl der über eintausend untersuchten Fälle siehe Malik/ Stelter (1990)
3 Marchetti (1988) o.S.; siehe auch Malik/Stelter (1990)

hat,[1] wobei Innovationsschübe jeweils zeitgleich mit der Einführung einer neuen Primärenergie auftreten. Diese Entwicklung stellt sich im historischen Ablauf als ein Prozess sukzessiver Substitutionen dar, denen ebenfalls eine Zeitdauer von ca. 55 Jahren zugrunde liegt.[2] Letztlich ist es diese wiederholte Verdrängung alter durch neue Technologien, die die langen Wellen der Konjunktur auslöst.[3] Welcher Mechanismus als "Taktgeber" hinter diesen Substitutionsprozessen steht, bleibt zu untersuchen. Marchetti betont die in einer Gesellschaft ablaufenden Lernprozesse, die den Transfer von Theorie in Praxis erst ermöglichen und deshalb Zeit benötigen.[4]

2.2.1.5 **Der Ansatz von C. Freeman et al.**

Aufbauend auf einer Kritik an Menschs Theorie[5] der Innovationscluster, entwickeln **Freeman et al.** einen eigenen Ansatz, der ebenfalls die Bedeutung von Innovationen in den Vordergrund stellt. Zentral ist dabei der **Diffusionsprozess**, da nur dieser Auswirkungen auf die wirtschaftliche Entwicklung haben kann.[6]

Basisinnovationen treten danach zufällig in jedem Stadium der langfristigen Entwicklung auf.[7] Wann der Prozess der Diffusion von Innovationen einsetzt, hängt nicht nur von erfolgreichen Basisinnovationen ab, sondern auch von den übrigen Rahmenbedingungen. Mit Beginn der Verbreitung neuer Technologien werden Multiplikatoreffekte ausgelöst, was wiederum den Anreiz zur Umsetzung von Innovationen erhöht. "It is this combination of related and induced innovations which gives rise to expansionary effects in the economy as a whole."[8] Zudem müssen die einzelnen Diffusionsprozesse miteinander verknüpft sein, denn

---

1 Marchetti (1980) 270ff., (1983a) 335ff., Nakicenovic (1987) 77ff.
2 Marchetti (1985) 13
3 Nakicenovic (1987) 94
4 Marchetti (1982) 116, 128
5 Freeman/Clark/Soete (1982) 44ff.; Clark/Freeman/Soete (1984) 67ff.
6 Freeman/Clark/Soete (1982) 65
7 Freeman/Clark/Soete (1982) 70
8 Freeman/Clark/Soete (1982) 65

sonst liesse sich das gleichzeitige Auftreten von mehreren derartigen Abläufen nicht erklären. Folglich sprechen Freeman et al. auch von neuen "technologischen Systemen".[1]

Depressionen erscheinen nicht als Auslöser für konzentriert auftretende Basisinnovationen, jedoch können sie Veränderungen der politischen und sozialen Rahmenbedingungen herbeiführen, die sich in der Aufschwungsphase positiv auf die Umsetzung von Neuerungen auswirken.[2] Mit zunehmender Entwicklung der neuen Industriezweige sinkt die Innovationsneigung, bis sie sich nur noch auf geringfügige Verbesserungen von Produkt und Produktionstechnik beschränkt. Ziel ist es dann, durch Standardisierung und Rationalisierung Kosten zu senken. Die Konzentration auf arbeitseinsatzsparende Innovationen in der Spätphase des Aufschwungs ist die Reaktion auf steigende Lohnkosten und Arbeitskräftemangel, die sich in sinkenden Gewinnen niederschlagen.[3] Dennoch sind die Produktivitätszuwächse im Vergleich zu den Vorjahren gering, da keine Economies of Scale mehr genutzt werden können. Schliesslich führt diese Ausrichtung auf Einsparungen und Standardisierung, gepaart mit Sättigungserscheinungen, zur Depression.[4] Erst die erneute Verbesserung der Profiterwartungen ermöglicht einen neuen Aufschwung.

2.2.1.6 **Würdigung der Innovations-Ansätze**

Für den hier interessierenden Zusammenhang ist es m.E. unerheblich, ob die auf Basisinnovationen beruhenden neuen Industriezweige bereits in der Depression auftreten und die Trendwende herbeiführen oder aber erst im Aufschwung. Wesentlich erscheint der Zusammenhang zwischen Wirtschaftsentwicklung und Innovationen, wobei die Frage der Kausalität nicht eindeutig

---

1 Freeman/Clark/Soete (1982) 64
2 Freeman/Clark/Soete (1982) 66
3 Freeman/Clark/Soete (1982) 74
4 Freeman/Clark/Soete (1982) 79

beantwortet werden kann.[1] Empirische Untersuchungen stützen allerdings die These von Mensch, zeigen sie doch auf, dass Unternehmen in Zeiten der Krise eher bereit sind, Risiko auf sich zu nehmen, als in Prosperitätsphasen.[2] Für die Verantwortlichen in Politik und Wirtschaft ist entscheidend, dass mit grosser Wahrscheinlichkeit ein neuer Innovationszyklus bevorsteht, wobei die Gefahr einer tiefgreifenden Wirtschaftskrise nicht von der Hand zu weisen ist. Mit bewusster Beeinflussung der Innovationsaktivität könnte versucht werden, die Depression zu vermeiden oder zumindest ihre Dauer zu verringern. Selbst für den Fall, dass dies nicht die geeignete Strategie des Krisenmanagements ist, bleibt es immerhin ein ernstzunehmender Lösungsansatz.

Diese Erklärungsansätze zeigen deutlich, dass es wenig sinnvoll ist, veraltete Industriestrukturen zu erhalten, da deren Niedergang und Substitution ohnehin nicht auf Dauer verhindert werden kann. Folge derartiger den Strukturwandel behindernder staatlicher Interventionen ist letztlich nur eine höhere Staatsverschuldung bzw. höhere Steuern.

Die Politik sollte sich auf Beschleunigung und soziale Abfederung der Anpassungsprozesse beschränken. Aus heutiger Sicht stellt die "New-Deal"-Politik der USA in den 30er Jahren ein Beispiel für die Förderung veralteter Branchen dar.[3] Sinnvoller und vermutlich auch erfolgreicher wäre eine Unterstützung junger Industrien gewesen.

---

1 So ist gemäss Dupriez (1983) 221 der technische Fortschritt Folge von Preisbewegungen und somit von der Kondratieff-Welle ausgelöst. Eine mögliche Erklärung für Innovationsbündel wird unter 4.2.3 gegeben.

2 Perlitz/Löbler (1985) 431ff.; aus dieser Erkenntnis leiten die Autoren die Schlussfolgerung ab (443f.), wonach es einen eigentlichen Zyklus von Prosperität und Krisen auf Unternehmensebene gibt, wobei Krisen Folge der Risikoaversion in **ertragreichen** Zeiten sind. Es gelingt den Unternehmen folglich nicht, die technologische Diskontinuität antizipativ zu bewältigen, wie es eigentlich im Rahmen des strategischen Managements erfolgen sollte; Foster (1986) 109ff., der auf Technologiebrüche Bezug nimmt.

3 Bernstein (1987) 193

2.2.2 Prozesse der Kapitalakkumulation als Erklärung für lange Wellen der Konjunktur

In der relativen Knappheit bzw. dem Überschuss an Kapital sehen u.a. Mandel und Forrester die Ursache für das Auftreten langfristiger Wirtschaftszyklen. Ihre beiden Ansätze sollen nachfolgend kurz dargelegt werden.[1]

2.2.2.1 Der Ansatz von E. Mandel[2]

Für **Mandel** erklärt sich die konjunkturelle Entwicklung aus der Abfolge von sich beschleunigender und verlangsamender Kapitalakkumulation. Hat die Kapitalakkumulation im Laufe einer Aufwärtsbewegung einen bestimmten Punkt erreicht, so ist es nicht mehr möglich, die gesamte Menge akkumulierten Kapitals zu einer angemessenen Rendite anzulegen, die durchschnittliche Profitrate fällt.[3] Folge ist ein Rückgang der Investitionstätigkeit, was Auslöser für die Depression ist.[4] In Zeiten gedrückter Wirtschaftslage hingegen ist das Kapital unterbewertet, bezogen auf die mögliche Mehrwerterzielung und die hohe Profitrate. Innovationen sind in dieser Lage möglich, weil Kapital in grossem Masse zur Verfügung steht, d.h. nicht investiert ist. Sie sind jedoch nicht die Ursache für die Umkehr von Depression in Boom.[5] Eine derartige Trendwende ist nur durch ein exogenes Ereignis möglich, wie z.B. eine vermehrte "Ausbeutung der Arbeiterklasse", was zu einem Anstieg

---

1 Delbeke (1984) 5ff.; bereits Kondratieff hat die Akkumulation von Kapital als Ursache der langen Wellen genannt: Kondratieff (1984) 89ff., besonders 93ff., wo er auch die Bedeutung von Inventionen und deren Umsetzung betont.

2 siehe für eine Charakterisierung dieses Ansatzes auch Goldstein (1988) 40ff. Mandel ist der marxistischen Krisentheorie zuzuordnen. Für weitere Ansätze in dieser Richtung siehe verschiedene Beiträge in Vasko (1987).

3 Indikator für die Profitrate ist der Zins, da dieser "(...) in seinem langfristigen Verlauf die gleichen Schwankungen aufweist wie die Durchschnittsprofitrate."; Mandel (1987) 24, dort (56f.) findet sich auch ein Überblick über diesen Ansatz. Siehe auch Mandel/Wolf (1989) 60ff.

4 Darin könnte auch eine der Ursachen für die zunehmende Spekulationsneigung in der Plateauphase gesehen werden.

5 Mandel (1984) 195 sowie (1987) 26, 55

der Profitrate und so zu einem langfristigen Zuwachs der Kapitalakkumulation und damit des Wachstums führt.[1] Eine weitere Ursache für die langfristigen Schwankungen sind nach Mandel psychologische und monetäre Faktoren, wobei er die Preisniveauentwicklung im Zusammenhang mit dem Generationen-Konzept von Dupriez sieht. Nach diesem Konzept folgt einer Generation mit grosszügiger Kreditvergabe jeweils eine mit übertriebener Vorsicht und umgekehrt.[2] Zudem vertritt er die Ansicht, dass es "(...) ohne die ständige Schuldenexplosion der letzten dreissig Jahre (...) keine neue lange Welle der Expansion (hätte) geben können."[3] Hauptursache bleiben für Mandel dennoch die Schwankungen in der Profitrate.

2.2.2.2 **Der Ansatz von J. Forrester et.al.**

Forrester[4] hat einen völlig neuen Analyseansatz entwickelt, in dem der Investitionsgütersektor die entscheidende Rolle spielt. In seiner dynamischen Computer-Simulation erzeugen zwei Faktoren Fluktuationen, zum einen ein Investitionsakzelerator, zum anderen die Annahme rationalen Verhaltens in einem **Modell der Kapitalstockanpassung**, welches zu sich abwechselnden Phasen von Kapitalmangel und -sättigung führt. Danach übertreiben die Wirtschaftssubjekte meist mit ihren Reaktionen, was zu einer zu starken Kapazitätsausweitung im Aufschwung und umgekehrt zu drastischer Kapazitätseinschränkung im Abschwung führt. "Bootstraps" sind die Ursache der von Forrester festgestellten ca. 50jährigen Schwankungen[5]. Bei diesem Phänomen geht es um die im Zuge einer Aufwärtsbewegung einsetzende Investitionsgüternachfrage, die nur zum Teil befriedigt werden kann, weil die Investitionsgüter- mit der

---

1 Mandel (1984) 199; gerade die Notwendigkeit eines exogenen Anstosses wird kritisiert. Selbst marxistische Wissenschaftler betonen die Selbstheilungskraft, die schon Marx erkannt haben soll; für viele: Maier (1987) 51

2 Mandel (1984) 197; Dupriez (1963) 192ff., 212ff.

3 Mandel (1987) 72

4 Forrester (1976); dort findet sich auch eine Darstellung des Modells.

5 Angeblich kam er zu diesem Ergebnis, ohne von den Untersuchungen Kondratieffs etc. gehört zu haben; Forrester (1984) 128

Konsumgüterindustrie um Ressourcen wetteifern muss. Die erhöhte Nachfrage nach Investitionsgütern veranlasst die erstere, selbst mehr zu investieren ("self-ordering"[1]). Zudem werden Arbeitskräfte angezogen, die wiederum im Konsumgütersektor fehlen und dort den Zwang zur Investition erhöhen. Es entwickelt sich eine Eigendynamik, die zu einem "Überschiessen" der Investitionstätigkeit führt.[2] Folge der aufgebauten Überkapazitäten im Kapitalgütersektor ist ein Abbau der Beschäftigten, der wiederum zu niedrigeren relativen Lohnkosten und damit weniger Investitionen der Konsumgüterindustrie führt. Ein drastischer Einbruch der Investitionstätigkeit und eine Reduzierung des überhöhten Kapitalstocks durch Abnutzung kennzeichnen die weitere Entwicklung. Erst wenn sämtliche Überkapazitäten abgebaut sind, ist ein neuer Aufschwung möglich.[3]

In diesem Ansatz liegt das Schwergewicht offensichtlich auf der destabilisierenden Wirkung menschlicher Handlungen. Die im Modell festgestellten Wellen treten auch bei technologischem Stillstand auf. Der technologische Wandel wird von den Wellen in gewisse Zeitintervalle gepresst, wobei sie auch die Innovationsmöglichkeiten beeinflussen. Im Aufschwung werden nur noch wenige Innovationen getätigt, in der nachfolgenden Depression bleibt das Innovationsklima schlecht. Erst beim Aufkommen neuer Zuversicht nimmt die Innovationstätigkeit zu, und neue Industrien werden gegründet.[4]

---

1 Sterman (1987) 134ff.; ohne diesen Effekt wäre die Dauer des Zyklus nur 20 Jahre statt ca. 50. Nach seinen Angaben (129ff.) ergeben sich im Computer-Modell lange Wellen, die der tatsächlichen Entwicklung in den USA entsprechen. Dabei werden alle Einflüsse endogen erzeugt. So ist seiner Meinung nach der Rückgang der Inflation in den 80er Jahren konsistent mit den deflationären Kräften im Abschwung der langen Welle.

2 Forrester (1984) 129

3 Forrester (1976) 205

4 Forrester (1984) 131

2.2.3 **Mangel und Überfluss an Nahrungsmitteln und Rohstoffen**[1]

Als weiterer in diesem Zusammenhang erwähnenswerter Ansatz ist der von **Rostow** zu nennen. Für ihn stehen die vom führenden Wachstumssektor ausgelösten Kräfte, die Änderungen der Profitabilität der Produktion von Nahrungsmitteln und Rohstoffen, sowie die nationalen und internationalen Bevölkerungswanderungen im Zentrum des Interesses. Besonders die Preisentwicklung der Produkte des ersten Sektors im Ablauf einer langen Welle dient ihm zur Erklärung des Phänomens: einer Phase nachfrageinduzierter drastischer Preissteigerungen folgt ein durch Einsparungsanstrengungen bewirkter deutlicher Preisverfall.

Langfristig gesehen zeigen sich seit über 250 Jahren bei den Rohstoffpreisen Zyklen von 54 Jahren Länge. Der letzte Höhepunkt der Preisentwicklung war 1980 zu verzeichnen.[2] Nimmt man eine ähnliche Entwicklung wie in den 30er Jahren dieses Jahrhunderts an, so ist für 1993 (genau 13 Jahre nach der inflationären Spitze) mit Preistiefstständen zu rechnen. Zyklentheoretiker erwarten dabei für die wichtigsten Rohstoffe folgende Preise:

Tab. 2: Rohstoffpreise[3]

Rohstoff/Ware	Preisziel	Preis am 15.03.1990
Kupfer	0,35 US-$/Pfund	1,28 US-$/Pfund
Platin	150 US-$/Unze	503,70 US-$/Unze
Kaffee	0,30 US-$/Pfund	0,955 US-$/Pfund
Sojabohnen	2,25-3,75 US-$/Scheffel	5,86 US-$/Scheffel
Weizen	1,25 US-$/Scheffel	3,84 US-$/Scheffel
Baumwolle	0,22 US-$/Pfund	0,72 US-$/Pfund
Rohöl	5 US-$/Barrel	20,38 US-$/Barrel

Aus heutiger Sicht erscheinen derart tiefe Preise als völlig unrealistisch. Man darf jedoch nicht vergessen, dass bereits

1 Delbeke (1984) 9f; Rostow (1975) 750ff., Rostow/Kennedy (1979)
2 Faber (1988) 231ff.
3 The Elliott Wave Commodity Forecast, 6.01.1989, Die Welt vom 17.03.1990, S. 17, jeweils Preis des nächstfälligen Terminkontrakts; siehe auch Malik/Stelter (1990)

fünfmal in der Geschichte vergleichbare - zudem periodische- Preisrückgänge eingetreten sind.[1]

2.2.4 Betonung der Bedeutung des sozialen Umfelds

2.2.4.1 Der Ansatz von W. Krelle

Organisationseffizienz und Aktivitätsgrad der Gesellschaft ("Unternehmertum"[2]) sind für **Krelle** die zentralen Variablen, wobei er Organisationseffizienz[3] als "(...) Grad der Behinderung ökonomischer Tätigkeit durch die soziale Organisation(...)"[4] definiert. Indikatoren für den Aktivitätsgrad sind "(...) die Rate des technischen Fortschritts, die Investitionsquote und die Zukunftsdiskontrate, letztere approximiert durch die Umsatzrendite langfristiger Wertpapiere".[5] In der Empirie zeigen sich Zyklen von ca. 30 Jahren Dauer, also kürzere als jene im 19. Jahrhundert festgestellten.[6]

Die Ursache der zyklischen Bewegung ist der "(...) Übertragungsprozess von Informationen und Bewertungen von Person zu Person in der Gesellschaft..."[7]

Beide Variablen wirken auf die eigentlichen Antriebskräfte der langfristigen Entwicklung, nämlich die Investitionsquote und die Rate des technischen Fortschritts. Sie unterliegen im Zeitablauf Schwankungen, die sich über die genannten Faktoren auf die gesamtwirtschaftliche Entwicklung übertragen[8].

---

1 Faber (1988) 232
2 Krelle (1987) 389; "Entrepreneurship characterizes the degree of the propensity to work hard, to accept risks, to try new approaches,(...)."
3 Indizes: Arbeitslosenrate, Kapazitätsauslastung, Streikhäufigkeit, Krankenstand etc.; Krelle (1989) 10
4 Krelle (1989) 10
5 Krelle (1989) 11
6 Krelle (1987) 392ff.
7 Krelle (1987) 398
8 Krelle (1989) 12ff.

2.2.4.2 **Der Ansatz von H. Glismann et al.**

Glismann et al. betonen, dass "(...) langfristige Schwankungen in der (funktionalen) Einkommensverteilung und der Staatsaktivität" (als Indikatoren für Verteilungskämpfe) die Gewinnerwartungen und damit die Investitionstätigkeit, beeinflussen.[1] Gestützt wird diese These durch Analysen von Wachstums- und Investitionsschwankungen in mehreren Industrieländern.[2] Auch andere Autoren halten das soziale Klima für die entscheidende Variable zur Erklärung des hier behandelten Phänomens.[3]

2.2.5 **Der Zusammenhang zwischen Kriegen und Kondratieff-Wellen**[4]

Eine grosse Gruppe von Wissenschaftlern legt das Schwergewicht auf den engen Zusammenhang zwischen Kriegen bzw. Verteidigungsausgaben und den langen Wellen der Konjunktur. Dabei werden Kriege als die eigentliche Ursache der Zyklen angesehen.

Bereits Kondratieff hat das zyklische Auftreten von Kriegen in seinen Zeitreihen festgestellt, wobei er sie sowohl als Folge als auch als Ursache der volkswirtschaftlichen Entwicklung betrachtete.[5]

Es werden zwei Arten von Kriegen unterschieden; die einen treten am Höhepunkt des Kondratieff-Zyklus, kurz vor dem Übergang in die Stagnationsphase, die anderen in der Krise

---

1 Glismann/Rodemer/Wolter (1981) 66
2 Glismann/Rodemer/Wolter (1981) 78ff.
3 Höltschi/Rockstroh (1988) 17, verlangen ein "(dynamisches, komplementäres Verhältnis) zwischen der vorherrschenden Technologie, der ökonomischen Entwicklung und dem institutionell-gesellschaftlichen Rahmen(...)"; Kneschaurek (1987) 268ff., postuliert einen Zusammenhang zwischen wirtschaftlichem Liberalismus und Kondratieff-Wellen. Dabei ist jedoch kritisch anzumerken, dass **Deregulierungen** und **Wirtschaftsliberalismus** bisher in der **Plateauphase** aufgetreten sind, also unmittelbar vor der Depression; Batra (1988a) 123ff.
4 siehe zu dieser Thematik vor allem Goldstein (1988) 99ff. und 260ff.
5 Kondratieff (1926) 594

auf. Dabei sind die ersteren von weitaus grösserem Ausmass.[1] Nach deren Beendigung kommt es schliesslich zu einem Einbruch bzw. nach kurzer "Plateauphase" zur Depression.[2] Innovationen werden gemäss diesem Konzept als unmittelbare Folge der Rüstungsanstrengungen gesehen.

Der von **Mensch**[3] vertretene Ansatz, wonach Kriege und Rüstungsausgaben zur Vermeidung der Stagnation eingesetzt werden, erscheint dem Verfasser als geeignete Erklärung. Der Vietnam-Krieg wird als Signal für die Endphase der Prosperität gewertet. Für die Zukunft sind von daher nur kleinere Konflikte zu erwarten, wobei Rüstungsanstrengungen und Kriege am nächsten Tiefpunkt der zyklischen Entwicklung denkbar sind. Ein wesentlicher Grund ist zweifellos der Versuch, die Wirtschaft zu stimulieren, da sich gerade Rüstungsausgaben durch hohe Multiplikatoreffekte auszeichnen. Schon in der Vergangenheit war Aufrüstung zumindest teilweise Auslöser für eine Trendwende zur Überwindung der Depression.[4]

2.3 Weitere Entwicklungen im Zusammenhang mit Kondratieff-Wellen

Aus der Vielzahl von Erscheinungen, die im Zusammenhang mit der zyklischen Entwicklung von Volkswirtschaften festzustellen sind, sollen im folgenden drei herausgegriffen werden.

Gerade im Hinblick auf die zur Zeit rege Tätigkeit im Bereich von **Mergers and Acquisitions** ist es interessant festzustellen,

---

1 Der 2. Weltkrieg wird als Sonderereignis gewertet, welches sich nicht in das Schema einfügen lässt, u.a. Mensch (1975) 88, van Duijn (1983) 69, Goldstein (1988) 353; Dieser Auffassung vermag sich der Verfasser nicht anzuschliessen, sind doch Rüstungsausgaben das beste Beschäftigungsprogramm. Deshalb ist auch in Zukunft in schweren Krisen mit Aufrüstung und erhöhter Kriegsgefahr zu rechnen, vorausgesetzt der Staat ist in der Lage, diese zu finanzieren. Auch Bernstein (1987) 143 sieht im Krieg die eigentliche Ursache der Depressionsüberwindung.

2 Mager (1987) 178ff.

3 Mensch (1975) 88ff.

4 Mager (1987) 179

dass es bereits in der Vergangenheit derartige "Booms" gegeben hat.[1] Begründet wird dieses schubartige Auftreten von Übernahmewellen mit der hohen Liquidität der Industrie am Ende einer Aufschwungsphase und den, angesichts der schon bestehenden Überkapazitäten, fehlenden Investitionsmöglichkeiten.[2] Um dennoch ein weiteres Wachstum der Unternehmung zu ermöglichen, wird versucht, in andere Bereiche zu diversifizieren.[3] Zudem nimmt der Wettbewerbsdruck, dem man mit zunehmender Konzentration begegnen will, mit Beginn des Abschwungs zu. Ein weiterer Grund liegt m.E. im Versuch, möglichst grosse Marktanteile zu erlangen, da so auch in stagnierenden Märkten längerfristig überdurchschnittliche Erträge erwirtschaftet werden können.

Offensichtlich besteht ein Zusammenhang mit der vorherrschenden politischen Einstellung. In einem Klima der Deregulation und des "laissez-faire" nimmt die Zahl der Fusionen und Übernahmen merklich zu. Gerade in der Plateauphase (20er Jahre und vermutlich 80er Jahre dieses Jahrhunderts) liegt das Schwergewicht eindeutig auf der Einräumung weitgehender Freiräume für die Wirtschaft.[4] Erst die Auswüchse dieser Periode führen zu erneuter Regulierung, was sich zur Zeit in der Diskussion über zu ergreifende Massnahmen gegen die mit hohem Fremdkapital finanzierten Firmenübernahmen in den USA zeigt.

Eine weitere interessante Parallele besteht in der **Verschuldung des Privatsektors**, die ihrerseits zyklisch zu- und abnimmt.[5]

---

1 So gab es bereits in den 20er Jahren dieses Jahrhunderts eine Übernahmewelle in den USA; Eis (1969) und Sterman (1987) 153f.

2 Sterman (1987) 153; wie aktuell diese Tatsache ist, zeigen die Finanzlage deutscher Grosskonzerne zum gegenwärtigen Zeitpunkt und die grosse Bereitschaft zu Akquisitionen; siehe z.B. Gburek/Krüger (1989) 40ff.

3 Caytas/Mahari (1988) 33f; der Kauf anderer Unternehmen und von Marktanteilen ist billiger als der Aufbau eigener Kapazitäten; siehe dort (32ff.) auch für weitere Gründe von Mergers and Acquisitions.

4 Sterman (1987) 154; siehe zu diesem politischen Zyklus der Deregulation und der "Reregulation" auch Batra (1988a) 123ff.

5 Sterman (1987) 148ff.; Mager (1987) 213ff.; ebenso Minsky (1964) 324ff.

Der Zusammenhang von Kondratieff-Welle und privater Verschuldung wird wie folgt erklärt:[1]
Im Zuge eines Kondratieff-Aufschwungs steigt die Fremdfinanzierung an, was auf das stürmische Wachstum, die hohe Kapazitätsauslastung und die tiefen Realzinsen zurückgeführt werden kann. Folge ist ein Anstieg der Verschuldung, relativ zum Bruttoinlandsprodukt, bei gleichzeitig steigender Geldmenge. Mit Abschwächung der Wirtschaftstätigkeit gehen die Investitionen zurück. Die noch bestehende Inflation und das anhaltende Geldmengenwachstum begünstigen weitere Schuldaufnahmen, die zur **spekulativen Nachfrage nach Sachwerten** eingesetzt werden. Beschäftigungs- und Nachfragerückgänge, die das Ende der Prosperitätsphase markieren, vermindern die Fähigkeit, den Schuldendienst zu leisten. Preissenkungen und damit eine "Debt/Deflation"-Spirale sind die unvermeidliche Konsequenz.[2] Welches Ausmass diese Entwicklung annimmt, hängt von der Spekulationsneigung im Aufschwung ab: " The greater the degree of speculation during the expansion, the more likely is a panic during the downturn. The record post-Depression rate of bank and business failures, the collaps of major institutions such as Continental Illinois, the Ohio and Maryland bank holidays, and the current Third World debt crisis are all manifestations of the pressures that may trigger the debt/deflation dynamic on a broader scale."[3] So ist es in allen grossen Abschwüngen seit 1840 zu starken Kreditkontraktionen gekommen.[4]

Die Panik an den Finanzmärkten (=Crash) ist daher kein zufälliges Ereignis, sondern fügt sich nahtlos in das Schema ein. Ursache sind die Veränderungen im Finanzsystem, vor allem die relative Verschuldungszunahme und die Überbewertung von Aktien und Immobilien. Die Liquidationsphase in der Depression bildet

---

1 Sterman (1987) 148ff.
2 siehe hierzu Abschnitt 3.2, der die Bedeutung von Verschuldung im Zusammenhang mit deflationären Depressionen behandelt.
3 Sterman (1987) 151; auch Schumpeter (1961) 159f. verweist auf den Umstand, dass es v.a. von der Spekulationsneigung und dem Kreditgebaren abhängt, ob sich eine Rezession zu einer Depression ausweitet.
4 Mager (1987) 213

Basis für eine erneute langfristige Aufwärtsentwicklung, weil Schulden beseitigt und Aktiven tiefer bewertet werden. Zudem steigt der relative Anteil an "ultimate liquidity", was ebenfalls zu einer Stabilisierung des Systems beiträgt.[1]

Schliesslich ist ebenfalls ein zyklisches Auftreten der Neigung zum **Protektionismus** feststellbar. Jeweils am Umschlag in die Abschwungsphase ist mit protektionistischen Bestrebungen zu rechnen.[2] Dies ist insofern einleuchtend, als der politische Druck zum Schutz der eigenen Industrie mit zunehmender Arbeitslosigkeit wächst. Meist wird so jedoch ein Wettlauf der einzelnen Staaten ausgelöst, was zu einer weiteren Verschärfung der Wirtschaftskrise beiträgt.[3] Zudem erschweren derartige Massnahmen die Leistung des Schuldendienstes durch Länder der dritten Welt.

Dabei ist Protektionismus in Zukunft nicht nur auf dem Gebiet der Warenströme zu erwarten. Mit zunehmender Bedeutung des 3. Sektors, besonders des Bereiches der Finanzdienstleistungen, steigt die Wahrscheinlichkeit protektionistischer Eingriffe. Gerade im Hinblick auf die starke finanzielle Abhängigkeit Amerikas von Japan liegen Beschränkungen der Niederlassungsfreiheit, des Kapitalverkehrs und im Extremfall Sperrungen ausländischer Guthaben sowie Enteignungen im Rahmen des

---

1 Minsky (1964) 325ff.; siehe auch die Darstellung in Kindleberger (1978) 15ff. "Ultimate liquidity" besteht dabei aus jenen Finanzaktiven, deren Nominalwert fixiert ist und die nicht Schulden eines privaten Wirtschaftssubjektes sind. Ihr Anteil sinkt während der Aufschwungsperiode, so dass in der Krise verzweifelt versucht wird, sich diese Liquidität zu beschaffen, was ebenfalls eine Ursache des Crashs ist. Gerade in den letzten 10 Jahren ist ein stetiger Rückgang dieses Anteils festzustellen. In den 70er Jahren lag das Verhältnis von Nichtfinanz-Schulden zu M2 in den USA bei etwa 2,3:1 (allerdings inklusive Staatspapieren). 1989 wurde dann ein Wert von 3:1 erreicht; Clark/Malabre (1989) 11, siehe auch Anhang 1. Der **Einbezug von Staatsschulden**, wie ihn Minsky vornimmt, erscheint **nicht mehr zeitgemäss**. Dies liegt am aufkommenden Kreditrisiko bei öffentlichen Anleihen, z.B. in den USA; siehe unter 3.3.3.

2 Mager (1987) 199

3 siehe dazu die Entwicklung des Welthandels 1929ff. in Anhang 2.

Möglichen. Eine Entwicklung, die sich mit "finanziellem Protektionismus" umschreiben liesse.

Diese Variante wird von angesehenen Ökonomen, wie z.B. dem Nobelpreisträger M. Friedman, ausdrücklich in Erwägung gezogen: "In building factories, buying land or other assets in the U.S., foreigners are giving hostages to fortune. They are putting themselves at the mercy of the government. They are gambling that the U.S. will not expropriate their assets, or prevent them from benefiting from their dollar earnings."[1]

Gerade der Zwang der USA, den Zuwachs ihrer Auslandsverschuldung zu stoppen, lässt schärfere protektionistische Massnahmen erwarten. Schon heute sind mehr Eingriffe in den freien Handel festzustellen als zu jedem anderen Zeitpunkt seit dem zweiten Weltkrieg.[2] Bedrohlich sind diese Massnahmen vor allem für die exportabhängigen Überschussländer (Japan, Deutschland etc.). So kann eine Rezession in Amerika schwerwiegende Wirkungen auf die gesamte Weltwirtschaft haben.[3]

2.4 **Analyse: Wo stehen wir heute?**

Die Mehrzahl der Ökonomen, die sich mit dem Phänomen der langen Wellen der Konjunktur beschäftigen, datiert den Trendbruch des derzeitigen Zyklus auf den Tiefpunkt der Rezession infolge des Ölpreisschocks des Jahres 1973.[4] Seit diesem Zeitpunkt

---

1 M. Friedman (1988) 6

2 B. Friedman (1988b) 57

3 Der Anteil der USA an den Weltimporten lag 1985 bei 17%; Mandel/Wolf (1989) 105

4 van Duijn (1983) u.a. 79, Höltschi/Rockstroh (1988) 4; siehe dort (53ff.) für eine Analyse der derzeitigen "Stagnationsphase". Folge einer derartigen zeitlichen Einordnung der langen Konjunkturwellen ist, dass ein baldiges Ende der Stagnation erwartet wird. Ein erneuter Aufschwung wird bereits für die 90er Jahre prophezeit, so z.B. von Goldstein (1988) 353, der allerdings einschränkt: "(...) I would not discount the possibility of a sharp deflationary jolt (...) before that time. If (...) the most relevant precedent for the 1980s is the 1870s, then the equivalent of the great depression of the 1890s (...) would lie just ahead (...)." Rostow datiert den Beginn des Aufschwungs der 5.

befindet sich die Weltwirtschaft demnach auf dem absteigenden Ast des Kondratieff-Zyklus, mit deutlich schwächeren Wachstumsraten.

Interessant ist, dass einerseits die mangelnde empirische Evidenz langer Wellen in den realwirtschaftlichen Zeitreihen bemängelt wird, andererseits jedoch die Festlegung des Trendbruchs anhand der Wachstumsraten des Sozialprodukts erfolgt. Es erscheint sinnvoller, den Ablauf einer Kondratieff-Welle mit **monetären Grössen**, wie Preis- und Zinsniveauentwicklung, zu bestimmen.[1] Arbeitet man mit diesen Indikatoren (wie auch oben in Abb. 2), so ist ein Höhepunkt sowohl der Inflation als auch des Zinsniveaus im Jahre 1980 feststellbar. So sprechen folgende Punkte[2] dafür, dass wir zur Zeit eine Plateauphase erleben:

1. Übereinstimmung der gesamtwirtschaftlichen Lage (vor allem in den USA und Japan) mit der von Wellentheoretikern als typisch bezeichneten, so z.B. hinsichtlich der Stimmung der Konsumenten (Konsumrausch), der Verschuldungsbereitschaft und des Booms von Mergers and Acquisitions, um an dieser Stelle nur einige Erscheinungen zu nennen. Diese Einschätzung ergibt sich auch aus einem direkten Vergleich der 20er und der 80er Jahre, wie er in Tab.3 vorgenommen wird. Dabei ist sich der Verfasser sehr wohl der Tatsache bewusst, dass derartigen historischen Vergleichen keinerlei Beweiskraft zukommt. Dennoch sind die Parallelen erstaunlich und stützen die These, wonach wir uns gegenwärtig wiederum in einer Plateauphase befinden, was wirtschaftliche Turbulenzen für die nähere Zukunft befürchten lässt.

Kondratieff-Welle auf das Jahr 1972. Dieser Datierung vermochte sich sonst jedoch kein namhafter Wissenschaftler anzuschliessen; Rostow/Kennedy (1979) 2 und 31. Andere sehen eine deflationäre Phase mit weiterem wirtschaftlichen Niedergang voraus; Nakicenovic (1987) 102

1 so auch Dupriez (1963) 180ff.; dies ist m.E. auch dann zulässig, wenn man wie Marchetti und Nakicenovic die Preise lediglich als Indikatoren für realwirtschaftliche Vorgänge auffasst. Das Zinsniveau weist in den USA seit 1800 zyklische Bewegungen auf, die in das Schema der Kondratieff-Wellen passen; siehe zur Zinsentwicklung: Kaufman (1988) 125ff.

2 auch gemäss der Charakterisierung von Höltschi/Rockstroh (1988) 55ff.

2. Stagnation der wichtigsten Schlüsselindustrien (gesättigte Märkte) und bestehende Überkapazitäten (bei anhaltendem Aufbau von weiteren Überkapazitäten). Diese betragen z.B. in der europäischen Automobilindustrie z.Zt. ca. 30%. Dabei täuscht die gute Automobilkonjunktur der letzten Jahre über die vorliegenden Strukturprobleme hinweg. Im Zuge einer Abschwächung der Wirtschaftstätigkeit sowie bei einem Umschwung der Konsumentenstimmung sind deutliche Absatzeinbrüche denkbar. Angesichts der weitgehend gesättigten Märkte[1] ist die Automobilindustrie "(...) at the mercy of more whimsical replacement markets."[2] Die unbestrittene Bedeutung dieses Industriezweiges für die meisten westlichen Industrienationen sowie die mit einem Einbruch verbundenen negativen Multiplikatoreffekte verdeutlichen die Anfälligkeit der Weltkonjunktur in dieser Hinsicht.[3]
3. Es häufen sich die Anzeichen des technologischen Umbruchs, hin zur Mikroelektronik und zur Bio- und Gentechnologie.
4. Schliesslich ist noch die aufgelaufene Schuldenlast zu nennen (s.u.), die ebenfalls in das theoretische Schema passt.

Angesichts dieser für eine Plateauphase typischen Merkmale ist eine tiefgreifende deflationäre Wirtschaftskrise nicht auszuschliessen. Datiert man den Beginn dieser Phase auf das Jahr 1980, so hiesse dies, dass in den Jahren 1989/90 mit dem offenen Ausbruch der Krise zu rechnen wäre. Diese würde dann bis etwa in das Jahr 2004 andauern, ehe es zu einer erneuten langfristigen Aufwärtsentwicklung käme.

---

1 siehe für eine Untersuchung der Sättigungserscheinungen z.B. Marchetti (1983b)
2 Marchetti (1983b) 11
3 Auf die Bedeutung der Automobil- (und Bau-)industrie verweisen auch Mandel/Wolf (1989) 97f.

Tab. 3: Vergleich der 20er und der 80er Jahre in den USA[1]

1920	1980
Höhepunkt von Zinsen und Rohstoffpreisen.	Ebenfalls Höhepunkt bei Zinsen und Rohstoffpreisen.
Die Republikaner gewinnen die Präsidentschaftswahlen in den USA.	Wiederum Sieg der Republikaner (Reagan).
General Motors verzeichnet zum ersten Mal einen Verlust.	Zum ersten Mal seit 1920 wieder Verlustausweis bei General Motors.
1921	**1981**
Umfangreiche Steuersenkungen für wohlhabende Gesellschaftsschichten	Steuersenkung für Unternehmen und wohlhabende Gesellschaftsschichten
Restriktive Geldpolitik zur Bekämpfung der Inflation.	Ebenfalls sehr restriktive Geldpolitik zur Inflationsbekämpfung.
Starke Zunahme der Arbeitslosigkeit.	Starke Zunahme der Arbeitslosigkeit.
1922	**1982**
Starke Abnahme der Inflation.	Starke Abnahme der Inflation
Deutlicher Zinsrückgang.	Deutlicher Zinsrückgang.
Tiefpunkt der Rezession.	Tiefpunkt der Rezession.
Beginn einer anhaltenden Aktienhausse.	Beginn einer anhaltenden Aktienhausse.
1923	**1983**
Zum ersten mal in der Geschichte werden Giroeinlagen verzinst.	Erstmals seit den 30er Jahren wieder Verzinsung der Guthaben auf Girokonten.
Deutlicher Rückgang der Arbeitslosigkeit.	Deutlicher Rückgang der Arbeitslosigkeit.
Aktienkurse haussieren weiter.	Aktienkurse haussieren weiter.
1924	**1984**
Niedrige Inflation, stabile Zinsen; anhaltende Aktienhausse.	Niedrige Inflation, stabile Zinsen; anhaltende Aktienhausse.

1 Batra (1988a) 174f., (1988b) 25ff., 33f.; siehe auch Malik/Stelter (1990)

1925	1985
Weiterer Rückgang der Arbeitslosigkeit; steigende Aktienkurse. Starke Zunahme der Bankenzusammenbrüche.	Weiterer Rückgang der Arbeitslosigkeit; steigende Aktienkurse. Starke Zunahme der Bankenzusammenbrüche.
1926	**1986**
Steuerreform senkt die Belastung für die Privaten und erhöht die Unternehmenssteuern. Deutlich mehr Bankenzusammenbrüche Inflationsrate geht zurück. Gegen Jahresende fallen Energiepreise deutlich.	Steuerreform senkt die Belastung für die Privaten und erhöht die Unternehmenssteuern. Deutlich mehr Bankenzusammenbrüche Inflationsrate geht zurück. Energiepreise gehen im Jahresverlauf deutlich zurück.
1927	**1987**
Neue Höchstkurse am Aktienmarkt. Starker Rückgang der Aktienkurse im Oktober 1927. Die Wirtschaft befindet sich auf Vollbeschäftigungsniveau. Expansive Geldpolitik zur Verhinderung einer Rezession.	Neue Höchstkurse am Aktienmarkt. Der Börsencrash vom 19.10. ist der grösste seit 73 Jahren. Die Wirtschaft befindet sich auf Vollbeschäftigungsniveau. Expansive Geldpolitik zur Verhinderung einer Rezession.
1928	**1988**
Höhepunkt des Wirtschaftsaufschwungs. Erneut republikanischer Sieg bei Präsidentschaftswahlen (Hoover). Weiter steigende Aktienkurse, trotz Pessimismus führender Börsenexperten.	Höhepunkt des Wirtschafsaufschwungs. Erneut republikanischer Sieg bei Präsidentschaftswahlen (Bush). Weiter steigende Aktienkurse, trotz Pessimismus führender Börsenexperten.
1929	**1989/90?**
Letzte Kursschübe an den Aktienbörsen enden in einem umfassenden Crash; Wirtschaftsabschwung geht in eine Depression über.	Ende der weltweiten Aktienhausse; Abschwung in eine zumindest schwere Rezession.

Einer solchen deterministischen Haltung vermag sich der Verfasser nicht anzuschliessen. Betrachtet man jedoch den gesamtwirtschaftlichen Kontext, so ist die Gefahr derartiger Entwicklungen nicht von der Hand zu weisen. Die Geschichte lehrt, dass es immer wieder längere Phasen fallender Preise und zurückgehender Wirtschaftstätigkeit gegeben hat.

Nachfolgende Abbildung zeigt die Aufteilung des Zeitraumes seit 1815 gemäss dem Kondratieff-Schema:

Abb. 5: Kondratieff-Wellen seit 1815[1]

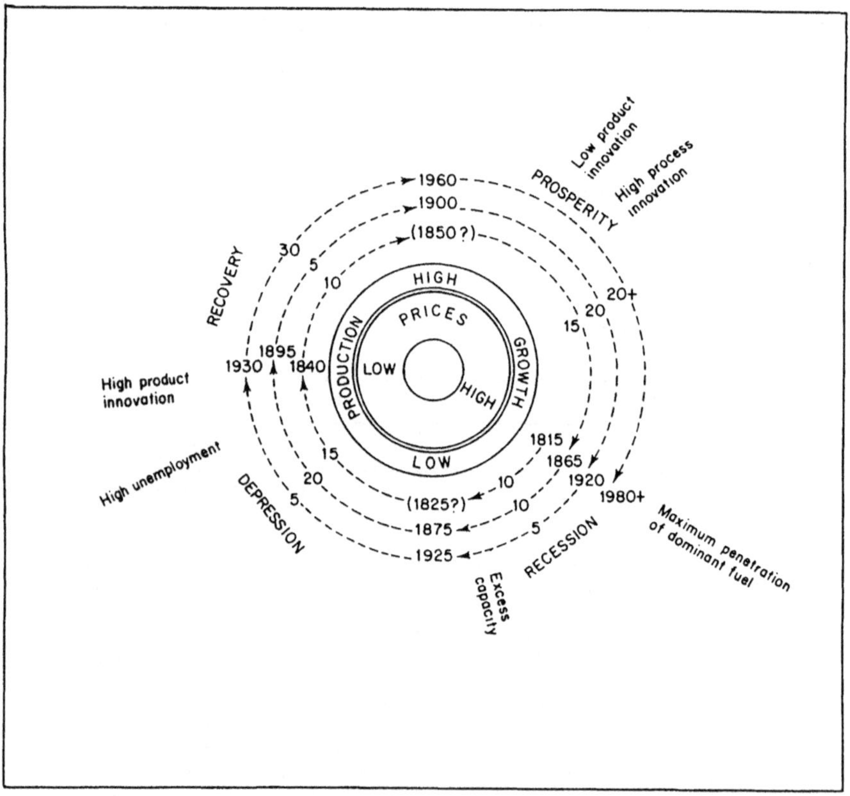

1 entnommen aus Cleary/Hobbs (1984) 181; für eine ausführliche Darstellung der Geschichte siehe Goldstein (1988) 281ff.

2.5 **Zusammenfassung**

Im folgenden soll versucht werden, jene Aspekte der Theorie der langen Wellen herauszugreifen, die für den hier im Mittelpunkt des Interesses stehenden Zusammenhang von herausragender Bedeutung sind. Dabei erscheint m.E. ein eklektisches Vorgehen als durchaus angebracht. Die meisten Erklärungsansätze sind miteinander vereinbar, beleuchten sie doch nur verschiedene Facetten desselben Problems. Eine umfassende Theorie der Kondratieff-Zyklen muss offensichtlich alle Erscheinungen im Zusammenhang mit der langfristigen Entwicklung von Volkswirtschaften bzw. der Weltwirtschaft beinhalten. In den meisten der oben dargestellten Theorien wird aus einem engen Zusammenhang auf eine Kausalbeziehung geschlossen. Doch lassen sich Kriege, aber auch Innovationen durchaus auch als Folgen und nicht als Ursachen der zyklischen Schwankungen betrachten. Dennoch erscheint es als äusserst wahrscheinlich, dass industriebegründende Innovationen und Substitutionsprozesse eine zentrale Rolle spielen.

Somit sind folgende Schlussfolgerungen aus der vorangegangenen Diskussion zu ziehen:

1. In der Vergangenheit gab es mehrmals lang anhaltende Phasen der Prosperität, aber auch des wirtschaftlichen Niedergangs. Der Aufschwung seit dem 2. Weltkrieg fügt sich nahtlos in dieses Schema ein. Besonders interessant ist, dass inflationäre Perioden von deflationären abgelöst wurden. Stabilität, im Sinne von konstantem Preisniveau, gab es am Ende einer Inflationsphase bisher nicht. (Abb. 2)
   Gerade bei Rohstoffpreisen zeigt sich die zyklische Entwicklung deutlich. Sollte diese Periodizität andauern, so sind für die unmittelbare Zukunft deutlich tiefere Preise zu erwarten.
2. Die wirtschaftliche Entwicklung ist im engen Zusammenhang mit dem Gedeihen der wichtigsten Industriezweige zu sehen. Diese waren von massgeblicher Bedeutung für den Aufschwung. Treten sie in eine Stagnationsphase ein, was an der weit-

gehenden Sättigung der betreffenden Märkte liegt, so hat dies über Multiplikatoreffekte negative Auswirkungen auf die gesamte Wirtschaft.

3. Es besteht in den Schlüsselindustrien die Tendenz zum Aufbau von Überkapazitäten, was im Zusammenhang mit überzogenen Wachstumserwartungen im Verlauf der Prosperitätsphase zu sehen ist. Trendextrapolationen in Zeiten stürmischen Wachstums vernachlässigen, dass sich die einzelnen Märkte entlang einer logistischen Kurve entwickeln.
4. Gegen Ende der Aufwärtsentwicklung sinkt die Neigung zu Produktinnovationen, während die Rationalisierungsanstrengungen zunehmen.
5. Die Umsetzung von grundlegenden Innovationen ist von zentraler Bedeutung für die wirtschaftliche Entwicklung. Für die Zukunft sind völlig neue, bisher noch wenig genutzte Innovationen zu erwarten, die zum Aufbau von ganzen Industriezweigen führen. Mögliche Bereiche sind die Mikroelektronik sowie die Bio- und Gentechnologie.
6. Kriege und vermehrte Rüstungsanstrengungen sind ebenfalls in diesem Kontext zu berücksichtigen. Das Bemühen des Staates, Stagnationsphasen und Wirtschaftskrisen durch Demand Management zu überwinden, findet hier seinen Niederschlag, was an der hohen Multiplikatorwirkung staatlicher Ausgaben in diesem Bereich liegt.
7. Fusionen und Übernahmen sind charakteristisch für die Endphase eines Kondratieff-Aufschwungs (Plateauphase), da zu diesem Zeitpunkt wenig Investitionsmöglichkeiten bestehen. Dies ist auch der Grund für die hohen Bestände an liquiden Mitteln bei vielen Grossunternehmen.
8. Allgemeine Zuversicht, mit entsprechender Neigung zur Spekulation, ist typisch für die Phase vor einer tiefgreifenden Wirtschaftskrise.
9. Im Verlauf der Expansionsphase steigt die Verschuldung von Unternehmen und Konsumenten an. Im Endstadium vor der Depression kommt es zu zusätzlicher Verschuldung, einerseits um spekulativ Werte wie Immobilien und Wertpapiere nachzufragen, andererseits zum Konsum. Dies ist m.E. kein Wider-

spruch zur bereits aufgeführten Sättigungsproblematik. Die positiven Zukunftserwartungen der Wirtschaftssubjekte führen zu vorgezogenen Konsumakten, denen kein Ersatzbedarf zugrunde liegt. Bestes Beispiel ist wiederum der Kraftfahrzeugmarkt, wo bekannt ist, dass das durchschnittliche Lebensalter des PKW-Bestandes in Zeiten guter Konjunktur sinkt, um in Rezessionen wieder entsprechend zu steigen.[1]

10. Des weiteren besteht ein enger Zusammenhang zwischen der gesamtwirtschaftlichen Entwicklung und protektionistischen Tendenzen. Wie in der letzten grossen Depression der Jahre 1929ff., so ist auch zukünftig, in ähnlichen wirtschaftlichen Umständen, mit Handelsbeschränkungen zu rechnen. Dabei ist es völlig unerheblich, dass Praxis und Theorie zweifelsfrei bewiesen haben, dass derartige Massnahmen letztlich allen schaden.

1 Dies zeigt auch die Lage in den USA 1929ff.: nach einem Boom in den 20er Jahren wies der Bestand an PKW ein geringes Durchschnittsalter auf, was zu einer umso heftigeren Korrektur im Verlauf der Depression beitrug. Die Anzahl im Verkehr befindlicher Fahrzeuge sank in den ersten drei Jahren der Depression um nur 10%, während die erwartete Restnutzungszeit pro Wagen um 37% stieg; Bernstein (1987) 58.

3 DAS PROBLEM DER WELTWEITEN VERSCHULDUNG

3.1 Einleitung

In diesem Kapitel erfolgt eine knappe Darstellung der Verschuldungslage von Staaten, Konsumenten und Unternehmen, verknüpft mit einer Diskussion von deren Bedeutung und Tragweite. Dabei wird immer wieder auf die letzte grosse deflationäre Periode, die Weltwirtschaftskrise der 30er Jahre, rekuriert. Zweifelsohne lässt sich die heutige Lage nicht völlig mit jener der damaligen Zeit vergleichen. Viele der damals gemachten Erfahrungen erlauben jedoch eine Interpretation der aufgelaufenen Schuldenlast, besonders hinsichtlich ihrer Bedeutung für die wirtschaftliche Entwicklung der unmittelbaren Zukunft. Es wird auch versucht, einen Massstab aufzuzeigen, der es zu beurteilen erlaubt, ab wann die Verschuldung ein tragbares Niveau überschritten hat und negative Auswirkungen auf die wirtschaftliche Situation zu befürchten sind. Schliesslich werden vier denkbare Entwicklungen behandelt und deren Folgen diskutiert.

3.2 Zur Bedeutung der Verschuldung im Zusammenhang mit deflationären Krisen

Überschuldung stellt die wesentliche Ursache von Depressionen und schweren Wirtschaftskrisen dar. Dies ist die Kernaussage von **Fisher**[1], der sich in den 30er Jahren, angesichts der weltweiten Wirtschaftslage, mit dieser Problematik beschäftigte. Dabei ist Überschuldung immer relativ zu Volkseinkommen und -vermögen zu sehen.[2]
Doch ist es nicht der Zustand der Überschuldung alleine, der zu derart tiefgreifenden Krisen wie jener der 30er Jahre

---

1 Fisher (1933) 341; ebenso Persons (1930) 94, Congdon (1988) 2f.
2 Fisher (1933) 345; was als "Überschuldung" anzusehen ist, wird unter 3.3.5 eingehend behandelt. Alleine zwischen 1921/22 und 1929 nahmen die langfristigen **internen** Schulden der USA um 68% zu; das Volkseinkommen stieg in der gleichen Zeit um nur 29%; Clark (1933) 16. Insgesamt standen 1929 rund 250 Mrd. $ an internen Schulden aus; Hart (1938) 3. Das BIP betrug 104,4 Mrd. $; Temin (1976) 4

führt. Erst gekoppelt mit der durch Verschuldung ausgelösten deflationären Entwicklung kommt ein Teufelskreislauf in Gang, der letztlich derart schwerwiegende Auswirkungen auf die gesamte Volkswirtschaft hat. Verkürzt stellt sich der Ablauf wie folgt dar:[1]

1. a) Stimmungsumschwung und Vertrauensverlust
   b) Leichter Rückgang der Geldumlaufsgeschwindigkeit
   c) Beginn der Schuldenliquidation
2. a) Nominalzinsen auf sicheren Krediten fallen
   b) Nominalzinsen auf unsicheren Krediten steigen
3. a) Erste Notverkäufe von Schuldnern werden vorgenommen
   b) weitere Stimmungsverschlechterung
   c) Kursrückgänge bei Wertpapieren
   d) Weitere Schuldenliquidation
   e) Rückgang der Warenpreise
4. a) Dies bedeutet höhere Realzinsen; reale Schuld wächst
   b) Pessimismus und Misstrauen nehmen zu
   c) Weitere Schuldenliquidation
   d) Weitere Notverkäufe
   e) Weiterer Rückgang der Geldumlaufsgeschwindigkeit
5. a) Notverkäufe nehmen nochmals zu
   b) Die Giralgeldmenge sinkt (Rückzahlung von Bankkrediten)
   c) Realer Wertgewinn der Währung
6. a) Rückgang des Eigenkapitals (Aktiva sind weniger wert)
   b) Anstieg der Konkurse
   c) Weitere Abnahme des Vertrauens; Pessimismus
   d) Weiterer Rückgang der Geldumlaufsgeschwindigkeit
   e) Weitere Schuldenliquidierung
7. a) Rückgang der Gewinne
   b) Zunahme der Verluste
   c) Immer mehr Pessimismus
   d) Rückgang der Geldumlaufsgeschwindigkeit
   e) Weitere Schuldenliquidierung
   f) Volumen an gehandelten Aktien nimmt ab
8. a) Rückgang der Bautätigkeit
   b) Rückgang der Produktion
   c) Rückgang des Handels
   d) Arbeitslosigkeit
   e) Weiterer Pessimismus
9. Bargeldhortung
10. a) Bankenkrisen ("Runs")
   b) Banken schränken Kreditvergabe zum Selbstschutz ein
   c) Banken verkaufen Aktiva
   d) Erste Bankenzusammenbrüche
   e) Misstrauen nimmt nochmals zu
   f) Weitere Bargeldhortung
   g) Weitere Schuldenliquidierung
   h) Anhaltende Notverkäufe
   i) Weiterer realer Wertzuwachs des Bargelds

---

1 Fisher (1933) 343; sinngemässe, leicht abgewandelte Übersetzung durch den Verfasser; Punkte unter a) bilden immer den Kern der Aufzählung.

Es zeigt sich, dass der Versuch der Schuldner, ihre Belastung durch Verkäufe von Aktiva zu mindern, zu einer realen Erhöhung der Schuldenlast führt. Die Schuldenliquidierung kann mit dem von ihr ausgelösten Preisverfall bei Sachwerten nicht mithalten. "(...) (T)he very effort of individuals to lessen their burden of debts increases it, because of the mass effect of the stampede to liquidate in swelling each dollar owed", oder kurz gesagt: "The more money the debtors pay, the more they owe."[1]

Dieser Ablauf lässt sich anhand der Entwicklung in den 30er Jahren sehr gut illustrieren: Bis März 1933 sind die Schulden nominell um 20% abgebaut worden, während der Dollar gleichzeitig an Kaufkraft gewann, was die realen Schulden um etwa 40% ansteigen liess.

Abb. 6: Schätzung von Volksvermögen und interner Verschuldung in den USA 1929/1933[2]

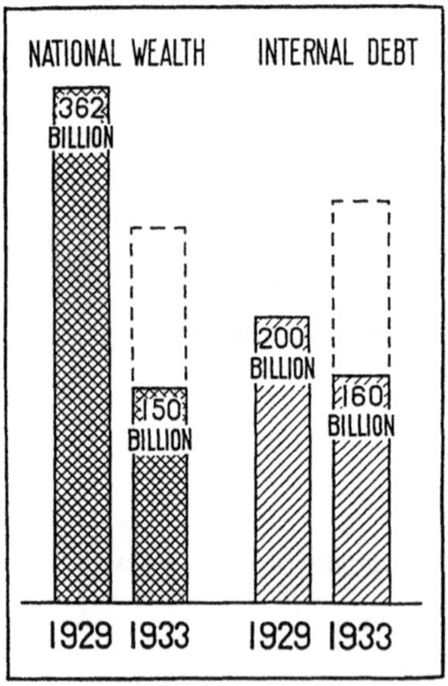

Erläuterung:

Die gestrichelten Bereiche stellen die preisbereinigten Werte in konstanten Dollar des Jahres 1929 dar.

1 Fisher (1933) 344
2 entnommen aus Fisher (1933) 354; der Anteil des Schuldendienstes am Volkseinkommen stieg von 9% (1929) auf 19.8% (1932-33); Clark (1933) 12

Ursache der Überschuldung sind neue Investitions- und Anlagemöglichkeiten, die grosse Gewinne erwarten lassen, gepaart mit leichtfertiger Kreditvergabe. Sind es zu Beginn die neuen Technologien, die zur Verschuldung führen, so ist es später die spekulative Nachfrage nach Gütern, bei denen Preissteigerungen erwartet werden. Hinzu kommt schliesslich eine aggressive Verkaufspolitik, die auf den positiven Zukunftserwartungen der Öffentlichkeit aufbaut[1] und zur Verschuldung animiert.

Der hier dargestellte Zusammenhang zwischen Verschuldung und wirtschaftlicher Entwicklung ist m.E. die beste Erklärung für Auftreten und Ablauf von deflationären Depressionen.[2] Dennoch ist eine wesentliche Ergänzung der von Fisher vorgenommenen Analyse vonnöten: Nicht der Stimmungsumschwung, der willkürlich oder auch gar nicht auftreten kann, ist der Auslöser für die Krise. Diese ist vielmehr ein **zwangsläufiges** Resultat der vorangegangenen, schuldfinanzierten Expansion.

Unmittelbare Folge des kreditfinanzierten Aufschwungs ist eine Zunahme von Geschäftstätigkeit und Beschäftigung, bei positiver Beurteilung der Zukunftsaussichten, sowie "(...) a flood of gratulatory literature proclaming us wiser than our predecessors."[3] Dabei werden viele Kredite in der Erwartung ewigen Aufschwungs vergeben[4], was auch an der zunehmenden Konkurrenz der Anbieter liegt.[5]

---

1 Fisher (1933) 348f.; derzeit zeigt sich dies am aggressiven Verhalten der Kreditkartenunternehmen, die praktisch keine Rücksicht auf die Bonität umworbener Kunden nehmen; Guenther (1989) 9f.

2 Für Schumpeter (1961) 156 FN 12, 176, 938, handelt es sich bei der Schulden-Deflation lediglich um ein Symptom, während die eigentliche Krisenursache in den durch Innovationen ausgelösten langen und kurzen Konjunkturwellen zu sehen ist.

3 Persons (1930) 116

4 So meint Persons (1930) 118 zu Abzahlungsgeschäften: "(...) (I)t is highly probable that a considerable volume of the sales recently made were based on credit ratings only justifiable on the theory that **flush times were to continue indefinitely.**"; Hervorhebung durch den Verfasser. Dies ist typisch für die Plateauphase eines Kondratieff-Zyklus; derselbe Vorwurf wird z.Zt. im Zusammenhang mit LBOs in den USA erhoben.

5 Persons (1930) 118

Dieser Prozess lässt sich jedoch nur so lange fortsetzen, bis die **Beleihungsgrenzen** erreicht bzw. die Verschuldungskapazität ausgeschöpft ist: "For a few years the nation, like the individual debtor, may buy more than it earns, paying for the uncovered balance by increasing its indebtness. Once the limit of its credit is reached the nation's purchasing power falls back to the limit of the national income."[1] Und weiter: "The end of the inflationary period comes when the (...) credit methods have worked out their full results. When every potential debtor and installment buyer has assumed the full burden of indebtness which the (...) credit policies allow; (...) - in short when the newly tapped credit resources have been fully exploited - there is, of necessity an end to the process."[2]

Andererseits führt die Kreditexpansion zu guter Auftragslage und Gewinnen, was wiederum die Anbieter veranlasst, ihre Kapazitäten in der Erwartung einer Fortsetzung des Booms auszuweiten. Da auf Dauer jedoch nicht mehr ausgegeben werden kann, als verdient wird, ist eine Anpassungskrise, wie die grosse Depression der 30er Jahre, die Folge.[3] Deren Ursache ist demnach in der vorangegangenen Verschuldung zu sehen.

Diese Argumentation lässt sich auch auf die Weltwirtschaft übertragen; ist die weltweite Verschuldungskapazität bzw. Bereitschaft ausgeschöpft, so folgt ein Nachfragerückgang, und eine Wirtschaftskrise ist unumgänglich. Bezogen auf die gegenwärtige Lage zeigt die Verschuldung von Staaten (nicht nur der 3. Welt), Unternehmen und Konsumenten, dass die Ausschöpfung dieser Kapazität bereits erfolgt ist oder kurz

---

1 Persons (1930) 119
2 Persons (1930) 120
3 Persons (1930) 129f. "It is widely believed that rash lending created a situation that was bound to collapse."; Hart (1938) 6; siehe auch Schumpeter (1961) 850f., der schliesst: "Bei der Art und Weise, in der sowohl Unternehmungen wie Haushaltungen sich während der zwanziger Jahre in Schulden gestürzt hatten, ist es klar, dass die aufgelaufene Belastung (...) ursächliche Bedeutung für das plötzliche Hinabstürzen in die Depression hatte."; Schumpeter (1961) 938

bevorsteht.[1] Ohne Zweifel wird eine hohe Verschuldung zu einer Verschärfung von Rezessionen führen, unabhängig davon, ob sie sich zu einer deflationären Überschuldungskrise ausweiten.[2]

Fisher schlägt als Lösung eine "Reflationierung" des Preisniveaus vor, um so die negativen Wirkungen der Notverkäufe aufzufangen. Dabei führt er die Entwicklung Schwedens in der Weltwirtschaftskrise und die erfolgreichen Massnahmen Roosevelts als positive Beispiele an.[3] Ob die Wirtschaftspolitik und dabei vor allem die Geldpolitik heute in der Lage wäre, derartige Deflationsspiralen aufzuhalten, wird unter 5 diskutiert.

3.3 Die Verschuldung in einzelnen US-Wirtschaftsbereichen

3.3.1 Die Finanzlage amerikanischer Industrieunternehmen

Besonders die Verschuldung des amerikanischen Unternehmungssektors ist mit grosser Besorgnis zu sehen, wie die nachfolgenden Ausführungen zeigen werden.
Alleine zwischen 1980 und 1989 stieg die Verschuldung der US-Nichtfinanz Aktiengesellschaften von 45% des Bruttoinlandsprodukts auf nunmehr 54%.[4] Gleichzeitig nahm die Belastung durch den Zinsendienst spürbar zu: Wurden in den 50er und 60er Jahren im Durchschnitt 16 Cents pro Dollar Gewinn vor Steuern für den Zinsendienst aufgewendet, so waren es in den 70er Jahren

---

1 so in den USA: Wessel/Stout (1989) 5, Clark/Malabre (1990) 8; siehe zur Notwendigkeit einer Zusatzverschuldung unter 4.2.2.

2 Die starke Zunahme der Verschuldung in Kanada in den 70er und Anfang der 80er Jahre (u.a. für Unternehmensübernahmen und Erwerb von Grundbesitz) hatte zur Folge, dass die Rezession der 80er Jahre deutlich schärfer war als in anderen Industrieländern, vor allem wegen einer hohen Rate an Insolvenzen; BIZ (1987) 86.

3 Fisher (1933) 346; Schweden scheint jedoch mehr von einer günstigen Wechselkursrelation profitiert zu haben; Kindleberger (1973) 190f.

4 Pennar (1989) 14, Will (1989) 6. Nach dem absoluten Höchststand im Jahre 1932 (123% des BIP) wurde die Unternehmensverschuldung kontinuierlich zurückgeführt. Ziel war eine solide Finanzierungs- und Bilanzstruktur; 1946 betrug sie dann nur noch 29% des BIP, 1960 30,5%; Congden (1988) 171ff.

bereits 33 Cents, und seit 1980 liegen die entsprechenden Werte bei 50 Cents (1986: 56 Cents).[1] Die Belastung des Cash Flows (22,8% im 1. Quartal 1989) entspricht fast dem Höchstwert der Rezession von 1974.[2]

Bei der Analyse der Unternehmungsverschuldung ist zusätzlich zu berücksichtigen, dass vermehrt kurzfristige Verbindlichkeiten eingegangen werden. So stieg der Anteil der kurzfristigen an der gesamten Fremdfinanzierung von weniger als 23% (1969) auf 35% in den 80er Jahren.[3] Vermutlich wird diese Tendenz sich auch in der näheren Zukunft fortsetzen, was an den zum Teil gestörten Marktverhältnissen im Bereich der langfristigen Industrieanleihen liegt. Seit dem Leveraged Buyout[4] von RJR Nabisco im Herbst 1988, der starke Verluste in diesem Marktbereich ausgelöst hat, ist es schwer, derartige Papiere im Markt zu plazieren, was die Unternehmen zwingt, vermehrt kurzfristiges Kapital aufzunehmen. Dies erhöht die Gefahr einer **Illiquidität**, wenn eine Refinanzierung nicht wie geplant vorgenommen werden kann. Veränderungen des Zinsniveaus haben unmittelbar Einfluss auf die Ertragslage.[5]

Die Rekordgewinne des Jahres 1988 wurden für Investitionen, Übernahmen anderer Unternehmen sowie Aktien(rück)käufe und Dividendenausschüttungen verwendet.[6] Folge ist eine niedrige Kassenhaltung, die es erschwert, in finanziell angespannten Situationen liquide zu bleiben.

---

1 B. Friedman (1988a) 127, (1988b) 100; o.V. (1988b) 56; der Zinsdeckungsgrad sank von 6 (60er) auf nur noch 2 in den 80er Jahren; Roshardt (1988) 35; ähnlich Kopcke (1989) 29ff.

2 Norris (1989) 13

3 Malabre (1988) 30

4 Dabei handelt es sich um den "Erwerb einer Gesellschaft, dessen Ergebnis ein besonders hoher Verschuldungsgrad ist. Der Kauf erfolgt im wesentlichen (fast) ohne Eigenmittel, die Aktiva des (oft unterbewerteten) Übernahmeobjekts dienen als primäre Sicherheit."; Caytas/Mahari (1988) 391

5 Kaufman (1988) 43f. und 129; o.V. (1988b) 57

6 Die im Standard and Poor's 500 Index erfassten Unternehmen wiesen ca. 38% höhere Gewinne pro Aktie als im Jahre 1987 auf; o.V. (1989a) 67

Abb. 7: Finanzlage US-amerikanischer Unternehmen[1]

Anteil der Zinslast am Gewinn vor Steuern (US-Nichtfinanz-Unternehmen)

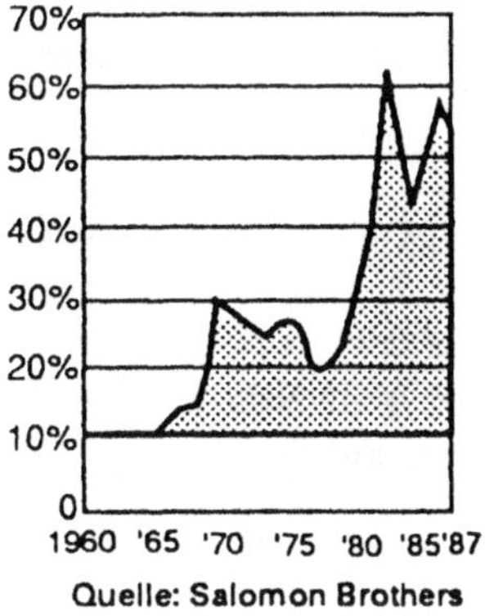

Belastung des Cash Flow durch den Zinsendienst

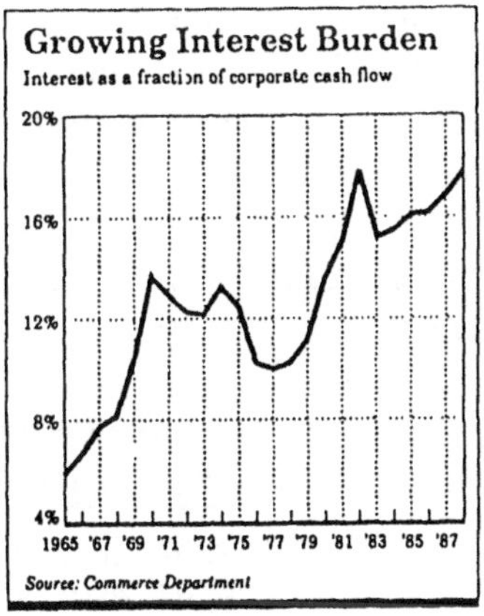

Verhältnis Liquidität/ Verbindlichkeiten

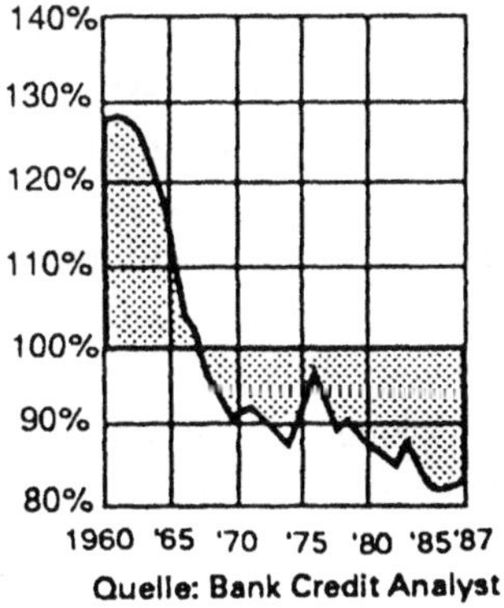

Anzahl der Unternehmen, deren Bonität zurückgestuft wurde, minus Anzahl der Bonitätsheraufsetzungen

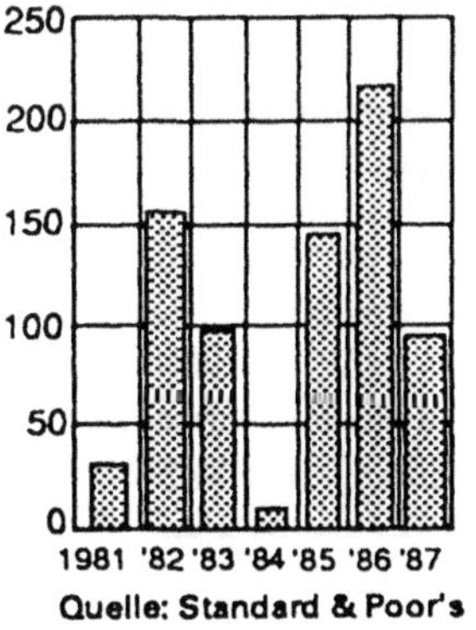

1 Clark/Malabre (1988) 2, Wessel (1989a) 1

Gerade auch die Aktienrückkäufe nach dem Börsenkrach 1987, die bereits am 20. Oktober angekündigt wurden[1], können bei einer Wiederholung im Zuge einer Wirtschaftskrise schwerwiegende Folgen haben, wie das Beispiel deutscher Konzerne in der grossen Depression der 30er Jahre verdeutlicht.[2] Schliesslich schwächen sie gleichzeitig Liquidität und Eigenkapital und führen so zu einer erhöhten Krisenanfälligkeit der jeweiligen Unternehmung.

Deutlich lässt sich die Verschlechterung der Finanzierung anhand der Quick Ratio ersehen:[3]

Tab. 4: Liquidität von US-Industieunternehmen

Zeitpunkt	Quick Ratio
Ende 40er Jahre	1,07
Ende 50er Jahre	0,57
Ende 60er Jahre	0,23
Anfang 80er Jahre	0,15

Folge dieser verschlechterten Finanzlage ist eine bedenklich hohe Rate an Bonitätsherabsetzungen (Abb. 7).[4] Im Jahre 1976 wurden noch 56 Industrie- und Versorgungsunternehmen mit AAA bewertet, während 10 Jahre später nur noch 26 Unternehmen dieses Rating erhielten. Bei Neuemissionen von Industrieanleihen zeigt sich dieser qualitative Abstieg noch deutlicher, da 1984 nur noch 1% mit AAA bewertet wurden, verglichen mit 40% 1977.[5]

Der Trend zur Securitization (=Verbriefung von Schulden in umlauffähigen Wertpapieren) trägt dazu bei, dass zukünftige

1 Metz (1988) 234
2 siehe dazu Abraham (1933) passim.
3 Malabre (1988) 30; im Vergleich dazu wiesen bundesdeutsche Unternehmen 1987 eine Quick Ratio von 0,94 aus (Durchschnitt von 20000 Unternehmen aller Rechtsformen). Die Eigenmittelquote betrug lediglich 19,5%, der Anteil der Zinszahlungen am EBIT lag bei rund 23% (eigene Berechnung); Deutsche Bundesbank (1988) 18ff., 24
4 BIZ (1989) 101
5 Kaufman (1988) 17, 167

Störungen und Konkurse nicht mehr vom Bankensystem aufgefangen werden, was die Auswirkungen auf die Gesamtwirtschaft erhöht,[1] wobei allerdings die Fähigkeit der Banken, derartige Verluste zu verkraften, fragwürdig ist (s.u. 3.7).

Gründe für Verschuldung und niedrige Liquidität sind vor allem in der Welle von Mergers and Acquisitions sowie Leveraged Buyouts zu sehen. Nicht nur Unternehmen, die aktiv in solche Transaktionen verwickelt sind, weisen niedrige Liquiditätsbestände aus, auch die übrigen halten möglichst wenig liquide Mittel, um nicht selbst Opfer eines Übernahmeversuchs zu werden.[2]

Die Beurteilung der Zukunftsaussichten ist bei derartigen Transaktionen durchwegs positiv, Abschwünge oder gar Rezessionen werden ausgeschlossen.[3] So kommt es, dass "(...) the balance sheet of a newly leveraged corporation (...) often resembles a bankrupt's. High debt, low cash, low or negative net worth, nonexistent interest coverages (...)"[4].

Schon in Zeiten guter Konjunktur befinden sich viele Leveraged Buyouts in schwieriger Lage, was vor allem drei Ursachen hat:[5]

- unerwarteter Geschäftsrückgang
- zu positive Erwartungen bezüglich der weiteren wirtschaftlichen Entwicklung
- überhöhte Kaufpreise

---

1 Malabre (1988) 32, B. Friedman (1986) 40f.

2 BIZ (1989) 100; der LBO von RJR Nabisco (für 26,2 Mrd. US-$, wobei 75% durch Bankkredite finanziert wurde; o.V. (1989b) 81) im Jahre 1988 hat gezeigt, dass selbst Grossunternehmen nicht vor Übernahmen geschützt sind. Dies ist auch der Grund, weshalb die Liquidität entgegen der oben dargestellten Theorie der langen Wellen der Konjunktur, in der gegenwärtigen Plateauphase bei einigen Grossunternehmen, im Unterschied zu den 20er Jahren (siehe Anhang 2), derart gering ist. Das Volumen an LBOs stieg von 3 Mrd. $ 1981 auf 67 Mrd. $ 1987; Vise/Mufson (1989) 1

3 Grant (1988) 6; hier zeigen sich interessante Parallelen zu den 20er Jahren, z.B. beim Aufbau von Konzernen in Deutschland; Abraham (1933) 78

4 Grant (1988) 6

5 Smith/Anders (1988) 4

Dennoch haben bis jetzt relativ wenige Buyouts zu Konkursen geführt[1], wobei sich im Verlauf eines wirtschaftlichen Abschwungs mit grosser Wahrscheinlichkeit eine deutliche Verschlechterung ergeben wird.[2] Dies auch gerade deshalb, weil immerhin **40%** der Akquisitionen Unternehmen betrafen, die in besonders konjunkturanfälligen Bereichen tätig sind.[3]

In vielfältigen Beiträgen in der Presse[4] werden die positiven Aspekte von LBOs, wie erhöhte Leistungsfähigkeit, geringerer Overhead und stärkeres Engagement der Führungskräfte betont. Diesen sicherlich gegebenen Vorteilen stehen nach Ansicht des Verfassers jedoch derart schwerwiegende Nachteile, vor allem die Gefährdung des gesamten Finanzsystems, entgegen, die eine generelle Befürwortung von LBOs und Mergers and Acquisitions nicht erlauben. Im Einzelfall kann eine derartige Transaktion, gesamt- und betriebswirtschaftlich betrachtet, durchaus sinnvoll sein. In einem Boom besteht jedoch die Tendenz zu überoptimistischer Einschätzung der Zukunftsaussichten und zur Zahlung überhöhter Kaufpreise.

Diese Entwicklung ist auch gerade deshalb so kritisch zu beurteilen, weil in der Vergangenheit die Aktienkurse im Anschluss an derartige Übernahmewellen immer deutlich **zurückgegangen** sind.[5] Dies bedeutet, dass die Unternehmen zu überhöhten Preisen aufgekauft werden, was wiederum Schwierigkeiten

---

1 Die bekanntesten Fälle von gescheiterten LBOs sind Revco D.S. (ursprünglich für 1,2 Mrd. $ gekauft worden), Fruehauf und der Fall der Campeau Corporation. Deren Bilanz wies per Ende 1988 28 Mio. $ EK aus, bei Schulden in Höhe von 11,3 Mrd. $ (davon 3 Mrd. kurzfristig); o.V. (1989q) 109. Seit Mitte 1989 zeigt sich generell eine steigende Tendenz; so gab es mit 3,2 Mrd. $ doppelt soviel Verluste im ersten Halbjahr 1989 wie im Vorjahr; Vise/Mufson (1989) 12. Wie die Beispiele englischer Management Buyouts zeigen, ist eine überoptimistische Einschätzung der Zukunftsaussichten nicht nur in den USA der Fall. So führte in England die "Hochzinspolitik" zu einem "enormen Liquiditätsdruck"; o.V. (1989o) 31

2 "High gearing and an economic downturn are the classic nutcrackers of failure."; Argenti (1976) 136

3 Greenspan (1989) 269

4 für viele: o.V. (1988a), Garfinkel (1989) 26ff.

5 Faber (1988) 355

bei der Bedienung der eingegangenen Verbindlichkeiten erwarten lässt. Für das Bankensystem stellen die Forderungen aus solchen Transaktionen eine weitere gefährliche Bedrohung dar.

In einem allgemeinen wirtschaftlichen Abschwung muss mit erhöhter Inanspruchnahme der Kreditlinien gerechnet werden, was befürchten lässt, dass es zu Liquiditätsengpässen nicht nur bei den betroffenen Unternehmen, sondern auch auf den Kapitalmärkten und bei den Banken kommt.[1]

Nach Schätzungen sind bereits heute Anleihen von mehreren Milliarden US-$, die im Zusammenhang mit derartigen Transaktionen ausgegeben wurden, als **gefährdet** anzusehen.[2] Dabei stellen diese High Yield (=Junk) Bonds[3] keineswegs eine Erfindung der letzten Zeit dar, da es sie bereits in den 20er Jahren dieses Jahrhunderts gegeben hat.[4]

Entgegen der landläufigen Meinung[5] sind bereits in der Vergangenheit deutliche Verluste bei diesen Papieren eingetreten. Insgesamt wurden zwischen 1977 und 1986 741 derartige Anleihen im Wert von 71,5 Mrd. $ emittiert, wobei bis 1986 auf 120 (Wert: 7,6 Mrd. $) die Zahlungen eingestellt wurden.[6] Dabei

---

1 Bernanke/Campbell (1988) 96; die gleichzeitige Inanspruchnahme der eingeräumten Kreditfazilitäten (NIFs, RUFs etc.) wird schwerwiegende Marktstörungen zur Folge haben.

2 Smith/Anders (1988) 4; gegenwärtig haben diese Anleihen einen Anteil von ca. 25% am Markt für Unternehmensanleihen.

3 Dabei handelt es sich um "drittklassige Obligationen, bei denen Zinsen- und Kapitalrückzahlung unter Umständen zweifelhaft ist und denen deshalb von den massgeblichen Börsen-Bewertungsdiensten (Moody's, Standard& Poor's, Dun&Bradstreet) die Klassifikation als Investment Quality Paper versagt bleibt."; Caytas/Mahari (1988) 390

4 Bernanke/Campbell (1988) 124

5 so auch Caytas/Mahari (1988) 390

6 Asquith/Mullins/Wolff (1989) 929; dabei wird "Zahlungseinstellung" wie folgt definiert: Erklärung der Zahlungseinstellung, Konkurs der ausgebenden Unternehmung oder Bewertung mit "D" durch Standard&Poor's, wegen unterlassener Zinszahlung. Der überwiegende Grund war das Ausbleiben von Zinszahlungen, da die wenigsten Papiere bis zum Verfalltag ausstanden; Asquith/Mullins/Wolff (1989) 944. Nach einer anderen Quelle standen 1990 insgesamt 3500 Anleihen im Gesamtwert von mehr als 300 Mrd. $ aus; Hylton (1990) 13

ist es interessant festzustellen, dass die Häufigkeit von Zahlungseinstellungen mit zunehmendem Alter des Papiers steigt. So sind insgesamt 34% der 1977 und 1978 begebenen Anleihen bis heute nicht ordnungsgemäss bedient worden.[1] Diese hohe Rate an Zahlungseinstellungen wurde durch das enorme Volumen an Neuemissionen überdeckt, weil die Verluste relativ zum Gesamtmarkt als nur gering erschienen. Mit einer Abnahme der Neuemissionstätigkeit, wie sie sich seit Herbst 1989 zeigt, und zunehmendem Alter der ausgegebenen Papiere werden die Verlustzahlen jedoch schon bald deutlicher zutage treten.[2] So sind in Zukunft **deutlich mehr** Zahlungseinstellungen in diesem Marktsegment zu erwarten, was sich auch daran zeigt, dass die Verlusthäufigkeit bei den in den letzten Jahren begebenen Papieren bereits gegenwärtig höher liegt als bei den Ende der 70er Jahre emittierten Anleihen. Auch kommt es zu einer weiteren Abnahme der Schuldnerbonität.[3]

Der überwiegende Teil der ausstehenden Junk Bonds war noch keiner Rezession ausgesetzt, was zusätzlich hohe Verluste im Zuge eines Wirtschaftsabschwungs erwarten lässt.

Wie unproduktiv das aufgenommene Fremdkapital verwendet wurde, zeigt sich auch an der Veränderung des Nettovermögens des US-Unternehmungssektors. Bezogen auf das Bruttoinlandsprodukt sank das Nettovermögen der Nichtfinanz-Aktiengesellschaften von 95,4% (1980) auf 74,3% im Jahre 1988 und damit praktisch auf den Wert von 1970. Dabei muss man sich der Tatsache bewusst sein, dass sich die USA 1969/70 in einer Rezession befunden haben, während 1988 das sechste Jahr einer wirtschaftlichen Expansion gewesen ist.[4]

---

1 Asquith/Mullins/Wolff (1989) 929f.
2 Asquith/Mullins/Wolff (1989) 931
3 Asquith/Mullins/Wolff (1989) 944; Hylton (1990) 13
4 Nettovermögen wird als Saldo zwischen Aktiven und Verbindlichkeiten definiert; B. Friedman (1989); o.V. (1988b) 56. Die Investitionstätigkeit lag in den 80er Jahren historisch gesehen auf tiefem Niveau; die Mittel wurden zum Ankauf eigener und fremder Aktien verwandt. Seit 1980 wurde mehr als 1/6 der ausstehenden Aktien zurückgekauft; Kopcke (1989) 25.

Angesichts der hier nur kurz aufgezeigten Situation ist es kaum verwunderlich, dass **Simulationen** ergeben haben, dass mindestens 10% der Unternehmen aus einer Stichprobe von 643[1] eine Rezession wie jene der Jahre 1973/74 (starker Wertverlust bei Aktiven, gemessen am Wert des Eigenkapitals) nicht überleben würden, da sie bereits im 2. Jahr überschuldet wären.[2] In einem Abschwung der Wirtschaftstätigkeit wie 1981/82 (hohes Zinsniveau) käme es zu Liquiditätsengpässen, wobei viele Unternehmen ihren laufenden Schuldverpflichtungen nicht nachkommen könnten.[3]

Dabei ist allerdings anzumerken, dass die in der Stichprobe enthaltenen Unternehmen offensichtlich **überdurchschnittlich gut** finanziert sind. So betrugen 1986 die Schulden der Unternehmen in der Stichprobe im Durchschnitt 32% der Aktiven, während der entsprechende Wert für den ganzen Sektor der Nichtfinanz-Unternehmen **bei 73% lag**. Für die Gesamtheit der Nichtfinanz-Aktiengesellschaften in den USA stellt sich die Lage folglich deutlich schlechter dar, was entsprechend höhere Konkurszahlen erwarten lässt.[4]

Eine Häufung von Konkursen, ausgelöst durch (zu) hohe Schulden, kann zu einer Liquiditätskrise wie jener der US-Banken in den 30er Jahren führen.[5] Die Auswirkungen auf die gesamtwirtschaftliche Situation wären vermutlich ähnlich verheerend, insbesondere durch Verstärkung deflationärer Tendenzen.

Käme es zu einem deutlichen Wertverlust der Aktiven bei gleichzeitig hohem Zinsniveau, so wäre eine Kumulation dieser beiden Effekte m.E. nicht auszuschliessen. Gerade eine solche Konstellation ist jedoch im Zuge einer erneuten Rezession zu erwarten. Für einen Zinsanstieg spricht dabei die schlechte

1 Insgesamt wurden je nach Jahr zwischen 700 und 1400 Unternehmen untersucht. Für 643 lagen jedes Jahr Zahlen vor. Bernanke/Campbell (1988) 99
2 Bernanke/Campbell (1988) 121
3 o.V. (1988b) 57
4 B. Friedman (1988a) 127, FN 2; (1989) 19; o.V. (1988b) 57
5 Bernanke/Campbell (1988) 95

Qualität eines Grossteils der Industrieanleihen (Junk Bonds)[1] sowie die allgemeine Liquiditätsknappheit, die eher zu Verkäufen von Anleihen durch Anleger führen wird. Dabei trägt die fehlende Liquidität der Märkte dazu bei, dass auch die qualitativ besseren Wertpapiere und Anlageformen betroffen werden.

Diese verschlechterte finanzielle Situation der US-Unternehmen macht sich bereits gegenwärtig in einer deutlich gestiegenen Konkurshäufigkeit bemerkbar. So lag die durchschnittliche Konkurszahl in allen Nachkriegsrezessionen bei 0,55% aller Unternehmen. Seit 1982 (also in einer wirtschaftlichen Expansionsphase) liegt der Wert bei durchschnittlich 1,05% p.a.[2]

An dieser Stelle empfiehlt sich die knappe Darstellung einer neueren Theorie der Unternehmensfinanzierung, die gerade in einem hohen Fremdkapitalanteil eine **Überlebensgarantie** für gefährdete Unternehmen sieht. Die Kernaussage besteht darin, dass im Insolvenzfall das Management einer mit viel Fremdkapital ausgestatteten Unternehmung leichter ist als die Führung einer mit geringerem Fremdkapitalanteil.[3] Dieser Zusammenhang soll anhand Abb. 8 erläutert werden.

Diese zeigt zwei identische Unternehmen. Der Liquidationswert liegt bei 10 Mio. $; der Fortführungswert (going concern) bei 100 Mio. $. Unternehmung A ("traditional") ist zu 20% fremdfinanziert, Unternehmen B ("new") zu 85%.

---

1 ähnlich der Zinsentwicklung zu Beginn der 30er Jahre, als die Rendite auf erstklassigen Anleihen sank, während jene für qualitativ schlechtere Papiere (Baa) stieg; Friedman/Schwartz (1963) 454, Abb. 35. Auch das sinkende Vertrauen in die Zahlungsfähigkeit des Staates im Verlauf einer Rezession wird tendenziell einen Zinsanstieg begünstigen; o.V. (1989g) 93. Bereits seit Sommer 1989 ist ein deutlicher Anstieg der Zinsen auf Junk Bonds zu verzeichnen, was eindeutig auf kommende wirtschaftliche Turbulenzen hinweist. So stieg die Zinsdifferenz gegenüber Staatsanleihen von 350 auf 600 Basispunkte; o.V. (1989q) 109

2 Friedman (1989); Pennar (1989) 14

3 Jensen (1989a) 6, der schliesst, dass die öffentliche Unternehmung (also die an Börsen gehandelte) "verschwindet"; (1989b). Prinzipielle Kritik an dieser Auffassung äussert Farrell (1989) 64, der u.a. auf Wettbewerbsnachteile hoch verschuldeter Unternehmen verweist.

Abb. 8: Leverage-Modell[1]

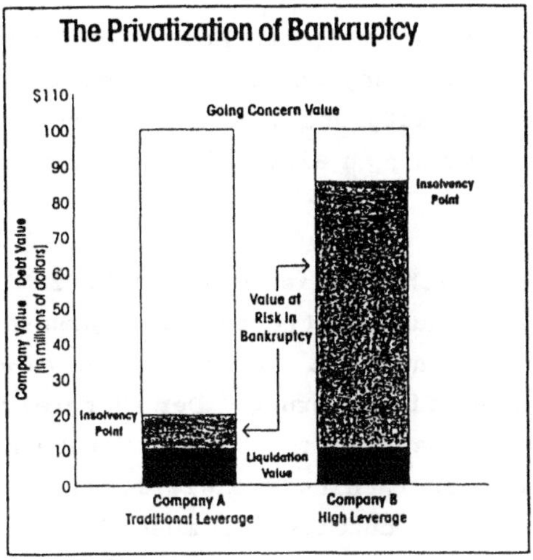

Im Zuge einer verschlechterten Ertragslage wird Unternehmung B naturgemäss schneller in Schwierigkeiten geraten als Unternehmen A. Da ihr Fortführungswert im Zeitpunkt der Zahlungsschwierigkeiten jedoch noch deutlich über dem Liquidationserlös liegt, besteht ein Anreiz für die Gläubiger, ausserhalb des Konkursverfahrens nach Lösungen zu suchen: "(...) (T)he incentive to preserve value points to an arrangement that, in effect, takes bankruptcy out of the courts and privatizes the resolution of conflicts of interest among the company's claimants."[2] Sinkt also der Fortführungswert z.B. auf 80 Mio. $, so können durch den Verzicht auf ein Konkursverfahren immer noch Werte von 70 Mio. $ gerettet werden.

Kann hingegen Unternehmung A ihren Schuldverpflichtungen nicht mehr nachkommen, so ist es sehr wahrscheinlich, dass

1 entnommen aus Jensen (1989b) 73
2 Jensen (1989a) 6

der Fortführungs- unter dem Liquidationswert liegt, weshalb es zu einer Konkurseröffnung kommt.[1]

Der Tatbestand, dass in diesem Modell bei hoch verschuldeten Unternehmen früher Zahlungsschwierigkeiten auftreten, trägt also dazu bei, dass es aufgrund des dann noch gegebenen höheren Fortführungswerts eher zu einer Einigung mit den Fremdkapitalgebern kommt.

Es ist zweifellos richtig, dass im Falle der Zahlungsunfähigkeit einer mit hohem FK ausgestatteten Unternehmung der verbliebene Fortführungswert höher ist als im Falle einer Unternehmung mit nur 20% Fremdfinanzierung. Der Vergleich einer solide finanzierten Unternehmung mit einer Unternehmung vom Typ B zum Zeitpunkt der Zahlungsschwierigkeiten erscheint dem Verfasser jedoch als unzulässig, muss doch davon ausgegangen werden, dass eine Unternehmung mit 20% FK über lange Zeiträume hinweg Verluste macht, ehe sie insolvent wird und der Fortführungswert derart absinkt. Dass zu diesem Zeitpunkt der Anreiz, an einer Sanierung mitzuwirken, gering ist, versteht sich von selbst, nachdem über längere Zeit keine Trendwende herbeigeführt werden konnte. Bei Unternehmung B tritt der Fall der Zahlungsunfähigkeit bereits deutlich früher ein, was den noch verbliebenen hohen Fortführungswert erklärt. Insofern ergibt sich für die Gläubiger zu einem früheren Zeitpunkt die Möglichkeit steuernder Eingriffe, was auch von den Vertretern dieser Theorie betont wird. Kritisch ist jedoch zu bemerken, dass eine Unternehmung vom Typ B niemals so lange überleben kann wie jene vom Typ A, **die in der Lage ist, längere Perioden schlechten Geschäftsgangs zu überstehen.**

Diese Theorie hat m.E. nur dann Gültigkeit, wenn die Unternehmenskrise[2] auf Fehler des Managements zurückzuführen ist. Liegt die Ursache jedoch ausserhalb der Unternehmung (z.B.

1 Jensen (1989a) 6, (1989b) 73
2 siehe zu diesem Begriff unter 7.1

Rezession), so gerät eine hoch verschuldete Unternehmung früher und öfter in Schwierigkeiten als eine solide finanzierte und wird vermutlich eher in Konkurs gehen.

Gerade auch die zersplitterten Gläubigerverhältnisse (Junk Bonds; Bankenforderungen, die durch Weitergabe an andere Banken aufgesplittert werden) lassen eine Einigung als weniger wahrscheinlich erscheinen.[1]

Zudem wird stillschweigend von der Fähigkeit der Gläubiger, Forderungsverzichte zu verkraften, ausgegangen. Befinden sich diese jedoch selbst in einer angespannten finanziellen Lage, so besteht die nicht zu unterschätzende Gefahr, dass es trotz des hohen Fortführungswerts zu einer Liquidation kommt.

Es erscheint folglich unrichtig, in einer hohen Fremdfinanzierung eine Überlebensgarantie zu sehen, weshalb die gestiegene Unternehmensverschuldung mit Besorgnis gesehen werden muss.

Selbstverständlich gibt es noch weitere Argumente, die dafür sprechen, dass die Verschuldungssituation der Unternehmen keine negativen Auswirkungen auf die gesamte Volkswirtschaft haben wird:

1. Nachdem sich der Marktwert der kotierten Unternehmen in den letzten 10 Jahren verdreifacht hat, musste die Verschuldung zunehmen, um eine **Abnahme des Verschuldungsgrads zu verhindern** ("deleveraging").[2]
2. Der gestiegene Fremdkapitalanteil besteht überwiegend aus nachrangigen Verbindlichkeiten, die nichts anderes als eine Hybridform von Aktien bzw. Eigenkapital darstellen. Die Ursache für diese Entwicklung ist dabei im US-Steuersy-

1 Dieses Argument führt die BIZ (1989) 100 an, die deshalb die Unternehmensverschuldung in den USA als bedenklich erachtet, da sie nicht mit den Verhältnissen in Japan und Deutschland verglichen werden darf, wegen der dort bestehenden engeren Beziehungen zwischen Kreditgebern und Unternehmen.

2 Jensen (1989b) 67

stem zu sehen, welches Fremdkapital begünstigt. Treten Schwierigkeiten beim Schuldendienst auf, so werden die Leistungen an die Gläubiger eingestellt. Eine Bedrohung für die Unternehmung ergibt sich daraus nicht.[1]

3. Artikel 11 des amerikanischen Konkursrechts schützt die Unternehmung vor ihren Gläubigern und ermöglicht eine Umstrukturierung. Dabei kommt es zwar zu Forderungsverzichten und Kapitalschnitt, die Unternehmung bleibt jedoch bestehen und kann gestärkt ihre Entwicklung fortsetzen.[2]
4. Der Staat hat schon in anderen Bereichen der Wirtschaft (z.B. bei der Sparkassenkrise) eingegriffen, um negative Auswirkungen auf die Volkswirtschaft zu verhindern. Dies wird auch bei krisenhaften Entwicklungen im Unternehmenssektor der Fall sein. "Unlike the 1930s, the federal government can, with its vast arsenal of tools currently available, stabilize any serious problems with the economy."[3]

Diesen Argumenten lässt sich jedoch folgendes entgegenhalten:

Ad 1.: Die Zunahme der Börsenbewertung von Aktiengesellschaften ist zum Teil auch auf die rege Tätigkeit im Bereich von Übernahmen und Fusionen sowie die vielfältigen Aktienrückkäufe zurückzuführen, so dass die Verschuldung ebenso Ursache der Kursgewinne sein kann.[4] Zudem wurde bereits oben vermerkt, dass der Nettowert der Nichtfinanz-Unternehmen abgenommen hat, was darauf schliessen lässt, dass die Verschuldungszunahme die Wertzuwächse übertrifft. Schliesslich ist es angesichts der zunehmenden Turbulenzen an den Weltbörsen fraglich, ob die erzielten Wertzuwächse von Dauer sind.

Ad 2.: Es ist zweifellos richtig, dass das US-Steuersystem die Fremd- gegenüber der Eigenkapitalfinanzierung begünstigt.

---

1 Boulanger (1988) 6
2 FN 1
3 FN 1
4 In jedem Jahr seit 1983 sind wertmässig mindestens 5% der ausstehenden Aktien durch Aktienrückkäufe, Übernahmen und Privatisierungen aus dem Markt genommen worden; Jensen (1989b) 62

Dies ist jedoch auch in vielen anderen Industrieländern, wie z.B. der Schweiz, der Fall, so dass dies m.E. nicht als Hauptgrund für die Substitution von EK durch FK angeführt werden darf. Angesichts des hohen Zinsniveaus in den 70er und besonders den 80er Jahren wäre eher eine umgekehrte Entwicklung hin zu mehr Eigenkapital zu erwarten gewesen.[1] Statt dessen wurden seit 1980 Aktien im Wert von 500 Mrd. US-$ aufgekauft und gleichzeitig neue Verbindlichkeiten von rund 1000 Mrd. US-$ eingegangen.[2]

Wesentliche Ursache der gestiegenen Verschuldungsbereitschaft ist der Glaube an staatliche Garantien, eine Einstellung, die durch die Politik der letzten Jahre, die mehrmals zu einer Sozialisierung derartiger Verluste geführt hat, eine Bestärkung erfuhr.[3]

Trotz ihres Eigenkapitalcharakters schränken subordinierte Anleihen **die finanzielle Flexibilität** drastisch ein: Dividendenausschüttungen können unterbleiben, während Zinsen und eventuell Tilgung zu den im voraus festgelegten Terminen zu erbringen sind. Zudem stehen eigene Mittel der Unternehmung meist zeitlich unbeschränkt zur Verfügung, während es bei Fremdkapital möglich ist, dass die bei Fälligkeit erforderliche Umschuldung nicht vorgenommen werden kann.

Ad 3.: Zahlungseinstellung und Schuldenstreichung bedeuten einen **Wohlstandsverlust der Gläubiger**, was direkt Einfluss auf

1 US-Unternehmen sind die einzigen in den sieben grossen Industrieländern (G7), die in den 80er Jahren eine steigende Verschuldung aufweisen; BIZ (1989) 95, Kopcke (1989) 29. Die derzeitige Forderung nach Änderung der Unternehmungsbesteuerung, um FK weniger attraktiv zu machen (z.B. Kaufman (1986) 25f.), wurde bereits in den 30er Jahren erhoben, mit dem Ziel, eine erneute Überschuldungskrise zu verhindern; Hart (1938) 259. Auch damals waren deutlich mehr Anleihen als Aktien ausgegeben worden; Palyi (1972) 209

2 Farrell/Nathans (1989) 39

3 Weitere Gründe sind gemäss Kaufman (1986) 19ff. die veränderte Einstellung zu Schulden, die Deregulation der Finanzmärkte, die Finanzinnovationen, die Verbriefung von Schulden in Wertpapieren, die Globalisierung der Finanzmärkte und das Steuersystem.

deren Konsumverhalten und die Kapitalmärkte haben wird. Insofern ist es falsch, den Schutz des amerikanischen Konkursrechts hervorzuheben, da mit diesem zwar ein Fortbestehen der zahlungsunfähigen Unternehmen gesichert ist, Gläubiger und Eigentümer jedoch Verluste hinzunehmen haben, die ihrerseits negativ auf die Wirtschaftslage wirken.

Ad 4.: Auch der Staat wird nur den bedrohten Unternehmen, nicht aber deren Kreditgebern und Aktionären Beistand leisten. Eine Häufung von Zahlungsschwierigkeiten namhafter Gesellschaften im Verlauf einer zukünftigen Rezession, wie sie angesichts der Finanzlage US-amerikanischer Unternehmen denkbar ist, wird so, trotz aller staatlichen Massnahmen, zumindest eine Vertrauenskrise auf den Kapitalmärkten herbeiführen, die wiederum die Refinanzierung der noch gesunden Unternehmen erschwert. Eine Kettenreaktion von Unternehmenszusammenbrüchen ist folglich möglich.

Alleine der Verlust eines guten Teils der Forderungen an den Unternehmenssektor würde genügen, um eine schwere Wirtschaftskrise auszulösen. Ob Zwangsmassnahmen, wie z.B. das Verbot von Notverkäufen oder Änderungen der Bewertungsvorschriften[1], in einem derartigen Szenario wirksam wären, ist zu bezweifeln.

Letztlich ist die massive Verschuldungszunahme in den USA auch auf ein anderes **Unternehmungsverständnis** zurückzuführen. Anders als in Europa steht die Wertsteigerung, im Sinne einer Maximierung der Aktionärserträge, im Vordergund, während gerade im deutschsprachigen Raum die Überlebenssicherung der Institution Unternehmung das Hauptziel darstellt, wobei die Befriedigung der Interessen der Kapitalgeber nur eines von vielen Unterzielen ist.[2]

---

1 Dabei kann es sich z.B. um die Bewertung von Wertschriften **über** dem Marktwert handeln. Dies wurde in der grossen Depression amerikanischen Banken zugestanden, vorausgesetzt die Bedienung der Papiere galt als gesichert; Hart (1938) 52

2 Wuffli (1988) 41

Im Zuge der Fusions- und Übernahmewelle, die auch in Europa Fuss gefasst hat, ergibt sich nun, nach Auffassung verschiedener Beobachter, ein "Wettbewerb der Unternehmungsverständnisse".[1] Vermutlich wird sich aber schon im Verlauf der nächsten Rezession in den USA zeigen, dass sich das "europäische Modell", welches eine solidere und langfristig ausgerichtete Unternehmungspolitik ermöglicht, gerade auch in Zeiten schlechter wirtschaftlicher Rahmenbedingungen als überlegen erweist. So wird der "Wettlauf" nach Ansicht des Verfassers schneller entschieden werden, als es aus heutiger Sicht allgemein erwartet wird. **Nach** einer durch Verschuldungsprobleme verursachten schweren Rezession oder gar Depression werden die Verantwortungsträger US-amerikanischer Unternehmen wohl ebenso wie nach der Weltwirtschaftskrise der 30er Jahre wieder mehr Gewicht auf ein solides Finanzgebaren und eine langfristige Orientierung legen.

Zudem passen die Favorisierung rascher Gewinne und das Denken in kurzen Zeiträumen in das Schema der Kondratieff-Welle, die, wie gezeigt, von einer steigenden Verschuldungs- und Spekualtionsbereitschaft in der Plateauphase ausgeht.

Zusammenfassend lässt sich also schliessen, dass die markant gestiegene Unternehmensverschuldung zu einer deutlichen Verschärfung einer etwaigen Rezession in den USA führen würde.[2]

Nach Ansicht vieler Beobachter zwingt die Finanzlage der Unternehmen die amerikanische Notenbank (Fed) zur Vermeidung

---

1 Wuffli (1988); ebenso Bleicher (1989)

2 "(...) (G)iven the strongly cyclical pattern of debtors distress in the past, the historically high levels of business indebtness outstanding as of the end of the 1980s suggest that the onset of a major business recession under these circumstances could easily lead to debt service problems of a kind that would, in turn, further magnify the initial contractionary movement in nonfinancial economic activity."; B. Friedman (1989) 27

einer Rezession, was inflationäre Wirkungen mit sich bringt.[1] Ob sich allerdings die Gefahr einer Rezession dauerhaft bannen lässt und inwiefern die Fed in der Lage ist, Liquiditätskrisen zu verhindern, wird unter 5 diskutiert.

3.3.2 **Die Verschuldung der amerikanischen Privathaushalte**

Von ebensolcher Tragweite wie die Verschuldung der Industrieunternehmen ist jene der Konsumenten. So befindet sich die Verschuldung der Haushalte auf einem Rekordniveau von ca. 63% des Sozialprodukts, im Jahre 1946 lag der entsprechende Wert bei nur 16%.[2] Ein besserer Massstab zur Beurteilung der Privatverschuldung ist das Verhältnis von Schulden zu persönlich verfügbaren Einkommen, da dies Auskunft über die **Fähigkeit** zum Schuldendienst gibt (Abb. 9).

Im Unterschied zu den Unternehmungen hat sich dieses Schuldenwachstum, besonders der letzten 20 Jahre, **nicht** in einer Abnahme des Nettovermögens niedergeschlagen, was auf die deutlichen Wertzuwächse der Aktiven, vor allem des Grundbesitzes, zurückgeführt werden kann.[3] Diese sind auch eine der Hauptursachen für die gestiegene Verschuldungsbereitschaft, da die Inflation der 60er und 70er Jahre, verknüpft mit dem tiefen Zinsniveau, zu einer spekulativen Nachfrage nach

---

1 für viele: B. Friedman (1986) 48f., (1988a) 130, (1989) 32, Kaufmann (1986) 23: "(...) (T)his monetary approach runs the risk of rekindling inflation, but the alternative is also punishing. **Deflation is the more immediate threat to our economic and financial stability.**"; Hervorhebung durch den Verfasser. "Der eigentliche Zwang zur Verstetigung der Konjunktur ist gestiegen, weil die meisten Länder und Branchen mit diesen neu geschaffenen Strukturen sich ein krisenhaftes Oszillieren um einen langfristigen Trend herum einfach nicht mehr leisten könnten."; Caytas/ Mahari (1988) 167

2 Myers (1989) 1, Congdon (1988) 171; allerdings ist der Wert von 1946 nicht repräsentativ, da die fehlenden Konsummöglichkeiten während des Krieges massgeblich dazu beigetragen haben.

3 B. Friedman (1986) 34f.; o.V. (1988b) 56f.; Myers (1989) 1; allerdings muss man dabei die unterschiedliche Vermögensverteilung berücksichtigen.

Sachwerten beigetragen hat.[1] Im letzten Jahrzehnt haben die hohen Realzinsen zu einer **Aufschuldung** geführt, da verstärkt die Zinsen auf der Altschuld zur Schuld geschlagen wurden.[2]

Abb. 9: Finanzlage der Konsumenten 1952-89[3]

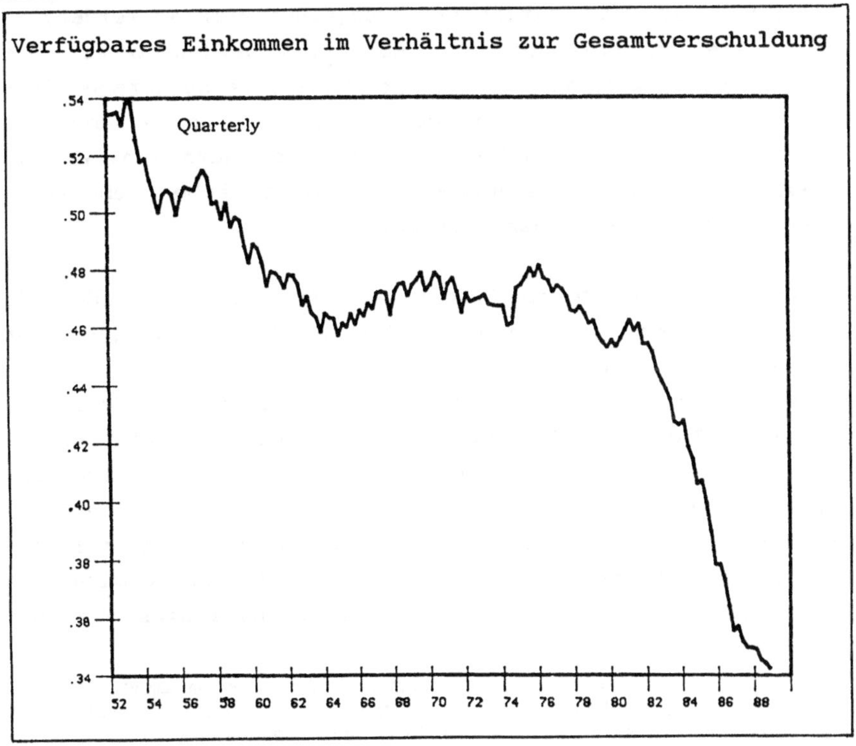

Diese Wertzuwächse werden zudem offensichtlich als **dauerhaft** angesehen, was aus der deutlichen Zunahme der Beleihung von Grundbesitz mit 3. Hypotheken zum Zwecke des Konsums geschlossen

---

1 Es wird auch argumentiert, dass die sinkenden Reallöhne der 80er, ebenso wie in den 20er Jahren, die eigentliche Ursache für Verschuldung und Wirtschaftskrise sind; Welzk (1988) 64, 81ff. Zur Kritik siehe unter 5.

2 Congdon (1988) 165; seit 1980 stieg die Verschuldung real um 5,5% p.a.; Dornbusch (1989a) 114. Die Politik der Kreditkartenunternehmen trägt zusätzlich zu einem Verschuldungsboom bei; Guenther (1989).

3 entnommen aus Comstock Partners (1989) 16

werden kann.[1] Derartige Belastungen erhöhen jedoch die Gefahr von heftigen **Preiseinbrüchen im Immobilienmarkt**, was an der nunmehr völlig ausgeschöpften Beleihungskapazität liegt:

1. Zinssteigerungen können zu Zwangsverkäufen führen, da sie mit nur geringer zeitlicher Verzögerung wirksam werden.
2. Die Preissteigerungen von Immobilien werden immer mehr nachlassen, weil weitere kreditfinanzierte Nachfrage nicht mehr zu erwarten ist. Steigen die (Zins-) Kosten über den Wertzuwachs des beliehenen Objekts, so werden jene, die auf weitere Preissteigerungen spekuliert haben, ebenfalls zu Verkäufen übergehen (müssen).[2]

Hilfreich bei der Beurteilung der aufgelaufenen Schuldenlast ist wiederum ein Vergleich mit der Entwicklung im Zuge der grossen Depression:
Die Deflation der Jahre 1929-33 hat, wie bereits aufgezeigt, die reale Last der Schulden deutlich erhöht (siehe Abb. 6 oben).[3] Diese Erhöhung führte, gekoppelt mit der schweren Baisse am Aktienmarkt, zu einer anhaltenden Verschlechterung der Nettoposition der Haushalte, deren Vermögen zwischen 1929 und 1934 um annähernd 100 Milliarden US-$ zurückging, was der **Hälfte** des BIP von 1929 entsprach.[4] Dass dies eine der

---

1 So bietet zum Beispiel General Motors Kredite zum Autokauf an, die durch solche "Home Equity Loans" gesichert werden. Dabei ist zusätzlich zu bedenken, dass dies in **Reaktion** auf gestiegene Verluste aus **Abzahlungsgeschäften** geschehen ist. Auch B. Friedman (1986) 42 verweist auf die Abhängigkeit von Haushalten und Personenunternehmen von der Lage am Immobilienmarkt. Alleine die US-Grossbanken (mit mehr als 1 Mrd. $ Aktiven) wiesen 1989 29 Mrd. $ an Home Equity Loans aus. Insgesamt standen 1988 schätzungsweise 210-265 Mrd. $ an Home Equity Schulden aus; Canner/Luckett (1989) 339. Die Hypothekenverschuldung entsprach 1988 48,6% (1983: 38,4%) des Verkehrswerts eigengenutzter Immobilien; o.V. (1989k) 96

2 Martin/Lüftl (1986) 259ff. "Konsumenten und Banken gehen heute von der Annahme aus, dass Einfamilienhäuser durch ihren Wertzuwachs mehr einbringen werden, als Kosten durch Zinszahlungen entstehen. Diese Annahme ist aber nur dann richtig, wenn die Hauspreise stabil bleiben oder weiterhin steigen."; Heins (1988) 35. Stabile Preise genügen jedoch nicht, die Wertzuwächse müssen über den Zinskosten liegen.

3 siehe dazu Anhang 2, Abb. A-48 sowie die dortige Kommentierung.

4 Zahlen in konstanten Dollar des Jahres 1958; Mishkin (1978) 920

massgeblichen Ursachen für den Nachfragesturz der privaten Haushalte gewesen ist, wird kaum bestritten werden. So gingen die Ausgaben für dauerhafte Konsumgüter 1930 im Vergleich zum Vorjahr um 20%, die für Immobilien und Wohnen sogar um 40% zurück.[1]

Angesichts der heutigen finanziellen Situation amerikanischer Haushalte ist eine ähnliche Entwicklung wie in den 30er Jahren nicht auszuschliessen. Dabei kommt erschwerend hinzu, dass in weitaus stärkerem Masse auf eine Fortsetzung der Inflation vertraut und deshalb mit Sachwerten spekuliert wurde. In einigen Regionen Amerikas, wie z.B. Texas und Florida, besteht schon heute ein Überangebot an Wohn- und vor allem Geschäftsimmobilien, nachdem der Immobilienboom bereits 1982 zusammengebrochen ist.[2] Kommt es zu einer konjunkturellen Abkühlung, so werden sich diese Erscheinungen häufen, mit entsprechendem Angebotsdruck.[3] Bei hoher Fremdfinanzierung ist das Polster zum Abfangen von Wertverlusten nicht ausreichend gross, was wiederum das Angebot auf den Märkten für Sachwerte erhöhen wird. Spätestens dann kommt es zu einer Abnahme des Nettovermögens, was in erster Linie drei Folgen hat:

---

1 Mishkin (1978) 931; in Anhang 2 wird ein Überblick über die Entwicklung in einzelnen Branchen gegeben. Gerade der Rückgang der Konsumausgaben war 1930 im Vergleich zu anderen Abschwüngen überdurchschnittlich hoch und ist als Hauptauslöser der Krise zu sehen; Temin (1976) 65, 172. Die eigentliche Ursache für den Rückgang der Konsumausgaben ist gemäss Temin (1976) 62ff., 83 nicht feststellbar. M.E. liegt eine mögliche Erklärung im hohen Schuldenstand der Privathaushalte, ein Aspekt, der von Temin nicht beachtet wird. In allen Abschwüngen nach dem 2. Weltkrieg sind die Konsumausgaben in den USA nur wenig zurückgegangen; B. Friedman (1988b) 41. Der Einbruch des Jahres 1930 ist einzigartig in diesem Jahrhundert.

2 Teilweise verloren die Häuser bis zu 50% an Wert; die durchschnittliche Verkaufsdauer stieg auf 18 Monate; Heins (1988) 35. Solche örtlichen Krisen sind Signale für kommende Turbulenzen. So gab es bereits 1926 einen spektakulären Immobiliencrash in Florida, der noch keine Dämpfung der Spekulation in anderen Regionen Amerikas bewirkte; Palyi (1972) 217; Galbraith (1969) 32ff. Bereits seit 1926 traten zunehmend Überkapazitäten im Immobilienmarkt auf, wiederum eine auffällige Parallele zur Gegenwart.

3 Bereits im Frühjahr 1990 zeigt sich eine steigende Zahl an Zahlungsschwierigkeiten von Konsumenten; Malabre (1990) 1

1. Verstärkung deflationärer Tendenzen durch Zwangsverkäufe von Aktiven[1]
2. Deutlicher Nachfragerückgang wie in den 30er Jahren
3. Schwere Verluste für die Kreditgeber, also die Banken, die bereits gefährdeten Savings and Loans und die sonstigen Finanzierungsgesellschaften, wie z.B. jene der Automobilhersteller.

Langfristig gilt, dass eine Nation nicht mehr ausgeben kann, als sie verdient. Deshalb muss davon ausgegangen werden, dass die Nachfrage so weit absinkt, bis per Saldo wieder ein langfristiges Gleichgewicht zwischen Einnahmen und Ausgaben besteht. Der **Überkonsumtion** der letzten Jahrzehnte wird daher eine entsprechende **Unterkonsumtion** in den nächsten Jahren folgen.

Dies gilt auch dann, wenn man die gegenwärtige Konsumwelle mit demographischen Einflüssen erklärt.[2] Der Einfluss auf die konjunkturelle Lage lässt sich leicht abschätzen: "Overall economic activity might be constrained if financially strapped individuals decided to repair their balance sheets by cutting back on their spending, or if creditors responded to rising bankruptcy losses by tightening their loan approval standards, thereby preventing some credit seekers from making intended expenditures."[3]

Die dargestellte Verschuldungssituation ist nicht auf die Vereinigten Staaten beschränkt. Auch in Europa, vor allem in Grossbritannien, hat die Privatverschuldung in den letzten Jahren sprunghaft zugenommen, wenn auch nicht im gleichen Ausmass. Gleiches gilt für die Schweiz, wo Ende 1988 jeder

---

1 Die mangelnde Marktliquidität von qualitativ schlechteren Anlagen, wie v.a. Junk Bonds, wird den Druck auch bei "guten" Anlageformen erhöhen.
2 Für einen solchen Ansatz siehe z.B. Hill (1989)
3 Luckett (1988) 599; andere Quellen, wie z.B. Myers (1989) 1, verweisen auf die längeren Kreditlaufzeiten, die Nutzung von Kreditkarten wegen ihres Komforts und den Tatbestand, dass sich vor allem Besserverdienende verschulden, woraus sie schliessen, dass die derzeitige Konsumentenverschuldung keine Bedrohung für die wirtschaftliche Entwicklung darstellt.

fünfte Haushalt Konsumkredite ausstehen hatte in einem Gesamtvolumen von 6 Mrd. Franken.[1] Zudem zeigt der Immobilienmarkt deutliche Überhitzungserscheinungen, was nicht zuletzt auf die Möglichkeiten hoher Fremdfinanzierung zurückgeführt werden kann. Zunehmend wird schon auf die Gefahren eines Immobiliencrashs in der Schweiz hingewiesen, liegt doch die Hypothekarverschuldung (118% des BSP) auf einem auch international gesehen hohen Niveau.[2]

3.3.3 **Die Staatsverschuldung**

Gerade die Verschuldung der westlichen Industrienationen ist mit besonderer Besorgnis zu sehen. Durch das Anhäufen von Schulden haben sich die Regierungen der Möglichkeit begeben, steuernd in die Wirtschaft einzugreifen.[3]

Auch hier erfolgt eine Beschränkung der Diskussion auf die Lage in den USA, da deren wirtschaftliche Situation von massgeblicher Bedeutung für die gesamte Weltwirtschaft ist.
Im Unterschied zu den 20er Jahren wurde die gute Konjunkturlage nicht zu einer Rückführung alter Schulden genutzt. Es ist im Gegenteil eine deutliche Verschlechterung der Staatsfinanzen zu verzeichnen[4], was auf die Wirtschaftspolitik der Reagan-Administration zurückgeführt werden kann. Den durchgesetzten Steuererleichterungen standen keine entsprechenden

---

1 o.V. (1989c); siehe auch unter A1.2

2 In England, wo doppelt soviele Einwohner Wohneigentum besitzen, liegt der Wert bei nur 65%; o.V. (1989f) 97. Allerdings sind derartige statistische Vergleiche nur mit grosser Vorsicht zu verwenden, unterscheiden sich doch Art und Qualität der Bauten in den beiden Ländern vermutlich deutlich. Auch andere Faktoren wie steigende Hypothekarzinsen und Vermögenssteuern können einen Preissturz auslösen; siehe dazu: Illy (1988) 74ff.

3 Dies liegt vor allem am gestiegenen Anteil der Schuldienstverpflichtungen an den gesamten Ausgaben; in der Folge kann "(...) der Einsatz der Finanzpolitik als Mittel der antizyklischen Stabilisierung durch die Notwendigkeit, Massnahmen zur Verringerung des strukturellen Haushaltsdefizits zu ergreifen, beeinträchtigt sein (...)."; BIZ (1987) 81

4 1981 lag die Verschuldung noch bei etwa 27% des BIP; Malabre (1988) 38.

Ausgabenkürzungen entgegen, was dazu führte, dass die Gesamtverschuldung pro Jahr im Durchschnitt um real 9,5% stieg.[1]

Abb. 10: Verschuldung der führenden Industrienationen[2]

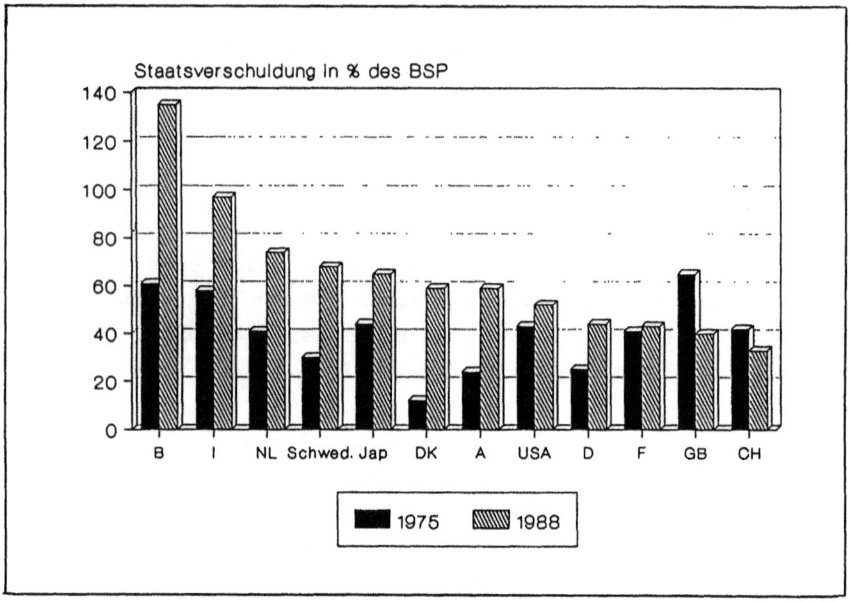

Hinzu kommt, dass das ausgewiesene Defizit deutlich geringer ist als das **tatsächliche**. Dies ist vor allem auf die Art der Buchführung und die Berücksichtigung der Sozial- und Rentenbeiträge zurückzuführen (alleine im Fiskaljahr 1989 wurden 56 Mrd. $ solcher Rentenbeiträge, die eigentlich angespart werden sollten, mit dem Defizit verrechnet).[3]

---

1 Dornbusch (1989a) 114
2 o.V. (1989x) 34
3 o.V. (1989e) 49, Garner (1989); ein klarer Verstoss gegen das Bruttoprinzip. Das ausgewiesene Defizit bildet den Massstab für die Einhaltung der Gramm-Rudman-Hollings Defizitziele. Für die nächsten 25 Jahre wird mit einem weiteren starken Ansteigen der Überschüsse der Sozialversicherung gerechnet; erst ab Mitte des nächsten Jahrhunderts ist eine deutliche Verschlechterung zu erwarten, was auf die demographischen Veränderungen zurückzuführen ist. Diese Veränderungen sind auch in anderen Ländern, wie z.B. Japan zu erwarten, was zu Steuererhöhungen, Ausgabenkürzungen oder aber einer rasch steigenden Staatsverschuldung führen wird; BIZ (1987) 81

Abb. 11: Neuverschuldung des amerikanischen Bundesstaats[1]

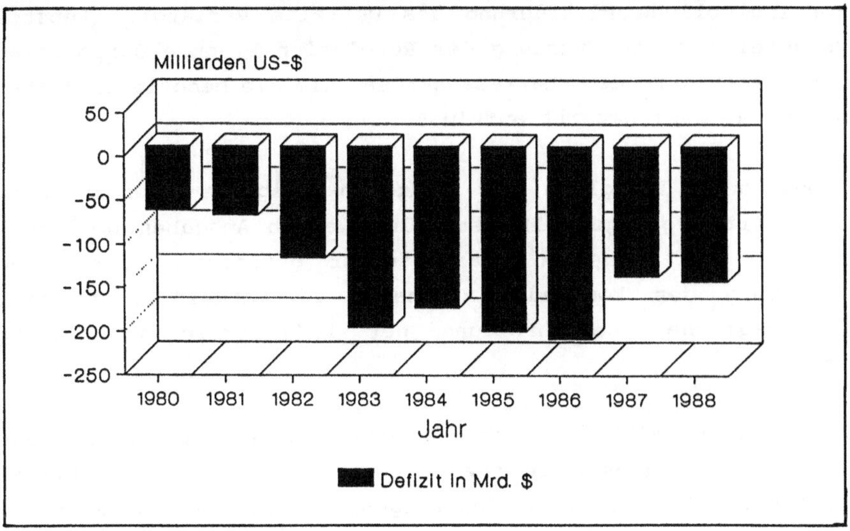

Zusätzlich verschärft wird die Situation durch die Verschuldung der sogenannten "Government Sponsored Enterprises". Diese ist wegen impliziter oder expliziter staatlicher Garantien zur Staatsverschuldung zu rechnen. Der Verschuldungszuwachs betrug seit 1970 17% p.a., und derzeit sind rund 700 Mrd. $ an Verbindlichkeiten ausstehend.[2] Auch ergibt sich hier eine Möglichkeit der Kreditfinanzierung von Ausgaben, ohne dass diese in das Budget einfliessen. Ziel ist dabei die

1 Zahlen aus International Herald Tribune vom 10.01.1989.

2 Gale (1989a) 8; o.V. (1989g); Seit 1984 stiegen die Verbindlichkeiten um insgesamt 150%, Wessel (1989b) 1. Hinzu kommen noch 550 Mrd. $ an Kreditbürgschaften der Bundesregierung und nominell 222 Mrd. $ an eventuell "faulen" Forderungen; Gale (1989b) 8. Besonders gefährdet erscheinen die im Hypothekengeschäft tätigen Staatsunternehmen, die ein Eigenkapital von weniger als 1% aufweisen und nur mangelhaft überwacht werden; o.V. (1989h) 92. Die Student Loan Marketing Association (30 Mrd. $ Ausstände) untersteht keinerlei Aufsicht, Wessel (1989b) 1. Die Pension Benefit Guarantee Corporation, die private Pensionsfonds versichert, verfügt über keine Angaben des insgesamt von ihr abgedeckten Betrags, der auf rund 1,6 Bio. $ geschätzt wird. Ursache dieser Unkenntnis ist eine unzureichende Buchführung; o.V. (1989r) 42. Inklusive der Verpflichtungen aus der Einlagenversicherung betragen die **Eventualverbindlichkeiten** des amerikanischen Bundesstaats rund 5,3 Bio.$.

Umgehung des Gramm-Rudmann-Haushaltsgesetzes, welches eine kontinuierliche Rückführung des Defizits verlangt.[1] Letztes Beispiel ist die Gründung der Resolution Finance Corporation zur Bewältigung der Sparkassenkrise, die die benötigten Mittel direkt am Kapitalmarkt aufnimmt.

Dabei muss lediglich der Budgetanschlag den gesetzlichen Grenzwerten genügen. In der Folge werden Ausgaben möglichst noch im vorangehenden Haushaltsjahr getätigt, um so eine Belastung des kommenden Haushalts zu vermeiden, da eine nachträgliche Überschreitung der Defizitgrenzen zulässig ist.[2]

Andererseits gibt es Untersuchungen, die aufzeigen, dass das Budgetdefizit grösser ausgewiesen wird, als es sich in Wirklichkeit darstellt. Dabei werden folgende Argumente angeführt:[3]

1. Die Regierung aktiviert die Investitionen nicht.
2. Inflationswirkungen werden vernachlässigt:
   a) Der Marktwert der ausstehenden Schulden ist geringer, weil steigende Zinsen zu Kursrückgängen ausgegebener Papiere unter pari führen. Zusätzlich entwertet die Inflation alte Schulden.
   b) Der Marktwert der Finanzaktiven der Regierung wird vernachlässigt, dabei vor allem die stillen Reserven auf Gold (bewertet zu 42,22 US-$ je Unze).
3. Das Bevölkerungswachstum führt zu geringerer Pro-Kopf-Verschuldung.

Berücksichtigt man diese Einflüsse, so ergibt sich ein deutlich anderes Bild der Finanzlage des amerikanischen Bundeshaushalts:

---

1 o.V. (1989d) 87f.; danach soll das Defizit (nach Verrechnung mit den Sozialversicherungsüberschüssen) folgende Werte nicht übersteigen: 1988 : 144, 1989 : 136, 1990 : 100, 1991 : 64 und 1992 : 28 Mrd. $; 1993 soll der Haushalt ausgeglichen sein; Garner (1989) 27; Yang (1989) 2

2 so z.B. das Vorziehen des Grossteils der budgetwirksamen Ausgaben im Zusammenhang mit der Sparkassenkrise; Yang (1989) 2

3 Eisner/Pieper (1987) 88ff.

Die Verschuldung pro Kopf der Bevölkerung ging danach (in realen US-$ des Jahres 1972) von 1946 bis 1980 um **mehr als zwei Drittel zurück** (von 3'384 auf 1'078 $).[1]

Trotz dieser Einwände ist m.E. der ersten Interpretation der amerikanischen Staatsschulden mehr Bedeutung zuzumessen. Die Aktivierung von Investitionen sowie die Aufwertung von Gold erscheinen als äusserst fragwürdig. Die Probleme der Bewertung staatlicher Investitionen sind nicht befriedigend zu lösen. Ausserdem wären dann auch Rückstellungen für Eventualverbindlichkeiten vorzunehmen.

Eigentlicher Massstab für die Rolle des Staates kann nur das Verhältnis von Schulden und BIP sowie von Zinsen und Wirtschaftswachstum sein. Schliesslich ist die Staatsschuld aus dem erarbeiteten Sozialprodukt zu begleichen und nicht aus den "Erträgen" staatlicher Investitionen.[2]

Letztlich steht in diesem Zusammenhang die Frage nach der Fähigkeit des Staates, die Wirtschaft mit fiskalpolitischen Eingriffen zu stimulieren, im Vordergrund. Dies wird der Staat m.E. nur dann können, wenn die Öffentlichkeit eine höhere Staatsverschuldung **akzeptiert**. Angesichts der Diskussion in den Medien und vor allem der Reaktion der Finanzmärkte, ist diese Akzeptanz nicht zu erwarten.[3]

Die finanzielle Lage von Staaten und Gemeinden hat sich seit 1986, als noch Überschüsse erzielt wurden, deutlich **verschlechtert**. 1989 hat das aggregierte Defizit voraussichtlich 21,1

---

1 Eisner/Pieper (1987) 94

2 siehe dazu ausführlich Martin/Lüftl (1984)

3 Diese Auffassung wird gestützt durch zunehmende Angst der Anleger bezüglich der Qualität von US-Staatsanleihen, wird doch schon von einer "junkification" gesprochen; o.V. (1989g) 93. Grössere Defizite werden sich nur schwer durchsetzen lassen; Kaufman (1986) 24. Besonders die starke Auslandsabhängigkeit bei der Defizitfinanzierung wird eine höhere Neuverschuldung erschweren, da die Gefahr eines Vertrauensverlustes und damit des Abzugs ausländischer Mittel besteht; Stein (1989) 8

Mrd. US-$ erreicht.[1] Dieser Betrag erscheint verglichen mit der (Neu-)Verschuldung der übrigen Sektoren als äusserst gering. Anders als der Bundesstaat sind diese Gemeinwesen meist zur Führung eines ausgeglichenen Haushalts angehalten, was im Falle einer Rezession Ausgabenkürzungen und Steuererhöhungen erfordern wird.[2] "(S)uch steps would aggravate the downturn at a time when the federal government's own huge deficit would hamstring its use of fiscal policy to stimulate the economy."[3]

Unmittelbare Folgen einer Rezession sind:
1. Höhere Staatsausgaben auf dem Gebiet der sozialen Fürsorge (Sozialhilfe, Arbeitslosenhilfe etc.)[4]
2. Ein Rückgang der Steuereinnahmen, bedingt durch eine abnehmende Steuerbasis, aber auch steigende Raten von Steuerrückständen sowie Steuerkriminalität
3. Steigende Belastung durch den Zinsendienst im Verhältnis zum Steueraufkommen, aber auch bedingt durch die Deflation (wie bei Unternehmen und Haushalten).

---

1 Koretz (1988) 14, (1989) 9; die Verschuldungszunahme von Staaten und Gemeinden in den Jahren 1980-85 spiegelt den Kauf von Bundespapieren wider, so dass die Nettoverschuldung eine rückläufige Tendenz aufwies; B. Friedman (1986) 43f. Seit 1987 ist eine stetige Verschlechterung der finanziellen Situation der State and Local Governments zu verzeichnen, was u. a. an der geringeren finanziellen Unterstützung durch den Bundesstaat, höheren Ausgaben für den Schulbau und an der Steuerreform von 1986 liegt, die die Kosten für Fremdkapital erhöht hat; Rubin (1988), Koretz (1989) 9

2 In jedem Bundesstaat, mit Ausnahme von Vermont, muss das sogenannte "general funds budget" ausgeglichen sein. Dieses enthält alle laufenden Ausgaben inklusive Schuldendienst, jedoch üblicherweise nicht die Ausgaben für Bauvorhaben bzw. Investitionen; Rubin (1988) 83. 1987 standen insgesamt rund 554 Mrd. $ an Schulden von Staaten und Gemeinden aus; OECD (1989b) 29ff.

3 Koretz (1988) 14; gleicher Auffassung ist die BIZ (1987) 81. Die liquiden Mittel liegen derzeit bei weniger als 3% der Jahresausgaben, obwohl normalerweise 5% als Reserve für wirtschaftliche Störungen angestrebt werden. Bereits heute werden die Abgaben erhöht und Ausgaben gekürzt; Koretz (1989) 9.

4 Nach Schätzungen steigt das Defizit bei einer um 1% höheren Arbeitslosigkeit um 40 Mrd. $; Batra (1988b) 63

Im Unterschied zur Bundesregierung sind Staaten und Gemeinden in den USA in den 20er Jahren in erheblichem Umfang neue Verbindlichkeiten eingegangen, was dazu führte, dass alleine bis März 1933 mehr als 1100 öffentliche Haushalte ihren Schuldverpflichtungen nicht mehr nachgekommen sind und damit faktisch **bankrott** waren.[1] Dabei ist es interessant festzustellen, dass Steuerrückstände und -straftaten in hochverschuldeten Gemeinden und Staaten häufiger aufgetreten sind: "While high debts and high rates of delinquency are both reflections of the same economic condition, and **especially of real estate speculation**, the high debts once incurred tend to intensify the difficulty of tax collection by keeping tax rates at so high a level as to make delinquency likely."[2]

Angesichts der heutigen Finanzlage des amerikanischen Bundesstaats ist eine ähnliche Entwicklung zu befürchten. Im Falle einer Rezession sind Zahlungseinstellungen, Zwangsumschuldungen und Zinskürzungen denkbar. Erschwerend kommt hinzu, dass die durchschnittliche Laufzeit der Staatsschulden bei 4 1/2 Jahren liegt, verglichen mit 50 Jahren zu Beginn der 30er Jahre. Alleine im Fiskaljahr 1990 müssen 675 Mrd. $ refinanziert werden.[3] Damit besteht ein erhebliches **Refinanzierungsrisiko**, das, besonders wegen der hohen Auslandsabhängigkeit, in Zeiten gestörter gesamtwirtschaftlicher Rahmenbedingungen akut werden kann.

---

1 Kilpatrick (1933) 270; darunter der Staat Arkansas. Im November 1935 waren insgesamt 2% aller öffentlichen Körperschaften (3250) in Zahlungsverzug; Hart (1938) 224

2 Kilpatrick (1933) 268f.; Hervorhebung durch den Verfasser.

3 o.V. (1989g) 93; "(...) a recession might raise the (...) issue of credit risk in America's government-bond market."

3.4 Die Gesamtverschuldung der USA

Abb. 12: Schulden/BIP-Verhältnis in den USA[1]

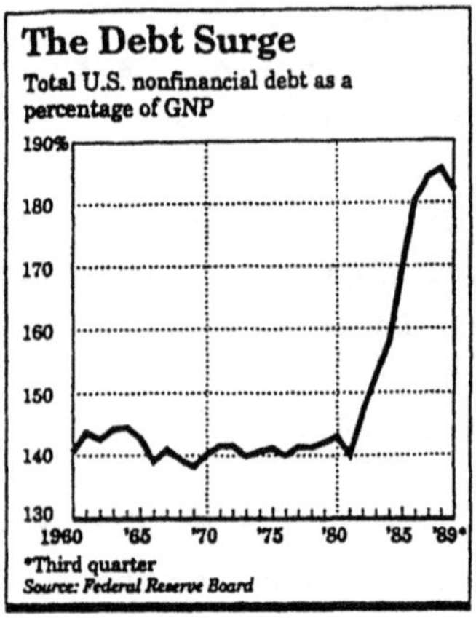

Diese Abbildung zeigt eindrücklich, wie stark die Verschuldung in den 80er Jahren zugenommen hat. Nachdem jahrelang ein Verhältnis von 1,4 : 1 gehalten wurde, ist die Verschuldung seit 1982 dramatisch gestiegen. Zwischen 1982 und 1986 stieg die Gesamtverschuldung um 4,7 Bio. $, während das BIP um lediglich 1,8 Bio. zunahm.

Addiert, befindet sich die Verschuldung von Staat, Unternehmen und Konsumenten, bezogen auf das BIP, auf historischem Höchst. Selbst während des zweiten Weltkriegs lag das Verhältnis auf keinem höheren Niveau. Nur im Verlauf der grossen Depression der 30er Jahre wurden höhere Werte erreicht, was auf den deutlichen Rückgang des Sozialprodukts zurückgeführt werden kann. Ausserdem wurden vermutlich noch viele Forderungen in den Büchern geführt, die eigentlich schon als verloren angesehen werden mussten.

Das Defizit im Aussenhandel steht in einem engen Zusammenhang mit der geringen Sparneigung.[2] Folge ist eine Verschlechterung der internationalen Nettovermögensposition der Vereinigten Staaten, die "1985 (...) zum ersten Mal seit dem Ersten

1 entnommen aus Clark/Malabre (1990) 1

2 Nach einer Studie des Congressional Budget Office ist die einzige Lösung dieser Problematik in einer Rückführung des Fiskaldefizits zu sehen; o.V. (1989p) 33

Weltkrieg wieder als Nettoschuldner gegenüber dem Ausland in Erscheinung (traten)."[1]

Derzeit tendiert die Nettoschuld gegenüber dem Ausland auf die Marke von 12,5% des amerikanischen Bruttoinlandsprodukts.[2] Bleibt dieser Trend bestehen, so wird die Auslandsverschuldung im Jahr 2000 3,5 Billionen $ betragen, was dann 32% des BIP entspricht.[3] Seit 1981 hat sich die US-Vermögensposition um 562,9 Mrd. $ verschlechtert.[4]

Dabei ist zu bedenken, dass diese **Netto**grösse nur beschränkt aussagefähig ist. Aus der regionalen Aufteilung der Portfolioinvestitionen der USA ist ersichtlich, dass ein Drittel dieser Aktiva in Lateinamerika gebunden und folglich von fragwürdiger Bonität sind. Nimmt man einen effektiven Wert der lateinamerikanischen Forderungen von 50% an, was angesichts der finanziellen Lage der Schuldnerländer vermutlich zu hoch ist, so verschlechtert sich die Nettoposition um ca. 125 Mrd. Dollar.[5] Aus diesem Grunde sind zur Beurteilung der Auslandsverschuldung der USA die **Bruttoverbindlichkeiten** heranzuziehen.

Alleine die Portfolioinvestitionen des Auslands, die meist handel- und leicht liquidierbar sind, beliefen sich 1985 auf 876,8 Mrd. US-$.[6] Gefährlich an dieser Situation ist, dass

---

1 Holtfrerich/Schötz (1988) 7
2 Dornbusch (1989a) 114
3 Projektion unter der Annahme eines Zinsniveaus und einer nominellen Wachstumsrate von je 7%; 10 Jahre später werden danach 40% (8,7 Bio $) erwartet; Silk (1989a) 13. Träte diese Entwicklung ein, so "(käme) zum politischen Druck nach Abhilfe - wie Dollarabwertung, handelspolitische Massnahmen und internationale Politik-Koordination - (...) die Verunsicherung der Finanzmärkte. Beides zusammen liesse sich dann (...) in der Tat zu trefflichen **Untergangsprognosen** verschmelzen."; o.V. (1989p) 33; Fettschrift im Original kursiv.
4 o.V. (1989i) 31
5 Eine Verrechnung mit lateinamerikanischen Forderungen wird kaum möglich sein, da diese in Privatbesitz Folge der anhaltenden Kapitalflucht sind. Im Extremfall ist eine Sperrung ausländischer Guthaben nicht auszuschliessen, wie öffentliche Äusserungen bereits andeuten, so z.B. M. Friedman (1988).
6 Holtfrerich/Schötz (1988) 26

die Abhängigkeit von ausländischem Kapital steigt. Unterbleibt die Mittelzufuhr, oder kommt es zu einem Abzug, so sind schwerwiegende gesamtwirtschaftliche Störungen zu erwarten, ähnlich wie im Deutschland der 30er Jahre, als die Kündigung ausländischer Kredite zu einer drastischen Verschärfung der Depression beitrug.[1]

Wie realistisch derartige Überlegungen sind, zeigen die Ereignisse der jüngsten Vergangenheit, als das Verhalten japanischer Investoren massgeblich die Zinsentwicklung am amerikanischen Kapitalmarkt beeinflusst hat.[2]

Die Bedienung der Auslandsschulden wird dadurch erschwert, dass die Mittel im Unterschied zum 19. Jahrhundert nicht zu Investitions-, sondern vor allem zu Konsumzwecken verwendet wurden.[3] Um einen anhaltenden Verschuldungszuwachs zu verhindern, muss das Handelsdefizit in einen Überschuss überführt werden. Dies hätte jedoch schwerwiegende Auswirkungen auf die derzeitigen Überschussländer, wie Japan, den ganzen pazifischen Raum und die Bundesrepublik Deutschland.

Sowohl die Überschussländer (Exporte) als auch die Entwicklungsländer (Kredite) hängen von der Prosperität der Vereinigten

---

1 Allerdings liegt ein wesentlicher Unterschied darin, dass die Vereinigten Staaten in ihrer eigenen Währung verschuldet sind, was Manipulationsmöglichkeiten eröffnet (z.B. Inflationierung).

2 So z.B. die Zurückhaltung der japanischen Käufer bei der Bondauktion im Mai 1987, die teilweise als Boykott interpretiert wurde, mit dem Japan die Abhängigkeit Amerikas demonstrieren wollte; Burstein (1988) 90ff. Der derzeitige Finanzminister **Brady** führte den Börsenkrach 1987 auf Bondverkäufe japanischer Anleger zurück, die einen Zinsanstieg auf über 10% herbeigeführt haben; zitiert in Burstein (1988) 163f. Auch der Kurseinbruch vom 13.10.1989 lässt sich auf den Einfluss japanischer Banken zurückführen, da diese entgegen den Erwartungen nicht bereit waren, eine derart risikoreiche Transaktion wie die Übernahme der Fluggesellschaft UAL, im gewünschten Umfang zu finanzieren; Holden/Glasgall (1989) 21

3 B. Friedman (1988b) 223ff.; Faust (1989) 12ff., der auch einen Überblick über die historische Entwicklung der Aussenschuld gibt. Ein optimistischeres Bild zeichnet Hill (1989), der eine demographisch bedingte Verbesserung und bereits zu Beginn des nächsten Jahrtausends deutliche Überschüsse erwartet.

Staaten ab. Durchlaufen letztere eine Rezession, so ist mit schwersten Störungen der Weltwirtschaft zu rechnen.[1]

Abb. 13: Nettoauslandsposition der USA[2]

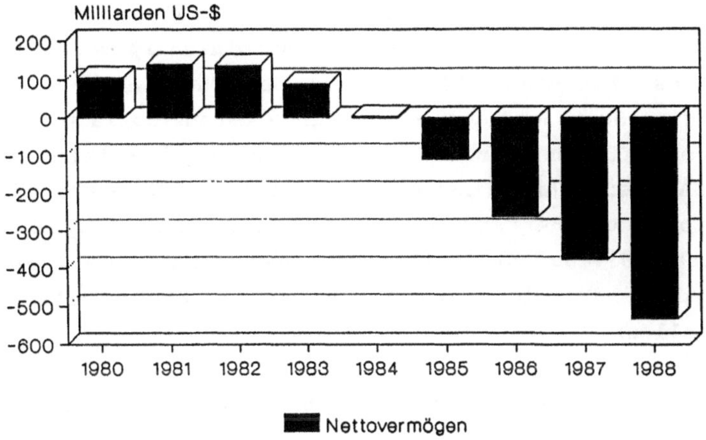

Ausserdem besteht ein enger Zusammenhang zwischen der finanziellen Auslandsposition eines Landes und seiner weltpolitischen Bedeutung. Gläubigerländer verfügten in der Geschichte immer über deutlich grösseren Einfluss als Schuldnerländer, so dass sich feststellen lässt, dass die USA ihre ökonomische Machtbasis zum Teil verloren haben.[3] Vor allem Japan steigt zu einer neuen wirtschaftlichen Führungsmacht auf, was nicht zuletzt an der starken Gläubigerposition liegt. Die Ablösung Amerikas, die sich schon seit längerem abzeichnet, lässt wirtschaftliche Turbulenzen erwarten: " No new empire has replaced another without the attendant circumstances of international chaos, economic crisis, and war."[4]

1 B. Friedman (1988b) 55, 102
2 nur Portfolioinvestitionen; Zahlen aus: Statistical Abstract of the US, wiedergegeben in Holtfrerich/Schötz (1988) 9f., o.V.(1989i) 33
3 B. Friedman (1988b) 76ff.; ähnlich Dornbusch (1989b) 4
4 Burstein (1988) 268; vor 60 Jahren verdrängte Amerika England von dieser Position, was gemäss Kindleberger (1973) 313f. ebenfalls eine Krisenursache gewesen sein kann.

3.5 Beurteilung der Gesamtverschuldung westlicher Industrienationen[1]

Die absolute Höhe der Schulden hat nur eine beschränkte Aussagekraft, da erst der Vergleich mit anderen Grössen eine Bewertung ihrer volkswirtschaftlichen Bedeutung erlaubt.
Das **Verhältnis von Schulden zu Bruttoinlandsprodukt** ist der bekannteste Massstab zur Beurteilung der Schuldenhöhe. Letztlich sind die Schulden aus dem erarbeiteten Sozialprodukt zu bedienen. Wie aus Abb. 12 ersichtlich, lag das Verhältnis in den USA über Jahre hinweg bei ca. 1,4:1, und erst seit 1980 ist ein deutlicher Anstieg der Schulden zu registrieren, bis zu einem Niveau von unterdessen mehr als 1,8:1. Ähnliche Zuwächse sind auch in anderen führenden Wirtschaftsnationen feststellbar.

Abb. 14: Verschuldung im Verhältnis zum Sozialprodukt[2]

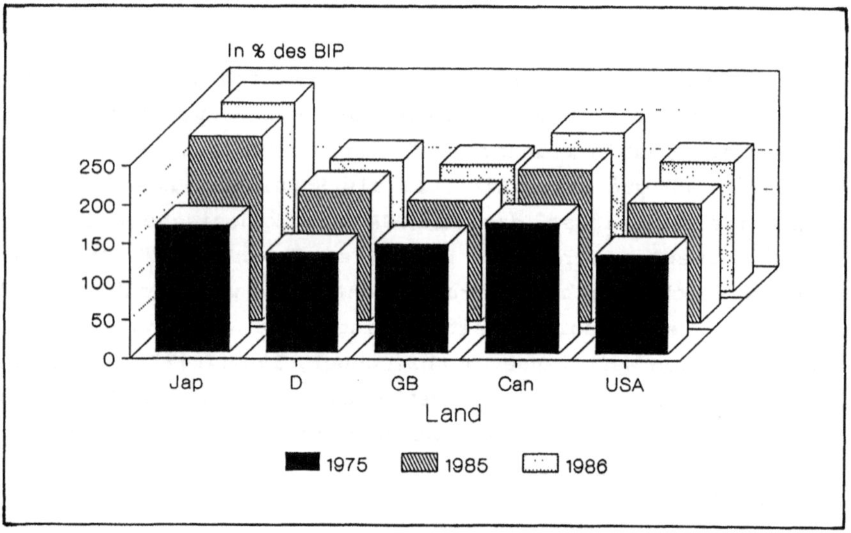

1 In Anhang 1 findet sich eine Aufteilung der Schulden auf die einzelnen Wirtschaftssektoren.

2 Zahlen aus BIZ (1987) 80

Eine Ursache für den starken Anstieg der Verschuldung wird im hohen Zinsniveau der 80er Jahre gesehen, welches zwar die Neuverschuldung bremst, bei **Umschuldungen** jedoch zu einer höheren Belastung durch den Zinsendienst führt. Verringert der Schuldner nicht seine Ausgaben, so muss er sich in Höhe der Differenz zwischen Einkommenszuwachs und Zinssatz zusätzlich verschulden. Auf diese Weise wird der **Zinseszinseffekt** ausgelöst, der ein exponentielles Wachstum der Schulden zur Folge hat. Dieser Aufschuldungsprozess spiegelt sich in der relativ zum BIP gestiegenen Verschuldung wider.[1] Entscheidend ist folglich auch das Verhältnis von Zinsniveau und Wirtschaftswachstum: will man im heutigen Umfeld ein weiteres Anwachsen der gesamtwirtschaftlichen Verschuldung verhindern, so müssen sämtliche Schuldner, also Staat, Unternehmen und Private, ihre Ausgaben einschränken.[2]

Eine weitere Grösse zur Beurteilung der Verschuldung einer Volkswirtschaft ist die **"financial interrelations ratio"** (FIR)[3], bei der die vorhandenen Finanzaktiven in Bezug zu den Sachaktiven gesetzt werden. Ist die FIR grösser als 1, so bedeutet dies, dass ein Teil der Finanzaktiven nicht durch Sachwerte gedeckt ist. In der Geschichte lagen die Normalwerte (von seltenen Ausnahmen abgesehen) für industrialisierte Staaten zwischen 1 und maximal 1,5. Ein weiteres Anwachsen der Schulden darüber hinaus, wäre folglich nicht zu tolerieren. M.E. ist diese Grösse, trotz ihrer theoretischen Brillanz, zur Beurteilung der aufgelaufenen Schuldenlast nur begrenzt geeignet. Das Problem liegt bei der Bewertung der Aktiven. So

1 BIZ (1989) 26, Congdon (1988) 6ff.; siehe hierzu die Ausführungen unter 4.4. "(...) (E)inige Länder wie Italien, Belgien und Irland (riskieren,) in eine Situation zu geraten, in der, da die Zinsen über der Wachstumsrate der nominalen Nachfrage liegen, die Schuldendienstverpflichtungen stärker zunehmen als das Steueraufkommen, und der Staat dadurch **gezwungen ist, sich immer höher zu verschulden.**", BIZ (1987) 82; Hervorhebung durch den Verfasser. Dies heisst jedoch, dass der Staatsbankrott in endlicher Zeit eintritt.

2 Die Einschränkung muss dabei grösser sein als die Differenz zwischen Zinssatz und Wachstumsrate; Martin/Lüftl (1984) 39

3 wiedergegeben von Congdon (1988) 4f.

ist es denkbar, dass sich die FIR für Japan innerhalb der theoretisch akzeptablen Werte bewegt, wozu die Lage am Immobilienmarkt einen bedeutenden Beitrag leistet. Es ist jedoch zu prüfen, inwiefern die bezahlten Grundstückspreise gerechtfertigt und damit von **Dauer** sind. Aus diesem Grunde erscheint der Vergleich mit der Wirtschaftsleistung eines Landes (BIP) aussagekräftiger.

Von welchem Zeitpunkt an der Zustand gesamtwirtschaftlicher **Überschuldung**[1] eintritt, lässt sich wie folgt definieren: Überschuldung ist dann gegeben, wenn eine ordnungsgemässe Verzinsung und Tilgung der Schulden nicht mehr möglich ist und jeder neue Kredit "(...) ausschliesslich dazu (dient), frühere Kredite zu bedienen."[2] "Überschuldung entsteht, wenn einerseits die Gesamtverschuldung überhaupt rascher zunimmt als das Sozialprodukt und wenn andererseits (...) immer mehr Einzelverschuldungen über die absolute, endgültige, also auch in der Zukunft zu erwartende Leistungsfähigkeit des Schuldners hinausgehen, wenn entsprechende Forderungen also definitiv uneinbringlich werden."[3]

Offen zutage tritt die Überschuldung erst dann, wenn kein Vertrauen in die Zahlungsfähigkeit und -bereitschaft der Schuldner mehr besteht. Solange die Kreditgeber bereit sind, zusätzliche Mittel zur Verfügung zu stellen bzw. die Zinsen zur Schuld zu schlagen, bleibt das System funktionstüchtig.[4]

---

1 "Die einzige Möglichkeit, Überschuldung zu definieren, besteht (...) darin, dass man sie in Beziehung setzt zur "Produktivität"." Führen die neuen Kredite zu keiner Produktivitätssteigerung (z.B. Konsumkredite), so "(ist) allein diese Tatsache (...) für einen Preissturz verantwortlich, der manchmal bis zur Katastrophe führen kann (...)."; Schumpeter (1961) 156

2 Martin (1988) 219. Ursache der Überschuldung ist letztlich das Eingehen von Schulden ohne Erbringung einer zusätzlichen Leistung; siehe hierzu Abschnitt 4.2 unten.

3 Bethmann (1986) 70

4 Wächst die Verschuldung schneller als das, aus dem sie bedient wird/werden sollte, so ist das System **insolvent**; Lüftl/Martin (1984). Die Illiquidität und damit der Zusammenbruch tritt erst dann ein, wenn eine zusätzliche Verschuldung nicht mehr möglich ist; siehe dazu unter 4.2

Erst ein Vertrauensverlust löst die Verschuldungskrise aus, weshalb deren Zeitpunkt nicht prognostiziert werden kann. Die Krise tritt zwangsläufig dann ein, wenn die **Verschuldungskapazität aus Sicht der Kreditgeber** ausgeschöpft ist. Sind zu diesem Zeitpunkt mehr Verbindlichkeiten ausstehend, als die Schuldner bedienen können, so setzt die bereits oben beschriebene deflationäre Spirale ein.

Strukturelle Aspekte der einzelnen Volkswirtschaften erschweren zusätzlich eine Beurteilung der Verschuldung. So ist die Fremdfinanzierung japanischer Unternehmen traditionell hoch, was auf die enge Verknüpfung von Banken und Industrie zurückgeführt werden kann.[1] In einem derartigen Umfeld wird ein höherer Verschuldungsgrad möglich sein, wobei sich ein **objektiver** Massstab m.E. nicht aufstellen lässt.

Eine weitere Möglichkeit der Beurteilung der weltweiten Verschuldung ist die Vornahme historischer Vergleiche, wie oben in Abb. 12 für die USA. Dementsprechend wäre von einer Überschuldung der Vereinigten Staaten auszugehen, da sich der Gesamtschuldenstand auf einem Rekordniveau befindet. Der Einwand, dass die Entwicklung des Finanzsystems es erlaube, in grösserem Ausmass Schulden aufzunehmen, ist m.E. nicht angebracht. Die Verbesserungen des Finanzsystems, so es sie denn gibt, rechtfertigen keinesfalls eine derartige Überschreitung des langjährigen Verhältnisses von Schulden zu BIP.[2]

Im folgenden wird davon ausgegangen, dass die Verschuldung in den westlichen Industrienationen ein vertretbares Mass überschritten hat. Solange die Wachstumsrate der Schulden über jener des Sozialprodukts liegt, ist ein weiter zunehmender Verschuldungsgrad die Folge, welcher in **endlicher** Zeit zu

1 Wright/Pauli (1988) 59ff.; BIZ (1989) 95ff.; Kopcke (1989) 29; Dunst (1979) 175ff.; Drucker (1980) 185f. Ähnliches gilt auch für die Bundesrepublik Deutschland.

2 Finanzinnovationen und Deregulation scheinen zwar eine der Ursachen der gestiegenen Verschuldung zu sein, Kaufman (1986) 20f., was jedoch nicht bedeutet, dass sie den Verschuldungszuwachs rechtfertigten.

einer Krise führen muss.[1] Zur Stützung dieser These genügt ein Blick auf die Verschuldung von Unternehmen und Konsumenten in den USA. Dort ist bereits offen von der Gefahr einer Überschuldungskrise im Zuge der nächsten Rezession die Rede.

3.6 Die Verschuldung der Entwicklungsländer[2]

Das Schuldenproblem der 3.Welt sei hier nur der Vollständigkeit halber kurz erwähnt. Seit dem offenen Ausbruch der Schuldenkrise im Jahre 1982 hat sich **keine** spürbare Verbesserung der Lage ergeben. Nach wie vor ist ein grosser Teil der Exporterlöse für den Schuldendienst aufzuwenden. Folge dieser einseitigen Exportorientierung ist zudem eine Vernachlässigung der Investitionstätigkeit[3], was für die Zukunft noch grössere Schwierigkeiten bei der Bedienung der eingegangenen Schulden erwarten lässt.

Eine Lösung der Problematik kann nur in einem Forderungsverzicht der Gläubiger oder in einer offenen Bankrotterklärung der Schuldnerländer liegen. Mit einer Rückzahlung der Kredite ist m.E. nicht ernsthaft zu rechnen. Zweifellos stellt dies angesichts des hohen Engagements US-amerikanischer und japanischer Banken eine Bedrohung für das Weltfinanzsystem dar. Dennoch ist nicht davon auszugehen, dass die Entwicklungs- und Schwellenländer eine Weltwirtschaftskrise auslösen werden. Vielmehr werden sie vermutlich erst im Verlauf einer derartigen Depression die Zahlungen einstellen, z.T. bedingt durch den verstärkten Protektionismus, der es ihnen verunmöglicht, die benötigten Devisen durch Exporte zu beschaffen.[4]

---

1 In Anlehnung an Lüftl/Martin (1984) 46ff., Martin/Lüftl (1984) 26, 338ff., (1986) 207ff., die diese Analyse für Staatsschulden vornehmen.
2 siehe dazu auch Congdon (1988) 105ff.
3 o.V. (19891) 77
4 Dies entspräche der Entwicklung in den 30er Jahren, als es ebenfalls zu Zahlungseinstellungen v.a. der lateinamerikanischen Staaten gekommen ist; Palyi (1972) 329; siehe auch Congdon (1988) 110

Abb. 15: Verschuldung ausgewählter Entwicklungs-/Schwellenländer[1]

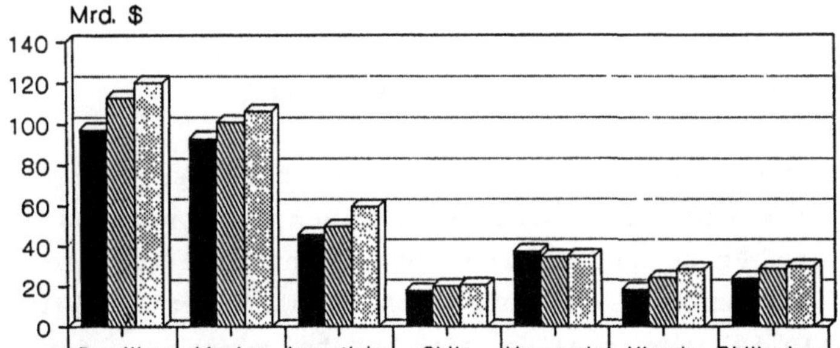

	Brasilien	Mexico	Argentinien	Chile	Venezuela	Nigeria	Philippinen
1983	97,5	93,1	45,9	18,1	37,4	18,6	24,1
1986	112,8	101,1	49,7	20,2	34,7	24,5	28,9
1988	120,1	106,2	59,6	20,7	35	28,5	29,9

Zur Devisenbeschaffung sind massive Exporte in die Industrieländer nötig, so dass die verschuldeten Staaten von Konjunkturverlauf und Handelspolitik der Industriestaaten abhängen.[2] Kommt es zu einer Rezession, so wäre die Bedienung der Schulden vermutlich nicht mehr möglich. Gleichzeitig würden die Banken keine zusätzlichen Kredite mehr gewähren, da sie bereits genug Verluste auf Inlandsdebitoren verschmerzen müssten.

Eine zusätzliche Belastung der Schuldnerländer ergibt sich aus der hohen inländischen Verschuldung, vor allem der Regierungen.[3] Selbst im Falle einer Streichung der Auslandsschulden wären die Probleme der Schwellenländer somit nicht gelöst. Vielmehr bedarf es auch einer inländischen Entschuldung, also einer Schuldenstreichung. Dies ist m.E. eine der wichtigsten

1 Angaben aus BIZ (1989) 151
2 Gleichzeitig beeinflussen sie durch Notverkäufe jedoch auch den Konjunkturverlauf in den Industrieländern. Die dadurch ausgelösten Preisrückgänge führen zu Krisen in den nationalen Branchen (Landwirtschaft, Energie).
3 Congdon (1988) 136ff.

Voraussetzungen, um eine Rückkehr der Fluchtgelder in die betreffenden Staaten herbeizuführen, da diese oftmals immerhin deren gesamten Auslandsverbindlichkeiten entsprechen (siehe unter A1.4).

3.7 **Die Anfälligkeit des Bankensystems**

Angesichts der geschilderten Verschuldungssituation ist es kaum verwunderlich, dass die Krisenresistenz des Bankensystems in Frage zu stellen ist. Nicht nur die nach wie vor hohen Forderungen gegenüber den Staaten der 3. Welt und den Schwellenländern stellen eine akute Bedrohung für namhafte US-Banken dar (Tab. 5).

Hinzu kommt das besonders risikoreiche Engagement im Bereich von Corporate Buyouts und Mergers and Acquisitions:[1] bei einigen US-Grossbanken macht die Finanzierung derartiger Geschäfte bis zu 40% der gesamten Forderungen an Unternehmen aus[2], was die Wahrscheinlichkeit von Verlusten deutlich erhöht.[3] Die 25 führenden amerikanischen Banken hatten im Herbst 1989 einen Bestand von 43,6 Mrd. US-$ an LBO-Krediten.[4] In diesem Zusammenhang ist es interessant festzustellen, dass nur etwa 15% der Fremdmittel bei Fusionen und Übernahmen durch die Emission von Junk Bonds beschafft werden. Der übrige Teil wird von Banken zur Verfügung gestellt.[5]

---

1 "At the Federal Reserve, we are particulary concerned about the increasing share of restructuring loans made by banks. Massive failures of these loans could have broad ramifications."; Greenspan (1989) 269

2 Taylor (1988); Roshardt (1988) 35; Ende Juni 1988 waren schätzungsweise 10% aller Kredite an Industrie, Handel und Gewerbe LBO-bezogen; BIZ (1989) 101

3 Dies gilt m.E. trotz der Tatsache, dass Banken vor allem vorrangige Gläubiger sind (Senior Debt); Caytas/Mahari (1988) 206f.

4 o.V. (1989s) 93; weltweit standen mehr als 100 Mrd. $ an LBO-Krediten aus.

5 Faber (1988) 355; gerade auch Investmentbanken engagieren sich stark durch die Vergabe von Überbrückungskrediten, mit der Absicht, Junk Bonds zu plazieren. Dabei kam es im Herbst 1989 angesichts der schlechten Marktverfassung zu immer grösseren Forderungen, weil die Anleihen unverkäuflich waren; o.V. (1989q) 109

Tab. 5: Kredite an die 3. Welt (nach Rückstellungen), LBOs und High Leveraged Transactions (HLTs, die LBOs, Übernahmen und Refinanzierungen umfassen) im Verhältnis zum Eigenkapital:[1]

Bank	Buchforderung in Prozent des Eigenkapitals		
	E-Länder	LBOs	HLT
Manufacturers Hanover	204%	107%	182%
Bank America	157%	22%	57%
Chase Manhatten	119%	58%	94%
Chemical Banking	116%	66%	225%
Citicorp	93%	50%	148%
Bankers Trust	86%	89%	193%
Bank of New York	61%	126%	221%
J.P. Morgan	60%	14%	29%

Das Gefährliche an dieser Situation ist in dem Tatbestand zu sehen, dass sowohl die Unternehmenskredite als auch die Forderungen an die 3. Welt unter den gleichen Umständen, wie z.B. einer schweren Rezession, in Schwierigkeiten gerieten. Die Banken würden dann vermutlich auf beiden Positionen heftigste Verluste zu verkraften haben.[2]

Dabei gehen die Grossbanken zunehmend dazu über, kleinere Banken und Sparkassen an den Transaktionen zu beteiligen, was die finanzielle Stabilität zusätzlich gefährdet.[3]

---

1 Quellen: o.V. (1989s) 94, Main (1989) 86, o.V. (1990a) 39
2 B. Friedman (1989) 30
3 Roshardt (1988) 35; die BIZ (1989) 100 verweist auf die daraus resultierenden Schwierigkeiten im Falle der Notwendigkeit von Restrukturierungen verschuldeter Unternehmen.

Generell ist eine höhere Risikobereitschaft bei der Vergabe von Krediten feststellbar, ermöglichte doch erst die grosszügige Bereitstellung von Bankkrediten den wahren Boom an LBOs.[1] Probleme zeichnen sich auch im Bereich der Immobilienfinanzierung ab, wo die tendenziell überbaute Lage starke Wertverluste und damit Hypothekenabschreibungen befürchten lässt.[2] Mitte 1989 waren immerhin doppelt so viele Immobilienkredite wie 1984, nämlich 31,7 Mrd. $, in Schwierigkeiten.[3]

Abb. 16: Schliessungen von Banken mit staatlicher Einlagenversicherung und "Problembanken" 1980-1988[4]

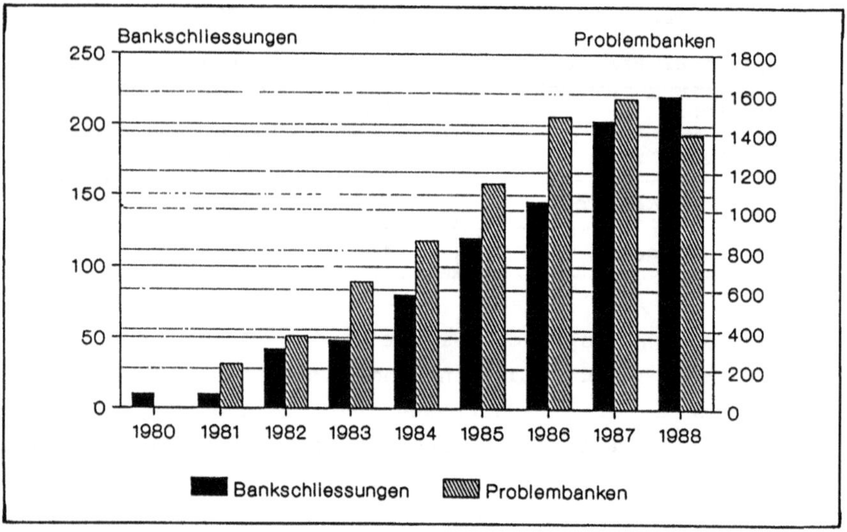

---

1 o.V. (1989b) 81

2 "There is mounting evidence of a softening property market in most of America, but bankers are still falling over themselves to increase lending to anybody who wants to borrow to buy this falling asset.(...) In consequence, non-performing (...) property loans are increasing fast (...)"; o.V. (1989k) 95. Bei einigen Banken stiegen die Problemkredite im 1. Quartal 1989 um 50-80%, was auf zunehmende Turbulenzen hinweist; Meehan/Jereski/Yang (1989) 40

3 Meehan/Jereski/Yang (1989) 40

4 Quelle: FDIC; hier in der Zusammenstellung von Brumbaugh/Carron/Litan (1989) 255

Die seit Beginn der 80er Jahre steigenden Konkurszahlen spiegeln die deutlich verschlechterte Lage US-amerikanischer Banken wider (Abb. 16).

Auch hier ist es erstaunlich, dass die Zahl der von der FDIC als "Problemfälle" eingestuften Banken, die als gefährdet anzusehen sind, 1988 nach der längsten wirtschaftlichen Expansionsphase in Friedenszeiten, immer noch sechsmal so hoch ist wie 1981 und dreimal so hoch wie 1976, dem bisherigen Nachkriegsrekord.[1]

Dies deutet ebenso wie die deutlich gestiegenen Konkurszahlen bei Nichtfinanz-Unternehmen auf die Verletzlichkeit der US-Wirtschaft und die Gefahr einer Krise im Finanzbereich hin.

Wie sich die Situation der US-Banken darlegt, ergibt sich auch aus folgenden Angaben: Von den 2,8 Bio. $ Aktiven aller US-Geschäftsbanken mit mehr als 50 Mio. $ Bilanzsumme, wurde Ende September 1988 1/3 von Banken gehalten, die weniger als 6% an eigenen Mitteln auswiesen. Dabei wird eine Bank von Experten als "schwach kapitalisiert" eingestuft, wenn sie nur 6% oder weniger Eigenfinanzierung vorzuweisen hat.[2] Alleine die 15 grössten Banken hielten Aktiven im Gesamtwert von 833 Mrd. $, wobei die Eigenkapitalquote zwischen 1,49% und 6,89% lag. Der gemäss den Aktiven gewichtete Durchschnitt betrug 4,34%. Die Vornahme einer Rückstellung von 50% auf den Krediten an Entwicklungs- und Schwellenländer hätte ein Absinken der eigenen Mittel auf einen Durchschnitt von nur noch 3,17% zur Folge. Für drei der 15 grössten Banken ergab sich unter dieser Annahme ein risikogewichteter Anteil[3] an eigenen Mitteln von **unter 2%**, wobei im Falle der Bank of America wegen des gefährdeten Inlandsportefeuilles von einer eigentlichen **Insolvenz**

1 Brumbaugh/Carron/Litan (1989) 255
2 Brumbaugh/Carron/Litan (1989) 257
3 Diese Risikogewichtung richtet sich nach den neuen Kapitalisierungsanforderungen des Basler Komitees für Banking Regulations and Supervisory Practicies; Brumbaugh/Carron/Litan (1989) 251

auszugehen wäre, würde eine Bewertung der Aktiven zu Marktwerten vorgenommen.[1] Diese Fakten zeigen eindrücklich auf, dass das Bankensystem **nicht** in der Lage wäre, Verluste auf In- und Auslandsdebitoren zu verkraften.

Herausragendes Beispiel für diese Entwicklung sind die Savings and Loans (Sparbanken), deren Situation in letzter Zeit häufig diskutiert wurde. Die rund 3000 Institute wiesen 1988 Forderungen von 1300 Mrd. $ aus. Der Garantiefonds FSLIC musste seit seiner Gründung 1933 bis 1979 nur 300 Mio. $ an Verlusten decken, seit 1980 hat sich diese Zahl jedoch mehr als 200facht.[2] Ursache für diese Entwicklung war das hohe Zinsniveau der 70er und 80er Jahre. Dieses führte zu einer Aufhebung der Zinsregulation, was wiederum starke Verluste der Sparkassen auslöste, da diese Hypotheken zu festen, tieferen Konditionen vergeben hatten (sog. Zinsinkongruenz).[3] In der Folge wurde den Sparbanken das Engagement in anderen Geschäftsbereichen erlaubt, in der Hoffnung, durch eine grössere Diversifizierung die Verluste zu mindern. So kam es zu einem massiven Einstieg in risikoreiche Geschäfte, mit dem Ziel, durch ein aggressives Vorgehen die schlechte Ertragslage zu verbessern.[4] Alleine 1983 und 1984 stiegen die Ausleihungen um 40%, doppelt so schnell wie jene der Geschäftsbanken.[5] Weitere Gründe für die fatale Situation der Savings and Loan sind regionale Wirtschaftsprobleme (Landwirtschaft, Energie) und der Missbrauch zu kriminellen Machenschaften, die immerhin

---

1 Brumbaugh/Carron/Litan (1989) 257

2 BIZ (1989) 107

3 Pizzo/Fricker/Muolo (1989) 11f.; dort findet sich auch ein knapper Abriss der historischen Entwicklung der Sparbanken. Zugleich setzte sich die Deregulation auf Ebene der Staaten fort, wobei besonders Texas und Californien durch spürbare Lockerungen auffielen. So wurde es praktisch jedermann gestattet, eine S&L zu betreiben und staatlich versicherte Einlagen entgegenzunehmen; Pizzo/Fricker/Muolo (1989) 20f.

4 Pizzo/Fricker/Muolo (1989) 12f.

5 BIZ (1989) 109; ein extremes Beispiel ist die American Diversified Savings and Loan, deren Bilanzsumme 1983/84 von 11 Mio.$ auf 1 Mrd.$ anstieg. Im Jahre 1988 waren ca. 80% der gewährten Hypotheken "delinquent"; Heins (1989) 39. Für weitere derartige Beispiele siehe die ausführliche Darstellung von Ursache und Verlauf der Sparkassenkrise durch Pizzo/Fricker/Muolo (1989).

bei 50% der von der FSLIC gestützten Banken der Hauptauslöser für den Zusammenbruch waren.

Gerade auch die Sozialisierung der möglichen Verluste durch die staatliche Einlagenversicherung trug zu einem risikoreichen Geschäftsgebaren bei. Die Verantwortlichen waren sich bewusst, dass immer die Allgemeinheit für allfällige Verluste aufkommen würde ("moral hazard").[1]

Statt insolvente Sparkassen zu schliessen, wurden die EK- und Bilanzierungsanforderungen gelockert, in der Hoffnung, die Krise würde sich mit der Zeit von selbst lösen. So stieg die Anzahl insolventer Institute von 85 (1981) auf 515 (Ende 1987).[2] Gleichzeitig wiesen die Kosten einer Sanierung der S&L ein exponentielles Wachstum auf:

Tab. 6: Geschätzte Kosten der S&L-Sanierung[3]

Zeitpunkt	Schätzung der Sanierungskosten
Anfang 1987	15 Milliarden US-$
Ende 1987	22, 7 Milliarden US-$
Mitte 1988	35 Milliarden US-$
Oktober `88	50-60 Milliarden US-$
Ende 1988	100 Milliarden US-$ oder mehr
Februar `89	**Bush Plan:** Kosten der ersten 10 Jahre zwischen: 157 und 205 Mrd. $. Insgesamt 360 Mrd. $ in drei Jahrzehnten

Da die Projektionen der Sanierungskosten auf weitgehend unrealistischen Annahmen über Zinsniveau und Wirtschaftsent-

---

1 o.V. (1989j) 1, BIZ (1989) 111; Brumbaugh/Carron/Litan (1989) 243
2 BIZ (1989) 107ff.
3 Zahlen aus Pizzo/Fricker/Muolo (1989) 4

wicklung beruhen[1], sind Gesamtkosten von 400-500 Mrd.$ durchaus denkbar. Diese stellen für den amerikanischen Staat eine zusätzliche Belastung dar.[2]

Die verletzliche Situation des amerikanischen Finanzsystems lässt dennoch m.E. nicht zwangsläufig Bankenkrisen wie in den 30er Jahren erwarten. Ohne jeden Zweifel wird der Staat bzw. das Zentralbankensystem Fed alle notwendigen Stützungsmassnahmen ergreifen.[3]

Dennoch werden die zu befürchtenden Turbulenzen im Finanzbereich eine etwaige Rezession spürbar verschärfen, da die Wirtschaftssubjekte vermutlich trotz Einlagenversicherung ihre Bargeldhaltung erhöhen werden. Schliesslich verbreitet sich zunehmend die Erkenntnis, dass der Staat nicht über ausreichende Mittel verfügt, um derartige Krisen zu bekämpfen. Auf der anderen Seite würde ein massives Eingreifen der Notenbank die Angst vor einer Inflationierung wecken und somit zu einem Abzug ausländischen Kapitals führen (s.u. unter 5), was wiederum **höhere** Zinsen und eine weitere Verschärfung der Rezession bedeuten würde.[4]

---

1 Diese Annahmen sind u.a.: Keine Inflation in den nächsten Jahren, dadurch Absinken des kurzfristigen Zinsniveaus (T-Bills) auf 4,4% bis 1994. Darüber hinaus keine Rezession und ein Einlagenwachstum von 7% p.a. (revidiert 3%); seit Dezember 1988 sinken die Einlagen jedoch; Thomas (1989) 1, 8. Für eine ausführliche Kritik an den offiziellen Schätzungen und eine Alternativberechnung, siehe Brumbaugh/Carron/Litan (1989) 266ff.

2 Zusätzlich werden der Junk Bond- und der Immobilienmarkt durch die Liquidation von Aktiven belastet; Heins (1989) 35, Thomas (1989) 8, Meehan/Jereski/Yang (1989) 40. Diese Verkäufe können m.E. durchaus einen Crash im Immobilienmarkt auslösen.

3 Gleicher Ansicht ist Erdman (1988) 134f.; siehe zur Rolle des Lenders of last resort Kindleberger (1978) 161ff.

4 So stammen fast 50% der Einlagen bei den 12 grossen Geschäftsbanken aus dem Ausland; Erdman (1988) 129

3.8 Wirtschaftliche Entwicklung der Zukunft vor dem Hintergrund der weltweiten Verschuldung

Über die weitere wirtschaftliche Entwicklung können zum gegenwärtigen Zeitpunkt nur Vermutungen angestellt werden. Deshalb werden vier mögliche Szenarien diskutiert, wobei jeweils Annahmen über die gesamtwirtschaftlichen Zusammenhänge zu treffen sind.

3.8.1 Der Versuch einer Begrenzung des Schuldenwachstums

Erste Massnahme zur Vermeidung einer Überschuldungskrise könnte eine Beschränkung des Schuldenwachstums auf die Wachstumsrate des Sozialprodukts sein, also eine Entschärfung des Zinseszinseffekts.[1] Dies würde bedeuten, dass alle Wirtschaftssubjekte ihre Ausgaben einschränken und ihren Einnahmen anpassen. Eine derartige Beschränkung der Ausgaben hätte jedoch negative Wirkungen auf die Konjunktur. Folge einer Konjunkturabschwächung wäre zum einen ein geringeres Wirtschaftswachstum (was wiederum weitere Ausgabenkürzungen erforderlich macht), zum anderen eine verminderte Fähigkeit zum Schuldendienst wegen gesunkener Einkommen.

Alleine der Versuch einer Verlangsamung des Schuldenwachstums könnte also eine Rezession verursachen, in deren Verlauf der offene Ausbruch einer Schuldenkrise, mit anschliessender deflationärer Entwicklung, wohl nicht zu verhindern wäre.[2] Zudem kann eine Zinssenkungserwartung zu einer Dämpfung der Konjunktur beitragen, da die Marktteilnehmer jetzt sparen und erst in Zukunft, wenn es billiger ist, erneut nachfragen.[3] Hinzu kommt, dass mit einer Verlangsamung des Schuldenwachs-

---

1 analog zu Martin/Lüftl (1984) 39

2 eine auch von angesehenen Nationalökonomen indirekt gestützte These, so von B. Friedman (1988a) 130, der angesichts der Finanzlage US-amerikanischer Unternehmen die Verhinderung einer Rezession verlangt. Siehe auch Clark/Malabre (1990) 8

3 Siehe zu dieser Theorie unten unter 4.4

tums noch keineswegs das Problem des Schuldenabbaus gelöst ist.

Eine Möglichkeit der Bremsung der Verschuldungszunahme und der Rückführung von staatlichen Haushaltsdefiziten wird in der gleichzeitigen Stimulierung durch eine expansive Geldpolitik und durch vermehrte Exporte gesehen.[1]

Expansive Geldpolitik erfordert jedoch eine Verschuldungsbereitschaft von Privaten, um wirksam zu sein (s.u.). Diese ist angesichts weitgehend ausgeschöpfter Verschuldungskapazität und gesättigter Märkte nicht zu erwarten, was eine Stimulierung als ausgeschlossen erscheinen lässt.

Eine Ankurbelung der Exporte setzt voraus, dass in anderen Staaten effektiver Bedarf an den erstellten Produkten besteht und dass die nötigen finanziellen Mittel zur Nachfrage vorhanden sind. Aus diesem Grunde fallen sowohl Industrieländer (gesättigte Märkte) als auch Entwicklungs- und Schwellenländer (hoch verschuldet) ausser Betracht.

Nach einer Theorie braucht das kapitalistische Wirtschaftssystem, um funktionsfähig zu bleiben, einen Nachschuldner, d.h. jemanden, der bereit ist, sich zusätzlich zu verschulden (siehe unter 4.2). Offensichtlich ist eine derartige Zusatzverschuldung nur noch beschränkt möglich, weil die weltweite Verschuldungskapazität praktisch ausgeschöpft ist. Jeder Versuch, den Zuwachs der Verschuldung zu stoppen, müsste gemäss dieser Theorie zu einem rascheren Ausbruch der Krise führen.

---

1 so z.B. B. Friedman (1988b) 297, Dornbusch (1989a) 116, Kaufman (1986) 23; expansive Geldpolitik würde zudem über die daraus folgende Inflation die Schulden entwerten und so zu einer Rückführung des Schulden/BSP-Verhältnisses beitragen, B. Friedman (1986) 49f.; eine derartige Inflationierung setzt jedoch eine zunehmende Neuverschuldung voraus (s.u.), weshalb diese Lösungsstrategie nicht gangbar ist. Ausserdem ist bei dieser Argumentation zu betonen, dass der Konsum rund 2/3 der Gesamtnachfrage ausmacht und ein Einbruch bei dieser Nachfragekomponente - wenn überhaupt - nur schwer durch Exporte oder Investitionen ausgeglichen werden kann.

3.8.2 **Streichung der Schulden**

Diese Variante der Bereinigung des Schuldenproblems wäre m.E. vorzuziehen. Da mit einer Bezahlung der Schulden nicht ernsthaft gerechnet werden kann, würde auf diese Weise ein langjähriger Prozess der Schuldenliquidierung vermieden werden, in dessen Verlauf schwerwiegende gesellschaftliche Erschütterungen zu erwarten wären. Zweifellos werden sich soziale Spannungen auch im Fall einer Streichung ergeben, sicherlich jedoch nicht in einem derartigen Ausmass. Die damit verbundene Ungerechtigkeit gegenüber den Gläubigern liesse sich ohnehin nicht vermeiden, da ein grosser Teil der Forderungen als verloren anzusehen ist.[1]

Diese Variante kann jedoch nicht durchgeführt werden, weil den Schuldenstreichungen entsprechende Forderungsverluste der Gläubiger gegenüberständen, die diese nicht verkraften könnten. Folge wäre eine Welle von Banken- und Unternehmens-zusammenbrüchen. Gleiches gilt für die privaten Haushalte, deren Geldvermögen vernichtet würden, während die Schulden jedoch bestehenblieben, mit entsprechend negativer Wirkung auf die Konjunktur, hin zur offenen Depression.

3.8.3 **Inflationierung mit anschliessender Währungsreform**

Eine offene Inflationierung erscheint ebenfalls ausgeschlossen, da dies zu heftigen Störungen auf den Finanzmärkten führen würde, sobald diese Entwicklung deutlich wird.[2] Schon heute zeigt sich bei Inflationsraten von rund 5% zunehmende Nervosität. Der Versuch, das Verschuldungsproblem über die Notenpresse zu lösen, ist deshalb von vornherein zum Scheitern verurteilt.

---

1 An dieser Stelle muss betont werden, dass selbstverständlich nicht alle Schulden von schlechter Qualität sind. Im Zuge einer Deflation würden jedoch auch viele Forderungen verlorengehen, die in Normalzeiten als gesund anzusehen sind.

2 Martin (1986) 313f.

Möglich wäre eine Hyperinflation/Währungsreform, die auf einen Schlag sämtliche Schulden entwertet. Dies könnte durch die Aufwertung der Goldbestände der Notenbanken und anschliessende Ausschüttung des dabei entstehenden Gewinns an den Staat zum Zwecke der Schuldentilgung erfolgen.[1]

Doch auch hier ist die Handlungsbereitschaft und -fähigkeit der Verantwortlichen zu bezweifeln. Nur im Verlauf schwerwiegender wirtschaftlicher Turbulenzen, wie z.B. einer Flucht aus dem US-Dollar, ist diese Art der Problemlösung denkbar.[2]

3.8.4 **Deflationäre Depression**

Im Verlauf der nächsten zyklischen Abschwächung der Konjunktur wäre angesichts der dargestellten Verschuldungsproblematik und des fragilen Finanzsystems mit einer Welle von Unternehmens- und Bankenzusammenbrüchen[3] zu rechnen, wie bereits oben unter 3.2. dargestellt. Folge wäre ein drastischer Preisverfall bei Sachwerten und Waren aller Art, da die Schuldner versuchen würden, Liquidität zur Aufrechterhaltung des Schuldendienstes zu beschaffen. Eine Weltwirtschaftskrise, wie jene der 30er Jahre, wäre wahrscheinlich, wobei sie allerdings bedingt durch die viel weiter gehende Verschuldung aller Sektoren, weitaus grössere Ausmasse annehmen könnte. Sollte es wider Erwarten gelingen, im Verlauf der nächsten Rezession den offenen Ausbruch einer Überschuldungskrise zu verhindern, so wäre die Problematik damit nicht gelöst, sondern nur auf einen späteren Zeitpunkt verschoben. Nach Auffassung des Verfassers ist deshalb mit hoher Wahrscheinlichkeit von einem deflationären Szenario auszugehen, in dessen Verlauf eine

---

1 Martin/Lüftl (1986) 433ff.

2 Die Diskussion um die Unabhängigkeit des amerikanischen Zentralbankensystems Fed von staatlicher Aufsicht zeigt allerdings die Gefahren auf, da offensichtlich ein direkter Einfluss der Politiker auf die Geldpolitik angestrebt wird.

3 Dabei wird "Zusammenbruch" derart definiert, dass ein(e) Unternehmen/Bank ohne staatliche Hilfe oder Eingreifen der Notenbank, Konkurs anmelden muss/müsste.

massive Schulden- bzw. Forderungsvernichtung stattfinden wird, die letztlich **Ursache** der Deflation ist.

3.9 Zusammenfassung

Folgende Schlüsse sind für die Beurteilung der zukünftigen wirtschaftlichen Entwicklung und damit für die Ableitung betriebswirtschaftlicher Massnahmen zu ziehen:

1. Der Aufschwung der 80er basiert wie jener der 20er Jahre auf einer massiven Verschuldungszunahme.
2. Die Verschuldung von Staaten, Unternehmen und Konsumenten befindet sich in den grossen Industrieländern durchwegs auf einem hohen Niveau. Dabei liegt sie in den USA auch deutlich höher als vor der grossen Depression der 30er Jahre.
3. Verschuldung bzw. Überschuldung ist als Hauptursache von deflationären Depressionen anzusehen.
4. Ein hoher Verschuldungsgrad hat u.a. diese Folgen:
   a) erhöhte konjunkturelle Anfälligkeit mit zunehmenden Insolvenzen
   b) Gefahr einer deflationären Spirale durch den Versuch der Schuldenliquidierung
   c) Gefahr von Unternehmens- und Bankenzusammenbrüchen
   d) verminderte Fähigkeit des Staates, fiskalpolitisch zu stimulieren.
5. Die Verschuldung von Entwicklungs- und Schwellenländern hat ebenfalls ein vertretbares Mass überschritten, wobei mit einer Bezahlung der Schulden nicht zu rechnen ist. Zahlungseinstellungen werden vermutlich erst im Verlauf einer Depression erfolgen und nicht deren Auslöser sein.
6. Lösungen für das Problem der progressiv zunehmenden Verschuldung gibt es nicht. Deshalb steht am Ende vermutlich eine Hyperinflation/Währungsreform (wenig wahrscheinlich) oder eine deflationäre Depression.

4 ÜBERBLICK ÜBER DIE ANSÄTZE DER BEKANNTESTEN "KRISENPROPHETEN"

4.1 Einführung

In diesem Kapitel erfolgt eine Darstellung und Diskussion der verschiedenen Krisentheorien, die in der Vergangenheit für Aufsehen gesorgt haben. Dabei handelt es sich durchwegs um Überlegungen, die von der traditionellen Wirtschaftswissenschaft wenig oder gar nicht beachtet wurden.[1] Dies ist insofern bedauerlich, als nur eine ernsthafte Prüfung und Auseinandersetzung mit diesen Theorien ein abschliessendes Urteil erlaubt. So bleibt zu hoffen, dass die Nationalökonomen ihre Scheu überwinden und tiefergehende Analysen vornehmen, als dies hier, auch aus Platzgründen, möglich ist. Zweifellos besteht noch ein erheblicher Forschungsbedarf.

Alle hier behandelten Ansätze bauen auf den in den vorangegangenen Kapiteln dargestellten Verschuldungs- und Strukturproblemen auf. Einerseits liefern sie eine Erklärung für diese, andererseits entwickeln sie Szenarien der zu erwartenden Folgen. Auch werden Handlungsempfehlungen abgegeben, die eine Wiederholung begangener Fehler ausschliessen sollen.

Wie sich bei der Diskussion der einzelnen Ansätze zeigen wird, sind auch diese, wie die Theorien der langen Wellen der Konjunktur, miteinander vereinbar, legen sie doch oft ein Schwergewicht auf nur eine Facette des Problems.

Abschliessend erfolgt wiederum eine Zusammenfassung und Würdigung der zentralen Aussagen.

---

1 Auf die gängigen volkswirtschaftlichen Krisentheorien wird an dieser Stelle nicht eingegangen. Einen guten Überblick gibt Hickel (1979) Vff.

4.2 **Der Ansatz von Paul C. Martin**

4.2.1 **Grundlagen**

Basis dieser umfassenden Wirtschaftstheorie bilden die Untersuchungen von **G. Heinsohn** und **O. Steiger**, die in einer Analyse von Entstehung und Funktionsweise der Geldwirtschaft[1] aufzeigen, dass die nur in einer Privateigentümergesellschaft bestehende **Überschuldungsgefahr** zu Mehrarbeit und Produktivitätssteigerungen zwingt.[2] Die einem derartigen Wirtschaftssystem inhärente Dynamik erklärt dessen Überlegenheit gegenüber allen anderen Wirtschaftsformen.[3]

Die Entwicklung der Geldwirtschaft geht mit der Enstehung der griechischen Stadtstaaten (Polis; ca. 700 v.u.Z.) einher, die nach dem Zusammenbruch der davor bestehenden Feudalherrengesellschaft gegründet wurden. Auslöser für den Aufstand der Leibeigenen waren vermutlich heftige Naturkatastrophen, die zu einer Zersetzung der vorherrschenden Gesellschaftsformen[4] beigetragen haben.[5]

Im Zuge der erfolgreichen Revolution der Leibeigenen kam es zu einer völlig neuen Gestaltung der Eigentumsverhältnisse: Im Bestreben, nicht erneut einem Feudalherren dienen zu müssen, erfolgte eine gleichmässige Aufteilung von Grund und Boden auf die beteiligten Revolutionäre.[6]
Die Privateigentümer genossen fortan nicht mehr die Sicherheit des Kollektivs mit gemeinsamer Lagerhaltung und waren gezwungen, individuelle Vorsorge für den Fall von Notlagen (Missernten

1 siehe vor allem Heinsohn (1984)
2 Heinsohn (1984) 100f.
3 besonders gegenüber dem "real existierenden" Sozialismus. Als optimale Verbindung der Vorteile beider Systeme (Dynamik im Kapitalismus, Existenzsicherung des Arbeiters im Sozialismus) empfehlen Heinsohn/Steiger (1981) 194, ein System von Produktionsgenossenschaften, ähnlich den israelischen Kibbuzim.
4 Neben dem Feudalherrensystem des mykenischen Priestertums bestanden noch matrilineare Stammesformen; Heinsohn (1984) 34ff.
5 Heinsohn/Steiger (1985a) 16
6 Heinsohn/Steiger (1985a) 17f.

etc.) zu treffen, weshalb sie Vorräte anlegten. Diese sollten ihr "existentielles Risiko" absichern.[1]

Geriet ein Privateigentümer dennoch in Not, so konnte er sich von einem anderen Saatgut und Lebensmittel leihen. Da der Kreditgeber damit jedoch seine Reserve aus der Hand gab, verlangte er eine **Liquiditätsprämie**, die ihn für das Existenzrisiko entschädigte, welches er durch Preisgabe seines Notvorrats einging.[2] Mit der **sofortigen** Schuldknechtschaft seines Schuldners (und meist auch dessen Familie) sicherte sich der Gläubiger gegen das Risiko ab, "(...) dass er **vor** Fälligkeit seines weggeborgten Vorrats in Not gerät (...)."[3] "Die **Schuldknechtschaft** fungierte also als erste Materialisierung der Liquiditätsprämie und damit als **Vorstufe des Zinses.**"[4]

Nach Abschaffung dieser Form der Schuldknechtschaft[5] musste der Kreditgeber in anderer Weise für die Aufgabe seiner Sicherheit entschädigt werden. Diese Entschädigung war der **Zins**, der damit "erfunden" wurde.[6] Es genügte nicht mehr, wenn der Schuldner die ursprünglich geliehene Menge eines Gutes zurückerstattete, hinzu kam eine im voraus festgelegte Menge als Zins. Auf diese Weise entstand Leistungsdruck, da der Schuldner gezwungen wurde, ein **Mehrprodukt** zu erzeugen.[7]

Mit zunehmender Kreditvergabe stieg das Bedürfnis nach Dokumentation und Beurkundung durch einen neutralen Dritten, eine Aufgabe, die meist den Priestern übertragen wurde, was zu einem Aufgabenwandel der Tempel beitrug.[8] Immer mehr übernahmen

---

1 Heinsohn/Steiger (1985a) 19;
2 FN 1
3 Heinsohn/Steiger (1985a) 20; Fettschrift im Original unterstrichen.
4 FN 3
5 ist nicht zu verwechseln mit Schuldknechtschaft in Folge von Zahlungsunfähigkeit des Schuldners; diese blieb weiterhin bestehen.
6 Heinsohn/Steiger (1985a) 21
7 Heinsohn (1984) 113
8 Heinsohn (1984) 123

diese auch die Aufbewahrungsfunktion für die Privateigentümer, die sich so von der Vorratsbewirtschaftung entlasten konnten.[1]

Wachsende Lagerhaltung der Tempel, die praktisch Banken gleichzusetzen waren, führte wegen der Verderblichkeit der gelagerten Güter zu steigenden Kosten. Dies war der Grund dafür, dass Metalle als Warenersatz verwendet wurden. Knappheitserscheinungen und fehlende Rechtssicherheit führten letztlich zur Entstehung von Münzen, im Sinne von "gesetzlichen Zahlungsmitteln".[2]

Der Schuldner musste nunmehr einen bestimmten Geldbetrag (=Anzahl Münzen) bei Fälligkeit der Schuld zahlen, welchen er durch Verkauf seiner Waren am **Markt** beschaffen konnte. Der **Markt ist folglich Ort der Beschaffung von Schulddeckungsmitteln** und damit "(...) kein Tauschplatz, wo verknappte Güter (...) ihren Besitzer wechseln, sondern die Institution, wo Schuldner ihr Produkt gegen das Medium verkaufen müssen, in dem sie ihre vertraglichen Verpflichtungen eingegangen sind (...)".[3]
Der Schuldner steht unter dem Druck, Käufer für seine Produkte zu finden, was gleichzeitig eine Erklärung für den technischen Fortschritt und den intensiven Wettbewerb in Geldwirtschaften[4] liefert: Durch das Entdecken neuer Produkte und Produktionsverfahren versucht er, die Produktivität zu steigern, um die Kosten der Vorfinanzierung zu senken.

Dies ist im Korn die Entwicklungsgeschichte von Zins und Geld und damit des "kapitalistischen" Wirtschaftssystems.[5]

---

1 Heinsohn/Steiger (1985a) 22
2 Heinsohn/Steiger (1985a) 23f. Geld ist folglich nichts anderes als "umlauffähig gemachte Schulden"; Martin/Lüftl (1984) 190
3 Heinsohn/Steiger (1985a) 21
4 Heinsohn/Steiger (1985b), (1981) 180
5 Für die weiteren in diesem Zusammenhang interessierenden Aspekte, wie z.B. die Gründe für die Entstehung einer **patriarchalischen** Gesellschaftsform, sei auf die hier zitierte Literatur, besonders Heinsohn (1984), verwiesen.

Martin erklärt die Einführung des Zinses damit, dass im Verlauf der Erntezyklen heftige Preisschwankungen der Agrarerzeugnisse aufgetreten sind. Der Besitzer eines Getreidevorrats nach einer Missernte musste damit rechnen, dass die kreditierte Menge Getreide im darauffolgenden Jahr, nach einer guten Ernte, deutlich weniger Wert war als zum Zeitpunkt der Kreditvergabe. Diesen Verlust wollte er durch den Zins ausgeglichen wissen, was die hohen Zinssätze der Antike erklärt.[1] Mit Einführung der Metallmünzen kam es zu deutlichen Zinsrückgängen, was auf deren Optionscharakter zurückgeführt werden kann.[2] Letztlich wurde das Preisrisiko auf den Schuldner überwälzt, der am Markt die erforderlichen **Preise** erzielen musste, weil er ja einen bestimmten **Geldbetrag** schuldig war.

M.E. ist Martin zuzustimmen, wenn er die Schuldknechtschaft erst im Zeitpunkt der Zahlungsunfähigkeit des Schuldners und nicht schon bei Eingehen des Schuldverhältnisses annimmt.[3] Zinsen werden folglich gleich zu Beginn der Privateigentümergesellschaft erhoben, wobei diese zuerst als Liquiditätsprämie zu werten sind. Erst nach der Erfahrung heftiger Preisschwankungen kommt es zu höheren Zinsforderungen, quasi als Zuschlag für zu erwartende Wertverluste der kreditierten Ware.

Der Zins setzt sich folglich aus **zwei Elementen** zusammen, der Liquiditätsprämie und der Risikoprämie zum Ausgleich von Preisschwankungen. Mit Einführung des Metallgeldes kann auf letztere weitgehend verzichtet werden, da zwar der Preis des einen oder anderen Gutes bei einer guten Ernte verfallen wird, der Gläubiger jedoch nicht verpflichtet ist, eine bestimmte Ware zu beziehen. Münzen geben ihm ein Optionsrecht, das er zu einem ihm genehmen Zeitpunkt ausüben kann.

Aufbauend auf dieser wirtschaftshistorischen Untersuchung, entwickelt Martin einen neuen Erklärungsansatz für die be-

1 Martin/Lüftl (1986) 164, Martin (1988) 215
2 Martin/Lüftl (1986) 170 i.V.m. 137
3 Martin/Lüftl (1986) 172f. (FN 10)

stehende Wirtschaftsordnung, den er als "Debitismus" bezeichnet und der im folgenden charakterisiert werden soll.

4.2.2 **Der Debitismus**[1]

Ausgangspunkt bildet die Überlegung, dass ein Unternehmer gezwungen ist, seine Produktion vorzufinanzieren[2], und er demnach mehr aus dem Wirtschaftskreislauf entnehmen will und **muss**, als er an Faktorentgelten eingeleitet hat.[3] Dieses "Mehr" dient Zinszahlung bzw. Eigenkapitalverzinsung[4]. Gleichzeitig setzt ihn die Zinsverpflichtung unter Druck, so dass er gezwungen ist, zumindest in dieser Höhe ein Mehrprodukt zu erzeugen, was denn auch die Ursache des Wirtschaftswachstums ist[5], wobei dieses Wachstum der **Summe der Vorfinanzierungskosten** entspricht.[6] "Das Schuldverhältnis wird somit zum Bestimmungsgrund für die Produktivität der Arbeit", d.h. der Schuldner "(..) muss 'heute' die Liquiditätsprämie für den Gläubiger zusätzlich aufbringen und kann mit seiner Leistung von gestern nur noch untergehen."[7]

Das Problem liegt nun darin, dass der Unternehmungssektor nur dann mehr aus dem Kreislauf entnehmen kann, als er an Faktorentgelten ausbezahlt hat, wenn jemand bereit ist, sich in dieser Höhe zu verschulden. Die neu eingegangenen Schuldverhält-

---

1 Aus Platzgründen erfolgt eine Beschränkung der Diskussion auf die **wesentlichen** Aspekte dieser Theorie. Zur Vertiefung sei auf die zitierte Literatur verwiesen.

2 Auf diesen Zwang zur Vorfinanzierung verweist auch Schumpeter (1961) 119: "Unternehmer entleihen all die "Geldmittel", die sie für die Schaffung und Ingangsetzung ihrer Betriebsanlagen benötigen (...). Diese "Geldmittel" bestehen aus Zahlungsmitteln, die zu diesem Zwecke geschöpft werden." Die "Schöpfung" selbst ist jedoch bereits ein Verschuldungsakt. Sehr eindrücklich zeigen Heinsohn/Steiger (1981) 168ff. den Zwang zur Vorfinanzierung am Beispiel des englischen Grundadels nach Aufhebung der Leibeigenschaft.

3 Martin/Lüftl (1986) 29

4 Diese ist erforderlich, da man auf Liquidität verzichtet (siehe Diskussion unter 4.2.1).

5 Martin (1986) 185

6 Martin/Lüftl (1986) 113

7 Heinsohn (1984) 113

nisse müssen also mindestens so hoch sein, "(...) dass die Zinsverpflichtungen aus den früheren Schulden bedient werden können."[1] Wird diese Bedingung nicht erfüllt, kommt es zu einer Krise im System.

Diese Zusammenhänge sollen nun anhand von Beispielen verdeutlicht und diskutiert werden. Ausgangspunkt der Überlegungen bildet das Kreislaufmodell der Nationalökonomie, welches nach wie vor Basis der volkswirtschaftlichen Ausbildung ist.[2]

a) Das Kreislaufmodell in der traditionellen Nationalökonomie

Abb. 17: Kreislaufmodell der traditionellen Nationalökonomie

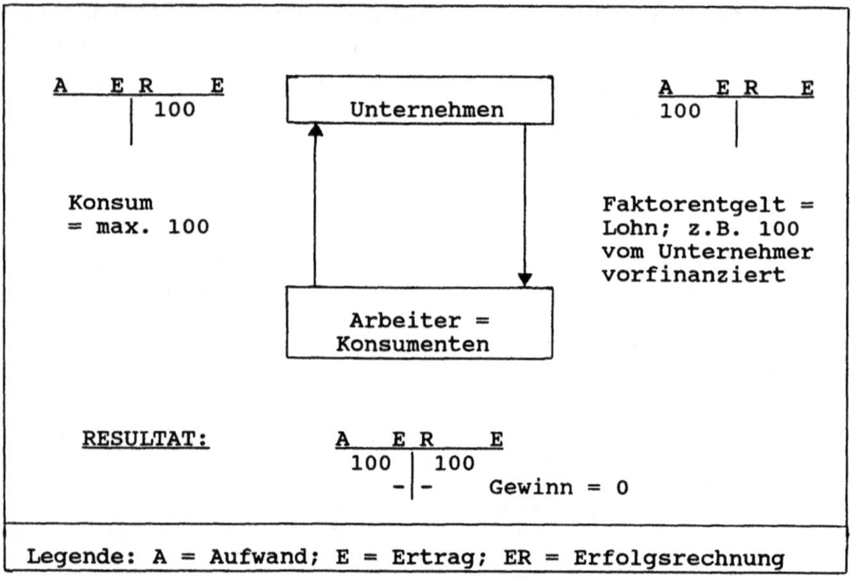

Bsp.: geschlossene Volkswirtschaft, 1 Unternehmen, 1 Produkt, nur Arbeitseinsatz, nur eine Periode, Ersparnisse der Arbeiter = 0, Unternehmer finanziert alles unentgeltlich, Produktionsdauer ein Monat.

---

1 Martin/Lüftl (1986) 43

2 Die nachfolgende Darstellung, Diskussion und Ergänzung erfolgt in Anlehnung an Martin/Lüftl (1986) 23ff.

Grundüberlegung ist hierbei, dass **sämtliche** Kosten **gleichzeitig** Einkommen sind und folglich die Produktion sich ihre Nachfrage selber schafft. Diese Annahme wird immer aufrechterhalten, auch dann, wenn Vorfinanzierungskosten (=Zinsen und Gewinne) anfallen. Kritik an diesem Ansatz, der auf Say[1] zurückgeht, wird u.a. wegen der Vernachlässigung der Zeitverschiebung "(...) zwischen Ersparnisentstehung und Ersparnisbenützung"[2] geübt. Wie sich aus der nachfolgenden Diskussion ergibt, ist dies der **zentrale** Kritikpunkt am volkswirtschaftlichen Kreislaufmodell, da gerade die Vernachlässigung des Zeitablaufs das Modell in dieser Form ad absurdum führt.

b) Erste Erweiterung der Modellannahmen

Nunmehr wird von dem realistischen Fall ausgegangen, dass der Unternehmer eine Entschädigung für das von ihm eingegangene Risiko verlangt. Davon ist besonders dann auszugehen, wenn man sich vor Augen hält, dass es sich hierbei um einen **Privateigentümer** handelt, der sich vorübergehend von seinem Notvorrat trennt. Dafür wird er, wie oben gezeigt, eine **Liquiditätsprämie** fordern, den Gewinn. Wiederum soll der Zusammenhang am Kreislaufmodell aufgezeigt werden.

Bsp.: geschlossene Volkswirtschaft, 1 Unternehmen, 1 Produkt, nur Arbeitseinsatz, nur eine Periode, Ersparnisse der Arbeiter = 0, Unternehmer finanziert alles vor, kalkulierter Gewinn 10%

1 siehe z.B. Say (1979); "Mit dieser Interpretation ökonomischer Prozesse hat Say eine Denkrichtung innerhalb der Wirtschaftswissenschaft inauguriert, die bis auf den heutigen Tag den Kern marktwirtschaftlichen Denkens bildet."; Hickel (1979) XXVII

2 Sik (1988) 8

<u>Abb. 18:</u> Kreislaufmodell mit Gewinnstreben

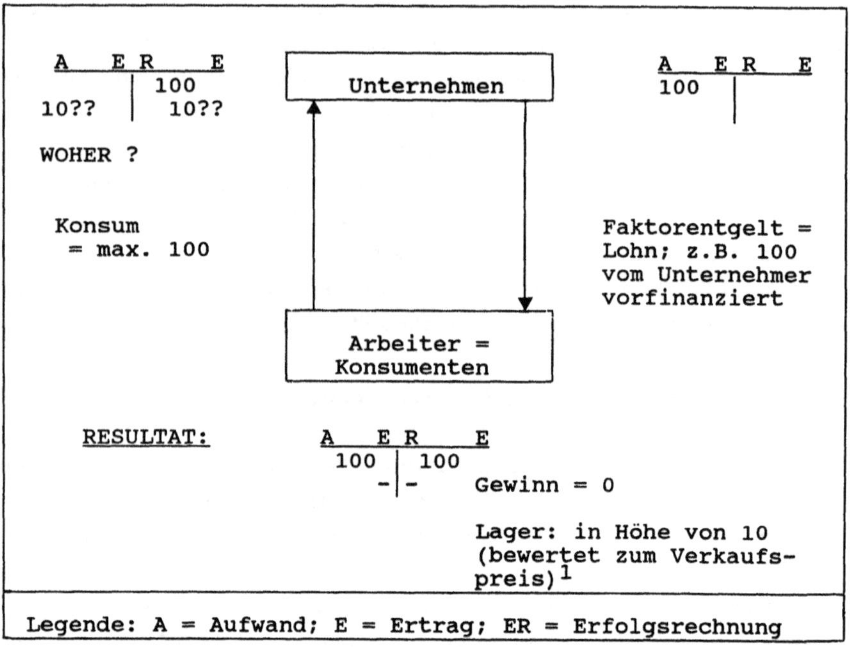

Offensichtlich bleibt der Unternehmer auf einem Teil seiner Produktion sitzen, da die Konsumenten nur in Höhe der **von ihm ausgezahlten** 100 Geldeinheiten konsumieren können. Ersparnisse bestehen gemäss den getroffenen Annahmen nicht, und selbst wenn sie bestünden, würde dies bedeuten, dass die Arbeiter in jeder Periode entsparen, was sie nur begrenzte Zeit (eben solange die Ersparnisse genügen) tun können. Folglich kann der Unternehmer nur einen Gewinn in Form von Waren erzielen (Warenüberschuss), jedoch keinen **Geldgewinn**. Sein Ziel ist es aber, eine Liquiditätsprämie auf dem eingesetzten Geldbetrag zu erwirtschaften. Mit dem so erzielten Überschuss vermag er nichts anzufangen, da er bereits einen Unternehmerlohn bezieht

1 genauer gesagt, zum **kalkulierten** Verkaufspreis; effektiv ist die Ware **unverkäuflich** und somit **wertlos**.

(enthalten in der Lohnsumme von 100), den er zum Konsum eigener Produkte verwendet.

Ist die geschilderte Lage im Fall einer 100% Eigenfinanzierung für den Unternehmer tragbar, so stellt sich die Situation im Falle einer völligen oder teilweisen Fremdfinanzierung gänzlich anders dar:

c) Zweite Modifikation der Modellannahmen

Diesmal erfolgt eine Vorfinanzierung durch einen Dritten zu 100%. Der Zinssatz liegt bei 10% und ist gemeinsam mit der kreditierten Summe am Ende der Periode (also am 31. des Monats) an den Kreditor in Geldeinheiten zu leisten. Die übrigen Modellannahmen bleiben unverändert.

Abb. 19: Kreislaufmodell mit Vorfinanzierung

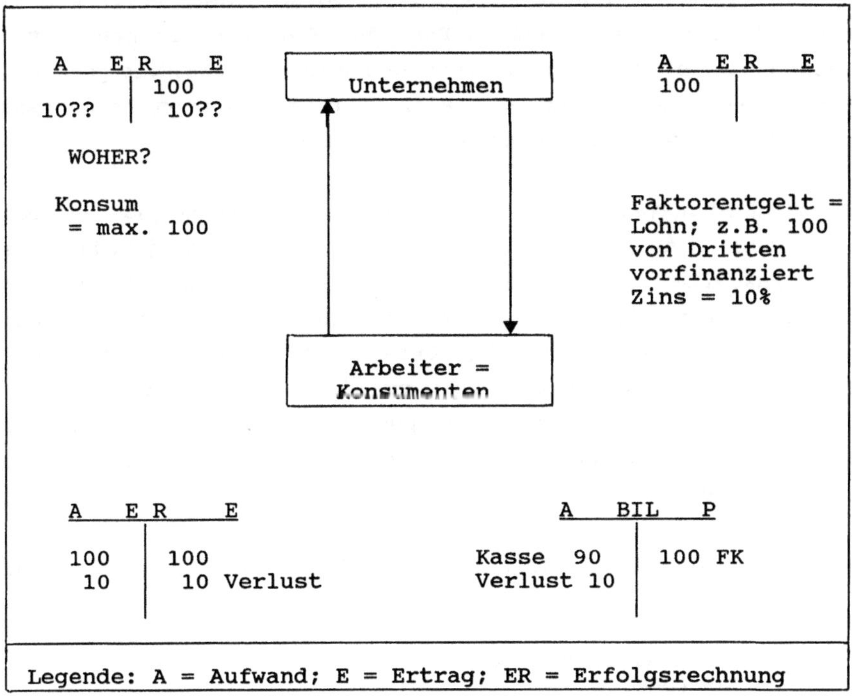

An dieser Stelle ist folgender Einwand zu erwarten: die vom Unternehmer zu leistenden Zinszahlungen stellen ebenfalls Faktoreinkommen dar und gehen (wenn auch mit einer Periode Verzögerung) in den Wirtschaftskreislauf ein. Diese Annahme trifft auch die traditionelle Volkswirtschaftslehre, die Zinseinkommen der **laufenden** Periode in ihren Darstellungen berücksichtigt.[1] Hier liegt jedoch m.E. das grundlegende Problem der Erklärung wirtschaftlicher Zusammenhänge. Gerade der time-lag zwischen Zinseinkommen und dem daraus resultierenden Konsum stellt den Unternehmer vor ein unlösbares Problem. Sein Gläubiger wird, wenn überhaupt, erst in der nächsten Periode seine Waren nachfragen. Entspräche der Konsum der Höhe des vereinnahmten Zinses, so hätte auch er sein Ziel, eine Liquiditätsprämie **in Geld** zu erhalten, nicht erreicht.

Entgegen der Auffassung der Neoklassik[2] kann man eben **nicht** von Zeitverschiebungen abstrahieren. Der verschuldete Privateigentümer (Unternehmer) muss am Ende des Monats einen bestimmten Geldbetrag leisten, den er durch Verkäufe am Markt, wie gezeigt, nicht realisieren kann. Zinseinkommen werden eben frühestens in der nächsten Periode nachfragewirksam.

Nimmt man nun jedoch an, dass sich dieser Prozess jede Periode wiederholt, so könnte man argumentieren, dass jeweils die Zinseinkünfte auf Ausleihungen der letzten Periode in der laufenden Periode nachfragewirksam werden. Unterdessen vergeht jedoch **Zeit**. Wie soll der Unternehmer diese überbrücken? Leiht er sich wiederum Mittel, um diese Lücke zu schliessen, so sind zu einem späteren Zeitpunkt mehr Zinsen fällig, was zu einer immer grösseren Zusatzverschuldung des Unternehmers führen muss.

Nun kann sicherlich eingewendet werden, dass die Annahme nur

---

1 so z.B. Stobbe (1984) u.a.114 und 128
2 so z.B. Sik (1988) 9

eines Unternehmers zu restriktiv ist, weshalb nachfolgend eine Gruppe von Unternehmungen betrachtet wird.

d) Dritte Modifizierung der Modellannahmen

Mehrere Unternehmen (10) finanzieren sich zu 100% mit Fremdmitteln vor. Die übrigen Annahmen bleiben unverändert.

Abb. 20: Kreislaufmodell mit mehreren Unternehmen

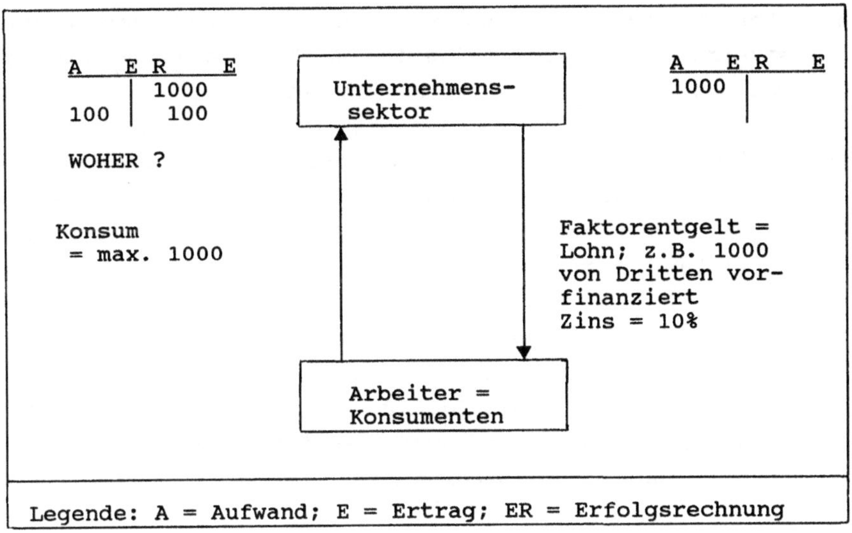

Die Problematik stellt sich in diesem Modell genauso wie in den zuvor betrachteten. Der **Unternehmungssektor** als Ganzes muss am Ende der Periode 100 Geldeinheiten zusätzlich erwirtschaftet haben, um seinen Verpflichtungen nachkommen zu können. Doch auch hier stellt sich die Frage, woher die Unternehmer die benötigte Liquidität bekommen.

Wären alle Unternehmer zu 100% mit eigenen Mitteln ausgestattet (wie oben in Modell b), so könnten sie den erzielten Warenüberschuss untereinander **tauschen.**[1] Dadurch könnten sie zwar ihren individuellen Nutzen erhöhen, Liquidität im Sinne von Schulddeckungsmitteln erhalten sie dadurch jedoch nicht.

Eine Möglichkeit der Problemlösung wäre der Konkurs einer beteiligten Unternehmung, die **gar nichts** verkauft hat. Dann konzentriert sich die Nachfrage der Konsumenten auf nur 9 Unternehmen, die dann den Zinskostenzuschlag am Markt realisieren können (gilt nur unter der Annahme, dass die entlassenen Arbeiter dennoch ihren ganzen Lohn zum Konsum verwenden). Selbstverständlich sind beliebige Kombinationen denkbar (9 Unternehmungen Verlust, eines Gewinn, etc.).

Folge einer derartigen Entwicklung wäre ein **Konzentrationsprozess** in der Wirtschaft, bis letztlich nur noch ein Unternehmen verbleibt. Dieses wäre dann jedoch in der Position der oben dargestellten Unternehmung.

Ziel dieser ausführlichen Darstellung war es, dem Leser vor Augen zu führen, dass im "debitistischen" System, also unserer Wirtschaftsordnung, **immer** Liquidität fehlt. Niemals können (unter diesen Annahmen) alle vorfinanzierten Unternehmer ihre Vorfinanzierungskosten im Markt realisieren.

Denkbar wäre jedoch, dass die Kreditgeber, in Erwartung zukünftiger Zinsen, bereits heute konsumieren und damit die Erarbeitung der Zinsen erst ermöglichen. Es ist allerdings davon auszugehen, dass die heutige Wirtschaftsordnung im Kern der unter 4.2.1 behandelten entspricht, weshalb kaum erwartet werden kann, dass die Kreditgeber ihre Liquiditätsprämie bereits vor deren Erhalt verbrauchen.

---

1 "Tauschen" ist hier m.E. das richtige Wort, da kein Schuldendruck hinter den Transaktionen steht; im Unterschied zum Markt, auf dem nicht getauscht, sondern **gekauft** wird, im Sinne eines Prozesses der Beschaffung von Schulddeckungsmitteln und der Neuverschuldung.

Bedenkt man nun, dass die Wirtschaftssubjekte danach trachten, ihr Geldvermögen zu erhöhen, was z.B. mit dem gestiegenen Wohlstandsniveau begründet werden kann[1], sie also sparen, so erkennt man schnell, dass Nachfrage fehlt. In der Nationalökonomie wird angenommen, dass in Höhe der Ersparnis Investitionen getätigt werden. Ex Post ist dies auch in den hier dargestellten Modellen der Fall. Derartige unfreiwillige **Lagerinvestitionen** sind für einen vorfinanzierten Unternehmer jedoch nicht tragbar. Wie soll er seinen Schuldverpflichtungen nachkommen?

e) Der Lösungsansatz: Nachverschuldung

In diesem Fall ist ein Wirtschaftssubjekt bereit, sich zur Nachfrage der angebotenen Güter zu verschulden.[2] Tut es dies in Höhe der Zinsschulden des Unternehmers, so befindet sich das System in einem Gleichgewicht in dem Sinne, dass der Unternehmer die Möglichkeit hat, am Ende der Periode die vereinbarte Summe in Geldeinheiten an den Kreditgeber weiterzugeben.

Folge dieser Neuverschuldung ist wiederum ein neuer Schuldendruck, da jetzt ein weiterer gezwungen ist, den Zins in Geldeinheiten am Markt, durch Arbeit oder Verkauf selbst erstellter Waren, zu realisieren.[3] Damit er dies kann, muss sich erneut jemand bereit finden, Schulden einzugehen. So ergibt sich die Notwendigkeit ständigen Schuldenwachstums in dieser Wirtschaftsform.

---

1 Dies lässt sich m.E. wie folgt erklären: Der Vorrat (=Geldvermögen) dient der Absicherung gegen "existentielle Risiken". Steigt der Wohlstand an, so werden immer mehr Dinge des täglichen Gebrauchs (Auto, Fernseher etc.), die früher Luxus waren, derart wesentlich, dass man für den Fall einer Existenzkrise (z.B. Arbeitslosigkeit) eine grössere Liquiditätsreserve anlegen wird. Dies gilt sowohl für individuelles wie für kollektives Sparen.

2 Diese Verschuldung kann z.B. durch einen Kreditkauf erfolgen.

3 "The borrower whose transaction resulted in an addition to money supply must use that money to earn a sufficient amount of someone else's money simply to satisfy the interest obligation."; Comstock Partners (1989) 12

Abb. 21: Kreislaufmodell mit Nachverschuldung

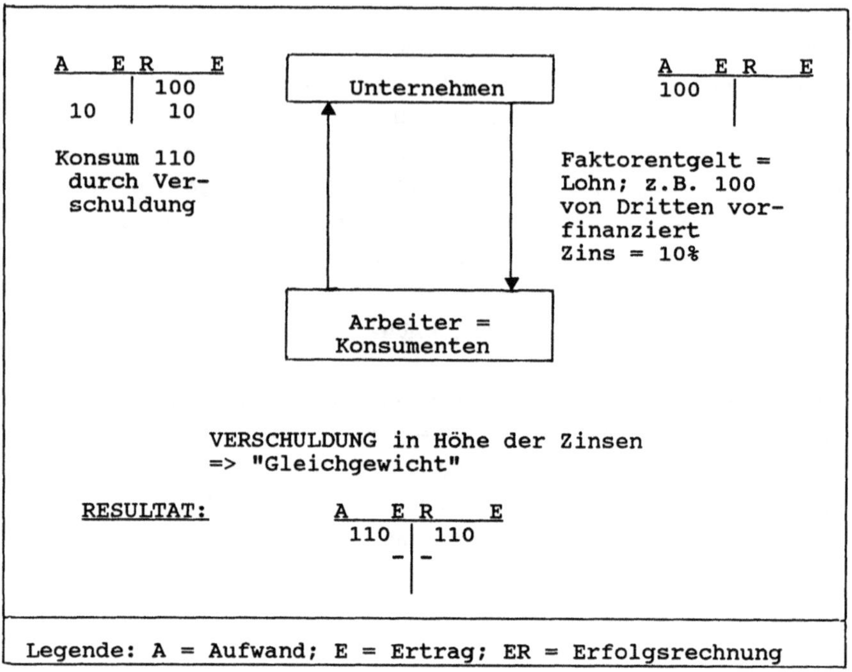

Die Praxis scheint diese Schlussfolgerung zu bestätigen, ist doch das Verhältnis von Schulden zu Sozialprodukt in den USA über Jahrzehnte konstant bei etwa 1,4 : 1 geblieben.[1] Dass dieses Verhältnis nicht mehr Gültigkeit besitzt, wie bereits oben festgestellt, hat andere Ursachen, die im nachfolgenden Abschnitt behandelt werden.

Der freie Markt ist folglich ein Ort der Schuldenregulierung, wo die verschuldeten Unternehmer einen Dritten zur (notwendigen)

1 Congdon (1988) 18, B. Friedman (1981) 91ff.; diese Beziehung ist stabiler als jene zwischen den verschiedenen Geldgrössen und dem BSP. Auch von anderer Seite wird auf den Tatbestand verwiesen, dass das Geld für den Zinsendienst noch nicht im Zeitpunkt der Kreditvergabe vorhanden ist, sondern erst geschaffen werden muss. Eine solche Geldschöpfung setzt jedoch eine Neuverschuldung voraus; Comstock Partners (1989) 7ff.

Neuverschuldung animieren wollen[1], da sonst **niemals alle** Schuldner in der Lage sind, die benötigten Schulddeckungsmittel zu beschaffen.[2]

Verschuldetes Privateigentum (=Kapital) und der damit verbundene Schuldendruck, d.h. der Zwang, einen Nachschuldner zu finden, kennzeichnet also das in den westlichen Industrienationen bestehende Wirtschaftssystem. Aus dem bisher Gesagten ergibt sich als Schlussfolgerung zum einen, dass die "Schulden mit der Zeit immer grösser werden"[3], zum anderen, dass es in diesem System niemals ein Gleichgewicht (wie es die Nationalökonomie definiert) geben kann, da erst die Zusatzverschuldung den störungsfreien Ablauf des Prozesses ermöglicht.[4] Nur der Konsum der Gläubiger im Sinne einer als endgültig akzeptierten Leistung führt zu einem Schuldenabbau[5], so dass sich die Existenzbedingung des Systems wie folgt formulieren lässt:[6]

Die Summe aller Schulden, die in einer Periode kontrahiert wurden und die zum Nomialwert existieren	**abzüglich**	**Aller als endgültig akzeptierter Leistungen in dieser Periode (Menge mal Preis)**	**mal Zinssatz**	**=**	**Summe der benötigten Neuverschuldung, um den Kapitalismus eine Periode weiterzubringen**

1 Martin/Lüftl (1986) 80; Martin (1985) 113 FN

2 "Erst der Markt entscheidet, ob zuvor getätigte Investitionen einzelner Unternehmungen und die entsprechende Produktion **in ihrer Summe** auf eine entsprechende Nachfrage stossen und ob sie damit den in ihnen steckenden Wert und Mehrwert realisieren können."; Mandel/Wolf (1989) 22; Fettschrift im Original kursiv. Dies bedeutet jedoch nichts anderes, als dass am Markt eine Zusatzverschuldung erfolgen muss, was Marx und die marxistischen Wissenschaftler jedoch nicht erkannt haben.

3 Martin/Lüftl (1986) 73; bezogen auf das Sozialprodukt bleiben sie jedoch konstant bzw. haben eine sinkende Tendenz; Martin (1988) 232

4 Martin/Lüftl (1986) 82f.; sie sprechen auch von einem "Kettenbriefsystem"; Martin/Lüftl (1986) 43

5 Martin/Lüftl (1986) 184ff.; dieser Konsum besteht im Verzehr von Nahrungsmitteln zur Bedienung der "Urschuld" (= Zwang, sich am Leben zu erhalten) sowie dem übrigen Konsum, wobei im Fall von dauerhaften Konsumgütern die Schuld erst bei deren endgültiger Vernichtung (z.B. Schrottplatz) getilgt ist.

6 Martin/Lüftl (1986) 188

4.2.3 **Die Ursachen der kommenden Krise**

Nun tritt im oben beschriebenen System der Staat als vermeintlich infallibler Schuldner auf, was dazu dient, den debitistischen Prozess der Neuverschuldung möglichst lange fortzuführen, also den üblichen Ausgleich durch Leistung (Konsum) bzw. Forderungsvernichtung hinauszuzögern.[1] Erste Folge staatlichen Schuldenmachens ist ein Anstieg des Preisniveaus (Inflation), da der Staat im Gegensatz zu Privatschuldnern nicht verpflichtet ist, eine zusätzliche Leistung zu erbringen. Dieser fehlende Druck führt darüber hinaus zu einer entsprechenden Verlangsamung des Wirtschaftswachstums.[2]

In einem staatsfreien[3] debitistischen System ist das stabile Preisniveau per Saldo der Normalzustand, da zwar jeder Kredit zu zusätzlichem Geld und damit zu einem zeitweisen inflationären Nachfrageüberhang führt,[4] gleichzeitig jedoch der Schuldner zu zusätzlicher Produktion verpflichtet ist, mit der Folge eines entsprechenden deflationären Angebotsüberhangs.[5] M.E. besteht in diesem Fall sogar, bedingt durch technischen Fortschritt und Produktivitätszuwächse, eine anhaltende Preissenkungstendenz. Dies würde auch erklären, weshalb in den von Kondratieff aufgezeigten langen Wellen der Konjunktur (genaueres siehe oben) die Preise für gleichartige Güter jeweils wieder ein wenig unter den vorausgegangenen Tiefpunkt gefallen sind.[6]

---

1 Martin/Lüftl (1986) 235

2 "Verrentung"; Martin/Lüftl (1986) 207f.; was zusätzlich durch den Zinsanstieg, der zur Verdrängung von Investitionen führt, gefördert wird; Lüftl/Martin (1984) 47

3 Denn wo immer ein Staat auftritt, kommt es auch zu Staatsschulden; siehe dazu Martin/Lüftl (1984) 41ff.; zu deren Folgen: (1984) 301ff.

4 Dies gilt nur für jene Kredite, die über die erforderliche Neuverschuldung (s.o.) hinausgehen; Martin/Lüftl (1986) 236

5 Martin/Lüftl (1986) 235ff.

6 Martin (1985) 289ff. und 336f.; diese Entwicklung schlägt sich nicht in Abb. 2 nieder, was daran liegt, dass dort mit einem **Preisindex** gearbeitet wird. Derartige Indices werden laufend neu erstellt (die Zusammensetzung des Warenkorbes wird geändert), was zur Folge hat, dass vielfältige Waren enthalten sind, die es vor 56 Jahren noch nicht gegeben hat. Zudem handelt es sich nicht um **homogene Güter**, weshalb der Index die Entwicklung nicht wiedergeben **kann**.

Abb. 22: Typisierte Preisniveauentwicklung im gesunden debitistischen System

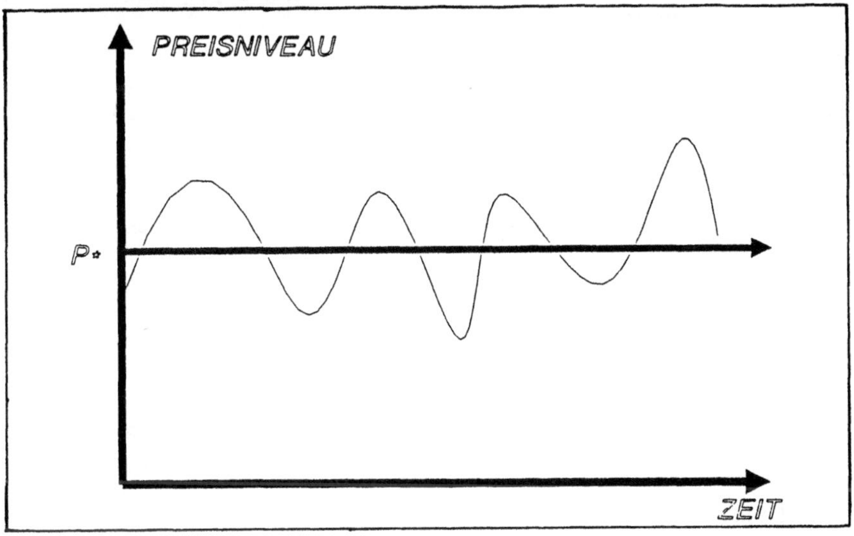

Die vom Staat in Gang gesetzte Inflation wird durch private, auf einen weiteren Preisanstieg spekulierende, Verschuldung zusätzlich verstärkt[1], so dass sich die Gesamtverschuldung im System am Ende der Inflation auf ihrem Höchststand befindet. Da jede Inflation zwangsläufig dann, wenn "die Kosten einer weiteren Inflationierung (...) höher (sind) als die Gewinne aus der Inflationierung"[2], in eine Deflation umschlagen muss, kommt es zum offenen Ausbruch einer Schuldenkrise. Die Kosten bestehen zur Hauptsache aus Zinsen, da "jede Inflation (...) einen Kredit voraus(setzt) (...)."[3]

---

1 Martin/Lüftl (1986) 242; bei dieser Verschuldung handelt es sich um Verpflichtungen, die man mit der Absicht, aus dem anhaltenden Preisanstieg Gewinne zu erzielen, eingeht. Diese spekulative Nachfrage nach Gütern (Immobilien, Aktien etc.) findet zwangsläufig dann ein Ende, wenn die Kosten der Nachfrage (meist die Zinsen) höher sind als die zu erzielenden Wertsteigerungen. Dieser Fall tritt immer ein. Siehe hierzu detailliert Martin/Lüftl (1986) 259ff.

2 Martin (1985) 180

3 Martin (1985) 180

Abb. 23: Preisniveauentwicklung im Fall von anhaltender Staatsverschuldung ohne Leistungszwang (Aufschulden)

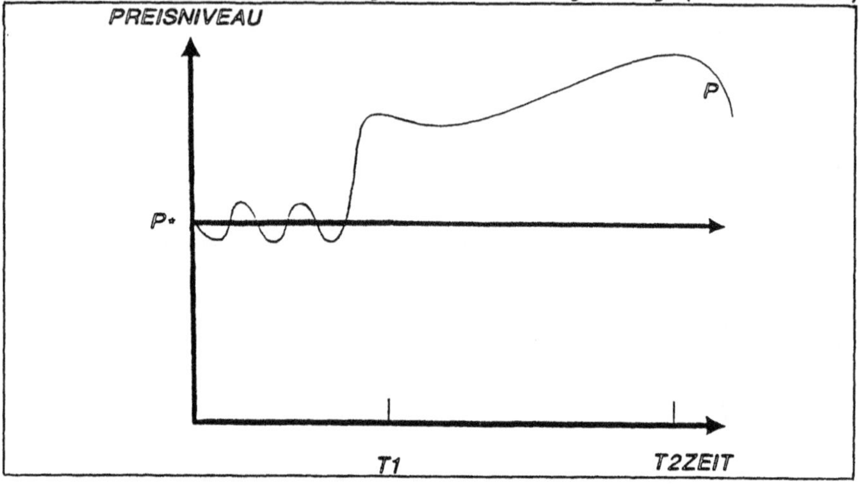

Erläuterung:

Langfristig bleibt das Preisniveau im debitistischen Wirtschaftssystem konstant bei P*. Kurzzeitig ergeben sich Schwankungen um diesen Wert, die auf über die nötige Neuverschuldung hinausgehende Kredite und daran anschliessende Angebotserhöhungen an Waren zurückzuführen sind. Zum Zeitpunkt T1 tritt ein Schuldner in diesem System auf, der keine Mehrleistung erbringt, sondern sich die Zinsen ebenfalls kreditieren lässt. Dies kann praktisch nur der Staat sein, da nur ihm die Gläubiger genug Vertrauen entgegenbringen; ein Privater könnte sich niemals dauerhaft für Zinszahlungen verschulden. Folge dieses Prozesses ist ein deutlicher und anhaltender Anstieg des Preisniveaus P, da zwar auf der einen Seite mehr nachgefragt, andererseits jedoch kein deflationär wirkendes Warenangebot erstellt wird. Damit kommt ein allgemeiner, durch Spekulation verstärkter Preisauftrieb in Gang. Mit dessen zwangsläufigem Ende, spätestens dann, wenn die Kosten der spekulativen Nachfrage höher sind als die noch zu erwartenden Preissteigerungen (T2), setzt eine Disinflation und schliesslich eine Deflation ein, in deren Verlauf jene Schulden vernichtet werden müssen, die die Inflation erst ermöglicht haben. Dies bedeutet aber auch, dass das Preisniveau so weit fallen muss, bis wieder der langfristige Wert P* erreicht ist.[1]

---

1 Martin (1985) 289; nachdem die **Inflation** dieser Kondratieff-Welle jene der vorangegangenen **deutlich übertroffen** hat (siehe Abb. 2 oben) - was vermutlich am **weltweiten Aufschuldungsprozess** liegt - wird der Sturz

Der Übergang von Inflation zu Deflation stellt sich im Detail wie folgt dar:[1]
Die staatlich verursachte inflationäre Entwicklung entlastet in der Anfangsphase die Unternehmungen, da es leichter wird, die Kosten der Vorfinanzierung zu realisieren. Mit der Zeit kommt es zu einem Anstieg von Zinsniveau[2] und Kosten (Löhne, Vorleistungen), was den Schuldendruck wieder erhöht. Dies besonders dann, wenn die Unternehmungen im Hinblick auf eine Fortsetzung der Inflation ihren FK-Anteil ausgeweitet haben[3]. Durch eine erneute Beschleunigung des Preisauftriebs (=Verschuldung) kann dieser Druck zwar gemildert werden, da sich dieser Beschleunigungsprozess jedoch nicht dauerhaft fortsetzen lässt, steigt die Belastung erneut.

Dies zwingt den Unternehmer, seine Waren immer schneller abzusetzen, d.h. den **Zinskostenanteil** so gering wie möglich zu halten, um zahlungsfähig zu bleiben.

Zu gleicher Zeit befinden sich die Staatsdefizite auf noch nie gekannter Höhe, ohne aber den gewünschten expansiven Effekt zu erzielen, da der Grossteil der Neuverschuldung Zinszahlungen dient, der Staat also **aufschuldet**.[4] Dies führt,

---

m.E. um so **heftiger** ausfallen.

1 Martin (1985) 203ff.; Martin/Lüftl (1986) 241ff.

2 Dieser Anstieg hat 2 Gründe: 1. Die Sparer wollen Entschädigung für Inflationsverluste; 2. Die Risikoprämie steigt mit zunehmender spekulativer Verschuldung und staatlicher Aufschuldungspolitik.Die Kredite erscheinen nicht mehr als sicher, weil relativ zuwenig Sozialprodukt erwirtschaftet wird; Calvignon (1988) 36

3 was sie gemäss Martin (1985) 181 müssen, da sie sonst im Wettbewerb mit sich verschuldenden Unternehmungen nicht bestehen können. Eine Argumentation, der sich jeder Betriebswirt anschliessen wird, können doch Investitionen getätigt und anschliessend mit entwertetem Geld bezahlt werden. Derjenige, der über die besten Maschinen und Kapazitäten verfügt, kann auf dem Markt gemeinhin auch besser bestehen.

4 Diese Verschuldung zum Zinsendienst setzt den Zinseszinseffekt in Gang, der zu einem exponentiellen Wachstum der Verschuldung und damit in endlicher Zeit zu einem Staatsbankrott führt; Lüftl/Martin (1984) 47, Martin/Lüftl (1986) 207ff. Dies liegt daran, dass die Schulden schneller wachsen als das Sozialprodukt, aus dem sie letztlich bedient werden müssen. Bezogen auf eine Volkswirtschaft bedeutet dies, dass es dann, wenn die Zinsen auf den bestehenden Schulden über der nominellen Wachs-

eventuell verschärft durch eine Sparpolitik, dazu, dass der im System erforderliche Nachschuldner fehlt. Für den verschuldeten Unternehmungssektor wird es zunehmend schwerer, die zur Bedienung des gestiegenen FK-Anteils nötigen Mittel zu erwirtschaften.[1] Mit dem Ende der Inflation werden die hohen Schulden, gepaart mit dem überhöhten Zinsniveau, zu einer immer stärkeren Belastung. Hier zeigt sich, dass Inflation nichts anderes als die Folge eines anhaltenden Aufschuldungsprozesses ist, bei dem die Selbstregulierung durch Leistung und/oder Forderungsvernichtung (Verzicht/Bankrott) nur aufgeschoben wurde.

Unternehmen und Konsumenten gehen im Verlauf der Inflation Verbindlichkeiten ein, was sie unter normalen Umständen niemals in diesem Masse getan hätten, bedeuten Schulden doch letztlich Leistungsdruck. Mit Ende des inflationären Preisauftriebs stehen die Schuldner vor der schwierigen Aufgabe, Mehrprodukt zu erzeugen, wobei dieser Leistungszwang, angesichts der aufgelaufenen Schuldenlast und der hohen Realzinsen, besonders hoch ist. Es wird zunehmend schwerer, **neue** Schuldner zu gewinnen, die eine Bedienung der **alten** Schulden ermöglichen.[2] Zur Aufrechterhaltung ihrer Liquidität gehen sie dazu über, ebenso wie der Staat, Kredite zur Bedienung ihrer Schulden aufzunehmen. Dabei sind sie bereit, jeden Zins für **sofort verfügbares** Geld zu entrichten.[3]

Ist es nicht mehr möglich, Geld auf den Kapitalmärkten zu beschaffen (oder wird es einfach zu teuer), so setzen Not-

---

tumsrate des BSP liegen, zu Zahlungsschwierigkeiten kommen muss; Salvigsen (1988) 38

1 Martin/Lüftl (1986) 243

2 Dies scheint auch gegenwärtig der Fall zu sein: "Now (...) we seem caught in a situation were the demands of interest alone (not to mention the repayment of principal) exceed the rate at wich all new credit is being created (...)."; Comstock Partners (1989) 12; siehe auch Clark/Malabre (1990) 8

3 Der Zins wandelt sich von einer Liquiditätsprämie zu einer "Illiquiditätsverhinderungsprämie"; Martin (1985) 213. Die Schuldner verdecken die Insolvenz durch Verschuldung zum Zinsendienst, um so die Illiquidität aufzuschieben. Aus einer solchen Verschuldung ergibt sich jedoch keine Stimulierung der Realwirtschaft; Comstock Partners (1989) 20

verkäufe ein. Die Unternehmer werden, im Bestreben, der Illiquidität vorzubeugen, damit beginnen Preissenkungen vorzunehmen, die sofort von der Konkurrenz nachvollzogen werden. Es beginnt ein Preissenkungswettlauf, der seine Ursache im Versuch der Schuldner hat, um "jeden Preis" die zum Schuldendienst erforderlichen Mittel zu beschaffen.[1] Die nun einsetzende Pleitewelle ist der Beginn einer deflationären Spirale, die solange abläuft, bis alle jene Schulden verschwunden sind, die in der Inflation gemacht wurden, die also die Inflation überhaupt ermöglicht haben.[2]

Dass der hier geschilderte Ablauf des Umschlags von Inflation in Deflation durchaus wahrscheinlich ist, zeigt ein Blick auf die Verschuldungslage US-amerikanischer Unternehmen (s.o.).

Auf der anderen Seite gibt es natürlich auch Unternehmen mit ausserordentlich hoher Liquidität, wobei Siemens gerne als Beispiel genannt wird. Dabei handelt es sich jedoch nur um eine Minderheit von Unternehmungen, da sich der überwiegende Teil nicht in einer derart komfortablen Lage befindet. Letztlich ist dies das **Spiegelbild zur Aufschuldung** im System, da Schuldner (v.a. der Staat) die Zinsen zur Schuld schlagen und so ein exponentielles Wachstum ihrer Schulden (Zinseszinseffekt), damit aber auch der entsprechenden Guthaben, auslösen.[3] Zudem ist Liquidität ein Zeichen für fehlende Investitionsbereitschaft, deren Ursache nicht zuletzt in dem durch staatliches Aufschulden bedingten hohen Realzinsniveau zu sehen ist.[4] Aufgrund ihrer hohen **Zinserträge** neigen diese Unternehmen

1 Eine Darstellung des sich selbst beschleunigenden Effekts findet sich auch bei Fisher (1933) 342ff. (siehe unter 3.2), der als Lösung eine Reflationierung vorschlägt, was jedoch wie oben dargelegt, daran scheitern muss, dass sich eine Inflation nicht unendlich lange aufrechterhalten lässt. Siehe hierzu auch Bernanke/Campbell (1988) 93ff.

2 Martin/Lüftl (1986) 427

3 Martin (1988) 381f.

4 Martin (1985) 110ff.; siehe zum Verhältnis von Gewinnrate und Realzins, Höltschi/Rockstroh (1988) 59ff.

dazu, ihre Produktion zu subventionieren, was den "Überlebenskampf" der anderen Unternehmungen zusätzlich erschwert.[1]

Da, wie bereits erwähnt, die Deflation erst dann ihr Ende findet, wenn sämtliche in der Inflation angehäuften spekulativen Schulden beseitigt sind, muss dieser Schuldenvernichtung eine entsprechende Forderungsvernichtung gegenüberstehen. Dies bedeutet, dass die liquiden Mittel und Wertschriften der Grossunternehmen ("Kriegskassen") im Laufe einer deflationären Entwicklung einer Verminderung unterliegen würden.[2]

Die hier dargestellte Wirtschafts- und Krisentheorie ermöglicht auch eine Erklärung der oben festgestellten Häufung von Basisinnovationen in Zeiten von Depressionen bzw. deren Rückgang im Zuge eines Wirtschaftsaufschwungs: Fehlt der Schuldendruck, was durch das Auftreten des Staates als vermeintlich infalliblen Aufschuldner und Inflationserzeuger erklärt werden kann, so sinkt die Neigung zur Innovation. Hinzu kommt ein Anstieg des Zinsniveaus, der Finanzanlagen attraktiver macht. Es ist dann leicht, das erforderliche "Mehr" am Markt zu realisieren. Erst mit Ende der Inflation nimmt der Druck deutlich zu und löst einen Innovationsboom verschuldeter Privateigentümer (= Unternehmer) aus, die ums Überleben kämpfen und versuchen, durch neue Produkte zum Kauf und damit zur **Verschuldung** zu animieren.[3]

Gemäss den Analysen von Martin befindet sich die Weltwirtschaft zur Zeit in der Umbruchsphase von Disinflation zu Deflation, mit zu erwartender deflationärer Depression. Seines Erachtens wird die vor uns liegende Krise derart gravierende Auswirkungen haben, dass mit dem Zusammenbruch des bestehenden Wirtschaftssystems zu rechnen ist. Dies wäre nicht das erste Mal in der Geschichte, dass es zu einem Untergang dieser Wirtschaftsform

---

1 Martin/Lüftl (1984) 119f.
2 Andernfalls werden die Grossunternehmen zu Investitionen gezwungen; Welzk (1988) 151, Martin (1988) 196, 406
3 Martin/Lüftl (1984); Heinsohn/Steiger (1985b)

kommt, da bereits in der Antike kapitalistische Gemeinwesen bestanden haben (Rom, Athen, Sparta), die dann jedoch an den immer schärferen Gegensätzen zwischen Gläubigern und Schuldnern zugrunde gingen.[1] So ist Rom letztlich in einer Überschuldungskrise untergegangen.[2]

Erst im 14. Jahrhundert kam es, nach Aufhebung der Leibeigenschaft in England, zu einem kapitalistisch-debitistischen Neubeginn, dem Ausgangspunkt der heutigen westlichen Wirtschaftsordnung.[3]

Gerade die bereits angesprochene weltweite Ausschöpfung der Verschuldungskapazitäten lässt es immer schwerer erscheinen, Nachschuldner zu finden. So steigt der Liquiditätsdruck, der wirtschaftliche Turbulenzen und eine deflationäre Entwicklung zur Folge haben könnte.[4]

4.2.4 **Würdigung**

Diese Krisentheorie und besonders die Kritik am Kreislaufmodell der traditionellen Nationalökonomie verdient m.E. eine gründliche Untersuchung und Prüfung. Aus meiner Sicht ist sie in sich konsistent und einleuchtend. Erstmals ist es möglich, eine Erklärung für die Dynamik des westlichen Wirtschaftssystems, aber auch für das Auftreten von Krisen abzugeben. In vielen Diskussionen ist es nicht gelungen, die gemachten Aussagen zu **falsifizieren.**[5] Aus diesem Grunde wird im folgenden von der Gültigkeit dieser Theorie ausgegangen, wobei ausdrücklich darauf hinzuweisen ist, dass selbst dann, wenn es gelänge, die Kritik am Kreislaufmodell und die Theorie der **Nachverschuldung** zu widerlegen, die Wahrscheinlichkeit einer tiefgreifenden

1 Martin (1988) 188ff.
2 Martin (1988) 150 sowie 149 FN 44
3 Heinsohn (1984) 158f. sowie Heinsohn/Steiger (1981) 165ff.
4 Martin (1988) 387
5 An dieser Stelle sei Herrn Prof. Dr. H.C. Binswanger, Hochschule St.Gallen, nochmals sehr herzlich für die freundliche Bereitschaft gedankt, die vorangegangene Darstellung mit dem Verfasser zu diskutieren.

Wirtschaftskrise gegeben ist. Die fundamentalen Probleme der Weltwirtschaft alleine genügen zur Aufstellung eines Krisenszenarios (s.u.).

Ein Falsifikationsversuch müsste m.E. an der Annahme der Vorfinanzierung ansetzen, da diese von zentraler Bedeutung für die gesamte Theorie ist. Wäre eine solche Vorfinanzierung der Unternehmen nicht nötig oder eine Realisierung der Vorfinanzierungskosten auch **ohne** Zusatzverschuldung möglich, so wäre das hier postulierte zwangsläufige Eintreten einer Wirtschaftskrise bei Ausschöpfung der Verschuldungskapazität nicht zu erwarten.

Im umgekehrten Fall wäre hingegen angesichts der derzeitigen weltweiten Verschuldungslage mit dem baldigen Auftreten schwerwiegender wirtschaftlicher Turbulenzen zu rechnen.

4.3 Der Ansatz von Ravi Batra

Im Jahre 1987 sorgte das Buch "The great Depression of 1990" in Amerika für grosses Aufsehen und führte die Bestsellerlisten monatelang an. Die Kernaussagen lassen sich knapp wie folgt zusammenfassen:

- Die Entwicklung von Geldmenge, Inflation und staatlicher Regulierung in den USA wies in den letzten 200 Jahren einen zyklischen Verlauf auf.[1]
- In jedem 3. und 6. Jahrzehnt kam es zu einer Depression;

---

1 Batra (1988a) 77ff., 113ff., 123ff.; er betont ausdrücklich, dass die gängigen Zyklen, wie der Kondratieff-Zyklus, nicht in der Lage seien, die Rezessionen der 70er Jahre zu erklären, weshalb er seinen Ansatz als völlig unabhängig wertet; (1988a) 32. Diese Auffassung ist m.E. **unrichtig**, da zum einen der Kondratieff-Zyklus durchaus zur Erklärung geeignet ist (wenn man mit monetären Grössen operiert, s.o.) und man darüber hinaus den Ansatz Batras lediglich als einen Erklärungsversuch für die langen Wellen der Konjuktur werten kann, stimmen doch Dauer und Umkehrpunkte mit jenem der Kondratieff-Zyklen weitgehend überein. Auf das von Sarkar übernommene Gesetz der sozialen Zyklen wird hier nicht weiter eingegangen, da es nach Auffassung des Verfassers nicht von zentraler Bedeutung für die Erklärung der Phänomene ist.

blieb diese aus, so war 30 Jahre später eine ausgeprägte Krise die Folge.[1]

- Ursache der periodischen Entwicklung ist der Generationenwechsel, der zur Wiederholung früher begangener Fehler führt (z.B. inflationstreibende Geldmengenvermehrung).[2]
- Das Ausbleiben einer schweren Rezession in den 60er Jahren lässt somit schwere wirtschaftliche Turbulenzen für die 90er Jahre erwarten.

Weit interessanter als diese Ergebnisse, die auf dem heftig umstrittenen historischen Determinismus beruhen, ist m.E. die abgegebene Erklärung, weshalb es zu derartigen Krisen kommt: Hauptursache ist danach die Konzentration des Volksvermögens in der Hand einiger weniger. So hielt im Jahre 1987 1% der amerikanischen Familien 36% des Volksvermögens, im Jahre 1929, dem bisherigen historischen Höchst, betrug die Quote 36,3%.[3] Ungleiche Einkommensverteilung und die Schaffung von Industriekomplexen mit marktbeherrschender Stellung durch Unternehmungsfusionen sind dagegen nur von untergeordneter Bedeutung.[4] Doch zeigt gerade auch die Einkommensverteilung eine immer weitergehende Konzentration.[5]

---

1 Batra (1988a) 138
2 Batra (1988a) 180f.
3 Batra (1988a) 152, (1988b) 233, Galbraith (1969) 194f.
4 Batra (1988a) 150f.; an anderer Stelle verweist er ausdrücklich darauf, dass erst die Vermögenskonzentration die spekulative Übernahmewelle in Gang bringen konnte, Batra (1988b) 238f.
5 Der Anteil der reichsten 5% der Familien am US-Volkseinkommen stieg von 41,1% (1973) auf 43,7% (1987), derjenige der ärmsten 5% fiel von 5,5 auf 4,6%; Silk (1989b) 11. Gemäss Welzk (1988) 64f., 81ff., ist diese ungleiche Einkommensverteilung Ursache der steigenden Konsumentenverschuldung und Hauptursache der Wirtschaftskrise, weil Nachfrage fehlt. Besonders die ungenügende Kaufkraft, entsprechend einer relativen Sättigung, gilt es demnach durch entsprechende Verteilung der Einkommen zu verhindern. Tatsächlich zeigt sich, dass der Boom der 20er Jahre an 93% der Bevölkerung ausserhalb des Landwirtschaftssektors vorbeigegangen ist; Holt (1972) 283. Der gleichzeitige Anstieg der Konsumausgaben pro Kopf um 14% stützt m.E. die These steigender Konsumentenverschuldung, wenn auch Holt (1972) 286 von einem wenig veränderten Konsumverhalten der breiten Bevölkerung ausgeht.

Diese Vermögenskonzentration führt zu erhöhter Kreditnachfrage der relativ ärmeren Unter- und Mittelschicht, was eine allgemeine Bonitätsverschlechterung sowie höhere Realzinsen mit sich bringt.[1] Steigende Armut verursacht höhere Sozialleistungen, die das Budgetdefizit des Staates weiter vergrössern.[2] Da die Banken weiterhin an einer zinstragenden Anlage ihrer Gelder interessiert sind, gehen sie erhöhte Kreditrisiken bei Konsumentenkrediten ein, was zu einer erhöhten Anfälligkeit des amerikanischen Bankensystems beiträgt.[3]

Weitere direkte oder indirekte Folgen dieser Entwicklung sind:[4]
- Übernahmefieber an der Aktienbörse
- Abnahme der Arbeitsneigung, aufgrund des gestiegenen Wohlstands der gehobenen Schichten
- Zunahme der Spekulationsneigung
- Anstieg des realen Zinsniveaus
- dauerhaftes Aussenhandelsdefizit der USA wegen der Importnachfrage für ausländische Luxusartikel
- letztlich, über einen Zusammenbruch der Spekulationsblasen und des fragilen Finanzsystems, die Depression

Wichtigste Ursache für die festgestellte Konzentration des Volksvermögens sind die Steuerreformen der Reagan-Administration, die vor allem den Wohlhabenden zugute gekommen sind.[5]

---

1 Batra (1988b) 247; tatsächlich zeigt sich in den 80er Jahren eine Zunahme der Verschuldung der weniger wohlhabenden Gesellschaftsschichten; Luckett (1988) 601. Der Anteil der Konsumkredite an den gesamten Bankausleihungen liegt bei etwa 20%.

2 Batra (1988b) 244f.

3 ebenso Mandel/Wolf (1989) 87f.; siehe auch schon bei Schumpeter (1961) 271f., vom "leichtsinnigen Bankgeschäft", das er als "Bewilligung von Darlehen ohne Rücksicht auf die Zahlungsfähigkeit des Darlehensnehmers" definiert, 271 FN 44. 1929 waren jene mit 5000 $ und mehr Jahreseinkommen netto Kreditoren, während die darunter liegende Einkommensgruppe Nettoschuldner war; Hart (1938) 121ff. Bisher sind die Verluste auf Konsumkrediten noch tragbar; Luckett (1988) 595.

4 Batra (1988b) 234ff.

5 Batra (1988b) 228ff.

Folgerichtig versteht Batra unter einer Depression eine Rezession, die "(...) mit einem Kollaps des Finanzsystems einhergeht und so zu einem mehrjährigen Nachfragesturz führt."[1] Ein detaillierter Vergleich der Entwicklung der 20er und 80er Jahre erlaubt den Schluss, dass das Wirtschaftsumfeld annähernd deckungsgleich ist (siehe Tab. 3). Lediglich die heute bestehenden Defizite in Staatshaushalt und Handelsbilanz sowie die hohe in- und ausländische Verschuldung der Vereinigten Staaten tragen zusätzlich zu einer Verschärfung der Lage bei.[2]

Sein Krisenszenario für das kommende Jahrzehnt beinhaltet einen grossen Börsencrash (Ende 1989/Anfang 1990), "(...) dem ein abgrundtiefer Konjunkturabschwung und ein scharfer Anstieg der Arbeitslosigkeit folgen wird."[3] Auslöser könnte ein freier Fall des US-Dollars sein, der zu einem Abfluss ausländischer Mittel führt. Der amerikanischen Notenbank bliebe dann nur die Möglichkeit einer drastischen Zinserhöhung mit entsprechend rezessiver Wirkung. Andernfalls käme es, wegen der verschlechterten Exportmöglichkeiten, zu einem Zusammenbruch der tokioter Aktienbörse, was ebenfalls einen Abzug japanischen Kapitals und einen scharfen Zinsanstieg mit sich brächte.[4] Da es aus diesem Dilemma gemäss Batra keinen Ausweg gibt, ist eine Depression unausweichlich, wobei der Tiefpunkt der etwa 7 Jahre dauernden Krise im Jahre 1994 durchschritten wird.

Eine Lösung zur **Vermeidung** einer erneuten grossen Depression sieht Batra in der Einführung einer Vermögenssteuer für die Reichen, was zu einer besseren Verteilung des Volksvermögens und damit zur Beseitigung der Spekulations- und Defizitprobleme beitragen würde. Zusätzlich sollten die Alliierten der USA eine Gebühr für den militärischen Schutz entrichten.[5]

---

1 Batra (1988a) 152f.
2 Batra (1988a) 170ff., (1988b) 25ff.; allerdings befand sich auch 1929 die Verschuldung auf einem Rekordniveau, was die **eigentliche Krisenursache** war und sein könnte.
3 Batra (1988a) 178
4 Batra (1988b) 35ff.
5 Batra (1988b) 271ff.

Batras Theorie beleuchtet m.E. das Problem der Aufschuldung und Vermögenskonzentration, das schon im vorangehenden Abschnitt besprochen wurde, von einem anderen Standpunkt aus. Vermögenskonzentration und Staatsdefizit sind in engem Zusammenhang zu sehen. Nur die zunehmende Verschuldung des Staates und anderer Wirtschaftssubjekte zum Schuldendienst ermöglicht eine Explosion der Geldvermögen, die wiederum den Reichtum der Gläubiger anschwellen lassen. Zudem ist Vermögenskonzentration und damit der Gegensatz von Gläubigern und Schuldnern immer wieder im kapitalistischen System feststellbar und führt, wie bereits oben gesagt, zu schweren Erschütterungen.

Mit seinen Vorschlägen zielt er auf eine Verhinderung der Wiederholung derartiger Konzentrationsprozesse, was ein im Prinzip richtiger Ansatz ist. Zur Verhinderung einer Krise zum gegenwärtigen Zeitpunkt sind seine Massnahmen jedoch **nicht geeignet.** Zuweit ist die Verschuldung von Staat, Unternehmen und vor allem Privaten schon fortgeschritten. Mit Einführung einer Reichtumssteuer liesse sich zwar vielleicht das Problem des Staatsdefizits beseitigen, nicht jedoch die Verschuldungsprobleme des Privatsektors. M.E. ist erst eine Bereinigung der aufgelaufenen Schuldenlast vorzunehmen, ehe Massnahmen zur Verhinderung einer Wiederholung derartiger Konzentrationsprozesse ergriffen werden. Da eine Bezahlung der Schulden nicht angenommen werden kann, bedeutet dies entweder Hyperinflation oder Deflation (s.o.).

Darüber hinaus ist die Wirksamkeit der von Batra propagierten Massnahmen in Frage zu stellen. Nach dem 2. Weltkrieg legten die Verantwortlichen in Wirtschaft und Politik, aber auch die Privathaushalte, Wert auf ein solides Finanzgebaren. Dies geschah unter dem Eindruck der schweren Wirtschaftskrise der 30er Jahre. Im Zuge des Generationenwechsels gerieten diese Erfahrungen in Vergessenheit.[1] Gleiches wird auch mit den heute angeregten Verbesserungen geschehen. Letztlich sind

1 Kaufman (1986) 20

diese Prozesse Folge des Vergessens von Generation zu Generation und liegen damit im menschlichen Naturell.

4.4 **Der Ansatz von Freiherr von Bethmann**[1]

Kern dieser Wirtschaftstheorie bildet eine neue Definition des Geldes und darauf aufbauend eine Kritik an der derzeit praktizierten Wirtschafts- und vor allem Geldpolitik.

Auch **Bethmann** definiert Geld als umlauffähige Schulden, also als Forderung gegen als zahlungsfähig angesehene Schuldner.[2] Dabei umfasst der Begriff "Geld" jedoch nicht nur umlaufendes Bargeld und Giralguthaben, sondern auch alle anderen privaten Forderungen, woraus er schliesst, dass "jede existente, nicht erledigte Geldforderung in der Wirtschaft potentielles Geld (...)" ist und somit zur Bezahlung eingesetzt werden kann.[3]

Die zentrale Aussage besteht darin, dass die Wirtschaftssubjekte jederzeit Geld schöpfen können und dieser Prozess **unabhängig** von Zentralbank und Bankensystem abläuft.[4] Diese Geldschöpfung erfolgt einerseits durch Kreditgewährung, andererseits bei jedem Kaufakt, bei dem nicht sofort bezahlt wird. Die Rechnung ist dann "(...) Geld in den Händen des Verkäufers."[5] Doch auch Zinsansprüche des Gläubigers sind Geld, weshalb "alle Schulden (..) mit dem jeweils vereinbarten Zins (wachsen), bis diese bezahlt werden."[6] Hohe Zinsen führen somit zu einer starken Schulden- und damit Geldvermehrung. Geldvernichtung

---

1 Auch hier erfolgt eine Beschränkung auf die in diesem Zusammenhang bedeutsamsten Punkte. Zur Vertiefung sei auf die zitierte Literatur verwiesen.

2 Bethmann (1982) 42; sind Schulden hingegen unbezahlbar, so sind sie nicht mehr umlauffähig; Bethmann (1984) 130. Ähnlich Schumpeter (1961) 121: "Ein Wechsel oder eine Anweisung ist, für sich genommen, kein (...) Zahlungsmittel (...). Wenn es aber so zirkuliert, dass es (im wirtschaftlichen, wenn auch nicht im gesetzlichen Sinne) Zahlungen bewirkt, dann wird es ein Zusatz zum Zahlungsmittelumlauf."

3 Bethmann (1982) 44

4 Bethmann (1982) 44f.

5 Bethmann (1984) 117

6 Bethmann (1984) 117

geschieht durch Bezahlung oder Verzicht des Gläubigers, wobei sich die Veränderung des Geldvolumens aus der Differenz von Neuverschuldung und Schuldenabbau ergibt.[1]

Da jede Geldforderung, also z.B. auch eine Obligationenanleihe, potentielles Geld ist, kann die Abgrenzung einer Geldmenge, wie von den Zentralbanken definiert, nicht vorgenommen werden.[2] Aus dieser weiter gefassten Definition des Geldbegriffs resultiert die Kritik an der heute praktizierten Geldmengenpolitik der Notenbanken:[3]

1. Der monetaristische Begriff der Geldmenge ist zu eng gefasst und erreicht nur einen kleinen Teil des wirklichen Geldbestandes in einer Volkswirtschaft.[4] Deshalb ist sie als Ziel der Geldpolitik ungeeignet.
2. Die Notenbank kann die Geldmenge nicht autonom bestimmen, da diese vom Verhalten der Privaten (Kauf, Kreditgewährung) abhängt.
3. Die Geldmenge als solche hat nichts mit der Inflation zu tun, da sie nicht in voller Höhe in Nachfrage umgesetzt werden muss. Mit gestiegenem Wohlstand ist kein Zwang mehr vorhanden, die Einkommen vollumfänglich konsumtiv zu verwenden. Die Konjunktur hängt dann von der Nachfrage der Mehrheit im Verhältnis zum Angebot ab.[5] Es ist also falsch, von einer hohen Geldmenge auf steigende Inflation zu schliessen.[6]

Statt des untauglichen Mittels der Geldmengensteuerung propagiert Bethmann die Verfolgung einer **Zinstrendpolitik:**

---

1 Bethmann (1984) 119f.
2 Bethmann (1982) 44
3 Bethmann (1982) 46f.
4 Diese fehlende Möglichkeit einer eindeutigen Abgrenzung der Geldmenge wird auch von anderer Seite kritisiert, so von Palyi (1972) 297. Ebenso Kindleberger (1978) 58: "My caution is that the process is endless: fix any M_i and the market will create new forms of money (...) to get around the limit and create the necessity to fix a new variable M_j."
5 Bethmann (1984) 28f., 89; (1982) 74f.
6 dies besonders auch dann, wenn das zusätzliche Geld lediglich zur Aufschuldung dient; s.o. unter 4.2

Erwarten die Wirtschaftssubjekte steigende Zinsen, so verschulden sie sich **heute** und fragen Waren/Dienstleistungen nach, weil dies **morgen** vermutlich mehr kostet. Im umgekehrten Fall sparen sie und stellen Anschaffungen zurück, weil in Zukunft tiefere Refinanzierungskosten zu erwarten sind.[1] Jeder derartige Prozess tendiert zur Beschleunigung, "(...) weil die Mehrheit der Marktteilnehmer die erwartete Entwicklung vorantreibt."[2]

Deshalb muss die Notenbank versuchen, durch das Setzen von Zinssignalen, die Erwartungen und damit das Verhalten der Akteure in ihrem Sinne zu beeinflussen. Die von ihr abgegebenen Signale werden vom Markt angenommen und vollzogen, weil sich hier das Gesetz der self-fullfilling-prophecy bewahrheitet.[3] Aus diesem Grunde sollte die Zinspolitik das "Herzstück" jeder Konjunkturpolitik sein, wobei sie zudem den Vorteil hat, ohne time-lags wirksam zu werden.[4]

Die Schuldenexplosion der letzten Jahre ist gemäss Bethmann vor allem auf das Versagen der Geldpolitik zurückzuführen, die auf einer falschen Geldtheorie basiert und die wahren Inflationsursachen nicht erkannt hat.[5] Inflation ist immer als nachfrageinduziert anzusehen, d.h. als durch zuviel Nachfrage (relativ zum Angebot) ausgelöst. Selbst wenn es sich um Preissteigerungen durch Veränderungen der Angebotsseite (z.B. Erdöl) handelt, betrachtet Bethmann sie als nachfragebedingt, weil die Käufer bereit sind, höhere Preise zu akzeptieren.[6]

Zentrale Bedeutung für das Nachfrageverhalten der Wirtschaftssubjekte haben die **Preiserwartungen**. Besteht beispielsweise

---

1 Bethmann (1982) 97. Diese Behauptung wird durch die Erfahrungen am äusserst zinsreagiblen Immobilienmarkt gestützt. Die Nachfrage nach Bauleistungen steigt erst nach dem Zinstief und erreicht ihren Höhepunkt kurz vor dem Zinshöchststand; Köhler/Stimpel (1989) 33.

2 Bethmann (1984) 96

3 Bethmann (1982) 60

4 Bethmann (1982) 60

5 Bethmann (1982) 87; (1984) 133ff.

6 Bethmann (1982) 91ff.

die Erwartung anhaltender Inflation, so werden die Marktteilnehmer heute kaufen und bereit sein, höhere Preise zu bezahlen, weil in Zukunft mit noch höheren Preisen zu rechnen ist.[1] Wird hingegen ein Preisverfall antizipiert, so geht die Nachfrage zurück. In beiden Fällen führt das Verhalten zu einer Erfüllung der ursprünglichen Erwartung.

Die Konjunkturpolitik muss deshalb die Preistrenderwartungen beeinflussen, will sie eine Veränderung der konjunkturellen Lage bewirken. Eine derartige Einflussnahme ist über den Zins möglich, da dieser in jeder Transaktion, in der über Geld verfügt wird, eine Rolle spielt.[2] "Er ist der letzte ausschlaggebende Faktor in der die Konjunktur entscheidenden Frage, ob es mehr lohnt zu "sparen" oder zu "kaufen"."[3] Bei Erwartung fallender Zinsen geht die Nachfrage zurück, die Konjunktur kühlt sich ab; bei Erwartung steigender Zinsen nimmt die Nachfrage zu, die Wirtschaft prosperiert, und es kann zur Inflation kommen.[4] Rechnen die Marktteilnehmer mit einem konstanten Zinsniveau, so wirkt dies konjunkturverstetigend und sollte deshalb Ziel der Wirtschaftspolitik sein.[5]

Die Geldpolitik der letzten Jahre, die auf der monetaristischen Geldmengenlehre basiert, hat folglich bei ihrem Versuch, die Inflation zu bekämpfen, genau falsch gehandelt. Mit der Begrenzung des Wachstums der von den Notenbanken definierten Geldgrössen, die gemäss der hier getroffenen Feststellung nur einen Bruchteil der wirklichen Geld"menge" ausmachen, wurde eine Zinssteigerungserwartung ausgelöst, die zu einer Verstärkung der Inflation führt. "Der Monetarismus hat die Kausalität auf den Kopf gestellt. Inflation ist **immer von Geldvermehrung begleitet** (weil die Verschuldung zunimmt), Inflation ist aber

1 Bethmann (1982) 95
2 Bethmann (1982) 96
3 Bethmann (1982) 96
4 Bethmann (1982) 97
5 Bethmann (1984) 102

nie durch Geldvermehrung **verursacht.**"[1] Alleine die Ankündigung einer Geldverknappung führt zu einer erhöhten Geldnachfrage, zu Zinssteigerungen und zu einer verminderten Zahlungsbereitschaft, also zu einem Schuldenzuwachs durch Nichtbezahlen.[2] Folge ist eine Geldvermehrung (Schuldenzunahme) und damit auch eine **Geldverschlechterung.**[3] Denn "ein überhöhtes Zinsniveau (...) bringt die allerschlimmste, die wohl gefährlichste inflationäre Geldvermehrung durch starke Ausweitung aller hochverzinsten Schulden bzw. Forderungen, weil alle Zinsen immer neues Geld darstellen."[4]

Diese Interpretation entspricht dem schon mehrmals angesprochenen Phänomen der **Aufschuldung**, nur dass gemäss Bethmann **zusätzlich** noch eine Neuverschuldung erfolgt, da diese relativ zu den antizipierten Zinsen billig erscheint.[5]
Folgen der fehlgeleiteten Geldpolitik sind also:[6]
- eine Verschleppung der Inflation
- überhöhte Zinsen
- eine Zunahme der Geld"menge" "durch Nichtbezahlen und durch zu hohe Zinsen."[7]
- eine Zunahme der weltweiten Verschuldung
- eine Verschlechterung der Schuldenqualität (und damit der Qualität des Geldes), da immer mehr nicht bedient werden können
- eine Pleitewelle, weil die Schulden nicht bezahlt werden können
- Massenarbeitslosigkeit und Vermögensverluste

---

1 Bethmann (1982) 47
2 d.h. es erfolgt eine längere Ausnutzung der Zahlungsziele, was das Volumen ausstehender Forderungen erhöht; Bethmann (1984) 127f.
3 Bethmann (1982) 48
4 Bethmann (1982) 56; die Zinsen sind dann zu hoch, wenn sie über die Produktivitätsrate einer Volkswirtschaft hinausgehen, (1982) 9
5 dies im Unterschied zu Congdon (oben unter 3.5), der nur eine Aufschuldung bei zurückgehender Neuverschuldung annimmt.
6 Bethmann (1982) 98f.
7 Bethmann (1982) 98

International wurde gleichzeitig Geld an Schuldner wie z.B. die 3. Welt verliehen, welche niemals in der Lage sein werden, die Schulden zu bedienen. "Jetzt sind wir soweit, dass noch eine Weile weitergepumpt werden muss, nur um den endgültigen Verlust aus den viel zu grossen Forderungen noch ein wenig aufzuschieben. Weiterpumpen und gar aufstocken heisst natürlich, noch mehr schlechtes Geld fabrizieren, das schon praktisch wertlos ist, wenn es "geschöpft" wird. Aufgeschoben ist aber eben nicht aufgehoben. Die bittere Abrechnung wird kommen."[1]

Diese Schuldenvernichtung durch Schuldnerkonkurse und Gläubigerverzicht trägt zur Stabilisierung bei. Ist der Prozess der Geldverschlechterung und Verschuldung jedoch schon zu lange fortgesetzt worden, so wird die Stabilisierungskrise, in deren Verlauf die faulen Schulden beseitigt werden, um so heftiger: "Auf die Inflation folgt nun die Deflation"[2], an deren Ende ein "völliger Zusammenbruch des marktwirtschaftlichen Systems"[3] stehen kann.

Einen anderen Ausweg als eine Hyperinflation mit anschliessender Währungsreform oder die deflationäre Krise, in der alle schlechten Forderungen vernichtet werden, gibt es gemäss Bethmann nicht.[4] Für eine inflationäre Lösung ist es seines Erachtens jedoch zu spät, weshalb eine Deflation unvermeidlich ist. In deren Verlauf werden die Staaten, im Bestreben, die Krise zu bekämpfen, zusätzlich Schulden anderer übernehmen, so dass die Staatsschulden noch mehr anwachsen, die letztlich nur mit entwertetem Geld zurückgezahlt werden können. Deshalb steht am Ende des Prozesses vermutlich eine Währungsreform.[5]

M.E. ist es Bethmann gelungen, eine umfassende und konsistente Kritik an der monetaristischen Geldmengenlehre vorzulegen,

---

1 Bethmann (1984) 135f.
2 Bethmann (1982) 14
3 Bethmann (1982) 21
4 Bethmann (1986) 52, 66
5 Bethmann (1986) 73, 150

ergänzt durch eine einleuchtende und nachvollziehbare Gegentheorie.

Wesentliche Vorteile seines Beitrags sind:

- Erklärung tatsächlicher Phänomene, wie dem der Aufschuldung
- Betonung der Erwartungen der Wirtschaftssubjekte als Hauptursache wirtschaftlicher Entwicklung
- Betonung der Möglichkeit des Sparens, was die Kausalität viel Geld -> viel Nachfrage/wenig Geld -> Rezession zu recht in Frage stellt.

Diese Überlegungen sind m.E. deutlich plausibler als jene der reinen Geldmengenlehre. Besonders unter dem Eindruck der Ausführungen von Heinsohn/Steiger, die eindringlich die Fähigkeit des Privatsektors, Geld zu schöpfen, vor Augen führen, ist die Steuerbarkeit der Wirtschaft, durch Fixierung auf Geldgrössen, sehr in Zweifel zu ziehen.

"So manches, was sehr plausibel klingt, muss ja nicht unbedingt richtig sein"[1], meint Bethmann über den von ihm heftig kritisierten Monetarismus. Gleiches gilt selbstverständlich auch für die hier dargestellten Überlegungen. Dennoch sind sie m.E. den Ansätzen des Monetarismus vorzuziehen, obwohl eine abschliessende Bewertung zum gegenwärtigen Zeitpunkt nicht vorgenommen werden kann. Die enge Beziehung zwischen Schulden und Volkseinkommen, die in den USA über Jahre hinweg deutlich stabiler war als jene zwischen den diversen Geldgrössen und dem BSP[2], stützt m.E. die breiter gefasste Definition des Geldbegriffs, wie er von Bethmann eingeführt wird. Und trifft dieser zu, so liegt die Nichtsteuerbarkeit durch die Geldpolitik auf der Hand.

Die Prophezeiung einer schweren Wirtschaftskrise, gestützt auf weltweite Verschuldung und Überschuldung, deckt sich mit der Auffassung des Verfassers. Nur durch einen massiven Prozess

---

1 Bethmann (1986) 23
2 B. Friedman (1982) 101

der Forderungsvernichtung, d.h. der Ausbuchung ohnehin uneinbringlicher Ansprüche, ist eine Bereinigung denkbar.

4.5 **Zusammenfassung und Würdigung der Krisentheorien**

Es ist sehr zu bedauern, dass die drei hier besprochenen "Crash-Theorien" bisher wenig oder gar keine Beachtung seitens der Nationalökonomie gefunden haben. Zeigt sich doch hier der aus der Psychologie bekannte "Kassandra-Effekt", wonach Angst erregende Hinweise vom Kollektiv abgelehnt werden, was Verdrängung, Zurückweisung und Bagatellisierung zur Folge hat.[1] Nur eine offene, vorbehaltlose und ernsthafte Diskussion darüber in der Wissenschaft kann zu einer abschliessenden Bewertung führen. Festzuhalten bleibt, dass es gewichtige und einleuchtende Kritik an der herrschenden nationalökonomischen Theorie gibt. Unternehmer und Manager können sich also nicht völlig auf diese Theorie verlassen und sollten gerade aus diesem Grunde **auch** den "Aussenseitern" Aufmerksamkeit schenken.

Die Ansätze beleuchten die aufgezeigten Verschuldungsprobleme von verschiedenen Standpunkten aus und sind deshalb völlig kompatibel, wobei der "Debitismus" als Fundament angesehen werden kann. Es ist der Schuldner, der keine Zusatzleistung erbringt, der die Inflation in Gang setzt, weil seiner inflationären Zusatznachfrage kein deflationäres Zusatzangebot folgt. Erst so werden Preis- und dann Zinssteigerungserwartungen ausgelöst, die zu einer immer weiteren gesamtwirtschaftlichen Verschuldung beitragen. Schliesslich sind diese Erwartungen Ursache für die übermässige Verschuldung, die unter normalen, d.h. preisstabilen Verhältnissen, nicht mehr zu bewältigen ist. Ewig lässt sich Inflation jedoch nicht fortsetzen, da sie immer eine Zusatzverschuldung erfordert. Übersteigen die Kosten der Verschuldung ihren Ertrag, also die Wertsteigerung,

---

1 Den Hinweis auf dieses Phänomen verdankt der Verfasser einem Vortrag von Dr. Jean-Pierre Pauchard im Rahmen der Tagung "Krisenmanagement" der Infokader AG in Zusammenarbeit mit der Zeitschrift Bilanz am 1./2. Juni 1989 in Zürich-Rüschlikon.

so muss es zu einem Ende der Neuverschuldung und damit der Inflation kommen. Die in der Inflationsphase angehäuften Schulden werden immer schwerer zu bedienen, eine Preissenkungstendenz tritt ein. Folge ist die Erwartung fallender Preise, was zu einer Zurückhaltung der Käufer und damit zu einer nachlassenden Verschuldungsbereitschaft führt. Im System fehlt der erforderliche Nachschuldner, die deflationären Tendenzen werden zusätzlich verschärft. Erste Forderungsverluste bewirken eine Desillusionierung der Gläubiger. Sie sind nicht mehr bereit, Zinsen ebenfalls zu kreditieren, was die Überschuldung weiter Teile der Wirtschaft offen zutage treten lässt.

Das Preisniveau muss so lange fallen, bis der Normalwert erreicht ist, der ohne Aufschuldung bestanden hätte. Erst dann sind alle unbedienbaren Schulden beseitigt und ein Neuanfang denkbar.

Voraussetzung für eine Trendumkehr ist die Änderung der Erwartungen, die eine erneute Verschuldungsbereitschaft der Privaten hervorruft. Erst diese kann die Depression überwinden. Neue Produkte können diese Verschuldungsbereitschaft auslösen, womit sich ein Bezug zu Innovationen und neuen Industriezweigen herstellen lässt.[1]

Vielleicht sind die hier dargestellten Theorien, besonders jene von Paul C. Martin und Freiherr von Bethmann, erste Anzeichen eines Paradigma-Wechsels in der Nationalökonomie, weg von den Kreislaufansätzen der Neoklassik und dem strengen Monetarismus hin zu einem anderen Schema der Problemdefinition. Spätestens wenn sich die gemachten Prognosen bewahrheiten sollten, wird die Nationalökonomie nicht mehr umhinkönnen, sich ernsthaft mit den hier dargestellten Überlegungen auseinanderzusetzen.

---

1 Dass neue Produkte eine solche Verschuldungsbereitschaft fördern, zeigt das Beispiel mechanischer Kühlschränke in der grossen Depression, siehe Anhang 2.

5 DIE MÖGLICHKEITEN DER WIRTSCHAFTSPOLITIK

5.1 Überblick

Das gängige Argument der volkswirtschaftlichen Lehre lautet, dass die Wirtschaftspolitik heutzutage jede derartige Krise verhindern könne[1], was in der Folge diskutiert werden soll.

Fiskalpolitik scheint angesichts der hohen Staatsverschuldung als Mittel der Krisenbekämpfung ausgeschlossen. Der Spielraum für über den Zinsendienst hinausgehende Verschuldung ist ausgesprochen gering[2], und es wäre im Zuge einer Wirtschaftskrise sogar mit **Steuererhöhungen** zu rechnen[3], da ein weiteres Anwachsen der Haushaltsdefizite nicht toleriert werden würde. Die Entwicklung des Budgets des amerikanischen Bundesstaats im Verlauf der grossen Depression zeigt, wie rasch eine

---

1 "Die Deflation der Weltwirtschaftskrise wurde infolge unzureichender wirtschaftstheoretischer Kenntnisse mit den falschen Massnahmen-nämlich Budgetkürzungen und Abwertungen (...) - bekämpft. Keynes wies mit seiner Beschäftigungstheorie den richtigen Weg zur Bekämpfung der Deflation; Expansion der Staatsausgaben, Senkung der Steuereinnahmen und Vergrösserung der Geldmenge."; o.V. (1983a) 995

2 So bemerkt die BIZ (1988) 40, dass teilweise "(...) die öffentliche Schuldenquote (...) bereits so hoch (ist), dass expansive Massnahmen schlichtweg als ausgeschlossen gelten, unabhängig von der wirtschaftlichen Lage."; ähnlich: Clark/Malabre (1990) 8, Kaufman (1986) 24, van Duijn (1983) 204, Marchetti (1983a) 338ff., Mandel/Wolf (1989) 22, Signer (1989) 21. Gleiches galt für Deutschland, Italien, Österreich und Polen in den 30er Jahren, als die bereits bestehenden Defizite im Zeitpunkt des Krisenausbruchs es unmöglich machten, neue Anleihen auszugeben. Die Öffentlichkeit war nicht mehr bereit, diese aufzunehmen, da Zweifel an der Zahlungsfähigkeit aufkamen; Palyi (1972) 234. "(...) 1931 (...) war der Reichsregierung der Zugang zum nationalen und internationalen Geld- und Kapitalmarkt praktisch schon verschlossen."; Borchardt (1984) 23. Schon heute bestehen Befürchtungen, dass die US-Zinsen in einer kommenden Rezession **steigen** werden, wegen zunehmender Angst der Anleger vor einer Zahlungseinstellung der amerikanischen Regierung; o.V. (1989g) 93.

3 "(...) (T)he chief threat to financial stability implied by the sharp post-1980 rise in the government debt ratio comes from the need to raise taxes - and hence to reduce the incomes that individuals and businesses have available to meet their own debt service obligations-in order to service the government's debt."; B. Friedman (1986) 51. Gerade die Nowendigkeit, das Vertrauen ausländischer Investoren zu erhalten, wird grössere Defizite verhindern. Auch die Steuererhöhung von Hoover im Jahre 1932 erfolgte u.a. mit der Absicht, ausländisches Vertrauen zu sichern; Stein (1989) 8

deutliche Verschlechterung der Defizitsituation, selbst ohne aktive Stimulierungsbemühungen, eintreten könnte.

Deshalb wird der **Geldpolitik** die Aufgabe zugewiesen, Krisen wie jene der Jahre 1929ff. zu bekämpfen.

Schon in den 30er Jahren wurde eine "Reflationierung" durch die Zentralbank gefordert, um so den Preisverfall bei Sachwerten aufzufangen.[1] Besonders seit Analyse der grossen Depression durch Friedman/Schwartz[2], die deren Hauptursache in einer verfehlten Geldpolitik sehen, wird von der Notenbank die Verhinderung einer jeden derartigen Entwicklung erwartet.
An dieser Auffassung lässt sich vielfältige Kritik üben, wobei nachfolgend eine Konzentration auf zwei Aspekte erfolgt:

1. Überprüfung der Theorie von Friedman/Schwartz
2. Diskussion der Möglichkeiten der Notenbank in heutiger Zeit vor dem Hintergrund der vorangegangenen Ausführungen.

5.2 Die US-Geldpolitik in den 30er Jahren

Die Kernaussage der monetaristischen Depressionserklärung lautet dahingehend, dass das Fed damals einen Rückgang der Geldmenge tolerierte, der dann einen Einbruch der wirtschaftlichen Tätigkeit zur Folge hatte.[3] Zwar ist die Zentralbankgeldmenge ("high powered money") im Zeitraum von 1929-33 weitgehend konstant geblieben, die erhöhte Bargeldhaltung und steigende Reserven der Banken (beides als Reaktion auf die verschiedenen Bankenkrisen) bewirkten jedoch ein deutliches Schrumpfen der

---

1 Fisher (1933) 346
2 Friedman/Schwartz (1963) 299ff., 692ff.; siehe auch Kindleberger (1978) 69ff.
3 Friedman/Schwartz (1963) 693f. Dieser Gedanke ist nicht neu, hatte doch schon Hart (1938) 29f. ähnliche Vermutungen: "Shrinkage of credit institution liabilities - in particular of bank deposits - must be considered a contributory cause of business decline of 1929-1933 (...)."; (1938) 30

übrigen Geldgrössen.[1] Dieses hätte durch vermehrte Offenmarktkäufe des Fed-Systems verhindert werden müssen.

Basis der Überlegungen bildet die bereits oben angesprochene Bedeutung der Geldmenge für die wirtschaftliche Aktivität, wobei "viel Geld" zu Aufschwung, Prosperität und auch Inflation führt, "wenig Geld" jedoch das Gegenteil, im Extrem sogar eine Depression wie 1929ff., zur Folge hat.[2] Daraus leitet sich die Schlussfolgerung ab, wonach nur eine Verringerung der Geldmenge die deflationäre Krise auslösen konnte und man diese umgekehrt durch Verhinderung des Rückgangs der Geldgrössen hätte vermeiden können. Depressionsursache ist also gemäss vorliegender Theorie die Verringerung des **Geldangebots** und nicht die fehlende Verschuldungsbereitschaft der Wirtschaftssubjekte (Geldnachfrage).[3]

Auslöser der Entwicklung waren demnach die verschiedenen Bankenkrisen[4], wobei diese allerdings **unabhängig** von Zinsen und Wirtschaftsentwicklung gewesen sein müssen, damit diese Argumentation Gültigkeit besitzt. Eine solche Unabhängigkeit lässt sich jedoch **nicht** nachweisen, so dass die Bankenkrisen als Folge und nicht als Ursache der Depression anzusehen sind.[5]

---

1 siehe Anhang 2

2 Friedman/Schwartz (1963) 686: "(...) the direction of influence must run from money to income." Zur Kritik an dieser Theorie siehe oben unter 4.4

3 Temin (1976) 14

4 Dabei ist gemäss Friedman/Schwartz (1963) 342 die erste Bankenkrise zentral, da diese den Trend zu vermehrter Bargeld- und Reservehaltung ausgelöst hat. Mehr als 8000 Banken schlossen zwischen Dezember 1930 und Juni 1933 mit Einlagenverlusten von 14 Mrd. $. Insgesamt haben rund 9000 der 24500 Geschäftsbanken im Verlauf der Depression ihre Geschäftstätigkeit eingestellt; Hart (1938) 65, siehe dort auch für eine knappe Darstellung der Bankenkrisen. Vergleicht man die Verluste aus Bankschliessungen mit jenen Vermögensverlusten, die in anderen Bereichen (vor allem Aktien) eingetreten sind (siehe Anhang 2 Tab. A-2), so erkennt man, dass diese relativ gesehen nur von untergeordneter Bedeutung gewesen sein können.

5 siehe hierzu Temin (1976) 20, 84ff.; dennoch sind eine hohe Risikobereitschaft, leichtfertige Kreditvergabe und Immobilienspekulation als Hauptursachen der Bankenpleiten anzusehen; Palyi (1972) 299f. Man beachte die Parallelen zur Gegenwart. Auch Hart (1938) 6f. verweist auf

Zudem hätte die Reduzierung des Geldangebots einen vorübergehenden Zins**anstieg** bedingt, der sich in den tatsächlichen Zeitreihen in den Jahren nach dem Börsenkrach 1929 nicht feststellen lässt.[1] Es gibt folglich keinen Beweis dafür, dass die Bankenkrise Auslöser der Depression gewesen ist, sondern es ist im Gegenteil davon auszugehen, dass die Geldnachfrage im Jahr 1930 und bis September 1931 schneller zurückgegangen ist als das Geldangebot.[2] Diese These wird dadurch gestützt, dass trotz schneller Diskontsatzsenkung das Volumen an Diskontierungen deutlich zurückging. Ein Indiz dafür, dass die Privaten nicht mehr zur Verschuldung bereit waren, was sich leicht erklären lässt: Zum einen befand sich die Verschuldung auf einem sehr hohen Niveau, mit Folge geringer Neuverschuldungsbereitschaft, zum anderen bewirkte die Diskontsenkung die Erwartung fallender Zinsen. Im Zuge der Deflation kam noch eine Preissenkungserwartung hinzu, die ebenfalls zu einer Zurückhaltung der Wirtschaftssubjekte beitrug (neben dem hohen **Real**zins).[3]

Ausserdem blieb die **reale** Geldmenge praktisch unverändert, was insofern bedeutsam ist, als die Nachfrage nach Geld immer real betrachtet wird. Es stellt sich die Frage, wie der Geldmengenrückgang als Depressionsursache angesehen werden kann, wenn die für die Geldnachfragefunktion relevante reale Geldmenge nicht zurückgegangen ist (sie war 1931 sogar grösser als

---

die Tatsache, dass viele Kredite auch bei unveränderter Wirtschaftslage verloren gewesen wären.

1 Temin (1976) 102, 116. Es kam allerdings zu einer Veränderung der Zinsdifferenzen, je nach Bonitätsrisiko und Laufzeit, wobei besonders die kurzfristigen Zinsen sanken. Ein deutlicher Rückgang der Geldmenge ergab sich erst ab März 1931; zu diesem Zeitpunkt war die Depression jedoch schon offensichtlich.

2 Temin (1976) 132ff., 137; Palyi (1972) 304 und 306ff.

3 "Gerade die (...) Weltwirtschaftskrise zeigt mit voller Deutlichkeit, dass die Wirtschaft nicht in allen Phasen des Konjunkturzyklus gewillt ist, ihr angebotene Kredite aufzunehmen.", Feske (1933) 95; Kindleberger (1973) 144 verweist auf die Tatsache, dass es nicht genügt, Geld bereitzustellen, sondern dass zusätzlich die Kreditwürdigkeit einer Verbesserung durch positive Konjunkturaussichten bedarf. Siehe auch Martin/Lüftl (1984) 206ff. für eine Kritik an der monetaristischen Depressionserklärung.

1929). Unter diesen Umständen hätte zwar das nominelle Volkseinkommen sinken müssen, nicht jedoch das reale.[1]

So lässt sich schliessen, dass die Geldpolitik zwischen dem Börsenkrach 1929 und der Aufhebung des Goldstandards durch Grossbritannien im September 1931 nicht restriktiv gewesen ist und folglich auch nicht als Ursache der grossen Depression angesehen werden kann. Dass die restriktiven Massnahmen ab Herbst 1931 zu einer Vertiefung der Depression geführt haben **können**, wird nicht bezweifelt.[2] Doch alleine bis Oktober 1930 ging das Volkseinkommen um 10% zurück, während die Preise um 14% sanken.[3]

5.3 Wirksamkeit der Geldpolitik in heutiger Zeit

Betrachten wir nun die Möglichkeiten der Geldpolitik zur Vermeidung eines deflationären Kollaps in heutiger Zeit.
Käme es zu einer Konjunkturabschwächung in den USA, so wäre vor dem Hintergrund der aufgelaufenen Verschuldung der offene Ausbruch einer Überschuldungskrise denkbar.

Trotz der dann eintretenden umfangreichen Forderungsverluste müsste m.E. **keine** namhafte Geschäftsbank ihre Tätigkeit einstellen, da die Notenbanken ihre Rolle als "lender of last resort"[4] wahrnehmen würden. Bankenkrisen wie in den 30er Jahren gelten heute zu Recht als ausgeschlossen.

Probleme würde jedoch die Finanzlage von Unternehmen und Privathaushalten bereiten. Ob die Notenbanken auch dazu übergingen, Grossunternehmen finanziellen Beistand zu leisten,

---

1 Temin (1976) 141ff., 170. Gemäss dieser Berechnung ist das **reale** Geldangebot zwischen August 1929 und August 1931 um **5% gestiegen.**
2 Trotz der damaligen Diskontsatzerhöhung stieg das Volumen an Diskontierungen auf seit 1929 nicht mehr erreichte Werte; Friedman/Schwartz (1963) 318. Dies spricht eher für eine Konjunkturbelebung im Sinne Bethmanns durch Auslösung einer Zinssteigerungserwartung. Diese bestand dann allerdings zu kurz, um positiv auf die Wirtschaftslage zu wirken.
3 Friedman/Schwartz (1963) 306
4 Kindleberger (1978) 161ff.

kann nicht eindeutig beantwortet werden. Eine derartige Verhinderung des Zusammenbruchs bedeutender Unternehmen wäre allerdings sehr wahrscheinlich. Klein- und Mittelunternehmen könnten hingegen nicht Hilfe der Zentralbank oder der dann zwischengeschalteten Geschäftsbanken erwarten. Gleiches gälte für die hochverschuldeten Privathaushalte.

Aus diesem Grunde wäre zumindest mit einer partiellen Deflation zu rechnen, gekennzeichnet durch starken Preisverfall bei Wohn- und Geschäftsimmobilien und vor allem bei dauerhaften Konsumgütern. Angesichts weitgehend gesättigter Märkte könnte die Geldpolitik zwar vielleicht Wellen von Banken- und Unternehmenszusammenbrüchen aufhalten, **nicht jedoch den drastischen Rückgang der privaten Nachfrage.**[1] Ähnlich wie 1929ff. würde die Bereitschaft der Wirtschaftssubjekte zur Verschuldung abnehmen, was vier Ursachen hätte:

1. Wunsch nach Verringerung der bereits bestehenden Schuldenlast
2. Weitgehend ausgeschöpfte Verschuldungskapazität
3. Erwartung fallender Zinsen und Preise
4. Eine über den Ertragserwartungen liegende Liquiditätsprämie.

Der Rückgang privater Verschuldung würde sich ebenso wie Forderungsverluste in einer sinkenden Geldmenge niederschlagen. Wollte nun die Notenbank die Geldmenge auf dem ursprünglichen Niveau halten oder gar steigern, so könnte sie dies nur auf zwei Wegen tun:

1. Aufkauf von Sachwerten
2. Durchführung von Offenmarktkäufen[2]

---

1 Aussergewöhnlich an der grossen Depression war, wie bereits oben festgestellt, der deutliche Rückgang der Konsumausgaben. In keiner Rezession seit dem 2. Weltkrieg kam es zu einer deutlichen Einschränkung dieser Nachfragekomponente; B. Friedman (1988b) 41. Erst eine Ausschöpfung der privaten Verschuldungskapazität und der daraus folgende Nachfrageeinbruch bewirkt schwere Depressionen.

2 wurde auch von Friedman/Schwartz (1963) 391ff. gefordert.

Der Ankauf von Sachwerten, wie z.B. Gold, könnte dazu beitragen, deren Preisverfall zu stoppen. Ob aus derartigen Käufen jedoch eine expansive Wirkung auf die Nachfrage resultierte, ist sehr zu bezweifeln. Die privaten Verkäufer würden den Erlös mit grosser Wahrscheinlichkeit zur Bedienung von Verbindlichkeiten einsetzen oder aber ihre Bargeldhaltung erhöhen.[1] Aufgrund der Konsumkonjunktur der letzten Jahre wäre selbst der Ersatzbedarf, der in gesättigten Märkten von zentraler Bedeutung ist, weitgehend befriedigt. Eine pessimistische Beurteilung der Zukunftsaussichten und die Erwartung fallender Preise würden zusätzlich zu einer zurückhaltenden Nachfrage führen. Dabei ist zu betonen, dass in diesem Zusammenhang sowohl von absoluter als auch von relativer Sättigung die Rede ist (s.o. unter 2.2.1.4).

Positiver Effekt der Aufkäufe von Sachwerten durch die Zentralbank wäre eine Dämpfung des Preisverfalls, was die Zahl der Notverkäufe verringern und die Bedienung von Schulden erleichtern würde. Kritisch ist anzumerken, dass derartige Stützungskäufe realistischerweise **nie** im ausreichenden Umfang durchgeführt werden könnten, was an der vermeintlichen Inflationsgefahr liegt.[2] Massive Aufkäufe von Sachwerten durch die Notenbank würden als Versuch offener Inflationierung gewertet, mit entsprechend negativer Wirkung auf die Finanzmärkte.[3] Vermögensverluste durch Werteinbussen von Finanzaktiven hätten Nachfragerückgänge zur Folge.

Gerade die US-Notenbank befindet sich in einer Zwickmühle: eine offene Inflationierung, aber auch nur eine spürbare Lockerung der Geldpolitik müsste zu einer Flucht aus dem US-Dollar führen, was wegen der oben dargestellten Auslandsab-

---

1 Dies war in der grossen Depression der Fall; Palyi (1972) 301

2 Gleicher Meinung ist Batra (1988b) 63f., der allerdings **keine** Deflation, sondern, wenn überhaupt, nur leicht fallende Preise erwartet, weil Bankenzusammenbrüche verhindert werden. M.E. ist eine Deflation in gesättigten Märkten jedoch nicht zu stoppen, besonders da die Notenbank **nicht alle** Schuldner stützen wird.

3 Martin (1988) 231

hängigkeit einen deutlichen Zinsanstieg zur Folge hätte.[1] Dieser würde dann aber die Depression weiter verschärfen, weil er die Lage der Schuldner zusätzlich verschlechterte.

Wie wesentlich Inflationsängste der Wirtschaftssubjekte sind, lehrt die Weltwirtschaftskrise, als in Deutschland selbst in Zeiten anhaltenden Preisverfalls und der Massenarbeitslosigkeit notenbankfinanzierte Ankurbelungsmassnahmen unmöglich waren.[2] Gerade die Gefahr einer Panik, die zu einer Flucht in Sachwerte geführt hätte, verhinderte jede weitergehende Inanspruchnahme von Notenbankkrediten. Unter dem Eindruck der Hyperinflation von 1923 war die Bevölkerung für inflationäre Tendenzen sensibilisiert, was einen erneuten "Run" auf die Kreditinstitute befürchten liess, die ohnehin schon stark geschwächt waren.

Zweifellos war die damalige Situation in Deutschland besonders heikel, da die Erfahrung der völligen Geldentwertung noch frisch in Erinnerung war. Auf die gegenwärtige Lage bezogen, lässt sich feststellen, dass die Öffentlichkeit ähnlich, wenn auch nicht im gleichen Masse, für Inflation und notenbankfinanzierte Defizite etc. sensibilisiert ist, was massive Interventionen der Zentralbanken unwahrscheinlich erscheinen lässt.

Die gleiche Argumentation lässt sich auch auf den direkten Kauf von Aktien übertragen, wie er bereits von einigen Seiten angeregt wird.

Da eine "Reflationierung", also die Verhinderung eines Preisverfalls bei Sachwerten, **keine** Nachfragestimulierung mit

---

1 Bereits Anfang 1990 zeigt sich, dass die US-Zinsen trotz Konjunkturabkühlung in Abhängigkeit von der Zinsentwicklung in Deutschland und Japan stiegen; o.V. (1990b) 75

2 Borchardt (1984) 22, siehe dort auch für eine ausführliche Darstellung der Inflationsängste. Auch Palyi (1972) 263 verweist auf dieses Phänomen. Sogar in den USA bestanden 1931/32 Inflationsängste, was ebenfalls die Forderungen nach einem Budgetausgleich stützte; Galbraith (1969) 201f., Mills (1935) 2

sich brächte, bliebe noch die Durchführung von Offenmarktkäufen durch die Notenbank, da der Privatsektor vor weiterer Verschuldung zurückschrecken würde. Resultat dieses Stimulierungsversuches wäre die Finanzierung von Staatsdefiziten, durch Aufkauf staatlicher Schuldverschreibungen.[1]

Abgesehen davon, dass auch diese Käufe die Angst vor einer Inflationierung wecken würden, bewirkte der Kauf alleine noch keine erhöhte Nachfrage der Wirtschaftssubjekte. Erst wenn der Staat seine Neuverschuldung deutlich über die zu leistenden Zinszahlungen hinaus erhöht, wäre eine Stimulierung der Wirtschaft denkbar.[2] Erfolgte dies, so würde sich daraus eine deutliche Erhöhung der Staatsschulden ergeben. Die staatliche Nachfrage könnte jedoch nur in einzelnen Wirtschaftsbereichen (z.B. Rüstungs- und Bauindustrie) eine Belebung bewirken, da die Multiplikatoreffekte angesichts fehlenden Bedarfs an Produkten der übrigen Branchen gering sein würden.[3]

Dies entspräche der bereits oben gemachten Feststellung, wonach die Arbeitslosigkeit der grossen Depression als eine strukturelle anzusehen ist, wie sie in Zeiten technologischen Umbruchs immer auftritt.[4]

Zwei Folgen wären dann zu erwarten:

1. "Gespaltene" Konjunktur mit Belebung weniger Branchen durch den Staat, während die Mehrheit der Schlüsselindustrien angesichts gesättigter Märkte (absteigender Ast der Kondratieff-Welle) eine schwere Krise durchlaufen.

---

1 so auch Martin/Lüftl (1984) 212, Martin (1986) 171f.; siehe dort auch für eine Erklärung der Wirkungslosigkeit der Geldpolitik bei fehlender Verschuldungsbereitschaft der Privaten.
2 Diese Ausführungen basieren auf der Annahme, dass trotz der bestehenden Staatsschulden eine weitere Verschuldung möglich ist und auch von der Öffentlichkeit akzeptiert wird.
3 Die Konsumenten werden sparen oder Schulden abbauen, was die Wirkung des Fiskalmultiplikators bekanntlich verringert.
4 Bernstein (1987) 48

2. Drastischer Anstieg der Staatsschulden, z.T. durch die Notenbank finanziert, die nicht ordnungsgemäss zurückbezahlt werden könnten. Deshalb stände am Ende des, voraussichtlich trotz aller Eingriffe **deflationären** Prozesses, mit grosser Wahrscheinlichkeit in einigen Ländern ein Staatsbankrott in Form einer Hyperinflation/Währungsreform oder einer Schuldenstreichung.[1] Dabei muss man sich der Tatsache bewusst sein, dass die umlaufende Geldmenge vor allem durch **Staatsschulden** gedeckt ist. Sowohl den Bankeinlagen als auch dem Bargeldumlauf stehen in vielen Staaten zu einem guten Teil Schulden öffentlicher Haushalte gegenüber.[2]

Gegen die Möglichkeit einer wirtschaftlichen Stabilisierung durch die Geld- und Fiskalpolitik sprechen die weitgehend gesättigten Märkte in den Schlüsselindustrien. Geld alleine führt, wie bereits oben mehrmals festgestellt, zu keiner Nachfrage.[3] Die Unternehmen wären deshalb im Zuge einer Rezession gezwungen, durch Preissenkungen Liquidität zu beschaffen, da mit Sicherheit nicht alle mit einer Stützung durch die Zentralbank rechnen könnten.

5.4 Weitere Möglichkeiten der Wirtschaftspolitik

Zwei weitere Ansätze wirtschaftlicher Stimulierung zur Verhinderung einer Depression werden häufig genannt:

- Erhöhung der Exporte
- Erhöhung der **Real**löhne

1 so auch Bethmann (1986) 73, 150

2 So sind die Devisenforderungen der Zentralbanken zumeist in Staatsanleihen des jeweiligen Landes angelegt.

3 "You can pull a string, i.e., restrict credit; but you cannot push it."; Palyi (1972) 297. "(...) (T)he monetary throttle can always be pulled back if need be, but on the other hand, once a deflation is under way, even large reserve injections may not immediately halt the decline in economic activity and the contraction in income flows."; Kaufman (1986) 23. "If the system got real weak, the response of the government would be to print. And it wouldn't help. Once you go over the edge, the contraction in velocity is so great that they can print all the money they want, and it doesn't make a lot of difference."; Salvigsen (1988) 51

Die Grenzen exportgestützter Wirtschaftsankurbelung wurden bereits oben erwähnt, wobei zusätzlich zum Problem der weltweit absolut und relativ gesättigten Märkte, protektionistische Eingriffe zunehmen werden. Keine Regierung würde es in einer Wirtschaftskrise zulassen, dass Arbeitslosigkeit "exportiert" wird. Wie sich der Welthandel in einem solchen Umfeld entwickeln würde, zeigt die Geschichte der grossen Depression.

Denkbar wäre eine zunehmende Auslandsverschuldung des Ostblocks[1], zum Zwecke des Imports westlicher Konsum- und Investitionsgüter ("Marschall-Plan für Osteuropa"[2]). Doch selbst wenn diese Möglichkeit der Wirtschaftsstimulierung ergriffen würde, wäre eine Wirtschaftskrise nur aufgeschoben. Die aufgelaufene Schuldenlast ist unter realistischen Annahmen nicht mehr ordnungsgemäss bedienbar.

Eine **Reallohnerhöhung** soll zur Stärkung der Massenkaufkraft und so zu einer Nachfragestimulierung führen. Gleichzeitig wären gemäss dieser Überlegung die privaten Haushalte nicht mehr zu einer weitergehenden Verschuldung gezwungen.[3]

Es ist jedoch zu bezweifeln, dass diese Einkommensumverteilung zum gegenwärtigen Zeitpunkt krisenverhindernd wirken kann. Steigende Einkommen würden vermutlich zum Schuldenabbau verwendet oder gespart, da kein unmittelbarer Zwang zum konsumtiven Einsatz bestände. Solche Massnahmen könnten nur in Schwellen- und Entwicklungsländern greifen, in Industriestaaten hingegen wäre angesichts mengenmässig gesättigter Schlüsselmärkte kein Erfolg zu erwarten.

Auf der anderen Seite bedingen höhere Löhne höhere Vorfinanzierungskosten der Unternehmen und damit einen stärkeren Druck,

---

1 was jedoch angesichts der bereits bestehenden Auslandsschulden äusserst unwahrscheinlich ist; siehe Anhang 1

2 dieser wird von verschiedenen Seiten gefordert, so z.B. von Weizsäcker (1990) 17

3 so argumentiert indirekt Welzk (1988) 114

Nachschuldner zu finden, was die Lage zusätzlich erschwerte. Deshalb würde eine solche Massnahme die Krise eher beschleunigen als verhindern.

Auch die Forderung nach Zwangsmassnahmen des Staates, die Investitionen der Industrie herbeiführen sollen[1], erscheint nur bedingt erfolgversprechend. Nur wenige Grossunternehmen würden in der befürchteten Depression über ausreichend finanzielle Mittel verfügen, so dass die Klein- und Mittelunternehmen noch zusätzlich belastet würden. Ebenso wie bei staatlicher Nachfrage wären die Multiplikatoreffekte äusserst gering.

5.5 Zusammenfassung

So lässt sich abschliessend folgendes Urteil über die Möglichkeiten der Wirtschaftspolitik abgeben, wobei zwei Varianten denkbar sind:

Variante 1: Der Staat ist nicht mehr in der Lage, expansive Fiskalpolitik zu betreiben, da höhere Defizite nicht toleriert bzw. finanziert werden. Im Extremfall ist von Steuererhöhungen auszugehen, um die durch den massiven Rückgang der Wirtschaftstätigkeit ansteigenden Haushaltsdefizite zu decken. Dann verbleibt nur noch die Geldpolitik als Stabilisierungsinstrument, welches allerdings wegen der fehlenden Verschuldungsbereitschaft der Privaten wenig Erfolg verspricht. Geldvermehrung durch Aufkäufe von Sachwerten etc. bewirkt noch keine Nachfrage.

Variante 2: Die Notenbank finanziert den Staat, da dieser als einziger zur Neuverschuldung bereit ist, wobei dies allerdings wegen der bestehenden Inflationsängste wenig wahrscheinlich ist. Folge wäre eine gespaltene Konjunktur, da sich die stimulierende Wirkung auf nur wenige Bereiche beschränken würde.

---

1 erhoben von Welzk (1988) 151

Nach Auffassung des Verfassers wäre somit von einer zumindest partiellen Deflation auszugehen, auf die sich Private und Unternehmen einstellen müssen, wenn sie diese unbeschadet überstehen wollen.

5.6 **Exkurs: Es gibt keine Rezessionen mehr**

Vor Abschluss der volkswirtschaftlichen Ausführungen empfiehlt es sich, **knapp** zu neueren Überlegungen der Nationalökonomie Stellung zu nehmen, wonach unter dem Eindruck der anhaltenden Expansion der 80er Jahre auch für die Zukunft keine Rezessionen mehr erwartet werden, wofür folgende Argumente sprechen:[1]

1. Der grössere Anteil des Dienstleistungssektors an Sozialproduktерstellung und Beschäftigung wirkt stabilisierend auf den Konjunkturverlauf.
2. Zunehmende regionale Diversifikation führt dazu, dass Branchenkrisen nur geringe Auswirkungen haben (keine Problemregionen mehr).
3. Aufgrund der neuen Technologien hat die Lagerhaltung abgenommen.
4. Stabilisierende Wirkung der Geldpolitik, wobei allerdings "(...) der Einfluss des Fed als kurzfristiger Konjunkturmanager nicht überschätzt werden darf."[2]
5. Steigender Anteil der Staatsbediensteten an der Erwerbstätigenzahl sowie stabilisierende Wirkung von Arbeitslosenunterstützung und progressivem Steuersystem (fiscal stabilizers).

Diesen Argumenten lässt sich jedoch folgendes entgegenhalten:

---

1 Signer (1989) 21
2 FN 1

<u>**Ad 1.:**</u> Auch die Nachfrage nach Dienstleistungen ist teilweise einkommenselastisch, so z.B. die Neigung, auswärts zu essen.[1] Ausserdem sind die in diesen Bereichen angebotenen Stellen oft von niederer Qualität, so dass der damit verbundene Einkommensrückgang negativ auf den Gesamtkonsum wirkt.

<u>**Ad 2.:**</u> Eine grössere Diversifikation nützt nur im Hinblick auf Branchenkrisen, nicht aber bei einem allgemeinen Nachfragerückgang.

<u>**Ad 3.:**</u> Zweifelsohne führt eine abnehmende Lagerhaltung zur Verringerung konjunktureller Schwankungen (geringerer Akzeleratoreffekt). Bei einem deutlichen Rückgang des Konsums wird sich dennoch eine spürbare Konjunkturverschlechterung ergeben.

<u>**Ad 4.:**</u> Die Wirkungslosigkeit der Geldpolitik im heutigen Umfeld wurde bereits oben diskutiert. Auch historisch gesehen hatte die Geldpolitik tendenziell eine prozyklische Wirkung[2], weshalb es als verfrüht erscheint, ihre stabilisierende Wirkung als gesichert anzusehen.

<u>**Ad 5.:**</u> Angesichts der dargelegten finanziellen Lage der öffentlichen Haushalte ist es doch zum Teil mehr als fraglich, dass der Staat im Falle einer Wirtschaftsabschwächung in der Lage wäre, weiterhin alle Leistungen zu erbringen. Ausgabenkürzungen, Einstellungen von Zinszahlungen und Steuererhöhungen werden eher dazu beitragen, dass Rezessionen sich verschärfen und im äussersten Fall in die hier befürchtete deflationäre Depression umschlagen.

Der eine oder andere der genannten Faktoren wird sicherlich zu einer Konjunkturverstetigung in den letzten Jahren beigetra-

---

1 Batra (1988b) 67 geht davon aus, dass gerade der Bereich der Finanzdienstleistungen, die Fluggesellschaften, Hotels und Restaurants von einer allfälligen Krise hart getroffen werden.
2 Batra (1988a) 104ff.

gen haben. Die eigentliche Ursache für die ungewöhnlich lange Aufwärtsentwicklung in den 80er Jahren liegt m.E. jedoch in der deutlichen Verschuldungszunahme, da die Prosperität letztlich durch Kredite finanziert wurde.[1] Dieser Tatbestand erhöht allerdings auch die Krisenanfälligkeit der Gesamtwirtschaft, so dass das Ausbleiben einer Rezession seit 1982 schliesslich mit einem umso heftigeren Wirtschaftseinbruch in den 90er Jahren zu bezahlen wäre.

Bedenklich stimmt auch die offensichtliche Parallele zu den 20er Jahren, als der später so berühmt gewordene Nationalökonom John M. Keynes noch im Sommer 1928 vermerkte: "Es kommt keine Krise mehr in unserer Zeit."[2] Diese Überlegungen passen nach Auffassung des Verfassers zu gut in die Plateauphase einer Kondratieff-Welle, weshalb erst die nächsten Jahre weisen werden, inwiefern die Hoffnungen anhaltender Prosperität berechtigt sind.

---

1 "Der lange und blendende Wirtschaftsboom basiert auf einer Schulden-inflation."; Mandel/Wolf (1989) 17
2 so wiedergegeben von Somary (1956) 198

6 SCHLUSSFOLGERUNGEN AUS DEN VORANGEGANGENEN AUSFÜHRUNGEN - EIN DENKBARES SZENARIO

Offensichtlich ist die Weltwirtschaft von zwei Seiten bedroht: einerseits sind die Märkte der wichtigsten Schlüsselindustrien absolut oder relativ gesättigt, andererseits besteht eine noch nie dagewesene Verschuldung aller Wirtschaftssubjekte. Diese beiden Punkte veranlassen zur Befürchtung schwerwiegender wirtschaftlicher Störungen in der nahen Zukunft. Ähnlich wie in der grossen Depression der 30er Jahre, ist mit anhaltender Deflation, Unternehmenszusammenbrüchen und Massenarbeitslosigkeit zu rechnen. Allen vermeintlichen Verbesserungen der internationalen Zusammenarbeit zum Trotz, ist von Protektionismus und Isolationismus auszugehen. Schon heute bestehen in den USA starke protektionistische Tendenzen, die sich zweifellos noch deutlich verstärken werden. Die Möglichkeiten der Wirtschaftspolitik, steuernd einzugreifen, sind ausgesprochen gering. Hohe Defizite der Staaten auf der einen und fehlende Verschuldungsbereitschaft der Privaten auf der anderen Seite werden alle Stimulierungsversuche scheitern lassen.

Die Zins- und Inflationsspitzen von 1980 markieren den Wendepunkt der Aufwärtsentwicklung der letzten Kondratieff-Welle, und die Prosperität der Plateauphase ist Resultat einer beispiellosen Verschuldungszunahme, die über die tieferliegenden Strukturprobleme hinweggetäuscht hat. Mit Ausschöpfung der Verschuldungskapazität wird es immer schwieriger, den Umschlag in eine deflationäre Entwicklung zu verhindern. Der gemäss einer der dargestellten Theorien im kapitalistischen Wirtschaftssystem erforderliche Nachschuldner fehlt, was es den verschuldeten Wirtschaftssubjekten unmöglich macht, Vorfinanzierungskosten zu realisieren.

Welches Ereignis letztlich Auslöser der Deflationsspirale sein könnte, kann nicht gesagt werden. Möglich wäre ein Zusammenbruch der japanischen Aktienbörse oder des dortigen Immobilienmarktes, mit der Folge eines massiven Abzugs japanischer

Mittel aus den Vereinigten Staaten. Die dadurch ausgelösten Zinssteigerungen würden eine Rezession herbeiführen[1], in deren Verlauf der Versuch von Unternehmen und Privaten, sich Liquidität zu beschaffen, eine deflationäre Entwicklung, wie sie unter 3.2 beschrieben wurde, in Gang brächte. Steuererhöhungen zur Deckung ausufernder Staatsdefizite könnten darüber hinaus zu einer Krisenverschärfung beitragen.

Das Argument, wonach die erfolgreiche Notenbankpolitik nach dem Oktobercrash 1987 bewiesen habe, dass Finanzpaniken nicht mehr als Depressionsauslöser angesehen werden können, besitzt m.E. keine Gültigkeit, wie ein Vergleich mit den Massnahmen im Jahre 1929 zeigt.

Unmittelbar nach dem Crash 1929 wurde der Diskontsatz in Amerika von 6 auf 5% gesenkt, zwei Wochen später dann auf 4,5%.[2] Gleichzeitig wurden alleine in der Woche des Börsenzusammenbruchs für 160 Mio. $ Offenmarktkäufe getätigt, was zu einer Erhöhung der Geldmenge um 7% verglichen mit September beitrug. Die Margin-Anforderungen (=Anteil Eigenkapital bei Aktienkäufen) wurden gesenkt, und die Banken übernahmen alleine im Oktober, von Dritten gekündigte Kredite im Gegenwert von 1 Mrd. $.[3] Auch wurden Kursstützungsmassnahmen ergriffen, wobei

---

1 Ein solches Krisenszenario wird auch von offizieller Seite für möglich gehalten, so von einer Vizepräsidentin der Schweizer Nationalbank. Sie verweist allerdings auf die Möglichkeiten der Geldpolitik, zu inflationieren und einen Konjunkturrückgang zu verhindern; Dubois (1989) 37. Eine Argumentation, die bereits oben kritisiert wurde. Auch die These, wonach im Falle einer Rezession "(...) Nachholbedürfnisse die Voraussetzungen für einen Nachfragestoss (schaffen)", erscheint angesichts absoluter und relativer Marktsättigung als völlig illusorisch. Wenn, dann wird es **Jahre dauern**, ehe sich wieder ein derartiger Nachholbedarf gebildet hat, wie er hier angenommen wird. Siehe generell zur Bedeutung von Finanzpaniken Kindleberger (1978).

2 Curti (1987); Kindleberger (1973) 123, (1978) 173; Martin/Lüftl (1986) 338ff.

3 Kindleberger (1973) 122; an anderer Stelle ((1978) 180) vermerkt er jedoch, dass die Stützungsmassnahmen nicht ausreichend gewesen sind, weil sie zu Preisrückgängen in anderen Bereichen wie Rohwaren und Immobilien beigetragen haben.

neben privaten Grossanlegern ein Pool von Banken mit 125 Mio $ intervenierte.[1]

Diese Massnahmen ähneln sehr den im Jahre 1987 durchgeführten Stabilisierungsbemühungen[2], und es kann folglich nicht gesagt werden, dass es diese erfolgreichen Notenbankinterventionen waren, die eine Krise verhindert haben.

Der **entscheidende Unterschied** zwischen dem Crash 1929 und jenem von 1987 liegt m.E. im **nicht** erfolgten Stimmungsumschwung der Konsumenten. Hinzu kommt, dass die Bedeutung der Aktienbörse für weite Teile der Bevölkerung deutlich abgenommen hat. Wesentlich grösseren Einfluss auf das Konsumverhalten hat die **Entwicklung am Immobilienmarkt**, da Immobilien gerade in den USA die wesentliche Vermögensposition der privaten Haushalte darstellen.[3] Ein Rückgang der Immobilienpreise auf breiter Front hätte so unmittelbare Auswirkungen auf das Konsumverhalten, vor allem auch wegen der bereits bestehenden Belastung durch Hypotheken und Konsumkredite.

Bereits Ende 1989 zeigten sich bedenkliche Krisensymptome am US-Immobilienmarkt, die heftige Preisrückgänge in den 90er Jahren befürchten lassen. Teilweise fielen Immobilienpreise um 25-30%, Werte, die seit der grossen Depression nicht mehr erreicht wurden.[4]

---

1 Curti (1987) 18; Galbraith (1969) 123, der allerdings keine Zahlen nennt und eine eher geringe Intervention der Banken annimmt.

2 Auch 1987 wurde den Banken Liquidität zur Verfügung gestellt, damit sie Brokerhäusern und Börsenhändlern Kredite gewähren konnten. So gab die Federal Reserve am 20.10.1987 folgende Mitteilung an die New Yorker Banken heraus: "If anybody on Wall Street needs money quick, especially the specialists, lend it to them immediately. We will back you up with all the funding you might need."; zitiert nach Erdman (1988) 37. Eine Trendwende wurde schliesslich nur durch massive Käufe des nur 17 Werte umfassenden Major Market Index ausgelöst, der der einzige war, in dem der Handel noch funktionierte. Eine minutiöse Schilderung der Ereignisse des 19. und 20.10.1987 findet sich bei Metz (1988).

3 Celis (1989) 20, Malabre (1990) 1

4 Celis (1989) 20; siehe dort auch für eine ausführliche Darstellung der regionalen Unterschiede. Gerade auch die bereits angesprochene Sparbankenkrise wird negative Auswirkungen auf den Immobilienmarkt in den

Da sich eine Ausschöpfung der Verschuldungskapazität absehen lässt, bleibt festzuhalten, dass es in **endlicher** Zeit zu einer Wirtschaftskrise kommen kann. Ein starker Nachfragerückgang wäre zu erwarten, und es würde immer schwerer, den im System erforderlichen Nachschuldner zu finden. Ob es als Auslöser eines spektakulären Ereignisses bedarf, ist nicht eindeutig zu beantworten, da auch ein gleitender Übergang in eine Rezession mit anschliessender Überschuldungskrise denkbar wäre.

Für die Möglichkeit einer von Japan ausgelösten Finanzkrise sprechen u.a. die überdurchschnittlich hohen Kurs/Gewinn-Verhältnisse am Aktienmarkt und die Rekordpreise für Immobilien.[1] Ein Preiskollaps an Börse und/oder Immobilienmarkt hätte eine deutliche Schwächung des japanischen Bankensystems (Baukredite etc.) und er Industrie (siehe Tab. 7) zur Folge, was durchaus eine heftige Krise auslösen könnte. Auch die Ablösung von Amerika als wirtschaftlicher Führungsmacht durch Japan, die sich schon seit längerem abzeichnet, lässt wirtschaftliche Turbulenzen erwarten.[2]

Indikator für den Eintritt einer schweren Depression wird mit grosser Wahrscheinlichkeit ein deutlicher Rückgang bei den Konsumausgaben sein. Dies unterscheidet schwere Wirtschaftskrisen von "normalen" Rezessionen.

USA haben und den bereits bestehenden Preisdruck verstärken.

1 Das Deflationspotential ist demzufolge beträchtlich; Salvigsen (1988) 48. Auf die überzogene Spekulation an den japanischen Finanz- und Immobilienmärkten wird schon seit Jahren von verschiedenen Seiten hingewiesen, so auch von der BIZ (1989) 91ff., die die Kurssteigerungen als reine Spekulation ansieht, was gerade für die Anfälligkeit der Märkte spricht. Andere Quellen betonen, dass man die japanische Börse nicht mit westlichen Augen betrachten dürfe, u.a. wegen der engen Verknüpfung von Banken und Industrie, Pauli/Wright (1988) 49ff., 63ff. Allerdings gelten diese Rahmenbedingungen bereits seit Jahrzehnten, während die Kurs-Gewinn-Verhältnisse erst in den letzten Jahren derart stark angestiegen sind.

2 Burstein (1988) 268, Kindleberger (1973) 313f.

Abb. 24: Entwicklung von Aktien/Immobilienpreisen in Japan 1983 = 100[1]

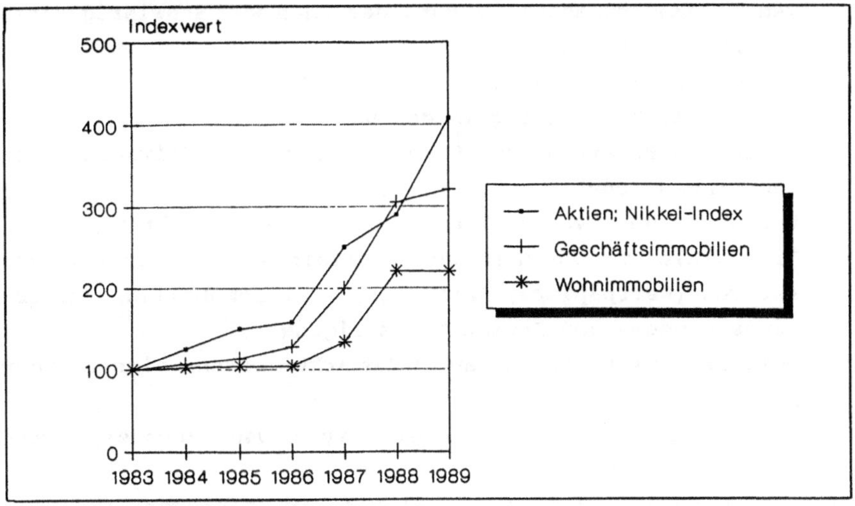

Tab.7: Gewinne der grössten japanischen Konzerne im Finanzsektor[2]

Unternehmen	Gewinne im Finanzsektor (in Mrd. Yen) *	Anteil dieser Gewinne am Gesamtergebnis in v. H.
Toyota	150	38
Matsushita Electric	109	59
Nissan	89	65
Sharp	28	73
Sony	27	63
Sanyo	22	100
Mitsubishi	21	30
Chiyoda	21	(Verlust)
Hanwa	16	60
Victor Company of Japan	16	93
Toa Nenryo Kogyo Mazda	16	70
Nippon Oil	15	54
Mitsui & Co.	14	19
Fuji Film	14	11
Ajinomoto	13	40
Sumitomo	13	25
Murata Manufacturing	12	52
Kirin	11	14
Durchschnitt (ungewichtet)		49

* Jeweils im letzten Geschäftsjahr, in der Regel 1987/88
Quelle: Wako Research Institute of Economics

1 erstellt in Anlehnung an o.V. (1989u) 60
2 entnommen aus Mandel/Wolf (1989) 186

Stichpunktartig könnte ein Ablaufszenario wie folgt aussehen:[1]

1. Schwerer Kurssturz an der japanischen Aktienbörse (z.B. wegen eines Erdbebens, Zinssteigerungen oder Schwierigkeiten am Immobilienmarkt).
2. Abzug japanischen Kapitals aus den USA
3. Deutlicher Zinsanstieg in den USA
4. Steigende Belastung von US-Unternehmen und Privaten durch den Zinsendienst
5. Versuch der verschuldeten Wirtschaftssubjekte, sich Liquidität zu beschaffen: Preissenkungen, Verkauf von Aktiven (Wertpapiere, Sachwerte, v.a. Immobilien), abnehmende Konsum- und Investitionsneigung
6. Weiterer Zinsanstieg am Bondmarkt wegen einsetzender Notverkäufe
7. Erste Unternehmenskrisen, Konkurse und Zwangsversteigerungen von Immobilien
8. Abnehmendes Vertrauen in Unternehmensschuldner; weiterer Zinsanstieg
9. Zunehmender Liquiditätsdruck der Unternehmen, Verkauf um "jeden Preis"
10. Negative Zukunftserwartungen, weniger Konsum und Investitionen, Schuldenabbau
11. Preisverfall bei Sachwerten zwingt zu Schuldenabbau; weiterer Verkaufsdruck
12. Erste Bankenkrisen werden von Staat und Zentralbankensystem aufgehalten; dennoch höhere Bargeldhaltung
13. Immer mehr Unternehmenskrisen
14. Deutlicher Anstieg der Arbeitslosigkeit; immer schlechtere Beurteilung der Zukunftsaussichten
15. Zunehmender politischer Druck für Protektionismus; Übertragung der Turbulenzen auf die übrige Welt[2]

---

1 siehe auch Anhang 2, da das Beispiel der Weltwirtschaftskrise analog für ein solches Szenario übernommen werden kann, sowie oben unter 3.2; Malik/Stelter (1990)

2 man denke nur an den Anteil der USA am Weltimport von mehr als 17%; Mandel/Wolf (1989) 105

16. Steigende Defizite des Staates wegen Steuerausfällen, höheren Sozialleistungen, akut werdenden Eventualverbindlichkeiten und steigenden Zinsen
17. Staat kürzt Zinszahlungen; Tilgungen werden ausgesetzt. Dennoch immer höhere, z.T. notenbankfinanzierte Defizite
18. Weiterer Ablauf der deflationären Spirale
19. Am Tiefpunkt der Krise: Staatsbankrott in irgendeiner Form, vermutlich Währungsreform (vorher eventuell "Inflationierung" über die Notenpresse)

Welche Auswirkungen eine solche Entwicklung schliesslich hätte, zeigt das Beispiel der Weltwirtschaftskrise.
Dabei muss an dieser Stelle nochmals betont werden, dass die deflationäre Entwicklung aufgrund des gegebenen strukturellen Umfelds (Sättigung, Verschuldung) denkbar ist und die **verschiedensten** Auslöser haben könnte. Auch ein normaler Konjunkturrückgang in den USA könnte zu einer Überschuldungskrise führen, weshalb der Ausgangspunkt der Entwicklung nicht in Japan liegen muss. Ein weiterer denkbarer Auslöser wäre auch in einem Sturz von Gorbatschow und einer gewaltsamen Niederschlagung der Reformbewegung in Osteuropa zu sehen, da sich eine solche Entwicklung negativ auf die **Stimmung** breiter Bevölkerungsschichten auswirken könnte.

Festzuhalten bleibt:

1. Es besteht eine hohe Wahrscheinlichkeit, dass es in naher Zukunft zu einer schweren Wirtschaftskrise kommt, bedingt durch Verschuldung und Marktsättigung.
2. Derartige Krisen sind zyklisch aufgetreten und hängen eng mit den langen Wellen der Konjunktur zusammen, die ihrerseits von Innovationen und neuen Industriezweigen beeinflusst werden.
3. Diese Krise würde mit grosser Wahrscheinlichkeit deflationär verlaufen, da eine vorgängige bewusste radikale Inflationierung nicht wahrscheinlich wäre.

4. Es gibt gewichtige Kritik an der Lehre der traditionellen Nationalökonomie, die zu Zweifeln an der Wirksamkeit ihrer wirtschaftspolitischen Konzepte Anlass gibt.

Für die Verantwortlichen in einer Unternehmung ist zentral, dass viele Anzeichen für eine heftige Wirtschaftskrise bestehen, die nur jene überleben könnten, die sich rechtzeitig und ausreichend darauf vorbereiten. Welches Vorgehen und welche Massnahmen dabei im Vordergrund stehen müssen, wird in den nachfolgenden Kapiteln besprochen, wobei von der Gefahr einer deflationären Depression ausgegangen wird.

7 KRISENMANAGEMENT[1] AUF EBENE DER UNTERNEHMUNG

7.1 Die Notwendigkeit der Erstellung eines Notfallplans und der vorzeitigen Ergreifung von Massnahmen

Angesichts des ausführlich geschilderten volkswirtschaftlichen Umfelds, ist eine Wirtschaftskrise im Ausmass der grossen Depression der 30er Jahre nicht auszuschliessen. Dabei würde es sich um eine für die heutigen Verantwortungsträger neue und unbekannte Situation handeln. Zwar traten schon in der jüngeren Vergangenheit partielle, branchenbezogene Krisen auf, so z.B. in der Bauwirtschaft und der Stahlindustrie. Aussergewöhnlich an der vermutlich vor uns liegenden Phase wäre jedoch,

- dass sie alle Branchen mehr oder weniger hart trifft
- dass das Preisniveau eine anhaltend sinkende Tendenz aufweist
- dass der Konjunkturrückgang ungeahnte Ausmasse annimmt
- dass der Abschwung über längere Zeit andauert
- dass die Krise sehr rasch ausbrechen kann (von einem erneuten Crash bis zum offenen Ausbruch etwa 6-10 Monate), was die **Reaktionszeit** deutlich **verkürzt.**

Vereinfacht gesagt, es käme zu einer raschen und radikalen Veränderung des Umsystems der Unternehmung.

Die Verantwortlichen haben ein bestimmtes Bild des Realitätsausschnitts[2], also ihres wirtschaftlichen Umfeldes, das von der Vergangenheit geprägt wurde und folglich nicht mehr problemadäquat wäre. Plötzlich stellte sich das für die Unternehmung relevante Teilsystem völlig anders dar, wobei die üblichen Methoden der Strukturierung, also die Sammlung von Informationen, die Bildung von Analogien und die Verwendung abstrak-

---

1 Krisenmanagement ist eine "(...) besondere Form der Führung von höchster Priorität, deren Aufgabe es ist, alle jene Prozesse der Unternehmung zu vermeiden oder zu bewältigen, die ansonsten in der Lage wären, den Fortbestand der Unternehmung substantiell zu gefährden oder sogar unmöglich zu machen."; Krystek (1987) 90; siehe ausführlich zum Begriff des Krisenmanagements: Löhneysen (1982) 39ff.

2 Dörner et al. (1983) 33

ter Strukturschemata[1], vor allem aus Zeitmangel nicht mehr erfolgreich durchzuführen wären. Die aus den bisherigen Erfahrungen eruierten Schemata "passen" nicht zur neuen, noch nie erlebten Situation. Gerät diese ausser Kontrolle, so besteht die Gefahr intellektueller Notfallreaktionen, die eine Konzentration der Individuen auf eine möglichst rasche Reaktionsfähigkeit bewirken.[2] Psychologische Experimente verweisen auf die Folgen derartiger Prozesse:[3]

1. Hypothesen über das Funktionieren des Umsystems (hier also speziell der wirtschaftlichen Situation) werden unter Verdrängung gegenteiliger Informationen möglichst lange aufrechterhalten. Dabei wäre die "(...) Bereitschaft, Hypothesen zu formulieren, diese zu prüfen und gezielter Falsifikation auszusetzen, ein wesentlicher Bestandteil erfolgreichen Krisenmanagements (...)."[4]
2. Akteure unterlassen immer mehr das notwendige kritische Hinterfragen eigener Handlungen.[5]
3. Handlungen erfolgen nicht mehr konsistent und planmässig; unzusammenhängende Einzelaktionen häufen sich.
4. Die wichtige Erfolgskontrolle ergriffener Massnahmen unterbleibt.
5. Risikobereitschaft und Verstösse gegen vorgegebene Regeln werden durch die Tendenz zum raschen Handeln gefördert.

So sind in einer komplexen und unsicheren Situation Fehlentscheide zu erwarten. Gerade die Betonung des **Dringlichen** vor dem **Wichtigen** wäre in dem radikal veränderten Umfeld einer Wirtschafts- und damit einer unmittelbar drohenden Unternehmens-

---

1 Dörner et al. (1983) 39ff.
2 Dörner (1981) 171
3 Dörner (1981) 171ff.; bei Dörner et al. (1983) findet sich eine ausführliche Darstellung des Versuchs und der erzielten Ergebnisse.
4 Reither (1979) 214
5 Erfolgreiches Krisenmanagement zeichnet sich in den psychologischen Untersuchungen gerade durch häufige kritische Selbstreflektion der Probanden aus; Reither (1979) 214

krise[1] äusserst wahrscheinlich: ""Pragmatisches" Handeln, Handeln "ad hoc", welches sich ausschliesslich an den vorhandenen Missständen orientiert, Handeln nach dem "Reparaturdienstprinzip", welches an den augenblicklich wichtig erscheinenden Missständen herumbastelt, ohne grössere Zusammenhänge zu berücksichtigen, scheint die spontane menschliche Reaktionsform auf Missstände zu sein. "Konditionales" Handeln, welches Aktionen in vielschichtiger Weise miteinander koordiniert, ist beim Handeln in Komplexität und Unbestimmtheit eher die Ausnahme als die Regel(...)."[2]

Die Wahrscheinlichkeit guter Problemlösungen sinkt unter Zeitdruck zusätzlich, wobei durchaus auch Panikreaktionen denkbar sind, letztere besonders dann, wenn das Individuum weiss, es **könnte** richtig reagieren, **stünde** genug Zeit zur Verfügung.[3]

Zeitdruck und begrenzte menschliche Informationsverarbeitungskapazität zwingen zu einer Schwerpunktbildung, die nur noch einen Teil aller möglichen Lösungsalternativen berücksichtigt. Dies bedeutet aber, dass die Gefahr falscher Handlungen wächst.[4]

Selbst wenn es dem Management gelingt, in einem derartigen Umfeld rasch und effektiv die dringendsten Probleme zu lösen,

---

1 "Eine Unternehmungskrise (...) ist ein von der betroffenen Unternehmung ungewollter, zeitlich begrenzter Prozess, durch den die Erfolgspotentiale, der Erfolg oder die Liquidität der Unternehmung ernsthaft bedroht werden, so dass die Existenz der gesamten Unternehmung gefährdet ist."; Müller (1982) 1; siehe zum Begriff der Unternehmungskrise auch Löhneysen (1982) 53ff. und Krystek (1987) 3ff. Da aber trotz aller vorgängig ergriffenen Massnahmen eine Unternehmungskrise in Form einer Erfolgskrise (Gewinnzielunterschreitung, eventuell Verlust) im Zuge einer deflationären Depression nicht ausgeschlossen werden kann, liegt das eigentliche Ziel des betrieblichen Krisenmanagements in der Verhinderung einer "Katastrophe" (Krystek (1987) 9), also des Untergangs der Unternehmung. Eine knappe Analyse von allgemeinen Krisenursachen findet sich bei Argenti (1976) 121ff. und bei Turnheim (1988) 25ff.

2 Dörner et al. (1983) 53f.

3 Dörner et al (1983) 93

4 Auch Müller (1982) 10 und Krystek (1987) 111f. verweisen auf die Gefahren improvisierten Vorgehens.

so wird es sich wahrscheinlich um einen anhaltenden Prozess des "muddling through" handeln. Die Gefahr einer andauernden Folge von Feuerwehrmassnahmen steigt auch gerade deshalb, weil man das wahre Ausmass der deflationären Krise zu spät erkennen würde. Wie in den 30er Jahren würde ein erneuter Aufschwung für die unmittelbare Zukunft erwartet, der dann aber erst nach Jahren wirklich eintritt.

Wären die ad hoc ergriffenen Massnahmen richtig und erfolgreich, was, wie gesagt, angesichts der psychologischen Erkenntnisse über menschliches Verhalten in komplexen und unbestimmten Situationen äusserst zweifelhaft ist, so wäre damit nur die **operative** Seite des Krisenmanagements abgedeckt. Ziel muss es jedoch sein, auch und gerade in Zeiten der Krise **strategisch** zu denken[1], was zwei Gründe hat:

1. Die zu ergreifenden operativen (Sofort-) Massnahmen dürfen die langfristige Entwicklung der Unternehmung nicht gefährden.
2. Die Krise ist als eine ausserordentliche Chance[2] anzusehen, die eigene Wettbewerbsposition nachhaltig zu stärken und die Ausgangslage für den nächsten Aufschwung zu verbessern.

Dies verlangt aber eine gründliche Evaluierung und Selektion von Massnahmen, wie sie unter Zeitdruck, bei rein **reaktiven** Verhaltensformen nicht mehr möglich wäre.

Ziel der Geschäftsleitung muss folglich sein, durch aktives Handeln **vor** Krisenausbruch die eigene Position **im** Krisenverlauf zu stärken. Dazu ist ein aktives, präventives Krisenmanagement erforderlich.

---

1 siehe dazu Gälweiler (1987) 67ff.; auch Krummenacher (1981) 2, 96f. verweist auf die langfristigen Wirkungen des Krisenmanagements; ebenso Bechtler (1986) 10

2 dies gilt generell für alle Krisensituationen; Müller (1982) 257ff., Ansoff (1976) 134, Löhneysen (1982) 334, Krieg (1978) 533, Krummenacher (1981) 34, Krystek (1989) 31, Silver (1988) 25f.

Unter präventivem Krisenmanagement sollen in diesem Zusammenhang all jene Massnahmen verstanden werden, die

- die Sicherung der Überlebensfähigkeit und

- die Verbesserung der Wettbewerbsposition

einer Unternehmung im Verlauf einer deflationären Depression zum Ziel haben, unabhängig davon, welcher Art diese Massnahmen sind und zu welchem Zeitpunkt sie ergriffen werden.[1]

Den Kern bildet dabei die Ausarbeitung eines Notfallplans.[2] Wesentlicher Vorteil dieses Vorgehens ist die Möglichkeit, sich **ohne** Zeitdruck in die gänzlich andere Situation allgemeinen drastischen wirtschaftlichen Niedergangs zu versetzen, also die Strukturierung des veränderten zukünftigen Umsystems bereits im heutigen Zeitpunkt vorzunehmen bzw. die Auswirkungen der zu erwartenden Umweltbedingungen auf die Unternehmung zu simulieren, etwa mit Hilfe der Szenariotechnik.[3] Dabei steht die Vermeidung einer Unternehmenskrise trotz deflationärer Depression im Vordergrund.

---

1 In der Literatur finden sich die verschiedensten Begriffe des Krisenmanagements. Die hier vorgenommene Definition erfolgt in Anlehnung an die Begriffsumschreibungen von Röthig (1976) 14 und Krystek (1987) 29ff., 106f. Die von letzterem angeregte Unterteilung in antizipatives (bei potentiellen Unternehmenskrisen) und präventives (bei latenten Unternehmenskrisen) Krisenmanagement erscheint für die vorliegende Arbeit jedoch als wenig praktikabel, da eine eindeutige Abgrenzung in diesem Sinne nicht erfolgen kann. Einerseits handelt es sich um antizipative Massnahmen der Krisenvermeidung (Alternativplanung), andererseits sind der Konkretisierungsgrad der Massnahmen und die Wahrscheinlichkeit einer Wirtschafts- und damit einer Unternehmungskrise derart hoch, dass es sich eher um präventives Verhalten handelt, obwohl die Unternehmung heute noch absolut gesund ist. Für eine "populäre" Darstellung betrieblichen Krisenmanagements siehe Silver (1988) 32ff.

2 Dabei handelt es sich um ein in der BWL bisher vernachlässigtes Randgebiet; Krystek (1987) 131. Ziel ist dabei die Vermeidung jener Situationen, "(...) in denen einer Unternehmungsleitung als Folge ungeplanten Handelns leicht Entscheidungsfehler unterlaufen können."; Dunst (1979) 147. Einerseits werden diese Planungen als Bestandteil der regulären Unternehmungsplanung gesehen, so von Röthig (1976) 15, andererseits wird ihr Nutzen wegen fehlender Vorstellungskraft und Motivation der Planenden in Frage gestellt; Krummenacher (1981) 99. Letzteres sollte bei einer Krise mit derart hohem Wirkungspotential wie einer Deflation jedoch nicht der Fall sein. Generell lässt sich mit Silver (1988) 8 sagen, dass "(...) no business ever failed because it was overprepared."

3 zur Szenariotechnik sei auf die Literatur verwiesen.

Ein weiterer gewichtiger Grund für die frühzeitige Auseinandersetzung mit den betriebswirtschaftlichen Konsequenzen einer umfassenden Wirtschaftskrise ist die Notwendigkeit, einige Massnahmen, wie z.B. Änderung der Finanzierung und Anpassung der Kostenstruktur, **bereits heute zu ergreifen**, da diese nach Krisenausbruch nur noch schwerlich durchgeführt werden könnten.[1] Wie unten noch deutlich wird, stellen risikoüberwälzende Massnahmen einen gewichtigen Teil der unternehmerischen Krisenvermeidung dar. Eine solche Risikoüberwälzung auf Dritte ist naturgemäss nur solange möglich, wie diese die Risiken nicht erkennen oder aber als tragbar erachten. Auch die **juristischen Probleme**, vor allem im Steuer- und Arbeitsrecht (Kündigungsschutz), erfordern eine vorgängige gründliche Prüfung aller Massnahmen.

Für die Notwendigkeit der Erarbeitung eines Notfallplans sprechen **zusammengefasst** also folgende Punkte:

1. Kurze Reaktionszeit zwischen offenem Krisenausbruch (auch bei fliessendem Übergang von Rezession in Depression ohne erneuten Crash) und Auswirkungen auf die Unternehmung
2. Psychologisch bedingte Gefahr falscher Reaktionen in diesem komplexen und unsicheren Umfeld
3. Die zielgerichtete Evaluierung von Massnahmen, besonders auch zur Nutzung von Chancen, muss in Ruhe vorgenommen werden.

Zugleich ist die Ergreifung konkreter Massnahmen bereits zum gegenwärtigen Zeitpunkt möglich und **notwendig**, um das Unternehmen auf die veränderte Wirtschaftslage vorzubereiten.

---

1 Dies ist bei den meisten Notfall- bzw. Alternativplänen nötig; Clay (1971) 71, siehe dort auch für weitere Einsatzgebiete derartiger Planungen. Zur Einordnung der Notfallplanung in ein ganzheitliches Konzept der unternehmerischen Risikobewältigung, siehe Krieg (1978) 534, 536. M.E. tragen gerade Notfallpläne entgegen der Auffassung von Müller (1982) 123, zu einem sorgfältigen und fundierten Vorgehen bei, eben weil sie **rasche und zielgerichtete** Handlungen ermöglichen.

7.2 Vorgehensweise bei der Ableitung betriebswirtschaftlicher Massnahmen

Ist die Notwendigkeit von Notfallplanung und Sofortmassnahmen erkannt, so stellt sich die Frage nach dem zweckmässigsten Vorgehen bei deren Herleitung (Abb. 25).[1]

Nachdem das Szenario einer tiefgreifenden Wirtschaftskrise verdeutlicht wurde, ist in einem ersten Schritt die Analyse des Gesamtunternehmens und der einzelnen Geschäftsbereiche vorzunehmen. Anschliessend hat eine Simulation der Auswirkungen auf die Umsatzentwicklung der einzelnen Sparten zu erfolgen.

In Anhang 2 findet sich eine Übersicht über die mengen- und wertmässige Produktionsveränderung ausgewählter Waren in der grossen Depression. Abgesehen von seltenen Ausnahmen haben fast alle Bereiche mehr oder weniger starke Verluste hinnehmen müssen. Bei der Mehrzahl ist ein Rückgang des Produktionswerts um etwa 30% festzustellen, bei einigen 50% und in Extremfällen 70% und mehr. Nimmt man vereinfachend an, dass die Rückgänge des Produktionswerts der erstellten Waren den Umsatzrückgängen entsprechen, so lassen sich für Simulationszwecke drei Szenarien erstellen.[2] Alleine schon das Durchdenken der Auswirkungen solcher Umsatzrückgänge auf die jeweiligen Geschäftsbereiche und das Gesamtunternehmen wird die Notwendigkeit von Massnahmen in einzelnen Bereichen aufzeigen. In jedem der drei Szenarien werden verschiedene Strategien notwendig sein, um die Umsatzeinbrüche zu bewältigen. Auf mögliche konkrete Massnahmen wird unten eingegangen.

---

1 Die Darstellung der Ableitung von Alternativplan und Massnahmen erfolgt in Anlehnung an die entsprechende Literatur, so Krystek (1987) 133ff., Clay (1971) 72f., Müller (1982) 48ff. Im Kern ähnelt das Vorgehen dem üblichen Planungsprozess.

2 Auch ohne tiefgreifende Weltwirtschaftskrise sind solche Umsatzeinbrüche denkbar. So wurde unter dem Eindruck der Ölkrise 1973/74 die Ausarbeitung von Krisenplänen gefordert: "Die hypothetische Vorgabe, dass der Umsatz innerhalb eines Jahres für unbestimmte Zeit auf 40% zurückgeht, (...) ist daher heute nicht mehr so unrealistisch."; Hammer (1974) 176.

Abb. 25: Krisenmanagement auf Unternehmensebene

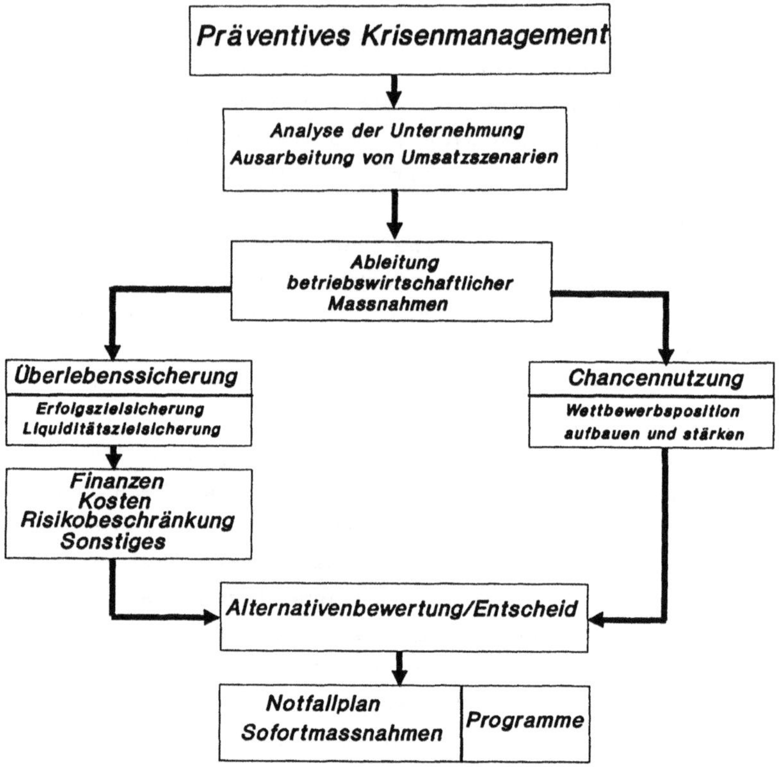

Ausgangspunkt sollte die Annahme eines 30%igen Umsatzrückgangs innerhalb von 6 bis 12 Monaten bilden. Zusätzlich sind dann weitere Umsatzeinbussen anzunehmen, mit den dann zu ergreifenden Massnahmenpaketen, so dass sich eine Liste von Handlungsanweisungen ergibt, die je nach tatsächlichem Krisenausmass umgesetzt werden können (siehe dazu ausführlich unter 8.).

Ist die Frage der Überlebenssicherung der Unternehmung soweit geklärt, gilt es, die sich bietenden Chancen zu evaluieren und Strategien zu deren Nutzung auszuarbeiten. Dabei ist immer auch auf die Vorbereitung derartiger Aktionen zu achten, wie z.B. den frühzeitigen Aufbau ausreichender Liquiditätspolster, um im gewünschten Zeitpunkt auch handlungsfähig zu sein.

Sind die denkbaren Handlungsalternativen zusammengestellt, so hat eine Bewertung und Auswahl zu erfolgen, wobei die üblichen betriebswirtschaftlichen Methoden der Alternativenbewertung zur Anwendung gelangen. Neben dem Grad der Zielerfüllung (also Überlebenssicherung und Chancenwahrung) und der Berücksichtigung langfristiger und strategischer Wirkungen stellen beispielsweise die übrigen Unternehmensziele und die Vereinbarkeit mit den Wertvorstellungen des Managements weitere denkbare Kriterien dar.

Die verbleibenden Massnahmen sind in einem weiteren Schritt noch in zeitlicher Hinsicht in umgehend zu ergreifende Massnahmen sowie in die Bestandteile der Notfallplanung zu differenzieren, so dass sich folgende vier Gruppen ergeben:

Tab. 8: Zeitliche Differenzierung der Massnahmen des präventiven Krisenmanagements

Zeitpunkt	Ziel der Massnahme	
	Überlebenssicherung	Chancennutzung
Vor Ausbruch der Wirtschaftskrise	Liquidität, Finanzen, org. Umgestaltung; abhängig von gegenwärtiger Lage des Unternehmens.	Ressourcen, Potentiale zur Chancennutzung aufbauen.
Nach Ausbruch der Wirtschaftskrise	Ausführung der im Notfallplan festgelegten Massnahmen, in Abhängigkeit von der tatsächlichen Entwicklung und den sich bietenden Chancen.	

Zweckmässigerweise wird eine Zusammenfassung zu Programmen erfolgen, die sich an den Zielen des Krisenmanagements und an der organisatorischen Abgrenzbarkeit der einzelnen Geschäftsbereiche des Unternehmens orientiert. Der Vorteil einer derartigen Bündelung von Massnahmen liegt darin, dass sie unabhängig voneinander durchgeführt werden können.[1]

7.3 **Zur Anwendbarkeit von Frühwarnsystemen**[2]

Wünschbar wäre die Entwicklung eines **Frühwarnsystems**, welches rechtzeitig auf die nahende Depression aufmerksam macht und Massnahmen auslöst. Grundvoraussetzung für den Einsatz eines solchen Systems ist das Vorhandensein **eindeutiger** Krisenindikatoren.[3] Gerade diese lassen sich jedoch nicht feststellen. Theoretisch sind grundsätzlich zwei verschiedene Krisenabläufe denkbar:

---

1 Müller (1982) 77, 123
2 Einen sehr guten Überblick über die Einsatzmöglichkeiten verschiedener Frühwarnsystem-Konzepte im Krisenmanagement gibt Löhneysen (1982) 145ff. Voraussetzungen für den Einsatz von Frühwarnsystemen nennt Rieser (1980) 71ff.
3 Rieser (1980) 85ff. verlangt eine prognostische Gültigkeit der Indikatoren, die v.a. interpretierbar sein müssen.

1. Ein erneuter Börsencrash führt zu einem Zusammenbruch des Finanzsystems und bildet so den Ausgangspunkt der deflationären Entwicklung.[1]
2. Es kommt im Verlauf einer Rezession zu einem verschuldungsbedingten fliessenden Übergang in eine Depression (erste Unternehmenszusammenbrüche, Vertrauenskrisen etc.)

Problematisch ist nun, dass selbst ein erneuter Crash nicht zwangsläufig in eine Depression führen muss. Zwar steigt die Wahrscheinlichkeit einer deflationären Entwicklung mit zunehmenden Verschuldungsgrad, und die beschränkte Verschuldungskapazität der Wirtschaftssubjekte lässt eine Anpassungskrise erwarten. Dennoch ist der Zeitpunkt nicht eindeutig prognostizierbar. So ist es durchaus möglich, dass sich mehrere Kursstürze ereignen, ehe die Deflation ausgelöst wird. Selbst wenn man in der Lage ist (oder zu sein glaubt), anhand charttechnischer Analysen Turbulenzen an den Finanzmärkten vorherzusagen, so ist dies offensichtlich nicht als verlässlicher Krisenindikator zu werten. Wiederholt sich die Entwicklung der Jahre 1988/89, so verpasst eine zu rasch agierende Unternehmung wertvolle Marktchancen.

Ähnlich stellt sich die Lage im Falle eines gleitenden Übergangs von einer Rezession in eine Depression dar. Nicht jede konjunkturelle Abkühlung muss sich zwangsläufig in eine Überschuldungskrise ausweiten, wobei - wie gesagt - die Wahrscheinlichkeit mit dem Verschuldungsgrad wächst. Selbst die Konsumausgaben, die von entscheidender Bedeutung im Zuge des Krisenausbruchs wären, sind **kein** zuverlässiger Krisenindikator. Auch dies bestätigen die Ereignisse des Jahres 1987. Damals kam es umgehend nach dem Crash zu deutlichen Einbrüchen bei den Konsumausgaben, die dann aber rasch wieder überwunden wurden.[2]

---

1 Vermutlich wird die Börse jedoch der wirtschaftlichen Entwicklung nachfolgen. So deutete sich bereits im Sommer 1929 die konjunkturelle Abschwächung an (v.a. bei der Automobilproduktion), während es bekanntlich erst im Oktober zum Börsenkrach gekommen ist; Kindleberger (1973) 119ff.

2 Wessel/Stout (1989) 1

Wir können also festhalten, dass es nicht möglich ist, den Ausbruch der deflationären Depression mit Hilfe von Frühwarnsystemen eindeutig zu prognostizieren.[1] Zu gross ist auch die Bedeutung von massenpsychologischen Effekten, was zusätzlich die Prognostizierbarkeit einschränkt.

So bleibt nur die intensive, aufmerksame Überwachung der konjunkturellen Entwicklung, wie sie ohnehin in jedem Unternehmen zu erfolgen hat. Das bereits implementierte Frühwarnsystem sollte Konjunkturrückgänge anzeigen, wobei eventuell angesichts des fragilen wirtschaftlichen Umfelds schneller als in anderen Abschwüngen reagiert werden muss (z.B. kritische Überwachung der Lagerbestände). Dabei wäre jedoch neben den bereits erfassten Indikatoren (Auftragseingang, Geschäftsklima, Konsumentenstimmung etc.) auf die Entwicklung der Verschuldung und vor allem der Neuverschuldung zu achten. Liegt letztere unter jenem Betrag, der an Zinszahlungen auf der Altschuld zu leisten ist, so ist dies als ein ernstes Alarmzeichen zu werten (s.o. unter 4.2.2).

Die bereits heute zu ergreifenden Massnahmen müssten den Fortbestand der Unternehmung auch dann sicherstellen, wenn es zu einer "overnight depression" kommen sollte. Umsatzrückgänge von 30% innert 6 Monaten sollten problemlos zu bewältigen sein. Nach etwa 6-9 Monaten würde die Krise dann vermutlich offensichtlich, was dann die sukzessive Umsetzung der im Notfallplan festgelegten Massnahmen (-bündel) auslöst.

---

1 Nicht einmal das Konzept der "weak signals" von Ansoff (1976) ist in diesem Zusammenhang anwendbar. Im Prinzip hat eine Unternehmung die "schwachen Signale" (Verschuldung, Sättigung) bereits erkannt, wenn sie sich mit der Frage eines Frühwarnsystems für deflationäre Depressionen befasst. So gesehen kann die vorliegende Arbeit zu diesen Signalen gezählt werden.

7.4 Die Organisation des Krisenmanagements[1]

Die Sicherung der Überlebensfähigkeit einer Unternehmung gehört zu den ureigensten Aufgaben der obersten Geschäftsführungsstufe.[2] Nur eine Gruppe von Führungskräften mit Überblick über die Gesamtunternehmung ist in der Lage, die im Hinblick auf eine potentielle Wirtschaftskrise erforderlichen Massnahmen abzuleiten und umzusetzen. Für eine solche Vorgehensweise spricht auch die Tatsache, dass es sich um eine externe Bedrohung handelt, die nicht von den derzeitigen Verantwortungsträgern verursacht wurde[3], sowie Geheimhaltungserwägungen. Die zu beschliessenden Massnahmen eigenen sich nicht zur öffentlichen Bekanntmachung.

Für die konkrete organisatorische Ausgestaltung sind verschiedenste Möglichkeiten denkbar. In Klein- und Mittelunternehmen wird sich naturgemäss die oberste Geschäftsleitung oder der Einzelunternehmer, eventuell unter Hinzuziehung von Finanz- und Produktionsspezialisten, um die Ausarbeitung der Notfallplanung kümmern. In Grossunternehmen ist die Bildung von Ausschüssen, auch Kollegien genannt, vermutlich am zweckmässigsten.[4] Die von solchen Ausschüssen erarbeiteten Massnahmenkataloge sind dann von der Geschäftsleitung zu genehmigen. Auch hier ist die Teilnahme von internen Fachleuten unter Umständen sinnvoll. Entscheidend bei der Auswahl der Träger des Krisenmanagements ist neben deren Fähigkeiten und Wissen vor allem die Bereitschaft, sich mit einem solchen ungewöhnlichen Extremszenario auseinanderzusetzen.

---

1 siehe generell zu organisatorischen Fragen im Bezug auf Krisenmanagement: Müller (1982), Krystek (1980)

2 Drucker (1980) 9, Gälweiler (1987) 163, Krystek (1980) 65, (1987) 121

3 Es lässt sich auch argumentieren, dass selbst konjunkturell bedingte Unternehmungskrisen endogene Ursachen haben, weil es die Geschäftsleitung versäumt hat, rechtzeitig für einen solchen Fall Vorsorge zu treffen, und die Unternehmung ohnehin schon geschwächt ist; siehe dazu Krystek (1987) 61f. Bei einer deflationären Depression handelt es sich jedoch um eine derart ungewohnte Situation, dass eine dadurch ausgelöste Unternehmungskrise dennoch als exogen bedingt angesehen werden kann.

4 Müller (1982) 171ff., Krystek (1987) 210

Externe Berater können in allen Stufen des Prozesses des präventiven Krisenmanagements beigezogen werden, wobei der Schwerpunkt der Beratung auf der Verdeutlichung der Umweltfaktoren und der Auswahl von konkreten Massnahmen liegen wird. Die Berater können hier m.E. einen wertvollen Beitrag leisten, besonders auch auf dem Gebiet der Kostensenkung und -flexibilisierung sowie bei der Analyse des Unternehmens aus strategischer Sicht.[1]

Nichtsdestotrotz ist v.a. die Unternehmensleitung dazu prädestiniert, Strategien und Massnahmenpakete zu entwickeln, da sie am besten mit der Unternehmung, der jeweiligen Branche, der Konkurrenz- und der Marktsituation vertraut sein sollte.

Nach dem offenen Ausbruch der Wirtschaftskrise, wenn es also um die Durchsetzung der im Notfallplan festgelegten Massnahmen geht, stellt sich ebenfalls die Frage nach der organisatorischen Gestaltung. M.E. ist nicht unbedingt eine Umorganisation vorzunehmen. Eventuell wird sich die Übertragung der Entscheidungsgewalt auf die Mitglieder des Kollegiums, die sich bereits vorgängig intensiv mit dieser Situation befasst haben, als zweckmässig erweisen.[2]

Gegen eine Veränderung der Führungsstrukturen spricht die Tatsache, dass diese schnell zu Unsicherheit und Verwirrung unter den Mitarbeitern führen kann, wobei die Gefahr kontrapro-

---

1 Da es sich aber auch für die Beratungsunternehmen um eine neue Situation handelt, werden sie vermutlich nur zur Lösung spezieller Teilprobleme (z.B. Kostensenkung) beigezogen werden können. Lediglich vom Management Zentrum St. Gallen (MZSG) ist dem Verfasser bekannt, dass alle Stufen einer Deflationsberatung durchgeführt werden. Generell zur Rolle des Beraters im Krisenmanagement: Müller (1982) 111ff.

2 Dies entspräche der Forderung von Drucker (1980) 48, der in turbulenten Zeiten eine Straffung und Flexibilisierung der Unternehmensorganisation verlangt, damit diese anpassungsfähig ist und auf Chancen rasch reagieren kann. Letztlich handelt sich dabei um eine generelle Anforderung an die Unternehmensführung in heutiger Zeit, die unabhängig von potentiellen Wirtschaftskrisen bereits verwirklicht sein sollte. Hier geht es lediglich um die Frage darüber hinausgehender Veränderungen im Führungsbereich.

duktiver Wirkungen nicht zu unterschätzen ist. Nachdem die bereits ergriffenen Vorsichtsmassnahmen und die Notfallplanung eine Unternehmenskrise ausschliessen sollten, besteht keine Notwendigkeit radikaler Veränderungen im Führungsbereich. Die erforderlichen Massnahmen sollten von der bestehenden Führungsmannschaft umgesetzt werden.[1]

Erst dann, wenn sich eine akute Bedrohung der Unternehmung abzeichnet, sind eventuell Veränderungen in diesem Bereich vorzunehmen. Wird eine organisatorische Umgestaltung oder eine vermehrte Entscheidungszentralisation verwirklicht, so hat zumeist eine entsprechende Anpassung der Kommunikationsregeln zu erfolgen.[2]

Hinsichtlich der Kommunikation mit Mitarbeitern und Aussenstehenden ist wiederum in zeitlicher Hinsicht zu differenzieren. Die Inhalte des Notfallplans eignen sich nicht zur allgemeinen Bekanntmachung, während bei der Umsetzung der Sofortmassnahmen und des Alternativplans m.E. ein hohes Mass an Informationen zugänglich gemacht werden sollte. Nur so kann eine weitgehende Akzeptanz für die zu ergreifenden Massnahmen erreicht werden.[3] Bereits im Planungsstadium sind deshalb folgende Punkte zu bestimmen:[4]

- Zeitpunkt und Häufigkeit der Informierung der Betroffenen
- Gegenstand und Umfang der Informierung
- Ausmass der Informationsrückkoppelung
- Medium der Informierung
- Hauptansprechpartner der Unternehmenführung (Betriebsrat, Gewerkschaften etc.)
- Grundtendenz der Informierung (nüchtern/sachlich oder Zweckoptimismus).

---

1 Auch Hammer (1974) 175 fordert in Krisenzeiten eine weitgehende Kontinuität im Führungsbereich.
2 Müller (1982) 139ff.
3 gleicher Ansicht: Hammer (1974) 176f., Krummenacher (1981) 98, Töpfer (1985) 81f., Bechtler (1986) 8
4 Müller (1982) 143f.

Der **Führungsstil**[1] ist m.E. nicht zu ändern. Dies gilt ebenso für die Planungsphase und die Durchführung von (vorgängigen) Sofortmassnahmen wie auch für die Führung nach Ausbruch der Wirtschaftskrise. Selbst im Falle einer akuten Bedrohung der Unternehmung erscheint eine tendenziell autoritärere Führungsform als nicht unbedingt erforderlich, auch wenn sie von vielen Seiten angeregt wird.[2] Die Wirkungen auf das Betriebsklima könnten zu einer negativen Beeinflussung der Fähigkeit zur Krisenbewältigung führen. Hat man bereits eine ausreichende Notfallplanung und Vorbereitung der Unternehmung vorgenommen, so besteht keine Notwendigkeit, von kooperativen Führungsformen abzuweichen. Hier liegt bereits ein wesentlicher Vorteil vorbereiteter Unternehmen gegenüber jenen, die von der deflationären Depression überrascht werden.

7.5 Zusammenfassung

1. Psychologische Erkenntnisse über menschliches Verhalten in komplexen und unbekannten Situationen und die Notwendigkeit strategischen und chancennutzenden Verhaltens gerade auch in einer Depression, begründen die Forderung nach vorbereitenden Massnahmen auf Unternehmensebene.
2. Ziele des präventiven Krisenmanagements sind die Sicherung des Überlebens und die Wahrnehmung von Chancen.
3. Die mangelhafte prognostische Gültigkeit der denkbaren Krisenindikatoren verunmöglicht die Installierung eines wirksamen Frühwarnsystems. Die Unternehmung sollte deshalb Umsatzrückgänge von 30% innert 6 Monaten verkraften können.
4. Träger des präventiven Krisenmanagements ist die oberste Geschäftsführungsstufe bzw. von ihr eingesetzte Gremien.

---

1 siehe generell zu Fragen der Führung in Krisen: Krystek (1987) 244ff., (1989) 30ff.; zum Begriff des Führungsstils: Bleicher (1980) Sp. 732f.

2 so von Bleicher (1980) Sp. 740; siehe dazu auch Müller (1982) 136ff., dessen Untersuchungen eine Tendenz zu autoritäreren Führungsformen in der Praxis im Zuge der Krisenbewältigung aufzeigen, sowie Krystek (1989). Töpfer (1985) 81f. plädiert für einen kooperativ-partizipativen Führungsstil, um so Motivation und Engagement bei der Krisenbewältigung zu stärken.

5. Vorbereitete Unternehmen können auf Änderungen von Führungsstil und -strukturen verzichten, was bereits einen wesentlichen Vorteil gegenüber jenen Unternehmen darstellt, die unvorbereitet von der krisenhaften Entwicklung überrascht werden.

8 ANALYSE DER UNTERNEHMUNG IM HINBLICK AUF EINE DEFLATIONÄRE DEPRESSION

8.1 Zielsetzung und Vorgehen

In einem ersten Schritt gilt es, die heutige Ausgangslage einer Unternehmung im Hinblick auf eine potentielle Wirtschaftskrise zu analysieren. Ziel ist dabei die Beurteilung der Überlebensfähigkeit der einzelnen Teilbereiche und der Gesamtunternehmung. Dazu empfiehlt sich ein Vorgehen, das sich eng am Konzept des Portfolio-Managements[1] orientiert.

Basis bilden dabei die einzelnen Geschäftsgebiete einer Unternehmung, die unabhängig voneinander betrachtet und beurteilt werden. Für jeden Bereich werden Umsatzrückgänge angenommen, und die sich unter solchen Umständen ergebende Ertragslage wird berechnet. Ergebnis ist eine Aufstellung, die Aufschluss darüber gibt, welche Unternehmensteile auch unter ungünstigen wirtschaftlichen Rahmenbedingungen einen Überschuss erwirtschaften (positiver Netto-Cash Flow)[2] und welche umgekehrt die potentiellen Hauptverlustquellen mit "Netto-Cash Drain" sind. Während erstere keine weiteren Probleme aufwerfen, sind letztere eingehend zu untersuchen, mit dem Ziel der Ableitung adäquater Massnahmen, die dazu beitragen sollen, dass diese Teilbereiche keine Gefährdung des Gesamtunternehmens darstellen.

Bei dieser Analyse stellt sich auch immer die Frage nach

---

1 siehe generell zum Portfolio-Management: Abell/Hammond (1979) 173ff., 373ff., Dunst (1979), Hinterhuber (1984) 95ff.; das Vorgehen entspricht dem ursprünglichen Gedanken des Portfolio-Managements, bei dem die Abschätzung von Mittelbedarf und Mittelzufluss der einzelnen Geschäftsbereiche im Zentrum des Interesses stand; Gälweiler (1987) 79f., Kreilkamp (1987) 42ff.

2 Unter dem Cash Flow wird die Differenz aus liquiditätswirksamem Ertrag und liquiditätswirksamem Aufwand verstanden; siehe dazu Weilenmann (1980) 6ff.; beim Netto-Cash-Flow werden die für den Erhalt des betreffenden Unternehmensteils notwendigen Investitionen berücksichtigt (produktbezogene Ausgaben); Kreilkamp (1987) 134, Gälweiler (1987) 182, der auch von "Mittelfluss-Saldo" spricht.

jenen Geschäftszweigen, die zukünftige Erfolgspotentiale[1] darstellen und trotz der massiven Verluste im Verlauf eine Depression beibehalten oder gar ausgebaut werden sollen. Letzteres besonders auch deshalb, weil die Depression vielfältige Möglichkeiten bietet, die eigene Wettbewerbsposition durch Marktanteilserhöhungen zu stärken. Dies ist aber nur dann möglich, wenn eine Unternehmung in der Lage ist, die Expansion finanziell zu verkraften. Deshalb muss dieser Analyseteil Auskunft über den vermutlichen Mittelbedarf, (eliminierbare) Verlustquellen und krisenresistente "Stützen" geben, was es ermöglicht, eine Strategie für das optimale Verhalten im Hinblick auf eine Krise zu entwickeln.

8.2 Aufspaltung der Unternehmung in einzelne Strategische Geschäftseinheiten[2]

Ausgangspunkt der Analyse bilden die einzelnen Geschäftsbereiche der Unternehmung, da diese sehr unterschiedlich von einer potentiellen Wirtschaftskrise betroffen werden, je nach Produkt, Markt und Marktstellung.

"Als Strategisches Geschäftsfeld wird (...) der Bereich eines Unternehmens definiert, der einen abgegrenzten Markt mit einer homogenen Produktgruppe versorgt, durch einen einheitlichen Kreis von Wettbewerbern gekennzeichnet ist und über eine eigene, hinreichend zuverlässige Rechnungslegung verfügt."[3]

---

1 "Unter einem Erfolgspotential wird (...) ein unternehmerisches Aktivitätsfeld verstanden, das es aufgrund der von der Unternehmung aufgebauten Positionen erlaubt, langfristig überdurchschnittliche Erträge zu erzielen."; Pümpin (1980) 8; meist handelt es sich dabei um Produkte und Märkte; Gälweiler (1987) 26

2 Die Begriffe Geschäftsbereich, Strategische Geschäftseinheit (SGE) und Strategische Geschäftsfelder (SGF) werden synonym verwendet.

3 Kreilkamp (1987) 370; für weitere Definitionen/Diskussionen des Begriffs der Strategischen Geschäftseinheit, siehe Kreilkamp (1987) 316ff., Dunst (1979) 56ff., Gälweiler (1987) 276f., Hinterhuber (1984) 267ff., Buzzell/Gale (1987) 32, Pümpin (1980) 33, Venohr (1988) 62ff.

In der Literatur werden zumeist die nachfolgenden Kriterien zur Bestimmung von SGE genannt:[1]

1. Eigenständige Marktaufgabe
   - eindeutig definierbares und andauerndes Kundenproblem
   - unternehmensexterner Markt mit abgrenzbaren Abnehmerkreisen
2. Selbständige Managebarkeit und strategische Unabhängigkeit
   - Unabhängigkeit von anderen SGE
   - eigenständige Strategieentwicklung
3. Erreichbarkeit relativer Wettbewerbsvorteile
   - Realisierung von Erfahrungskurven- und Synergieeffekten
   - gleiche Haupterfolgsfaktoren
   - gemeinsame Eintrittsbarrieren der Segmente der SGE
   - eigenständige, identifizierbare Konkurrenzsituation

Dies bedeutet letztlich, dass eine so definierte SGE auch als selbständige Unternehmung geführt werden könnte.[2]
Für den hier interessierenden Zusammenhang ist es von besonderer Bedeutung, dass der Beitrag einer jeden SGE zum Cash Flow sowie zum Unternehmenserfolg errechnet werden kann. Nur so ist es möglich, die Auswirkungen einer Wirtschaftskrise wie jener der 30er Jahre auf die einzelnen Unternehmensteile und damit auf das Gesamtunternehmen abzuschätzen.

8.3 Simulation der Umsatzeinbrüche

8.3.1 Ausmass der zu simulierenden Umsatzeinbrüche

8.3.1.1 Die Erfahrungen der 30er Jahre

Wie bereits oben erwähnt, wurden praktisch alle Industriezweige von der Depression getroffen, was Rückgänge im Produktionswert der erstellten Waren um 30-70% zur Folge hatte.

Demzufolge empfiehlt sich das Durchdenken mehrerer Umsatzszenarien für jeden einzelnen Geschäftsbereich, um so dessen finanzielle Lage und den Erfolgsbeitrag abschätzen zu können.

---

1 Kreilkamp (1987) 319ff.
2 Gälweiler (1987) 276

Dabei sind Einbrüche von 70% und mehr, jedoch nur in Extremfällen, anzunehmen.

Ein differenzierteres Vorgehen bei der Simulation von Umsatzeinbrüchen erlaubt die Erfahrung der 30er Jahre in den USA (siehe Anhang 2). Dort zeigt sich nämlich, welche Bereiche schwer und welche nur geringfügig von der wirtschaftlichen Entwicklung betroffen waren:[1]

Tab. 9: Krisenresistenz/-anfälligkeit von Unternehmen

Krisenresistente Bereiche	Krisenanfällige Bereiche
*relativ billige und standardisierte nicht-dauerhafte Konsumgüter	*dauerhafte Konsum-, Luxus- oder Investitionsgüter
*innovative Produkte, die bessere Lösungen für das Kundenproblem bieten	*ältere Produkte; wenig grundlegende Produktinnovationen
*keine Bedrohung durch Strukturwandel, Sättigung und technologische Substitution	*bereits gegenwärtig mit strukturellen Problemen, Sättigung und Substitutionstendenzen konfrontiert

Zusätzlich zu den genannten Kriterien sind bei exportorientierten Unternehmen mögliche protektionistische Massnahmen zu bedenken, die mit grosser Wahrscheinlichkeit deutlich zunehmen werden.

Aufbauend auf diesen Erkenntnissen, kann jeder Geschäftsbereich beurteilt werden, um die vermutlichen Umsatzeinbrüche genauer abzuschätzen.

Die Art des erstellten Produkts (Konsum-, Investitionsgut; dauerhaft, nicht-dauerhaft etc.) sollte weitgehend problemlos festgestellt werden können. Auch das Alter des Produkts und der innovative Charakter sind zumeist hinlänglich bekannt.

1 zu einer ähnlichen Einschätzung gelangt Batra (1988b) 67ff.

Die technologische Stellung, der Grad der Marktsättigung und die Gefahr von Substitutionen sind hingegen eingehender zu hinterfragen, da jene Unternehmen und Branchen, die bereits gegenwärtig mit Substitutionstendenzen konfrontiert sind, vermutlich deutlich schwerer von der Wirtschaftskrise betroffen werden.

8.3.1.2 **Analyse der technologischen Stellung einer SGE**

Zur Beurteilung der technologischen Positionierung empfiehlt sich die Ableitung einer logistischen Kurve mit den Achsen "Leistungsfähigkeit" und "Aufwand". Diesem Vorgehen liegt die Erkenntnis zugrunde, dass die technologische Entwicklung mit einer längeren Inkubationsphase beginnt, der dann in einer Boomphase rasche Durchbrüche folgen, ehe sich immer schwerer technische Fortschritte erzielen lassen, wenn sich die jeweilige Technologie ihrer Grenze nähert.[1]

Begrenzt wird die Leistungsfähigkeit einer Technologie zum einen durch die technologischen Möglichkeiten, zum anderen durch die Bedürfnisse der Konsumenten. Oftmals ist eine weitere technologische Verbesserung noch möglich, wird aber vom Abnehmer nicht mehr als Verbesserung wahrgenommen, da sie ihm keinen zusätzlichen Nutzen verschafft.[2]

Kennt man die Leistungsdaten und den Aufwand (meist in Mannjahren ausgedrückt) der Vergangenheit und die vermutliche Grenze, so lässt sich eine logistische Kurve berechnen, die Auskunft darüber gibt, wo sich die derzeitige Technologie befindet.[3] Dabei stellt sich die Frage, wie sich die Grenze

---

1 Krubasik (1982) 29, Foster (1986) 107ff., 311ff. "Grenzen nahe zu sein, bedeutet, dass alle wichtigen Möglichkeiten, durch technologische Verbesserungen den Absatz zu steigern, ausgeschöpft sind."; Foster (1986) 67

2 Foster (1986) 70ff.

3 Krubasik (1982) 30, Foster (1986) 311ff.

erkennen lässt. **Foster** nennt einige Punkte, die auf eine Ausreizung der bestehenden Technologie hindeuten:[1]

1. Zunehmende Unzufriedenheit mit den Ergebnissen von Forschung und Entwicklung
2. Zunahme statt Abnahme von Entwicklungskosten und zeitlichen Verzögerungen
3. Steigender Anteil der Verfahrens-F&E, bei weniger Produktentwicklung
4. Abnahme der Kreativität
5. Frustrationen und Reibereien in den Labors
6. Marktsegmentierung wird zum Schlüssel für Umsatzsteigerungen
7. Bestehen grosser Unterschiede bei den F&E-Aufwendungen der einzelnen Konkurrenten, ohne erkennbare Marktwirkungen
8. Häufige Wechsel im F&E-Management ohne sichtbare Folgen
9. Marktanteilsverluste von Branchenführern an kleinere Konkurrenten in Marktnischen
10. Vermeintlich schwächere Konkurrenten haben mit radikalen Ansätzen Erfolg, von denen jedermann sagt, dass sie nicht funktionieren können.

Von anderer Seite werden, analog zu Produktlebenszyklen, Technologielebenszyklen definiert, wobei die Lebenszyklusphase der Schlüsseltechnologie[2] gleichzeitig den technologischen Lebenszyklus der Industrie bestimmt, was Rückschlüsse auf deren Entwicklungstendenzen erlaubt.[3]

Zur Bestimmung der technologischen Lebenszyklusphase werden dabei verschiedene Indikatoren genannt (Tab. 10).

---

1 Foster (1986) 245ff.
2 Dabei handelt es sich um Technologien, die einen überragenden Einfluss auf die Wettbewerbsfähigkeit haben; Sommerlatte/Deschamps (1985) 50
3 Sommerlatte/Deschamps (1985) 53f.

Tab. 10: Indikatoren für die Lebenszyklusphase einer Technologie[1]

	Entstehung	Wachstum	Reife	Alter
Unsicherheit über technische Leistungsfähigkeit	hoch	mittel	niedrig	sehr niedrig
Investitionen in Technologieentwicklung	niedrig	maximal	niedrig	vernachlässigbar
Breite der potentiellen Einsatzgebiete	unbekannt	groß	etabliert	abnehmend
Typ der Entwicklungsanforderungen	wissenschaftlich	anwendungsorientiert		kostenorientiert
Auswirkungen auf Kosten-Leistungs-Verhältnis der Produkte	sekundär	maximal	marginal	marginal
Zahl der Patentanmeldungen/Typ der Patente	zunehmend Konzeptpatente	hoch-produktbezogen	abnehmend verfahrensbezogen	
Zugangsbarrieren	wissenschaftliche Fähigkeiten	Personal	Lizenzen	Know-how
Verfügbarkeit	sehr beschränkt	Restrukturierung	marktorientiert	hoch

Steht eine Technologie gemäss dieser Analyse kurz vor Ausschöpfung ihres vermutlichen Potentials, so besteht die Gefahr von Technologiesprüngen (Diskontinuitäten), in denen plötzlich neue Technologien neue Leistungspotentiale eröffnen und so eine Substitution in Gang setzen,[2] wobei es zu einem Übergang auf eine neue S-Kurve kommt (Abb. 26). Befindet sich die bestehende Technologie noch weitab ihrer vermutlichen Grenzen, so ist die Gefahr einer technologischen Substitution hingegen als gering einzuschätzen.

1 entnommen aus Sommerlatte/Deschamps (1985) 52
2 Dies ist an den Grenzen immer der Fall; Foster (1986) 33, 67; bereits Schumpeter (1961) 95f. hat auf solche Diskontinuitäten durch Innovationen hingewiesen.

Abb. 26: **Abschätzung des technischen Potentials alter und neuer Technologien**[1]

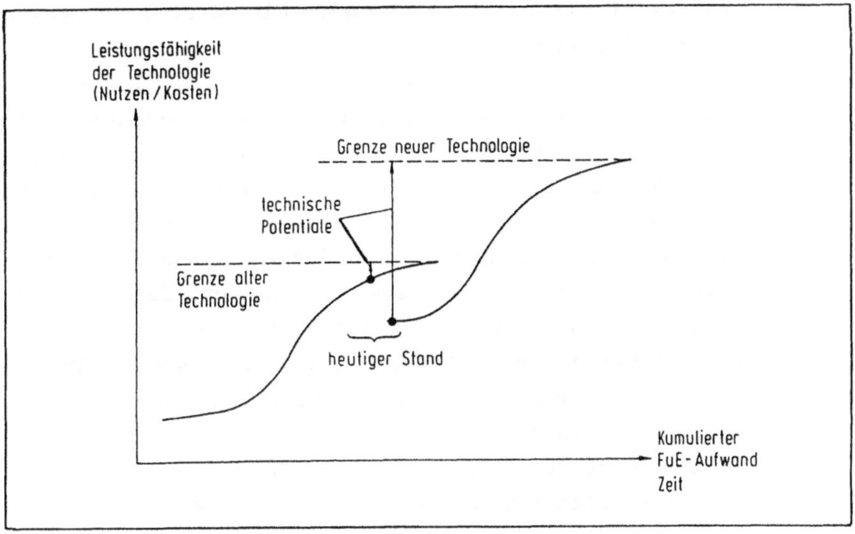

Bezogen auf die Gefahr einer potentiellen Wirtschaftskrise heisst dies, dass die **erhöhte Innovationsaktivität**[2] in der Depression rasch zu einer **akuten Bedrohung** für die Unternehmung werden könnte.

Wie bereits festgestellt, liegt der grösste Teil der Erfindungen für die nächste Wachstumswelle bereits vor[3], weshalb mit einer Fülle von Produktinnovationen zu rechnen wäre. Zwar brauchen neue Technologien zwischen 5 und 15 Jahre, um die alten zu verdrängen[4], dennoch sind zwei Punkte zu beachten:

---

1 Krubasik (1982) 29, entnommen aus Kreilkamp (1987) 82, der im Gegensatz zu Krubasik, auf den er sich bezieht, auf der X-Achse neben dem kumulierten F&E-Aufwand die Zeit aufträgt. Dies erscheint jedoch als wenig zweckmässig, da letztlich der Aufwand entscheidend ist. Gerade bei der Beurteilung der vermutlichen S-Kurve der Konkurrenz ist dieser Tatbestand von Bedeutung; Foster (1986) 108

2 Ursache ist dabei der Schuldendruck, der - wie ausgeführt - die verschuldeten Privateigentümer zur Innovation zwingt, in der Hoffnung, so dem Konkurs zu entgehen; siehe oben unter 4.2.3.

3 siehe oben unter 2.2.1.

4 Foster (1986) 178

1. Der empirische Wert von 5-15 Jahren stützt sich auf die Erfahrungen der letzten Jahrzehnte. Angesichts einer tiefgreifenden Wirtschaftskrise wäre eine deutliche Verkürzung dieser Perioden denkbar.[1]
2. Die Unternehmensleitung muss sich darüber im klaren sein, dass es selbst dann, wenn die SGE in der Depression noch positive Erträge abwirft, mittelfristig zu einer Verdrängung vom Markt kommen könnte. Ein Nachholen der Entwicklung auf einer anderen S-Kurve ist oft - wenn überhaupt - nur mit grossem finanziellem Aufwand möglich.[2] So könnte es sein, dass eine SGE zwar die Depression übersteht, danach jedoch technologisch und damit auch am Markt keine Zukunft mehr hat. 7 von 10 Unternehmen verlieren ihre Führungsrolle im Zuge einer solchen technologischen Diskontinuität erfahrungsgemäss schon in "normalen" Zeiten.[3] Für die Planung im Hinblick auf eine Depression bedeutet dies, dass in technologisch anfälligen Bereichen mit einem hohen Mittelbedarf zu rechnen ist, will man weiterhin in dem betreffenden Markt tätig bleiben.

Problematisch bei der abschliessenden Beurteilung der technologischen Stellung ist der Tatbestand, dass meist gerade in der Endphase einer Technologie am besten an den betreffenden Produkten verdient wird.[4] Das Tempo der technologischen Veränderung wird sich in der Depression jedoch vermutlich derart erhöhen, dass diese günstige Marktposition nur kurzzeitig gehalten werden kann.

Zusätzlich empfiehlt sich eine Analyse der Stellung im Hinblick auf die sogenannten "Schrittmachertechnologien", den Schlüsseltechnologien der Zukunft. Ist hier bereits heute ein deutlicher Rückstand gegenüber der Konkurrenz feststellbar, so ist

---

1 Ausserdem deutet sich gemäss Marchetti (1982) 124, eine Beschleunigung der Innovationsphasen an; siehe auch unter 2.2.1.4.

2 Krubasik (1982) 29f., Foster (1986) 220f.

3 Foster (1986) 126

4 Krubasik (1982) 29

unabhängig von der wirtschaftlichen Entwicklung eine Verschlechterung der Wettbewerbsposition zu erwarten.[1] Eine umfassende Wirtschaftskrise würde den Prozess lediglich beschleunigen.

So bleibt für die Beurteilung einer SGE aus technologischer Sicht folgendes festzuhalten:

1. Bei reifen Technologien wäre in einer Depression mit dem (vermehrten) Aufkommen von Substitutionstechnologien zu rechnen, was heftige Absatzeinbussen mit sich bringen könnte. Gerade die Verdrängungszeit würde sich vermutlich deutlich verringern. Bei den entsprechenden SGE sind deshalb überdurchschnittliche Umsatzeinbrüche anzunehmen, bei gleichzeitig höheren Aufwendungen für Forschung und Entwicklung, will die Unternehmung auch weiterhin im betroffenen Markt tätig sein. Dies spricht für deutliche Rückgänge im zu erwartenden Cash-Flow oder gar einen erhöhten Mittelbedarf.
2. Strategische Geschäftseinheiten, deren Schlüsseltechnologie noch weitab der vermutlichen Grenze liegt, sind nicht im gleichen Ausmass gefährdet. Allerdings ist auch hier das Auftreten radikaler Innovationen nicht auszuschliessen, weshalb die technologische Entwicklung im Zuge der Depression ein erhöhtes Augenmerk geniessen sollte.

Bei der bisherigen Diskussion stand die Frage der Produktinnovationen im Vordergrund. Zusätzlich ist jedoch auch auf die Entwicklung im Bereich der Produktionsverfahren zu achten, da diese über **Kostenvorteile**[2] entscheiden können, die gerade in Zeiten **fallender Preise** von besonderer Bedeutung wären.

---

1 siehe dazu Sommerlatte/Deschamps (1985) 52ff.
2 Kreilkamp (1987) 77

8.3.1.3 **Analyse von Marktsättigung und Substitutionstendenzen**

Wie bereits mehrfach erwähnt, sind besonders Geschäftsbereiche, die in gesättigten Märkten operieren, von der potentiellen Wirtschaftskrise bedroht. Dies gilt besonders dann, wenn es sich um dauerhafte Güter handelt, da in diesem Fall die Nachfrage vor allem auf **Ersatzbedarf** beruht, der in Krisenzeiten aufgeschoben oder aber auf Gebrauchtwarenmärkten befriedigt werden kann.

Dabei ist sowohl die absolute als auch die relative Sättigung des betreffenden Marktes/Marktsegments eingehender zu untersuchen. Gerade Märkte mit einem gegenwärtig hohen Anteil an Kreditkäufen (Automobile, Möbel) werden spürbare Einbrüche zu verkraften haben, da es sich dabei um **vorgezogene** Konsumakte handelt.[1]

Marktsättigung ist dann gegeben, wenn das Marktpotential ausgeschöpft ist.[2] Sie tritt ein, wenn entweder das Marktvolumen schneller wächst als das Potential oder aber das Potential stärker zurückgeht.[3] Mögliche Ursachen einer Angebotszunahme sind Produktivitätssteigerungen, Kapazitätserweiterungen und Markteintritte. Umgekehrt können demographische Veränderungen, die Einkommensentwicklung[4], aber auch die **Verschuldungsbereitschaft** und **-fähigkeit** der Abnehmer, zu einem Rückgang des Marktpotentials führen.

In der Literatur finden sich vielfältige Indikatorenlisten

---

1 siehe dazu das Beispiel der Automobil-, Radio- und Bauindustrie in den 20er und 30er Jahren; Persons (1930), sowie unter 3.2.

2 Meffert (1984) 38, Weinhold-Stünzi (1984) 8

3 Weinhold-Stünzi (1984) 9; deshalb wird **in der Depression** auf praktisch **allen Märkten** eine (Über-)Sättigung auftreten. Härter werden vermutlich jedoch die bereits gegenwärtig gesättigten Märkte getroffen, vor allem bei absoluter Sättigung, da dann kein Erstbedarf mehr besteht.

4 Weinhold-Stünzi (1984) 10

zum Erkennen von Markt-Lebenszyklusphasen und von Sättigungsphänomenen. So werden zumeist die folgenden Punkte genannt:[1]

- zunehmender Verdrängungswettbewerb und Überkapazitäten[2]
- gedeckter Erstbedarf
- Inflationieren des Güterangebots; Neuprodukteinführung ist meist schwierig
- steigende Serviceorientierung führt zu Kostendruck
- weniger Kooperationsbereitschaft auf seiten des Handels; Sinken der Handelsspannen
- Bedeutung von Handels-/Gattungsmarken steigt
- Anbieter reagieren nervös/hektisch; aggressive Preispolitik
- abnehmende Branchenrendite

Wesentlich ist bei dieser Betrachtung, wie schon bei der Bestimmung der SGE, die Vornahme einer richtigen Marktabgrenzung. So wies beispielsweise der Weltuhrenmarkt zwischen 1970 und 1980 spürbare Wachstumsraten auf, während der Bereich der Luxusuhren stagnierte und jener für billigere mechanische Uhren deutlich schrumpfte.[3]

Dieser erste Analyseschritt erlaubt ein Abschätzen der gegebenen Marktsättigung. Zeigt sich, dass der betreffende Markt noch nicht von Sättigungstendenzen bedroht ist, so ist es besonders im Hinblick auf Veränderungen der Angebotsseite wichtig zu wissen, wo der **absolute Sättigungswert** liegt. Im Zuge einer

---

1 Meffert (1984) 39; siehe auch Kreilkamp (1987) 161ff., Hinterhuber (1984) 281ff., Belz (1989) 35f.

2 Überkapazitäten können durch vorgezogene Ersatzkäufe verdeckt werden. Da es sich im Stadium der Sättigung zumeist jedoch nur um Schwankungen um den Sättigungswert handelt (Marchetti (1983b) 4), was faktisch einer Übersättigung entspricht, ist eine Gegenreaktion zu erwarten. Gutes Beispiel ist wiederum der Automobilmarkt, wo bekannt ist, dass die durchschnittliche Lebensdauer der Fahrzeuge in Konjunkturaufschwüngen abnimmt (=vorgezogener Ersatzbedarf), um in Rezessionen wieder anzusteigen.

3 Belz (1989) 26; hier zeigt sich auch die Substitution alter durch neue Technologien. Siehe dazu auch Kreilkamp (1987) 96ff.

Depression wäre nämlich mit dem Eintritt neuer Konkurrenten[1] zu rechnen.[2] Das aktive Ausnutzen von Kostensenkungspotentialen erschwert zwar den Marktzutritt, dies bedeutet jedoch nicht, dass keine neuen Konkurrenten auftreten. Lediglich die Erfolgswahrscheinlichkeit derartiger Eintritte reduziert sich drastisch[3], was allerdings nichts daran ändert, dass sich in Normalzeiten "die Gewinnmarge(..) aller Wettbewerber im Schnitt um sieben Prozent verringert."[4]

Ein neueres Instrument zur Bestimmung der absoluten Marktsättigung ist die **Substitutionszeitkurve.**[5] Grundlage ist dabei die Erkenntnis, dass sowohl Aufstieg als auch Niedergang einer Industrie oder eines(r) Produkts/Produktionstechnik einen logistischen Verlauf aufweist. Kennt man also die bisherige Entwicklung, so lassen sich gemäss dieser Methodik der weitere Verlauf und der vermutliche Sättigungswert bestimmen. Je weiter die Entfernung vom Sättigungsniveau, desto unwichtiger ist der genaue Wert für den hier interessierenden Zweck. Steht die Marktsättigung hingegen kurz bevor, so wird dies auch mit der genannten Methodik erkennbar sein.

Zugleich ermöglicht dieser Ansatz eine Abschätzung von Substitutionsverläufen. Kennt man den bisherigen Verlauf eines Substitutionsprodukts, d.h. hat es bereits 10% Marktanteil erreicht, so lässt sich dessen weitere Entwicklung und damit der Niedergang der alten Produkte absehen.[6] Dabei ist es entscheidend,

---

1 Weinhold-Stünzi (1984) 12 gibt eine Check-List, mit der sich die Marktbarrieren und die Marktattraktivität für neue Mitbewerber abschätzen lassen. Interessanterweise wirken Marktbarrieren jedoch längst nicht so abschreckend, wie von den Marktteilnehmern angenommen; Yip (1984) 46

2 Ziel wird dabei die bessere Auslastung vorhandener Kapazitäten sein. Siehe dazu das Beispiel der US-Holzindustrie in den 30er Jahren, als der Eintritt neuer Konkurrenten in die (vermeintlich) rentablen Bereiche zu einem Angleichen der relativen Preise geführt hat; Anhang 2

3 Kreilkamp (1987) 214

4 Yip (1984) 47

5 Gälweiler (1987) 49ff.; siehe zu dieser Methodik auch Marchetti (1982), (1983a), (1983b), Nakicenovic (1987).

6 siehe als Beispiel die Substitution verschiedener Primärenergieträger in den USA; Nakicenovic (1987) 81

den Zeitpunkt der Umkehr in den logistischen Abschwung zu erkennen.

Vorteilhaft an der Kenntnis der Substitutionszeitkurve ist, dass man:[1]
- eine drohende Substitution abschätzen kann und keine weiteren Investitionen in unhaltbare Bereiche tätigt bzw. den Marketingeinsatz realistisch gestaltet
- den günstigsten Zeitpunkt für einen Markteintritt bestimmen kann
- den günstigsten Zeitpunkt für einen Marktaustritt bestimmen kann
- eigene Substitutionen besser steuern kann.

Selbst wenn die Entwicklung keinem logistischen Schema folgen sollte, trägt diese Analyse wegen der einhergehenden Hinterfragung des relevanten Marktes und der tatsächlichen Konkurrenz massgeblich zu einem besseren Verständnis der Marktsituation bei.

Ist ein Markt noch fernab seiner vermutlichen absoluten Sättigung, so heisst dies nicht, dass keine Bedrohung gegeben ist. Wie bereits angedeutet, ist neben der absoluten Sättigung eine kaufkraftabhängige, relative Marktsättigung zu bedenken. Der US-Automobilmarkt war Ende der 20er Jahre praktisch gesättigt, da jene, die über eine ausreichende Kaufkraft/Verschuldungskapazität verfügten, diese bereits ausgeschöpft hatten. Deshalb ist auf die Struktur der Nachfrage und besonders den Anteil an Kreditkäufen zu achten. Diese Analyse spielt dabei vor allem für dauerhafte Konsumgüter eine Rolle.[2]

---

1 Gälweiler (1987) 50f.

2 Hier zeigt sich ein wesentlicher Unterschied zur technologischen Analyse. Generell ist ein enger Zusammenhang zwischen absoluter Sättigung und technologischer Anfälligkeit/Substitution zu vermuten. Beim Automobil handelte es sich in den 20er Jahren um ein innovatives Produkt, das zudem über ein genügendes technologisches Potential verfügte. Dennoch war letztlich die relative Marktsättigung der ausschlaggebende Faktor, gekoppelt mit dem Charakter eines höherpreisi-

Zweifelsohne wird die Analyse meist aufzeigen, dass jene Geschäftsbereiche, die in gesättigten Märkten tätig sind, auch mit Substitutionen und technologischen Diskontinuitäten konfrontiert sind. Auch wird es sich meist um Bereiche handeln, die dauerhafte Konsum- oder Investitionsgüter herstellen. Dennoch erscheint die Vornahme mehrerer Analysen für die einzelnen SGE als zweckmässig, da alleine das Durchdenken der verschiedenen Bedrohungsebenen zu einem risikobewussten Verhalten vor und in der Depression beitragen würde.

Schliesslich gibt es auch Sektoren, vor allem im Investitionsgüterbereich, die, obwohl sie innovativ sind und weitab von Sättigungswerten operieren, schwer von einer Depression getroffen werden. Dabei hängt das Ausmass der Absatzrückgänge von der wirtschaftlichen Situation der Abnehmer ab, weshalb man sich über deren Marktsituation Klarheit verschaffen muss. Doch zeigt das Beispiel der grossen Depression, dass selbst Branchen, die über die ganze Krise hinweg Gewinne auswiesen, ihre Investitionen um über 50% gekürzt haben. Somit gehört keine grosse Phantasie dazu, export- und/oder investitionsorientierten Industriezweigen die schwersten wirtschaftlichen Turbulenzen vorherzusagen.[1]

---

gen, dauerhaften Konsumguts. Siehe für eine Diskussion der Frage einer Sättigung des Automobilmarkts, Mercer/Morgan (1971), die zum Schluss gelangen, dass "(...) the automobile market was moving toward a state of saturation beginning in 1924." Anderer Ansicht ist Galbraith (1969) 191: "(...)(T)here is no evidence that their desire for automobiles, clothing, travel, recreation, or even food was sated." Dies entspricht jedoch einer noch nicht erreichten absoluten Marktsättigung (Bedürfnisse und Wünsche sind auch heute noch vorhanden, man denke nur an die Lage in den Entwicklungsländern), im Unterschied zur hier behandelten relativen. Dass Preissenkungen bei PKW in den 20er Jahren zu **keiner** mengenmässigen Absatzsteigerung beigetragen haben, stützt m.E. die These einer relativen Sättigung.

1 gerade die Exportindustrie würde vom Protektionismus getroffen werden; Batra (1988b) 67

8.3.2 Durchführung der Simulation[1]

Nachdem der Grad der Krisenanfälligkeit der einzelnen Geschäftsbereiche eruiert wurde, sind die Auswirkungen der Umsatzrückgänge zu simulieren. Dabei ist der verminderte Umsatz für einen Zeitraum von 5-7 Jahren zu veranschlagen und für jedes Jahr der dann zu erwartende Netto Cash Flow je SGE zu ermitteln, wobei nach folgendem Schema vorgegangen werden kann:

Abb. 27: Cash Flow Simulation[2]

	Jahr						
SGE:................................	1	2	3	4	5	6	7
Liquiditätswirksamer betrieblicher Ertrag Verkäufe (=Umsatz) +Debitorenabnahme							
./.**Liquiditätswirksamer betrieblicher Aufwand** Warenaufwand ./.Vorratsabnahme ./.Kreditorenzunahme betrieblicher Gemeinaufwand ./.Abschreibung ./.Bildung von Rückstellungen							
Cash Flow							
./.unbedingt notwendige Investitionen							
= **Netto Cash Flow**							

Bei einer auf mehrere Jahre in die Zukunft ausgerichteten Projektion kann naturgemäss nur mit überschlägigen Zahlen gearbeitet werden, was für die vorliegenden Zwecke jedoch völlig ausreichend ist.

---

1 siehe zu Methoden der Simulation finanzieller Auswirkungen von Konjunkturschwankungen auch Schierenbeck (1980) 286ff.
2 in Anlehnung an Weilenmann (1980) 10, Gälweiler (1987) 182ff.

Der Aufwand für die Erstellung der verkauften Produkte umfasst eine Vielzahl von Komponenten, deren Flexibilität von der jeweiligen Unternehmenssituation abhängig ist und von internen Fachleuten leicht ermittelt werden kann. Dabei sind auch Annahmen über die Zusammensetzung des Umsatzrückgangs aus Mengen- und Preisveränderung zu treffen.

Im Hinblick auf den **Personalbereich** ist mit einer zeitlichen Verzögerung der Wirksamkeit von Massnahmen (z.B. Kündigungsfrist) sowie mit allfälligen Sonderaufwendungen (Abschlagszahlungen, Entschädigungen, eventuell Sozialplänen) zu rechnen.[1] Von einem Sinken der Nominallöhne sollte m.E. nicht ausgegangen werden, da die Gewerkschaften derartigen Lohnreduktionen nicht zustimmen würden, wobei sich die Lage allerdings je nach Land, Branche und Unternehmen unterschiedlich gestalten kann.[2]

Die Preise von **Rohstoffen** und weiteren **Vorleistungen** würden deutlich zurückgehen, wobei es bei letzteren denkbar wäre, dass die Preise erst mit gewisser zeitlicher Verzögerung sinken.

Der Aufwand für die **Erhaltung** des vorhandenen **Kapitalstocks** würde wohl ebenso zurückgehen, trotz der mit zunehmendem Alter der Maschinen (kaum noch Investitionen) häufiger auftretenden Reparaturen.

Bei der Veränderung des **Nettoumlaufvermögens** wäre es sehr wahrscheinlich, dass es nicht gelänge, Lager und Debitoren proportional zum Umsatzrückgang abzubauen. Umgekehrt würde eine Rückführung der Kreditoren wegen der steigenden Liquiditätspräferenz der Lieferanten unumgänglich sein.

---

1 Baur (1979) 137

2 So sanken die Nominallöhne in den USA erst ab 1931; Schumpeter (1961) 860, Abb. 47. Danach kam es jedoch bis 1933 zu einem deutlichen Rückgang der Stundenlöhne um durchschnittlich 23%; Mills (1935) 1

Die unbedingt erforderlichen **Investitionen** umfassen all jene aktivierungsfähigen Aufwände, die nötig wären, um das Fortbestehen einer SGE zu sichern, so z.B. der Ersatz einer Maschine, ohne die die Produktion zum Erliegen käme.[1]

Ausgangspunkt der Simulation bildet die Annahme eines Umsatzrückgangs um 30% in allen Geschäftsbereichen. Zusätzlich sind in den als krisenanfällig eingestuften Unternehmensteilen entsprechend höhere Einbussen zu veranschlagen, die aus der vorangegangenen Analyse hergeleitet werden können.[2] Dabei empfiehlt sich eine eher pessimistische Einschätzung von Krisenresistenz und Möglichkeiten zur Kostenreduktion.[3] Gestalten sich Liquidität und Mittelfluss im Verlauf der befürchteten Krise dann besser als angenommen, so erhöht dies die finanzielle Flexibilität und bietet vielfältige Möglichkeiten, die eigene Wettbewerbsposition zu stärken.

Bei der Durchführung der Simulation ist von Massnahmen, die einen erhöhten Mittelbedarf bedingen, vorerst zu abstrahieren. So sollten Entscheide über Versuche von Marktanteilserhöhungen erst nach Abschluss der Unternehmensanalyse getroffen werden, wenn Klarheit über die Finanzkraft der Gesamtunternehmung besteht. Hingegen sollten alle Massnahmen der Aufwandsverminderung, die unter realistischen Annahmen erfolgreich durchgeführt werden können (z.B. Kurzarbeit), Berücksichtigung finden.

---

1 Die Veränderung weiterer Positionen wird im Verlauf der nachfolgenden Ausführungen angesprochen.

2 Dabei kann von einer sukzessiven Verschlechterung der Absatzlage ausgegangen werden, wie z.B. von einem Rückgang um 20% in den ersten 12 Monaten und einer nachfolgenden weiteren Verschlechterung. Wie sich die Umsatzrückgänge im tatsächlichen Verlauf einer Wirtschaftskrise gestalten würden, kann nur vermutet werden.

3 So sollten alle bisherigen Annahmen über Kostensenkungspotentiale gemäss dem Konzept der Erfahrungskurve fallen gelassen werden, zum einen wegen der längeren Verdoppelungszeit (sinkender mengenmässiger Absatz), zum anderen aufgrund der Tatsache, dass der Erfahrungseffekt nach bisherigen Erkenntnissen in stagnierenden und schrumpfenden Märkten deutlich geringer ist; Gälweiler (1987) 191

Ergebnis der Simulation ist eine Aufstellung, die Aufschluss darüber gibt, welchen Beitrag die einzelnen SGE in den jeweiligen Planjahren unter widrigen gesamtwirtschaftlichen Rahmenbedingungen zum Unternehmens-Cash Flow leisten.

Nun sind die einzelnen Jahresergebnisse zu einer Gesamtdarstellung zusammenzufassen, wobei im Sinne einer **prospektiven Kapitalflussrechnung** zusätzlich allfällige unternehmensweite Desinvestitionen und Finanzierungsvorgänge in die Berechnung Eingang finden:

Abb. 28: Prospektive Kapitalflussrechnung[1]

	Jahr						
	1	2	3	4	5	6	7
Ergebnisse der einzelnen SGE							
+ Liquiditätswirksamer neutraler Erfolg							
./.Rückzahlungsverpflichtungen							
./.Investitionen							
+ Desinvestitionen							
+ zugesicherte Kredite							
+ geplante Kapitalerhöhungen							
= Mittelbedarf/Mittelüberschuss							

Dabei sind jedoch folgende **Restriktionen** zu bedenken:

1. Es wird in einer Depression nicht möglich sein, zusätzliches Eigen- oder Fremdkapital aufzunehmen. Die Eigenkapitalgeber wären vermutlich nicht bereit, angesichts gedrückter Börsenkurse und Ertragslage, weitere Mittel beizusteuern, selbst dann, wenn in ihrem Privatvermögen keine Verluste eingetreten sein sollten. Fremdkapital wird nur

1 in Anlehnung an Lutz (1983) 10

noch sehr schwer aufzunehmen sein, was an der erhöhten Liquiditätspräferenz der Privaten und der restriktiven Kreditpolitik der Banken läge. Darüber hinaus würden hohe **Real**zinsen eine Fremdfinanzierung als unattraktiv erscheinen lassen.

2. Eine Umschuldung fälliger Schulden, z.B. durch Ausgabe neuer Obligationen, könnte sich als unmöglich erweisen, weshalb zum Fälligkeitszeitpunkt ausreichend Liquidität bereitstehen muss.
3. Desinvestitionen, wie der Verkauf ganzer Tochtergesellschaften, (nicht betrieblich genutzter) Immobilien etc., würden im Umfeld einer Depression - wenn überhaupt - nur zu deutlich tieferen Preisen durchführbar sein. Aus diesem Grunde ist im Sinne des Vorsichtsprinzips nicht mit Mittelzuflüssen aus diesem Bereich zu rechnen.
4. Der im Verlauf einer Depression zu erwartende, anhaltende Wertverfall bei Sachwerten könnte dazu führen, dass Verbindlichkeiten vorfristig abgebaut werden müssen. Ist der Kreditgeber bereit, eine bestimmte Quote des Verkehrswerts eines Objekts zu beleihen, so wäre es je nach Ausgestaltung des Kreditvertrages denkbar, dass parallel zum Wertverlust auch ein Schuldenabbau erforderlich ist. Von Bedeutung ist dieser Umstand besonders im Bereich der Hypotheken. Wie stark Immobilien an Wert verlören, kann nicht allgemeingültig beantwortet werden, da dies stark von den jeweiligen Marktverhältnissen und dem Grad an Fremdfinanzierung abhängt. Voraussichtlich würden Geschäfts- jedoch stärkere Wertverluste zu verzeichnen haben als Wohnimmobilien, wobei zusätzlich die Verwendbarkeit zu anderen Zwecken eine Rolle spielt.[1]

   Für die Aufstellung der Kapitalflussrechnung sollte ein Absinken des Wertes in der Grössenordnung von 40-50% innerhalb von 12 Monaten angenommen werden. Verlangt der Kreditgeber unter solchen Umständen eine vorfristige

---

1 siehe zur Problematik der Immobilien unter 9.2.3.

Tilgung, so ist der entsprechende Betrag in der Berechnung zu berücksichtigen.[1]

Diese Annahmen erscheinen als äusserst restriktiv. Dennoch wäre in Zeiten derart gestörter wirtschaftlicher Verhältnisse von solchen Rahmenbedingungen auszugehen. Im konkreten Einzelfall wäre es denkbar, dass die genannten Punkte unzutreffend sind. Trotzdem ist es im Sinne einer auf dauerhafte Überlebenssicherung ausgerichteten Politik sinnvoll, vom **Extremfall** auszugehen. Zusätzlich kann mit verschiedenen Abstufungen gearbeitet werden, so z.B. mit der Annahme, dass eine Konversion von 50% der fälligen Obligation möglich ist.
Bedeutsam ist auch die Gefahr von staatlichen Eingriffen, die die Verfügbarkeit von im Ausland erarbeiteten Mitteln beschränken könnten (Transferbeschränkungen). Überschüsse von im Ausland domizilierten SGE sollten deshalb nicht in die Berechnung einfliessen. Ausländische Tochtergesellschaften sollten nach Möglichkeit weitgehend selbständig lebensfähig sein.

Dieser Analyseschritt erlaubt folgende Schlussfolgerungen:
1. In welchen Jahren (1-7) ergibt sich unternehmensweit ein Nettoabfluss an flüssigen Mitteln?
2. Welche Unternehmensbereiche tragen in welchen Jahren massgeblich zum Mittelabfluss bei/welche erwirtschaften einen positiven Beitrag zur Liquidität?
3. Ist die Unternehmung voraussichtlich in der Lage, ihren Verpflichtungen trotz Depression termingerecht nachzukommen, d.h. ist eine Mindestliquidität gesichert?

Ergänzend empfiehlt sich die Ableitung von Planbilanzen, die sich aus der letzten Jahresbilanz und den zuvor berechneten Veränderungen herleiten lassen. Probleme bietet dabei die Bewertung der Aktiven und entsprechenden Abschreibungen. Der

---

1 In der Regel ist der Betrag innert einer relativ kurzen Frist beizubringen. Durch entsprechende Ausgestaltung bzw. Änderung des Vertrages könnte einer partiellen Kreditkündigung vorgebeugt werden. Dies wäre dann bereits eine Massnahme des präventiven Krisenmanagements.

deutliche Wertverfall bei Sachwerten sowie der geringere Wert der erstellten Produkte (gesunkene Endverkaufspreise) liesse einen erhöhten Abschreibungsbedarf erwarten, sollen die handelsrechtlichen Bewertungsvorschriften eingehalten werden. Dabei ist es allerdings denkbar, dass das gedrückte Preisniveau als ungewöhnlich und temporär angesehen wird, weshalb von seiten der Buchprüfer oder des Gesetzgebers nicht auf einer umgehenden Tieferbewertung bestanden wird.[1]

Ergibt die Berechnung, dass selbst bei drastischen Umsatzrückgängen und fehlender Refinanzierungsmöglichkeit die Liquidität auf 5-7 Jahre gesichert ist, so kann die Unternehmung als krisenresistent angesehen werden.

Zumeist wird sich jedoch zeigen, dass derartige Umsätze nicht dauerhaft zu verkraften sind. Zeigt sich bereits bei einem linearen Umsatzrückgang von 30% bei allen SGE, dass die Finanzkraft der Unternehmung nicht ausreicht, so ist m.E. eine Straffung des Geschäftsbereichsportfolios ohnehin angebracht, da der finanzielle Spielraum eindeutig zu gering ist.

Die einzelnen SGE sind nun weiteren Analysen zu unterziehen, da bisher von der gegebenen Ist-Situation ausgegangen wurde. Bevor aber Entscheide über die zu ergreifenden Massnahmen getroffen werden können, sind zwei weitere Punkte zu klären, die sich auf die strategische Bedeutung der einzelnen SGE beziehen.

Zum einen ist die **gegenwärtige strategische Stellung** einer SGE zu untersuchen, wobei die Frage nach den **vorhandenen Erfolgspotentialen** im Vordergrund steht. Zum anderen ist auf die zukünftige Entwicklung zu achten. Oftmals werden nämlich jene Bereiche, die die Erfolgspotentiale der Zukunft darstellen, einen erheblichen Mittelbedarf aufweisen, weshalb sie vermutlich

---

1 vgl. das bereits erwähnte Beispiel der Bewertung von Wertschriften über dem Marktwert durch US-Banken in der grossen Depression; Hart (1938) 52. Siehe ausführlich zu Fragen der Bilanzstruktur unter 9.3.

in der bisherigen Simulation mit am schlechtesten abgeschnitten haben.[1]

8.4 Analyse vorhandener und zukünftiger Erfolgspotentiale

Zur Bestimmung vorhandener Erfolgspotentiale der einzelnen Geschäftsbereiche soll in diesem Zusammenhang auf die Ergebnisse der PIMS-Studie Bezug genommen werden.[2] Dabei handelt es sich um eine empirische Untersuchung, in deren Mittelpunkt die Frage nach jenen Faktoren steht, die den tatsächlichen Erfolg einer SGE, gemessen am Return on Investment (ROI[3]), nachhaltig bestimmen. Im Zuge der Forschung wurden rund 12 Kernfaktoren eruiert, die 60-70% des Erfolges einer SGE erklären, wobei die acht in Tab. 11 aufgeführten die Hauptdeterminanten sind.[4]

---

1 Dabei ist allerdings zu bedenken, dass die in der Portfolio-Matrix als "Stars" bezeichneten SGE mit derzeit hohem Mittelbedarf, **nach** Eintreten einer Wirtschaftskrise, deutlich weniger Mittel benötigen werden, da auch dort das Marktwachstum rasch in eine Stagnations-, wenn nicht gar eine Schrumpfungsphase übergehen wird.

2 für andere Möglichkeiten der Unternehmensanalyse siehe den Überblick in Kreilkamp (1987) 69ff. Teile dieser Analysen wurden bereits oben, im Zusammenhang mit der Eruierung der Krisenanfälligkeit einzelner SGE, aufgezeigt. Auch Pümpin (1980) 24 stellt auf die PIMS-Faktoren als Erfolgspotentiale der Unternehmung ab.

3 ROI=Gewinn vor Zinsen, Steuern und Konzernumlagen geteilt durch das durchschnittliche Investment (Anlagevermögen zu Buchwerten zuzüglich Nettoumlaufsvermögen); Malik (1987) 55

4 Malik (1987) 54; siehe für eine ausführliche Charakterisierung des Programms, seiner Ergebnisse und der einzelnen Faktoren: Buzzell/Gale (1987), Kreilkamp (1987) 369ff., Lange (1982) 31f., Malik (1987) 54ff., Neubauer (1982) 6ff., 47ff., Pümpin (1980) 17ff., Turnheim (1988) 190ff., Venohr (1988) 47ff. Die Verwendung der Ergebnisse der PIMS-Studie erfolgt trotz der daran geäusserten umfangreichen Kritik, die besonders die statistische Methode ("Die Hervorhebung einzelner Variablen als strategischer Schlüsselfaktoren lässt sich statistisch nicht begründen."; Venohr (1988) 183), die Generalisierung von wenigen Erfahrungssätzen (sog. Induktionsproblem), mangelnde Repräsentativität und den Schluss von einer Korrelation auf eine Kausalität bemängelt. Siehe dazu ausführlich Kreilkamp (1987) 399ff., Lange (1982) 33ff. und Venohr (1988), der eine umfassende Kritik vorlegt. Diese Kritik mündet zumeist in die Schlussfolgerung, dass sich die Ergebnisse der PIMS-Untersuchung als Basis für strategische Entscheidungen nicht eignen, da die Faktoren oft vermutlich nur Symptome, nicht aber Ursache des Geschäftsbereichserfolgs sind; Venohr (1988) 181. Anderer Meinung ist Malik (1987) 55, der feststellt, dass die Resultate "(...) bis heute allen Überprüfungen standgehalten (haben)." Da hier keine (PIMS-

Auch wenn die genannten Faktoren nicht alleine für die Rentabilität einer Geschäftseinheit entscheidend sind, so ist es zweifellos hilfreich, diese heranzuziehen. So zeigen Untersuchungen, dass SGE mit einem grossen Marktanteil in Konjunkturabschwüngen weniger hart getroffen werden als Bereiche mit nur kleinem Marktanteil,[1] wobei dessen Bedeutung bei dauerhaften Gütern allerdings grösser ist als bei nichtdauerhaften.[2]

Basierend auf den Ergebnissen der PIMS-Untersuchung ist es möglich, den, angesichts einer tatsächlichen Situation einer SGE, d.h. der gegebenen Erfolgspotentiale, theoretisch zu erwartenden ROI ("PAR-ROI") und Cash Flow ("PAR Cash-Flow") zu ermitteln. Dies erlaubt dann eine Analyse der Abweichungen zwischen Ist und Soll und entsprechende Schlussfolgerungen, wie z.B. eine Beurteilung des Managements.[3]
Der naheliegende Ansatz, eine solche Berechnung des zu erwartenden Cash Flow/ROI unter der Hypothese deutlich schrumpfender Märkte durchzuführen, erscheint jedoch als nicht zulässig. Es ist durchaus denkbar, dass sich die Bedeutung einzelner Faktoren (wie z.B. Preis und Qualität) im Verlauf einer Depression derart ändert, dass eine Simulation, die nur eine negative Marktwachstumsrate annimmt, zu ungenügenden Ergebnissen führen würde.

---

konformen) Strategien hergeleitet werden sollen, sondern die Abstützung von Entscheidungen im Vordergrund steht, erscheint die Abstellung auf die PIMS-Faktoren als Indikatoren für die Wettbewerbsstärke von Geschäftseinheiten als durchaus zulässig. Wesentlicher Grund für die Nutzung der PIMS-Faktoren ist deren bewusste Übereinstimmung mit theoretischen Überlegungen und Praktikererfahrungen; Buzzell/Gale (1987) 3, Kreilkamp (1987) 375, Schoeffler (1979) 322

1 Neubauer (1980) 3; Danach sank der durchschnittliche ROI bei Geschäftsfeldern mit geringem relativen Marktanteil in einer "schweren Rezession" (Rückgang des Marktvolumens um mehr als 10%) von 15% auf 9% und bei SGE mit hohem relativen Marktanteil von 32% auf 29%. Doch auch die anderen PIMS-Faktoren haben Einfluss auf die Krisenanfälligkeit einer SGE. Dieser Tatbestand müsste in der Simulation ihren Niederschlag gefunden haben.

2 Kreilkamp (1987) 389

3 Malik (1987) 56; liegt der Ist-ROI unter dem erwarteten PAR-ROI, so sind Effizienz- (Führung) und Strukturprobleme (strategische Positionierung) der SGE die Ursache; Turnheim (1988) 62ff.

Tab. 11: Die strategischen Kernfaktoren[1]

	1. Investitions-Intensität
Definition:	Investment/Wertschöpfung
Wirkung:	Hohe Investitionsintensität ist immer negativ für alle ROI-Werte
	2. Produktivität
Definition:	Wertschöpfung pro Mitarbeiter
Wirkung:	Hohe Produktivität ist immer positiv; unabdingbar bei hoher Investitionsintensität
	3. Relativer Marktanteil
Definition:	eigener Marktanteil/Summe der Marktanteile der 3 grössten Konkurrenten
Wirkung:	Hoher relativer Marktanteil ist immer günstig. Besonders wichtig bei: - hoher Marketing-Intensität - hoher F&E-Intensität - schlechter Konjunkturlage
	4. Wachstumsrate des bedienten Marktes
Wirkung:	Hohe Wachstumsrate ist - positiv für den absoluten Gewinn - neutral bezüglich des relativen Gewinns - negativ für alle Cash-Flows
	5. Relative Qualität
Definition:	Umsatzanteil aus Produkten mit überlegener Qualität abzüglich Umsatzanteil aus Produkten mit unterlegener Qualität
Wirkung:	- ist positiv für alle Finanzdaten - bei kleinem Marktanteil unabdingbar
	6. Innovationsrate
Definition:	Umsatzanteil von Produkten, die nicht älter als 3 Jahre sind
Wirkung:	ist günstig bis zu einem gewissen Grad (Umsatzanteil), aber in der Regel nur bei hohen Marktanteilen. Ab einem bestimmten Umsatzanteil ist Innovation negativ für den ROI
	7. Vertikale Integration
Definition:	Wertschöpfung/Umsatz
Wirkung:	- positiv nur in reifen, stabilen Märkten - negativ sowohl in rasch wachsenden wie in schrumpfenden Märkten
	8. Kundenprofil
Definition:	Anzahl der direkten Kunden, mit denen man 50% des Umsatzes macht
Wirkung:	Eine eher kleine Kundenzahl (allerdings abhängig von Branchenmerkmalen) ist günstig

1 Malik (1987) 58; dabei ist die Bedeutung des Marktwachstums in diesem Zusammenhang äusserst gering, da im Zuge der befürchteten deflationären Depression eher von schrumpfenden Märkten auszugehen wäre. Gegenwärtig ist dieser Faktor jedoch insofern bedeutsam, als ein Markt, der bereits in einer Stagnationsphase ist, deutlich stärker betroffen wäre.

Entscheidend für den vorliegenden Sachverhalt ist der Tatbestand, dass sich die Entscheidungen über zu ergreifende Massnahmen durch die Untersuchungen gemäss PIMS zusätzlich absichern lassen. So wäre es vermutlich falsch, eine SGE, die in der Simulation schlecht abgeschnitten hat, aufzugeben, wenn sie über gute Potentiale verfügt. Wobei "gute" Potentiale dann vorliegen, wenn ihr PAR-ROI über dem Durchschnitt liegt.

Zusätzlich zur Analyse der vorhandenen Potentiale stellt sich die Frage nach jenen der Zukunft. Diese mögen zwar gegenwärtig und in der Simulation eine finanzielle Belastung für die Unternehmung darstellen, sind jedoch vermutlich von zentraler Bedeutung für deren zukünftige Wettbewerbsposition.[1] Es ist Aufgabe des strategischen Managements, sich um den Aufbau und Erhalt von Erfolgspotentialen zu kümmern.

Welche Geschäftsbereiche tatsächlich in Zukunft Erfolgspotentiale darstellen, lässt sich selbstverständlich nicht ohne weiteres vorhersagen. Wichtige Orientierungsgrössen sind gemäss **Gälweiler** die bereits erwähnte Substitutionszeitkurve und das Vorliegen einer neuartigen technischen Lösung für ein Anwenderproblem.[2] So kann eine SGE sowohl ein gegenwärtiges als auch ein zukünftiges Erfolgspotential darstellen, wenn sie gemäss PIMS-Analyse und Orientierungsgrössen entsprechend günstig einzuschätzen ist. Umgekehrt ist es natürlich denkbar, dass eine Geschäftseinheit zwar gegenwärtig über erhebliche Potentiale verfügt, die technologische Entwicklung und eingesetzte Substitutionsprozesse jedoch bereits einen Niedergang erwarten lassen.

Neue Geschäftsbereiche (start ups) müssen zusätzlich zur Erfüllung der genannten Kriterien (Anwenderproblem, Substitutionszeitkurve) entsprechende Strategien einschlagen, wenn sie

1 siehe dazu Gälweiler (1987) 26ff., der die Gesamtzusammenhänge zwischen zukünftigen und bestehenden Erfolgspotentialen sowie Erfolg und Liquidität aufzeigt ("Navigationssystem").
2 Gälweiler (1987) 27f.

zu Erfolgspotentialen aufsteigen wollen. Als entscheidend werden dabei die folgenden Faktoren angesehen, die ebenfalls im Rahmen des PIMS-Programms ermittelt wurden:[1]

1. Der Eintritt muss in einen schnell wachsenden Markt erfolgen
2. Es wird bereits von Anfang an ein grosser Marktanteil anvisiert (also kein zögernder Einstieg, sondern gleich mit hohem Mitteleinsatz)
3. Bereits zu Beginn hohe Marketingaufwendungen: mehr als 2% des Volumens des bedienten Marktes
4. Zurverfügungstellung ausreichender Kapazitäten, um den anvisierten Marktanteil auch bedienen zu können
5. Die relative Qualität sollte von Anfang an überdurchschnittlich sein, da sie der ausschlaggebende Faktor ist.
6. Der F+E-Aufwand ist dementsprechend hoch anzusetzen.

Hat eine solche SGE im vierten Jahr noch nicht 15% Marktanteil erreicht, so ist gemäss dieser Untersuchung an eine Aufgabe zu denken, da die weitere Tätigkeit auf diesem Gebiet wenig erfolgversprechend ist.[2]

Nachdem die Untersuchung für alle Geschäftsbereiche durchgeführt wurde, kann eine Klassifizierung der SGE erfolgen.

8.5 **Klassifizierung der SGE**

Ergebnis von Simulation und Potentialanalyse ist eine Aufstellung, die jede SGE gemäss den genannten Kriterien einordnet. Bezüglich der zu ergreifenden Massnahmen ergibt sich folgender Entscheidungsraster:

---

1 Malik (1989) 11ff. Dabei wurde untersucht, welches Verhalten dazu beiträgt, dass man nach vier Jahren einen Marktanteil von 15% erreicht hat. Diese 15% sind der minimale Marktanteil, über den man verfügen muss, um dauerhaft im Geschäft bleiben zu können ("verteidigungsfähiger Marktanteil").
2 Malik (1989) 21

Tab. 12: Klassifizierung der SGE

Schritt							
Simulation	positives Ergebnis			negatives Ergebnis			
heutiges Erfolgs-potential?	PIMS – Faktoren stark	PIMS – Faktoren schwach		PIMS – Faktoren stark		PIMS – Faktoren schwach	
zukünftiges Erfolgs-potential?	entfällt	ja	nein	ja	nein	ja	nein
Gruppe	1	2a		2b		3	4

Bereiche, die nur kurzzeitig (z.B. im ersten Jahr) oder aber erst am Ende der Simulationsperiode zu Mittelabflüssen führen, können in der vorstehenden Entscheidungshilfe als krisenresistent klassifiziert werden.

Je nachdem, welcher Gruppe die einzelnen SGE zuzuordnen sind, können verschiedene Schlussfolgerungen gezogen werden:

1. SGE, die sowohl in der Simulation als auch gemäss der PIMS-Analyse als krisenresistent anzusehen sind, werden beibehalten und sollten in der weiteren Analyse keine Rolle mehr spielen. Einige Massnahmen, wie z.B. der Verkauf von Aktiven, Sale-and-lease-back von Immobilien, etc. können aus unternehmensweiter Sicht noch erwogen werden, wobei all jene Massnahmen in Betracht kommen, die die Ertragskraft der SGE verbessern bzw. nicht vermindern.
2a. SGE, die zwar in der Simulation gut abgeschnitten haben, jedoch gemäss dem Konzept der PIMS-Faktoren als nicht ertragskräftig einzustufen sind, müssen mit besonderer Vorsicht betrachtet werden, da sich erfahrungsgemäss die tatsächlichen Ergebnisse den nach PIMS ermittelten angleichen (Ursache des positiven Simulationsergebnis könnten temporäre Einflüsse sein).[1] Davon ist vermutlich gerade

1 Kreilkamp (1987) 405

auch in Zeiten einer schweren Rezession auszugehen, weshalb an Massnahmen zu denken ist, wie man sich vor der Gefahr einer deutlichen Verschlechterung der Ertragslage schützt.

2b. SGE, deren zu erwartender Netto-Cash-Flow ungenügend ist, die jedoch gemäss dem PIMS-Konzept über überdurchschnittliche Potentiale verfügen, sind ebenfalls mit Vorsicht zu betrachten. Einerseits erlauben die PIMS-Faktoren nur eine generelle Beurteilung der strategischen Positionierung eines Geschäftsbereichs, so dass es dennoch in Zeiten der Rezession zu einer deutlichen Verschlechterung der Ertragslage und des Cash Flow kommen kann. Andererseits ist es denkbar, dass die SGE gegenwärtig schlecht geführt ist, so dass sich bei einem besseren Management auch bessere Simulationsergebnisse ergäben, da diese auf der heutigen Ausgangslage basiert.

Zusätzlich stellt sich in diesen Fällen (2a und 2b) die Frage nach den Zukunftsaussichten der einzelnen SGE. Sollte die Finanzkraft der Gesamtunternehmung nicht ausreichen, so ist an Desinvestitionen zu denken, wobei vorrangig Bereiche zur Disposition stehen, deren Zukunftsaussichten und Simulationsergebnisse unbefriedigend sind. Für jene Bereiche, die beibehalten werden, ist wiederum an risikobeschränkende Massnahmen zu denken.

3. SGE, die sowohl in der Simulation als auch gemäss PIMS-Faktoren als schwach anzusehen sind, sollten dennoch nicht aufgegeben werden, wenn realistisch davon ausgegangen werden kann, dass es sich hierbei um potentielle zukünftige Erfolgspotentiale handelt. Bestehen mehrere derartige Geschäftsbereiche, so ist neben den ebenfalls erforderlichen Massnahmen der Risikobeschränkung eine Prioritätenliste aufzustellen, in der festgelegt wird, welche Bereiche im "Krisenfall" als erste aufzugeben sind.

Dabei muss man sich immer auch fragen, ob es sich wirklich lohnt, einen solchen Geschäftsbereich auch im Verlauf einer Wirtschaftskrise beizubehalten. Bedenkt man beispielsweise den erforderlichen Mitteleinsatz beim Aufbau neuer Geschäftsbereiche (Marketingaufwand von 2% des **Marktvolumens**), so erscheint es als zweckmässiger, die eigenen Ressourcen zu schonen. Vielleicht wäre es möglich, nach Durchschreiten des Depressionstiefs günstig an neue Technologien zu gelangen, z.B. durch den Kauf entsprechender Unternehmen. Eine rasche Aufgabe der eigenen Bereiche könnte so wertvolle Liquidität erhalten, die dann zur Chancennutzung zur Verfügung stände.

4. Ist ein Geschäftsbereich unter allen drei Gesichtspunkten als unattraktiv anzusehen, so sollte an eine Aufgabe gedacht werden. Bevor allerdings ein derartiger Entscheid gefällt wird, sollte nochmals überprüft werden, ob diese SGE wirklich völlig unabhängig von anderen Unternehmensteilen ist und eine Aufgabe folglich die übrigen SGE nicht negativ beeinträchtigt.[1] Wäre dies der Fall, so müsste das Simulationsergebnis dieses Bereichs den verbundenen SGE angelastet werden, was wiederum deren Beurteilung beeinflusst. Ausserdem ist zu prüfen, ob das ungünstige Ergebnis nicht auf Sondereinflüsse, wie z.B. interne Verrechnungspreise, die nicht den tatsächlichen ökonomischen Verhältnissen entsprechen, zurückzuführen ist.
   Dies bedeutet nicht, dass bereits im Vorfeld einer Krise eine Aufgabe zu erfolgen hat. Ebenso ist es möglich, entsprechende Pläne auszuarbeiten, die dann im Falle einer Depression umgesetzt werden.

8.6 Massnahmen im Hinblick auf die Ergebnisse der Unternehmensanalyse

8.6.1 Grundgedanke

Die vorangegangene Analyse der Gesamtunternehmung und der einzelnen Geschäftsbereiche hat gezeigt, welche SGE auch im Falle einer Wirtschaftskrise aller Voraussicht nach einen positiven Cash Flow erwirtschaften und welche umgekehrt eine starke Belastung für die Liquidität darstellen.

---

1 Auch Meffert (1984) 54 weist darauf hin, dass die Verluste von Synergieeffekten und die Risiken für das Gesamtunternehmen vor dem Aufgabeentscheid eingehend geprüft werden müssen.

Nunmehr sind Massnahmen zu bedenken, die der Überlebenssicherung des Gesamtunternehmens dienen und eine Gefährdung durch krisenanfällige SGE soweit als möglich ausschliessen. Grundgedanke dabei ist es, analog zum Fall eines Wundbrandes beim Menschen, durch Amputation einzelner Gliedmassen, also einzelner SGE, das Fortbestehen des Gesamtorganismus Unternehmung zu sichern.

Dabei bieten sich prinzipiell drei Möglichkeiten an:
1. Aufgabe der SGE
2. Vorbereitung der Aufgabe einer SGE
3. Rechtliche Verselbständigung von Geschäftsbereichen und Ausschluss weitergehender Haftung.

Diese Grundverhaltensweisen sollen nachfolgend **knapp** charakterisiert werden.[1]

8.6.2 Aufgabe/Vorbereitung der Aufgabe einer SGE[2]

8.6.2.1 Bestimmung des Aufgabezeitpunkts

Ergibt die Analyse, dass einzelne SGE weder als krisenresistent anzusehen sind noch gegenwärtig oder zukünftig ein Erfolgspotential darstellen (Gruppe 4 und zum Teil 2b), so stellt sich die Frage nach dem Vorgehen bei einer etwaigen Aufgabe des Unternehmensbereichs.

Dabei ist in erster Linie zu klären, ob eine umgehende Aufgabe bereits im Vorfeld einer Wirtschaftskrise zu erfolgen hat oder ob dieser Schritt erst bei tatsächlichem Eintritt einer Depression erfolgt. Doch auch in letzterem Fall sind bereits vorgängig Massnahmen zu ergreifen, die das Risiko für das Gesamtunternehmen beschränken.

---

1 Eine ausführliche Darstellung von Möglichkeiten und Vorgehen würde den Rahmen der vorliegenden Arbeit sprengen, weshalb auf die Literatur verwiesen wird.
2 siehe auch Meffert (1984) 52ff.

Verschiedene Kriterien können bei der Bestimmung des Zeitpunkts einer Geschäftsaufgabe eine Rolle spielen.

Tab. 13: Kriterien zur Bestimmung des Aufgabezeitpunkts einer SGE

Argumente für eine Aufgabe im Vorfeld einer Wirtschaftskrise	Argumente für eine Aufgabe nach Ausbruch einer Wirtschaftskrise
* gegenwärtig schlechte Ertragslage; negative Zukunftsaussichten	* gegenwärtig gute Ertragslage; gute Zukunftsaussichten
* Liquidität ist ungenügend; zu hohe Verschuldung	* Finanzlage erlaubt Durchhalten "schwacher" Geschäftsbereiche
* gegenwärtig sind bessere Preise bei Verkauf von SGE/Aktiven zu erzielen	* Krisenanfälligkeit ist unsicher (z.B.: positive Simulation; schlechte Potentiale)
* äusserst krisenanfälliger Bereich (z.B.: kapitalintensiv, hohe Fixkosten)	* Krisenanfälligkeit steigt erst im Verlauf der Depression
* Bereich befindet sich gegenwärtig in einer Boomphase; (z.B. Luxusgegenstände, Automobile, Unterhaltungselektronik)	* Bereich ist gegenwärtig Zugpferd (z.B. Image) für andere; kann erst im Notfall aufgegeben werden.
* Kaufinteressenten vorhanden	* keine vorgängige Aufgabe von interessanten Bereichen, da Krise nicht kommen muss

Ist der Zeitpunkt einer allfälligen Aufgabe geklärt, so stellt sich das Problem des Vorgehens bei der Verwirklichung des Entscheids. Denkbar sind folgende Massnahmen:[1]

- Liquidation
- Verkauf von Aktiven
- Verkauf von Produktlinien
- Verkauf als organisatorische Einheit (Spin-Off)

Im folgenden sollen nur zwei Grundvarianten kurz umrissen werden.

---

1 Taylor (1988) 6f.

8.6.2.2 Stillegung[1] und Liquidation

Grundsätzlich ist zwischen einer vorübergehenden und einer endgültigen Stillegung zu unterscheiden.[2] Eine vorübergehende Stillegung bietet sich im Krisenverlauf an, wenn so der Mittelabfluss, der aus der Tätigkeit des jeweiligen Geschäftsbereichs herrührt, gemindert werden kann. Entscheidungskriterium für eine solche vorübergehende Stillegung ist im vorliegenden Fall die sogenannte **Liquiditätspreisuntergrenze**, bis zu der alle kurzfristig liquiditätswirksamen Kosten gedeckt sind.[3] Wird eine derartige vorübergehende Stillegung der SGE für den Fall einer Depression beschlossen, so sind die damit verbundenen Ausgaben[4] in der Liquiditätsprojektion (s.o.) zu berücksichtigen.

Eine endgültige Stillegung mit Liquidation der Aktiven bietet sich dann an, wenn die SGE nicht weitergeführt werden soll, die genutzten Ressourcen unternehmensintern keinem anderen Zweck zugeführt werden können und ein Verkauf der SGE an Aussenstehende oder das Management nicht möglich ist.

Vor Ausbruch der deflationären Depression wird es nur selten zur Liquidation eines Geschäftsbereichs kommen, und zwar vermutlich dann, wenn bereits gegenwärtig eine schlechte Ertragslage vorliegt und keine Kaufinteressenten vorhanden sind.

Im Verlauf einer derartigen Wirtschaftskrise wäre jedoch damit zu rechnen, dass die Aufgabe eines Geschäftsbereichs praktisch ausschliesslich in Form der Stillegung zu erfolgen hätte, da mit grosser Wahrscheinlichkeit niemand mehr bereit

---

1 siehe zu dieser Thematik ausführlich Hasenack (1974) Sp. 636ff.

2 Harrmann (1968) 21; Hasenack (1974) Sp. 637f. Alternativ zur vorübergehenden Stillegung wird oftmals **Kurzarbeit** angeregt, so von Hasenack (1974) Sp. 650. Diese genügt in den hier angesprochenen Fällen jedoch nicht, da Kurzarbeit bereits in der Liquiditätsprojektion berücksichtigt wurde.

3 Harrmann (1968) 23f.; siehe dort und bei Hasenack (1974) Sp. 651ff., Schwarz (1979) 45ff. auch für weitere Arten der Wirtschaftlichkeitsberechnung im Zusammenhang mit Stillegungsentscheiden.

4 siehe dazu Hasenack (1974) Sp. 650f.

und finanziell in der Lage wäre, Unternehmen oder Unternehmensteile zu kaufen. Auch würde ein Verkauf von einzelnen Aktiven (Liquidation) - wenn überhaupt - nur zu deutlich ermässigten Preisen möglich sein.

Ist eine weitere Nutzung der vorhandenen Potentiale (Maschinen, Personal, Räumlichkeiten etc.) im Rahmen des Gesamtunternehmens möglich und auch im Hinblick auf eine Deflation sinnvoll (keine Aufrechterhaltung überschüssiger Kapazitäten), so können Teile des aufzugebenden Bereichs der Leistungserstellung anderer Geschäftseinheiten dienen. Dabei ist es auch denkbar, dass die Ressourcen der SGE einem anderen Zweck zugeführt werden, wie z.B. durch Aufbau eines neuen, zukunftsträchtigen Geschäftsbereichs. Allerdings scheint es im Hinblick auf eine drohende Wirtschaftskrise als sinnvoller, die Liquidität durch Verkauf von Aktiven rechtzeitig zu erhöhen, um so besser auf die wirtschaftlichen Turbulenzen vorbereitet zu sein.

Gerade auch diese Massnahmen erfordern eine vorgängige gründliche Planung, unter anderem wegen der damit verbundenen rechtlichen Konsequenzen, in der Bundesrepublik Deutschland zum Beispiel im Bereich der betrieblichen Mitbestimmung.

Nachdem eine SGE nicht unbedingt identisch mit einer organisatorischen Einheit sein muss[1], kann eine solche Geschäftsbereichsaufgabe auch andere Formen annehmen. Möglich wäre beispielsweise die Vergabe von Lizenzen für einen bestimmten Markt oder ein Marktsegment, was sich vor allem im Exportgeschäft anbieten würde. Vorteil einer solchen Lösung wäre eine teilweise Überwälzung des Risikos auf den Lizenznehmer, der, je nach Vertragsausgestaltung, auch bei ungünstigem Geschäftsgang Lizenzgebühren zu entrichten hätte. Das Risiko staatlicher Transferbeschränkungen und einer etwaigen Zahlungseinstellung durch den Vertragspartner bliebe hingegen bestehen, weshalb

---

1 siehe zum Verhältnis von SGE und Organisationsstruktur Gälweiler (1987) 263ff. Zu den organisatorischen Problemen bei Betriebsstillegungen: Schwarz (1979) 51ff.

derartige Erträge nur mit grösster Vorsicht in der Liquiditätsprojektion zu berücksichtigen sind.

8.6.2.3 **Verkauf der SGE**

Diese Form der Aufgabe eines Geschäftsbereichs bietet sich praktisch nur im Vorfeld einer Depression an, da in deren Verlauf, wie bereits mehrfach angedeutet, Käufer nur sehr schwer und zu stark ermässigten Preisen ausgemacht werden könnten. Vermutlich lassen sich in der gegenwärtigen konjunkturellen Situation günstige Verkaufspreise erzielen, die bei tatsächlichem Kriseneintritt auf Jahre, vermutlich Jahrzehnte hinaus, nicht mehr zu erreichen wären.

Grösster Vorteil des Verkaufs einzelner Geschäftseinheiten gegenüber einer Stillegung mit oder ohne Liquidation ist die Verbesserung von Liquidität und Finanzstruktur, da sich im allgemeinen deutlich bessere Preise erzielen lassen als beim Verkauf einzelner Aktiven.

"Die (...) klassischen Vorgehensoptionen für die Abstossung des Objektes sind:
1. Verkauf an der Börse
2. Verkauf an Grossunternehmen
3. Verkauf an Konkurrenten, Lieferanten und Kunden
4. Verkauf an ein externes Investorensyndikat
5. Verkauf an das gegenwärtige Management
6. Verkauf an die Gesamtbelegschaft
7. Verkauf an Gläubiger (Debt-Equity-Swap)"[1]

Diese Varianten sind grundsätzlich auch im Hinblick auf die hier gegebene Problemstellung anwendbar, wobei jedoch eine wesentliche Einschränkung angebracht ist. Jede Art von Verkauf, in der das Mutterunternehmen als Kreditgeber für den Erwerber auftritt, dient nicht den hier angestrebten Zielen. Weder

---

1 Caytas/Mahari (1988) 277f.

die beabsichtigte Risikobeschränkung (nur zum Teil) noch eine Erhöhung der Liquidität liesse sich in einem solchen Fall verwirklichen. Diese Einschränkung gilt namentlich für die derzeit populäre Variante des Management Buyouts, die üblicherweise mit einem hohen Anteil an Fremdfinanzierung verbunden ist.[1]

Als potentielle Käufer kommen eine Vielzahl verschiedener Akteure in Frage, wie die obige Zusammenstellung zeigt. Erfahrungsgemäss sind jedoch gerade die direkten Konkurrenten die besten Ansprechpartner, da diese zumeist über das höchste Synergiepotential verfügen.[2]

Der Verkauf von krisenanfälligen Unternehmensteilen hat nur dann einen Sinn, wenn der Gesamtbesitz oder zumindest die Mehrheit auf den Käufer übergeht. Ein nur teilweiser Verkauf der jeweiligen SGE, z.B. durch eine erhöhte Mitarbeiterbeteiligung, dient lediglich der Liquiditätsbeschaffung in Bereichen, die man auch im Verlauf einer Depression nicht aufgeben will.

Eine Alternative zum Verkauf der Geschäftseinheit ist in der **Verpachtung** zu sehen.[3] Dabei gelten jedoch dieselben Einwände, die schon bei Management Buyouts erhoben wurden. Es ist äusserst unwahrscheinlich, dass die Pächter einer krisenanfälligen SGE in der Depression in der Lage wären, die vereinbarten Zahlungen zu leisten. Lediglich an Stelle einer Geschäftsaufgabe durch Lizenzierung könnte diese Variante Sinn machen, da es der Unternehmung möglich wäre, die Verpachtung an das eigene Management auf den Zeitraum der Depression zu beschränken, was wiederum gerade im Auslandsgeschäft zur Umgehung protektionistischer Eingriffe als interessant erscheint. Allerdings

1 siehe zu dieser Thematik ausführlich: Taylor (1988) 129ff.

2 Bechtler (1986) 7; für weitere Möglichkeiten, potentielle Käufer anzusprechen, sowie zu Fragen der Führung der zum Verkauf anstehenden Einheit und der Verhandlungen, siehe Taylor (1988).

3 Caytas/Mahari (1988) 278

sollte dann nicht mit Mittelzuflüssen aus diesem Bereich gerechnet werden.[1]

8.6.3 **Rechtliche Verselbständigung und Ausschluss weitergehender Haftung**[2]

Diese Lösungsstrategie bietet sich gerade dann an, wenn:

1. ein gefährdeter Geschäftsbereich nicht bereits vor Krisenausbruch aufgegeben werden soll
2. versucht werden soll, auch in Krisenzeiten in diesem Bereich tätig zu bleiben
3. das Ergebnis von Simulation und Potentialanalyse widersprüchlich ist (Gruppe 2a und 2b)
4. es sich um einen Bereich mit ausserordentlich hohem Zukunftspotential handelt, der möglichst lange durchgehalten werden soll (Gruppe 3).

Grundgedanke ist dabei folgender:
Sollte sich das betreffende Geschäftsgebiet im Zuge einer Krise tatsächlich wie befürchtet negativ entwickeln, so kann es im Notfall durch Konkursanmeldung der betreffenden Teilunternehmung aufgegeben werden. Eine weitere Gefährdung des Gesamtunternehmens ergibt sich dann nicht, vorausgesetzt es wurden keine weiteren Garantien oder Bürgschaften abgegeben. Die Gläubiger können dann nur auf die Aktiven der selbständigen Unternehmung durchgreifen, nicht jedoch auf das Restunternehmen. Dabei ist dies selbstverständlich als Notmassnahme gedacht, da durch ein solches Verhalten ohne Zweifel langfristige Beziehungen zu Kreditgebern empfindlich gestört werden. Nichts-

---

1 Eine ähnliche Strategie verfolgt eine der befragten Unternehmungen im Hinblick auf ihre Auslandstöchter. Bei Eintritt einer Depression werden die lokalen Manager Eigentümer der Gesellschaft, um so protektionistischen Eingriffen vorzubeugen. Nach Durchlaufen der Depression hat dann eine Rückübereignung zu erfolgen.

2 Unternehmen, die in stagnierenden oder schrumpfenden Märkten operieren, haben gemäss einer Studie von Meffert (1984) 45 die Möglichkeiten von Rechtsformenänderungen nicht intensiv genutzt.

destotrotz erscheint dieses Vorgehen als durchaus geeignet, wenn es darum geht, wenigstens einen Teil der Unternehmung erfolgreich durch eine solche Turbulenzphase zu manövrieren.

Ein kurzes Beispiel soll diese Überlegungen nochmals verdeutlichen: Gegeben sei eine Autoreparaturwerkstatt, die gleichzeitig einen umfangreichen Handel mit Automobilen betreibt. Wie die vorangegangenen Ausführungen gezeigt haben, wäre vermutlich gerade der Automobilhandel schwer von den hier befürchteten wirtschaftlichen Störungen betroffen. Umgekehrt wäre von einer relativen Krisenresistenz des Reparaturbereichs auszugehen[1], der zusätzlich von dem steigenden Reparaturaufkommen mit zunehmendem Lebensalter der Fahrzeuge profitieren würde.

Um einer Gefährdung des Gesamtunternehmens durch einen Rückgang der Automobilverkäufe vorzubeugen, erfolgt eine Aufspaltung der Unternehmung in zwei Schwesterunternehmen, die rechtlich verselbständigt sind (z.B. Automobilhandels AG und Automobilreparatur AG). Sollte es nun tatsächlich zu einem starken Absatzrückgang bei Automobilen kommen, so wäre es in dieser Ausgestaltung möglich, den Handelsbereich Konkurs gehen zu lassen, um so den Rest des Unternehmens, den krisenresistenten Reparatursektor, zu retten.

Bei allen derartigen rechtlichen Umgestaltungen im Vorfeld einer Depression sind jedoch die steuerrechtlichen Konsequenzen im vornherein abzuklären, da sich oftmals das Problem einer Realisierung stiller Reserven stellen wird.

Eine rechtliche Verselbständigung dient auch der Vorbereitung für eine Aufgabe durch Verkauf oder Stillegung, weshalb sie sich - wie bereits erwähnt - besonders in jenen Fällen aufdrängt, in denen Unsicherheit über die Entwicklung im Verlauf einer Depression besteht, also in den Gruppen 2a, 2b und 3.

---

1 Batra (1988b) 69

8.7 Zusammenfassung

Ziel der Unternehmensanalyse ist es, die einzelnen SGE bezüglich ihrer Krisenresistenz und der gegebenen und zukünftigen Erfolgspotentiale zu untersuchen. Hilfestellung bieten dabei die Erfahrungen der 30er Jahre und die vorliegenden betriebswirtschaftlichen Kenntnisse.

Ergebnis dieses Untersuchungsschrittes ist eine Zusammenstellung, die die einzelnen Geschäftseinheiten klassifiziert und einen grundsätzlichen Entscheid bezüglich Massnahmen der Risikobeschränkung für den Fall einer Depression ermöglicht. Grundlage bildet dabei die Überlegung, dass das Überleben der Gesamtunternehmung um so besser gesichert werden kann, je mehr krisenanfällige Bereiche ausgegliedert oder gar aufgegeben werden.

Die rechtlichen Umgestaltungen und die Aufgabe von einzelnen SGE bilden nun die Basis für jene Massnahmen, die in den übrigen Geschäftsbereichen und unternehmensweit zu ergreifen sind. Dabei geht es vor allem um die Erreichung der in der Simulation angesetzten Einsparungen, eine weitere Risikobeschränkung und die Wahrnehmung von Chancen.

9 MASSNAHMEN IM HINBLICK AUF EINZELNE BILANZPOSITIONEN[1]

9.1 Umlaufvermögen

9.1.1 Liquidität[2]

9.1.1.1 Höhe der Liquidität

Die Simulation der Liquiditätsveränderung auf Ebene der Gesamtunternehmung (prospektive Kapitalflussrechnung) hat gezeigt, mit welchen Belastungen der Liquidität im Verlauf einer Depression zu rechnen wäre. Summiert man die einzelnen Jahresergebnisse, so lässt sich der vor Krisenausbruch erforderliche Liquiditätsbestand ermitteln, über den die Unternehmung verfügen muss, um eine deflationäre Depression überstehen zu können.

Zusätzlich zu der so ermittelten Mindestliquidität empfiehlt es sich, eine "Überschussreserve" anzulegen, die für den Fall bereitsteht, dass sich die Annahmen der Liquiditätsprojektion als zu optimistisch erweisen.

Hinzu kommen frei verfügbare Mittel, die zur Chancenwahrung bereitgestellt werden. Die Höhe dieses Betrages hängt von der Finanzkraft der jeweiligen Unternehmung und den entsprechenden Plänen[3] der Geschäftsleitung ab.

Generell lässt sich jedoch sagen, dass das Halten von Liquidität in einer Deflation, im Unterschied zur Inflation, als äusserst **attraktiv** erscheint. In einem Umfeld, in dem Warenpreise sinken und Sachaktiven an Wert einbüssen, weist selbst Bargeld einen positiven Realzins auf. Deshalb ist es von Nutzen, über einen möglichst hohen Bestand an liquiden Mitteln

---

1 Da es nicht Ziel der vorliegenden Arbeit sein kann, grundlegendes betriebswirtschaftliches Wissen zu repetieren, wird zur Vertiefung auf die umfangreiche Literatur verwiesen.

2 "Liquidität ist zwar an sich kein Eigenziel, aber in unsicheren Zeiten wird sie zu einer Restriktion, die für das Überleben eines Betriebes entscheidend sein kann."; Drucker (1980) 20f. "In tough times, debt is a drag and cash is king."; Shilling (1989) 7

3 siehe dazu ausführlich unter 12.

zu verfügen, selbst wenn dieser den erforderlichen Betrag übersteigt.

9.1.1.2 Massnahmen zur Erhöhung der Liquidität

Oftmals wird die Analyse der Unternehmung ergeben, dass die erforderliche Liquidität den gegenwärtigen Bestand deutlich übersteigt. Dann sind neben den üblichen Massnahmen der Liquiditätsverbesserung, wie z.B. Lagerabbau, Kostensenkung und Reduzierung der Durchlaufzeiten[1], beispielhaft folgende Massnahmen denkbar:

1. Aufgabe von weiteren Geschäftsbereichen durch Verkauf oder Liquidation. Dabei stehen vor allem jene SGE zur Disposition, die in der Simulation schlecht abgeschnitten haben und über keinerlei Zukunftspotentiale verfügen (Gruppe 2b). Vorteil wäre eine Erhöhung der Liquidität bei gleichzeitiger Minderung der jährlichen Belastung.
2. Verkauf von nicht betriebsnotwendigen Aktiven, wie z.B. Wohnimmobilien, Grundstücken und auch Kunstwerken. Diese Verkäufe sind besonders deshalb empfehlenswert, weil auch hier derzeit Spitzenpreise zu erzielen sind, die im Fall einer Depression auf Jahrzehnte hinaus nicht mehr zu erwarten wären. Dies gilt namentlich für Kunstgegenstände und Antiquitäten, da in diesen Märkten ein anhaltend **exponentieller** Preisanstieg nötig wäre, um den Käufern eine angemessene Verzinsung des eingesetzten Kapitals zu ermöglichen.[2] Davon ist jedoch realistischerweise nicht auszugehen, da die Nachfrage mit zunehmender Ausschöpfung der Verschuldungskapazität zurückgehen wird. Wie bereits oben dargelegt, steigt mit abnehmender Preissteigerungsrate die Gefahr

---

1 siehe dazu und zu anderen Methoden der Liquiditätserhöhung z.B. Weber et al. (1984). Für weitere, z.T. unkonventionelle und vermutlich nur beschränkt praktikable Methoden der Liquiditätsbeschaffung siehe Silver (1988). Allerdings sollten die von ihm angeregten Methoden, die ein erhöhtes Leverage bedeuten (LBOs etc.), auf keinen Fall ergriffen werden, da sie für den Fall einer Deflation denkbar ungeeignet wären.

2 Dies ergab eine Studie der Universität Zürich; Frey/Serna (1989)

eines heftigen Preissturzes, sobald die Zinskosten über den Wertzuwächsen liegen.[1]
Gerade auch der hohe Anteil an Fremdfinanzierung erhöht die Anfälligkeit der genannten Märkte. Ist das betreffende Aktivum beliehen, so bestünde - wie bereits oben erwähnt- im Zuge einer schweren Rezession die Gefahr, dass der Gläubiger bei einem Wertverlust des Objekts eine vorfristige (Teil-) Tilgung des Kreditbetrages fordert, was dann zu einer zusätzlichen Liquiditätsbelastung führen würde. Dies ist ein weiterer wichtiger Grund für den Verkauf gefährdeter Aktiva im Vorfeld der befürchteten Depression.

3. Sale-and-lease-back wäre bei betriebsnotwendigen Aktiven das Pendant zum einfachen Verkauf der übrigen Sachwerte.[2] Der umgehenden Verbesserung der Liquidität steht in diesem Fall jedoch eine fixe Belastung durch laufende Zahlungen entgegen. Dennoch erscheint diese Massnahme unter Umständen als sinnvoll, und zwar dann, wenn der Liquidationserlös deutlich grösser ist als die kumulierte Liquiditätsbelastung in den nächsten 5-7 Jahren. Dann stehen die aus dem Verkauf zufliessenden Mittel im Verlauf der Depression teilweise zu anderen Zwecken zur Verfügung und können so zur Überlebenssicherung, aber auch zur Chancenwahrung dienen. Die Gefahr an dieser Variante der Liquiditätsbeschaffung liegt jedoch darin, dass der Leasinggeber bei Ausbleiben der vereinbarten Zahlungen eine Zwangsverwertung vornimmt und Schadenersatzansprüche stellt, die zu einem Untergang des betreffenden Unternehmens führen können.[3] Deshalb sind derartige Massnahmen vorgängig gründlich zu überprüfen, und die Liquiditätsbelastung ist in der Projektion zu berücksichtigen.[4] Letztlich handelt es sich auch beim Leasing um eine - noch dazu teuere - Fremdfinanzierung, wobei der wohl einzige Vorteil darin zu sehen ist, dass der Liquidations-

---

1 siehe oben unter 3.3.2; Martin/Lüftl (1986) 259ff.
2 Empfohlen von Weber et al. (1984) 35, Schierenbeck (1981) 210; für eine Charakterisierung des Leasings siehe Boemle (1983) 314ff.
3 Büschgen (1971) 139. Der Leasingnehmer kann im Unterschied zum Eigentümer einer Anlage nicht auf volle Kostendeckung verzichten; Boemle (1983) 317
4 für ein Beispiel siehe Baur (1979) 161f.

erlös anderen Zwecken zugeführt werden kann.[1] Nachteilig ist jedoch, dass aufgrund der Refinanzierung der Leasinggesellschaft deren Konzessionsfähigkeit und -bereitschaft vermutlich geringer ist als die einer Bank.[2] Herabsetzungen der Leasingraten im Verlauf der Depression wären somit schwerer zu erzielen als Zins- und Tilgungsstreckungen.

Zur Beschränkung der aus dem Leasing erwachsenden Risiken wäre wiederum an die Gründung einer selbständigen Unternehmung, die als Leasingnehmer auftritt, zu denken. Wie bereits oben dargestellt, wäre so im Zuge eines Konkurses ein Durchgriff der Gläubiger auf das Restunternehmen nicht möglich.

Ein weiterer Nachteil des Sale-and-lease-back liegt darin, dass die Unternehmung nicht vom Preisverfall bei Sachwerten profitieren könnte, da die Leasingraten bereits im voraus fixiert sind. Auch aus diesem Grunde erscheint die Massnahme als nur beschränkt empfehlenswert.

Alternativ wäre die Miete des betreffenden Objekts nach dem Verkauf zu erwägen, da in diesem Fall der Käufer das gesamte Preisrisiko übernehmen würde.[3] Zudem wäre es leichter möglich, Mietsenkungen oder eine Vertagskündigung durchzusetzen. Anders als beim Financial-Leasing wäre es der Unternehmung dann auch möglich, z.B. von dem zu erwartenden Preisverfall bei Immobilien zu profitieren und im Zuge der Depression günstig Immobilien zu erwerben.

4. Eine erhöhte Mitarbeiterbeteiligung könnte ebenfalls zu einer Verbesserung der Liquidität beitragen. Diese wäre besonders in Geschäftsbereichen anzustreben, die trotz schlechtem Simulationsergebnis beibehalten werden sollen. Ausserdem könnte diese Beteiligung zu einer erhöhten

---

1 Boemle (1983) 317

2 Auf diesen Tatbestand verweist Büschgen (1971) 139. Im Zuge einer deflationären Depression ist m.E. spätestens dann, wenn die wahren Ausmasse der Krise erkannt werden, mit einer grossen Konzessionsbereitschaft bei den Kreditgebern zu rechnen. Ziel muss demzufolge sein, den Zeitpunkt finanzieller Schwierigkeiten - wenn sie nicht ausgeschlossen werden können - soweit als möglich aufzuschieben. Dazu kann Sale-and-lease-back einen Beitrag leisten.

3 gilt auch für das Operating Leasing; Büschgen (1971) 139

Leistungsbereitschaft und zu einer grösseren Akzeptanz von einschneidenden Massnahmen in der Depression beitragen. Gegenwärtig wäre die Beteiligung der Mitarbeiter, anstelle von Gehaltserhöhungen zu erwägen, da so ein weiterer Anstieg der Fixkosten zum Teil verhindert werden könnte.
Gleichen Effekt auf die Liquidität hätte eine Beteiligung des Managements oder von Aussenstehenden.

5. Auch eine Erhöhung des Eigenkapitals, die bei der derzeitigen wirtschaftlichen Lage leichter möglich sein wird, kann zu einer Verbesserung der Liquidität beitragen. Diese Variante ist besonders interessant, da auf diese Weise auch eine Verbesserung der Finanzstruktur und eine Verringerung der jährlichen Liquiditätsbelastung erreicht werden kann (Dividendenausschüttungen können unterbleiben).

Weitere Massnahmen sind je nach den gegebenen Verhältnissen sicherlich denkbar. Hauptziel muss es dabei sein, die laufende Liquiditätsbelastung durch Zinsendienst und Tilgungsraten möglichst nicht weiter zu erhöhen.

9.1.1.3 **Form der Liquiditätshaltung**[1]

Nachdem der erforderliche Bestand an Liquidität erreicht wurde, stellt sich die Frage nach deren vorübergehender Anlage. Obwohl Bargeld im Verlauf einer Deflation einen positiven Realzins aufweist, ist es zum gegenwärtigen Zeitpunkt unumgänglich, die frei verfügbaren Mittel ertragsbringend anzulegen. Dabei stehen prinzipiell folgende Möglichkeiten zur Auswahl:

- Termineinlagen
- kurzlaufende Staatspapiere
- übrige festverzinsliche Wertpapiere
- Aktien und andere EK-bezogene Anlageformen (Partizipationsscheine, Wandel- und Optionsanleihen).

---

1 siehe auch Schierenbeck (1980) 330f., Batra (1988b) 137ff.

Entscheidungskriterien für die Wahl der Anlageform sind v.a. ein grösstes Mass an Sicherheit und eine rasche Verfügbarkeit der Mittel. Termineinlagen bei namhaften Geschäftsbanken erfüllen diese Kriterien, jedoch ist im Verlauf einer etwaigen Wirtschaftskrise mit zunehmenden Schwierigkeiten im Bankensystem zu rechnen. Somit besteht die Gefahr von Verlusten oder zumindest einer Beschränkung der Verfügbarkeit von Einlagen.

Zum gegenwärtigen Zeitpunkt ist das Risiko bei kurzfristigen Anlagen als gering anzusehen, da zu Beginn der Turbulenzphase vermutlich bei Fälligkeit immer noch eine Umschichtung der betreffenden Mittel erfolgen kann. Voraussetzung ist allerdings eine exzellente Bonität des Schuldners, weshalb von Treuhandanlagen am Euromarkt abzuraten ist, auch wenn sich so Quellensteuern, wie die Verrechnungssteuer in der Schweiz, umgehen lassen.

Alternativ bietet sich eine Anlage in erstklassigen Industrieanleihen und Staatspapieren an. In diesen Fällen sollte jedoch nur an Papiere mit kurzer Restlaufzeit gedacht werden, wofür zwei Gründe sprechen:

1. Das Risiko einer Zahlungseinstellung wird im Verlauf der befürchteten Depression steigen. In den ersten 1-2 Jahren würden die derzeit als erstklassig eingestuften Schuldner (AAA) jedoch voraussichtlich ihren Verpflichtungen nachkommen.
2. Es besteht die Gefahr von Kursverlusten durch Notverkäufe von anderen Anlegern. Diese können durch die Beschränkung auf eine kurze Restlaufzeit in Grenzen gehalten werden.[1]

Aus Bonitätsgründen sollte eventuell auf die Anlage in Unternehmensanleihen ganz verzichtet werden, da nicht vorausgesagt werden kann, ob das jeweilige Unternehmen auch in einer schweren

---

1 Dabei spielt auch eine Flucht in qualitativ hohe Anleihen eine Rolle. Es sei an dieser Stelle daran erinnert, dass Anleihen geringerer Bonität (AA und weniger) in der grossen Depression in den USA heftigste Kursverluste hinzunehmen hatten.

Depression in der Lage wäre, seinen Verpflichtungen nachzukommen.

Hinzu kommt das nicht auszuschliessende Risiko eines Leveraged Buyouts, der zu heftigsten Kursverlusten bei den Obligationen führen würde.[1]

Aktien und andere EK-bezogene Anlageformen sind zur vorübergehenden Anlage der zur Bewältigung einer Depression notwendigen Mittel nicht geeignet. Zu gross ist die Gefahr von schwersten Verlusten im Verlauf einer solchen Krise.[2] Aus diesem Grunde ist von einer Anlage in dieser Wertpapierkategorie abzusehen.

Eine Ausnahme würden Papiere jener Unternehmen darstellen, die von der Krise profitieren. Praktisch könnten dies nur Unternehmen mit festen Abnahmekonditionen sein, die durch den allgemeinen Kostenrückgang höhere Gewinne erzielen. In den 30er Jahren war diese Konstellation bei den Goldminen gegeben, da das amerikanische Schatzamt jede beliebige Menge zum offiziellen Ankaufskurs übernahm.

Heutzutage stellt sich die Lage jedoch grundlegend anders dar. Der Weltmarktpreis von Gold liegt deutlich über den offiziellen Ankaufskursen der Notenbanken (42,22 US-$ pro Unze). Die Kursentwicklung der Minenaktien hängt somit stark von der effektiven Goldpreisentwicklung ab. Dabei ist es durchaus denkbar, dass die allgemeine Liquiditätsknappheit zu Goldverkäufen und damit deutlich tieferen Preisen führt.[3]

Beste Anlageform sind demzufolge Festgeldanlagen und Staatspapiere mit kurzer Restlaufzeit. Bei Fälligkeit ist es dann möglich, den Wiederanlageentscheid je nach tatsächlicher

---

1 siehe dazu auch die Ausführungen unter 3.3.1.

2 So betrugen die Kursverluste zwischen September 1929 und Juni 1932 an der Wall Street im Index rund 84%; Kindleberger (1973) 115

3 Goldminenaktien waren die einzigen, die in den Jahren 1929-33 deutliche Gewinne zu verzeichnen hatten; siehe zu dieser Thematik Martin (1985) 333ff., Martin/Lüftl (1986) 451

Wirtschaftslage zu treffen. Dabei muss an dieser Stelle allerdings darauf hingewiesen werden, dass angesichts der bestehenden Verschuldung auch mit Zahlungseinstellungen von Staaten zu rechnen wäre.[1] Deshalb sollte auch die Anlage in Staatspapieren nur vorübergehend erfolgen.

Zusätzlich sollte in Erwägung gezogen werden, bereits zum gegenwärtigen Zeitpunkt einen grösseren Teil der benötigten finanziellen Mittel frei zugänglich, bar zu halten. Bankschliessungen und Zahlungseinstellungen wären nämlich auch zu Beginn der krisenhaften Entwicklung denkbar. Doch nützt die bereitgestellte Liquidität nichts, wenn nicht frei über sie verfügt werden kann. Der dabei eintretende Zinsverlust ist dann als **"Versicherungsprämie"** aufzufassen.

Vermutlich empfiehlt sich eine Aufteilung der flüssigen Mittel auf Festgeld, kurzlaufende Staatsanleihen und Bargeld. Dabei sollte mit zunehmenden Turbulenzen der Anteil an Festgeldern zugunsten einer erhöhten Bargeldhaltung reduziert werden.

9.1.2 Debitoren

Gerade bei den ausstehenden Forderungen wäre im Zuge einer schweren Wirtschaftskrise mit heftigsten Verlusten zu rechnen. Schon in den vergangenen Rezessionen, die bei weitem nicht ein derartiges Ausmass angenommen haben, waren besonders auf dieser Position Einbussen zu verzeichnen. Ziel der Massnahmen in diesem Bereich muss es folglich sein, die Verlustrisiken zu vermindern, um nicht von anderen Unternehmen mit in den Strudel gerissen zu werden.[2]

Aus diesem Grunde sollte der Bestand an Debitoren möglichst tief gehalten werden, wobei allerdings die Pflege langfristiger

---

1 Die Staaten werden dazu neigen, Zinszahlungen zu kürzen und Tilgungen auszusetzen, um statt dessen konjunkturbelebende Massnahmen zu ergreifen.

2 "Ein derartiges Übergreifen ist gerade eine der Hauptursachen für Insolvenzen mittelständischer Unternehmen."; Linke (1982) 146

Kundenbeziehungen und Branchengepflogenheiten eine Verkürzung von Zahlungszielen oftmals verunmöglichen. Dennoch sollten zumindest eine strenge Bonitätsprüfung und eine straffe Durchsetzung der Einhaltung von Zahlungszielen erfolgen.

Nachdem in einer Depression auch heute noch als erste Adressen angesehene Kunden rasch in Schwierigkeiten geraten könnten, ist an weitere Massnahmen der Risikobeschränkung zu denken.

Möglich wären:
1. Versicherung gegen Debitorenverluste
2. Factoring
3. Forfaitierung

Diese Formen der Risikoüberwälzung sollen nachfolgend kurz dargestellt werden.

Prinzipiell bieten sich drei Arten von Kreditversicherungen an, die auf die hier gegebene Problemstellung Anwendung finden können:[1]

Die **Warenkreditversicherung** schützt vor Verlusten bei Zahlungsunfähigkeit des Abnehmers. Üblicherweise wird ein Mantelvertrag abgeschlossen, wonach der gesamte Warenumsatz mit mittleren und grossen Kunden versichert wird. Allerdings besteht grundsätzlich ein bestimmter Selbstbehalt des Versicherungsnehmers, so dass die Verlustgefahr zwar deutlich vermindert, nicht jedoch völlig ausgeschlossen werden kann.[2]

Eine Variante der Warenkreditversicherung ist in der **Teilzahlungskreditversicherung** zu sehen, mit der die Risiken aus Teilzahlungsverkäufen abgedeckt werden können.

Speziell auf das Exportgeschäft zugeschnitten ist die **Ausfuhrkreditversicherung**, die neben dem wirtschaftlichen auch das

---

1 Büschgen (1971) 77ff.
2 Büschgen (1971) 81. Üblicherweise trägt der Versicherungsnehmer 30% des Forderungsausfalls selbst; Linke (1982) 146

politische Risiko (Transferrisiko) abdeckt. Ebenso wie bei den beiden anderen Formen der Kreditversicherung ist auch hier keine Deckung der potentiellen Verluste zu 100% möglich.

Eine weitere Möglichkeit der Risikoüberwälzung im Bereich der Kundenforderungen, ist im **Factoring** zu sehen. Dabei handelt es sich im Grunde um "(...) die Abtretung von Forderungen aus Lieferungen und Leistungen an ein spezielles Finanzierungsinstitut, das diese Forderungen bevorschusst (...)"[1] Meist werden noch zusätzlich andere Dienstleistungen, wie z.B. die Debitorenbuchhaltung übernommen.

Durch eine Zusatzvereinbarung ist es möglich, das Delkredererisiko auf den Factor zu übertragen.[2] Vorteil dieser Lösung gegenüber der reinen Kreditversicherung ist neben der vollen Übernahme des Ausfallrisikos die unmittelbare Verbesserung der Liquidität. Erfahrungsgemäss dauert es bei der Warenkreditversicherung Monate, bis ein allfälliger Schaden gedeckt wird.[3] Diese Fristen würden sich in einer Depression mit Sicherheit verlängern, wobei zusätzlich die Gefahr einer Zahlungsverweigerung durch die Versicherung besteht. Durch die Bevorschussung der Forderung durch den Factor ist sichergestellt, dass die Unternehmung nicht lange auf ihr Geld warten muss.[4] Dieser Vorteil wird mit höheren Kosten erkauft, die jedoch m.E. durchaus in Relation mit dem verminderten Risiko stehen.

Als Alternative zur Ausfuhrkreditversicherung bietet sich eine **Forfaitierung** an. "Forfaitierung ist der Ankauf von Forderungen ohne Rückgriff auf vorherige Inhaber, wobei die Forderungen in der Zukunft fällig werden und aus der Lieferung von Waren

---

1 Schierenbeck (1981) 65; siehe dazu Boemle (1983) 126f., Peter (1973)
2 siehe dazu Peter (1973) 23ff.
3 Ausserdem ist der Versicherte gezwungen, den Schaden zu beweisen (Beweislast); Ostrowski (1989) 19
4 Beim Factoring wird spätestens 120 Tage nach Fälligkeit der Forderung bezahlt, auch dann, wenn der Konkurs des Debitors noch nicht feststeht; Ostrowski (1989) 19

oder Dienstleistungen herrühren."[1] Voraussetzung ist eine Kreditlaufzeit von maximal 10 Jahren, die Vereinbarung von Ratenzahlungen sowie die Garantie durch eine angesehene Bank.[2] Der Nachteil dieser Form der Risikoüberwälzung ist einzig und allein in den mit ihr verbundenen hohen Kosten zu sehen. Ebenso wie beim Factoring steht dem jedoch die sofortige Verfügbarkeit der Mittel gegenüber, während die Versicherung erst Monate nach Schadenseintritt Zahlungen leistet. In dieser Zeit fehlt jedoch die Liquidität, was unter Umständen zum Untergang der Unternehmung führen könnte.

Zusammenfassend lässt sich also schliessen, dass Factoring und Forfaitierung zwar mit höheren Kosten verbunden sind, jedoch umgehend zu einer Verbesserung der Liquidität beitragen und - bei entsprechender Vertragsausgestaltung - eine völlige Überwälzung des Risikos ermöglichen.

Diese Strategien der Risikoüberwälzung sind geeignet, das Verlustrisiko in der Anfangsphase der Depression zu vermindern. Sobald die wirtschaftlichen Turbulenzen allgemein offensichtlich werden, ist davon auszugehen, dass weder Versicherungen noch Finanzierungsinstitute bereit sind, weiterhin derartige Risiken zu übernehmen. Auch wäre mit einem deutlichen Ansteigen der Prämien bzw. Gebühren zu rechnen. Deshalb wäre in der Depression auf einen möglichst geringen Bestand an Forderungen zu achten und nach Möglichkeit nur noch gegen Barzahlung zu liefern. Der damit verbundenen Gefahr der Abwanderung von Kunden steht eine erhöhte Sicherheit und eine grössere Überlebensfähigkeit der Unternehmung entgegen.

---

1 Guild/Harris (1988) 13; siehe dort auch für eine ausführliche Charakterisierung dieses Instruments.
2 Guild/Harris (1988) 26

9.1.3 **Wertschriften**

Die Gefahren einzelner Anlageformen wurden bereits unter 9.1.1.3 diskutiert. Es empfiehlt sich, das bestehende Wertschriftenportefeuille ebenfalls an den dort genannten Kriterien auszurichten, weshalb von risikoträchtigen Anlageformen soweit als möglich abzusehen ist. Je nach Umfang des Wertpapierbestandes ist auch an einen Abbau zugunsten von Termineinlagen und Bargeld zu denken.

9.1.4 **Lager**

Gerade in den Lagerbeständen sind oftmals erhebliche finanzielle Mittel gebunden, so dass im Hinblick auf eine möglichst hohe Liquidität vor Ausbruch der befürchteten deflationären Depression eine möglichst tiefe Lagerhaltung anzustreben ist.[1] Hilfreich ist dabei der Einsatz modernster Technologie sowie die Überwälzung der Lagerhaltung auf die Zulieferer, die parallel zum Produktionsablauf liefern ("just in time").[2]

Dabei sind Lieferverträge **nicht** zu festen Konditionen einzugehen, damit auch vom zu erwartenden Preisverfall bei den Zulieferteilen profitiert werden kann. Alternativ wäre die Bindung der Einkaufspreise an die eigenen Verkaufspreise oder einen Preisindex (Produzentenpreise, CRB-Index) anzustreben.

Gerade bei den **Rohstoffen** ist auf eine tiefe Lagerhaltung zu achten. Bedenkt man die potentiellen Verluste, die im Zuge einer Deflation auf Lagerbeständen eintreten könnten, so erkennt man schnell, dass diese zu einer akuten Unternehmenskrise führen können. Auch sollte nicht der Fehler gemacht werden, bei vermeintlich tiefen Preisen die Lager deutlich aufzustocken. Setzt die deflationäre Entwicklung in vollem Umfang ein, so sind Preistiefststände zu erwarten, die seit

---

1 Shilling (1989) 7
2 siehe zu Möglichkeiten der Bestandssenkung Weber et al. (1984) 74ff.

Jahrzehnten nicht mehr zu verzeichnen waren (siehe dazu Tab.2 oben). Wie gefährlich überhöhte Lagerbestände und ein verfrühter Aufkauf von Rohstoffen sein können, zeigt das Beispiel der **Nordwolle AG**, deren Zusammenbruch einer der Auslöser der deutschen Bankenkrise im Jahr 1931 gewesen ist.[1]

Eine ebenso strenge Handhabung der Bestände an Halb- und Fertigfabrikaten ist angebracht. Auch hier ist es computergestützt meist möglich, trotz niedriger Lagerbestände eine hohe Lieferbereitschaft aufrechtzuerhalten.

Unabhängig von der weiteren wirtschaftlichen Entwicklung stellt eine effiziente Lagerbewirtschaftung einen der zentralen Faktoren für die Wettbewerbsfähigkeit der Zukunft dar.

9.2 Anlagevermögen

9.2.1 Maschinen und Anlagen

Im Zuge des Rückgangs der betrieblichen Leistungserstellung und dem abnehmenden Wert der erstellten Produkte, wäre im Verlauf einer Depression mit einem erheblichen **Abschreibungsbedarf** zu rechnen, sollen die handelsrechtlichen Bewertungsvorschriften eingehalten werden.[2]

Dies läge zum einen an den zunehmenden Überkapazitäten, die Sonderabschreibungen auf den nicht mehr genutzten Anlagen erforderlich machten. Hinzu kämen die sinkenden Wiederbeschaffungspreise, da angesichts der allgemeinen Investitionskürzungen gerade im Bereich des Maschinen- und Anlagenbaus von deutlichen Preisrückgängen auszugehen wäre.

Aus diesem Grunde wären in einer Depression erhebliche Abschreibungen auf dieser Position vorzunehmen. Allerdings ist es denkbar, dass angesichts der schlechteren gesamtwirtschaftlichen

---

1 siehe dazu Abraham (1933) 41ff.

2 Generell gilt, dass der Wert des Anlagevermögens durch den Ertragswert der Unternehmung bestätigt werden muss; Helbling (1987) 70

Lage die Buchprüfer auf eine umgehende Berücksichtigung der Wertverluste verzichten. Letzteres auch gerade deshalb, weil die Dauer der Krise unterschätzt und das gedrückte Preisniveau deshalb als aussergewöhnlich und vorübergehend angesehen würde.

Gegenwärtig sollte von weiteren Investitionen abgesehen werden[1], wofür mehrere Gründe sprechen:
- keine weitere Erhöhung des Fixkostensockels
- geringere Gefahr erheblicher Überkapazitäten im Verlauf der befürchteten Depression
- die Vornahme von Investitionen wäre in einer Krise billiger
- durch den Aufkauf von Konkurrenten könnten in einer Depression billiger Produktionskapazitäten erschlossen werden

Demzufolge sollten die Möglichkeiten der **Auswärtsvergabe** von Arbeiten geprüft werden. So wäre es möglich, bestehende Fixkosten zu reduzieren und einen weiteren Anstieg zu verhindern. Dabei sollten jedoch keine festen Abnahmekonditionen vereinbart werden, sondern es sollte eine Bindung an die eigene Absatzlage oder allgemeine Preisindices erfolgen.

Darüber hinaus sind Möglichkeiten einer besseren Auslastung der vorhandenen Kapazitäten, durch Überstunden und Schichtarbeit, zu analysieren.

Selbstverständlich kann angesichts der **Gefahr** wirtschaftlicher Verwerfungen nicht auf die normale Weiterführung der betrieblichen Tätigkeit verzichtet werden, da eine Wirtschaftskrise nicht mit Gewissheit vohergesagt werden kann. Aus diesem Grunde sollte bei unbedingt notwendigen Investitionsvorhaben an Möglichkeiten der Risikobeschränkung gedacht werden. Denkbar ist wiederum die Ausgliederung investitionsintensiver Geschäftsbereiche durch rechtliche Verselbständigung.

---

1 wird auch von Batra (1988b) 81 angeregt.

Zusätzlich sollte bei Neuanschaffungen auf eine möglichst vielfältige Verwendbarkeit der Anlagen geachtet werden.[1] Diese erleichtert die Umstellung auf andere Produkte und trägt so zu einer grösseren Flexibilität im Krisenverlauf bei. Auch wäre eine - wenn auch nur geringfügig - grössere Wahrscheinlichkeit gegeben, dass die betreffende Anlage in der Depression verkauft werden könnte.

9.2.2 Beteiligungen

Bei den Beteiligungen hat eine Analyse wie jene, die unter 8 dargestellt wurde, zu erfolgen. Je nach Krisenresistenz und strategischer Positionierung sind ähnliche Entscheide zu treffen wie im Hinblick auf einzelne SGE.
Nachdem es sich bei den Beteiligungen bereits um rechtlich selbständige Einheiten handelt, ist lediglich auf weitere risikobeschränkende Massnahmen zu achten. So sollten noch bestehende Liberierungspflichten bei Aktien und eine allfällige **Nachschusspflicht** bei Genossenschaften Berücksichtigung finden.

Zusätzlich ist an den im Verlauf einer Depression zu erwartenden Abschreibungsbedarf zu denken.[2]

Vermutlich empfiehlt es sich, Anteile an krisenanfälligen Unternehmen aufzugeben und den Verkaufserlös zur Verbesserung der eigenen Liquiditätsposition zu verwenden. Soll die Beteiligung an anfälligen Unternehmen - z.B. an Lieferanten - aus geschäftspolitischen Gründen beibehalten werden, so sind der voraussichtliche Abschreibungsbedarf und die unter Umständen erforderlichen Stützungsmassnahmen zu berücksichtigen. Auch hier sind die Risiken für das Kernunternehmen möglichst gering zu halten, weshalb keine Garantien oder Bürgschaften abgegeben werden sollten. Sind diese und eventuelle Nachschusspflichten

---

1 Auch Büschgen (1971) 96 fordert, bereits bei der Investitionsplanung darauf zu achten, dass eine Unternehmung über verschiedene technologische Fertigungsverfahren verfügt.
2 Ungenügender Ertrag ist ein Grund für Wertminderung; Helbling (1987) 59

nicht auszuschliessen, so ist wiederum eine rechtliche Verselbständigung der Holdinggesellschaft anzustreben.

Für einen Verkauf von Beteiligungen sprechen die derzeit erzielbaren Höchstpreise. Wie nach jeder Fusions- und Übernahmewelle sind auch in Zukunft deutlich tiefere Preise zu erwarten[1], weshalb gegenwärtig der Zeitpunkt zum Verkauf ist und erst in Zukunft der gezielte Kauf attraktiver Unternehmen zu erfolgen hat (s.u. 12).

9.2.3 **Immobilien**[2]

Gerade bei Immobilien wäre, wie bereits oben mehrfach angesprochen, in einer deflationären Depression mit heftigsten Werteinbussen zu rechnen. Welches Ausmass diese annehmen würden, hängt zum einen von Art und Lage der Liegenschaft ab, zum anderen vom Grad an Fremdfinanzierung im betreffenden Immobilienmarkt. Generell lässt sich sagen, dass eine hohe Fremdfinanzierung die Krisenanfälligkeit erhöht und entsprechend schwerere Verluste befürchten lässt. Ursache ist die bei eintretenden Wertverlusten denkbare Nachschusspflicht bei Hypotheken, die zu Notverkäufen und einer deflationären Spirale führen kann.

Je nach Art der Immobilien sind unterschiedliche Ausmasse des Wertverfalls zu berücksichtigen.

Bei **Wohnimmobilien** sind deutliche Einbrüche zu erwarten, was vor allem auf zwei Ursachen zurückzuführen wäre:

1. sinkende Mieten[3]
2. höhere Leerstandsraten, da wieder mehr Menschen gemeinsam eine Wohnung nutzen werden (Abnahme der Single-Haushalte)

---

1 Faber (1988) 355
2 siehe auch Batra (1988b) 173ff.
3 In den USA sanken die Mieten zwischen 1929 und 1933 um immerhin 29%; siehe Anhang 2.

Eine Kombination dieser Einflüsse lässt einen Wertverfall von ca. 50% als möglich erscheinen, der zudem sehr rasch (Notverkäufe) eintreten kann.

Nicht wesentlich anders würde sich die Lage bei **Bürohäusern** darstellen. Auch hier wären sinkende Mieten und zunehmende Leerstände zu erwarten. Deshalb sollte auch versucht werden, eine Risikostreuung dadurch zu erreichen, dass eine Immobilie immer von mehreren Mietern genutzt wird (kein Klumpenrisiko).

Das Ausmass der Mietausfälle lässt sich auch aus der Krisenanfälligkeit der Mieter herleiten. So werden Vertreter der krisenresistenteren Branchen eher gewillt sein, das Mietverhältnis fortzusetzen, was allerdings Mietsenkungen nicht ausschliesst, die deutlich über jenen für Wohnungen liegen werden.

Je nach Lage und Mieterstruktur wäre deshalb eine Werteinbusse von 50-70% durchaus im Rahmen des Möglichen.

Fabrikliegenschaften wären im Verlauf einer Depression mit grösster Wahrscheinlichkeit unverkäuflich, so dass ihr Wert nachhaltig von der Ertragssituation der Unternehmung abhinge. Mit zunehmender Unterauslastung der Kapazitäten wäre somit ein entsprechender Abschreibungsbedarf zu erwarten.

Ähnlich stellt sich die Lage bei **Privathäusern** dar, die in einer solchen Situation ebenfalls überwiegend unverkäuflich wären.

Zentral bei der Beurteilung der Wertveränderung von Immobilien sind immer auch die Konsequenzen für die Unternehmensfinanzierung. Wie bereits unter 8.3.2 angesprochen, könnten damit einhergehende Tilgungsverpflichtungen rasch zum Untergang der Unternehmung führen.

Angesichts der derzeitigen Marktsituation wäre es attraktiv, Immobilien zu verkaufen, um so von den günstigen Verkaufspreisen zu profitieren und gleichzeitig die Liquidität zu erhöhen. Diese könnte im Verlauf einer Krise dann auch wiederum zum günstigen Ankauf von Immobilien eingesetzt werden.

Von einer völligen Aufgabe des Immobilienbestandes sollte m.E. jedoch abgesehen werden. Ist die Unternehmung in der Lage, die Immobilien trotz Umsatzrückgängen, Werteinbussen und Tilgungsverpflichtungen durchzuhalten, so sollten diese **nicht** verkauft werden.

Gegen den Verkauf von Immobilien spricht die Gefahr einer **Währungsreform** im Krisenverlauf (siehe Szenario unter 6). Da nicht vorausgesagt werden kann, zu welchem Zeitpunkt diese erfolgen würde, sollten die Immobilien als Inflationsschutz beibehalten werden, was auch der Absicherung der angeregten Deflationsstrategie hoher Liquiditätshaltung dient. Zwar ist es unwahrscheinlich, dass sich die Verantwortlichen rasch zu einer derart unpopulären Massnahme wie einer Währungsreform entschlössen, im Zuge der Entwicklungen im Ostblock sind koordinierte Aktionen (gleichzeitige Währungsreformen in Ost und West) - wenn auch unwahrscheinlich - doch nicht völlig von der Hand zu weisen.[1]

Ziel der Massnahmen muss es folglich sein, die Unternehmensfinanzen derart zu gestalten, dass die Immobilien auch in einer schweren Depression beibehalten werden könnten.

---

1 Diesen Ansatz vertritt der Herausgeber des Bieler Wirtschaftsbriefs, Dirk Schröder, der angesichts der weltweiten Verschuldungslage eine internationale Währungsreform erwartet. Siehe z.B. Bieler Wirtschaftsbrief vom 12.12.1989.

9.3 Finanzierung der Unternehmung

9.3.1 Mindesthöhe des Eigenkapitals

Der erforderliche Eigenfinanzierungsgrad wird von zwei Faktoren bestimmt:

1. von der Fähigkeit, den Zins- und Tilgungsverpflichtungen auch in Krisenzeiten aus dem Cash Flow nachzukommen
2. von der Gefahr einer Überschuldung[1] im Krisenverlauf

Ist die Unternehmung voraussichtlich in der Lage, allen Verpflichtungen termingerecht nachzukommen (Ergebnis von Simulation und eingeleiteten Massnahmen), so ist das Eigenkapital unter Liquiditätsgesichtspunkten als genügend anzusehen. Andernfalls ist an eine Erhöhung des EK zu denken, um so eine Reduzierung der Lquiditätsbelastung zu erzielen.

Zusätzlich ist jedoch die Gefahr einer Überschuldung im Verlauf der Depression gegeben. Sobald der Verdacht der Überschuldung besteht, verlangt die geltende schweizerische Rechtsordnung die Aufstellung eines **Status zu Veräusserungswerten** (= Liquidationswerte), um festzustellen, ob die Schulden der Unternehmung noch durch deren Aktiven gedeckt sind.[2] Bei einer Umstellung der Bewertungsbasis auf Liquidationswerte wäre im Umfeld einer Deflation mit deutlich tieferen Ansätzen zu rechnen (siehe dazu die Besprechung einzelner Bilanzpositionen oben). Doch schon in Normalzeiten führt die Umstellung der Wertbasis zu Rückgängen von 60-70% auf der Aktivseite[3], da die Liquidationswerte, mit Ausnahme derer von Immobilien, zumeist deutlich unter den Fortführungswerten liegen. Deshalb gilt als wichtiger

---

1 "Eine Überschuldung besteht dann, wenn der Wert der Unternehmung als Ganzes kleiner als Null ist. Dann nämlich sind die Gläubiger nicht mehr voll gedeckt, da das Eigenkapital negativ ist."; Helbling (1987) 69; siehe auch Büschgen (1971) 132, Schierenbeck (1980) 205

2 Helbling (1987) 69, Zünd (1982) 218. Dabei ist "(d)er Fortführungswert einer Unternehmung insgesamt nur gerechtfertigt, wenn die Unternehmung eine "Normalrendite", d.h. eine angemessene Verzinsung des betriebsnotwendigen Eigenkapitals erzielt."; Helbling (1987) 67. Auch Illiquidität ist ein Grund für eine Umstellung auf Liquidationswertbasis.

3 Schröder (1986) 171

Leitsatz der Finanzierung: "Je grösser der mögliche Unterschied ist zwischen Fortführungswert und Liquidationswert, um so grösser sollte auch das Eigenkapital sein."[1]

Aus diesem Grunde empfiehlt sich die Ableitung von Planbilanzen[2], in denen die in einer Deflation anzusetzenden Werte angeführt sind. Der kumulierte Wert der Aktiven bestimmt dann den maximal zulässigen Anteil an Fremdfinanzierung.[3] Kann dieser eingehalten werden, so ist die Unternehmung in dieser Hinsicht als krisenresistent einzustufen.[4]

In den meisten Fällen wird der FK-Anteil jedoch deutlich über dem so ermittelten Wert liegen.[5] Auch hier kann eine rechtliche Verselbständigung der krisenanfälligen Geschäftsbereiche dazu beitragen, die Gefahr einer Überschuldung des Kernunternehmens auszuschliessen.

Ausserdem ist davon auszugehen, dass auf die Aufstellung eines Status zu Liquidationswerten so lange verzichtet werden kann, wie die Liquidität genügend ist und die Bilanz auf going concern Basis keinen Anlass gibt, eine Überschuldung anzunehmen. Aus diesem Grunde sollte der EK-Anteil mindestens so hoch bemessen sein, dass Verluste und Abschreibungen im

---

1 Helbling (1987) 68
2 In diese Bilanzen fliessen auch die Ergebnisse der Simulation ein.
3 Büschgen (1971) 132 verweist auf den Umstand, dass die Einhaltung der diversen Bilanzstrukturregeln keineswegs das Risiko einer Überschuldung ausschliesst: "Ohne Einbeziehung künftiger, betriebsindividueller potentieller Verlustrisiken ist eine starre Norm weder Garantie noch Voraussetzung einer Sicherung gegen Überschuldung im Konjunkturabschwung."
4 Für eine interessante Methodik der Analyse des Gesundheitszustandes einer Unternehmung in bezug auf die Gefahr einer Überschuldung, siehe Schröder (1986) 164ff. Gemäss der von ihm genannten Kriterien ist eine Unternehmung nur dann als gesund anzusehen, wenn die finanziellen Aktiva die Verbindlichkeiten übertreffen. Ist diese Bedingung erfüllt, so wäre die Unternehmung in der Tat auch im Hinblick auf eine Deflation als krisenresistent anzusehen, vorausgesetzt, das Geldvermögen ist sicher angelegt.
5 Man denke nur an die durchschnittliche Eigenkapitalquote bundesdeutscher Unternehmen, die gemäss Angaben der Deutschen Bundesbank (1988) 18ff., bei lediglich 19,5% liegt.

Verlauf der potentiellen Wirtschaftskrise zu keiner Unterbilanz[1] führen.

9.3.2 **Massnahmen im Bereich der Unternehmungsfinanzierung**

Unabhängig davon, ob das EK gemäss den unter 9.3.1 genannten Kriterien als genügend anzusehen ist oder nicht, empfiehlt sich eine Verbreiterung der EK-Basis zum gegenwärtigen Zeitpunkt.[2] Dazu tragen vor allem auch die derzeit günstige konjunkturelle Lage und die positiven Zukunftserwartungen bei, die gerade die Plazierung von Aktien erleichtern. Die Fremdfinanzierung sollte im Gegenzug zurückgeführt werden.

Für den verbleibenden FK-Anteil sind Massnahmen zu bedenken, die
- eine vorfristige Kreditkündigung und
- eine steigende Zinsbelastung

weitgehend ausschliessen.

So wäre es z.B. denkbar, die Kreditverträge dergestalt zu überprüfen und unter Umständen abzuändern, dass eine Kündigung nur mehr bei tatsächlichem Zahlungsverzug, nicht jedoch bei einer allgemeinen Verschlechterung der wirtschaftlichen Verhältnisse des Kreditnehmers erfolgen kann.[3]

Gleichzeitig sollte die Gefahr von Zinssteigerungen ausgeschlossen werden, was durch die Vereinbarung fester Zinssätze oder durch spezielle Massnahmen, wie Zinsswaps und Caps, möglich ist. Bei letzteren besteht jedoch die nicht zu unterschätzende Gefahr eines Ausfalls des Vertragspartners, weshalb diese Instrumente nur in Ausnahmefällen zur Anwendung gelangen sollten.

---

1 Bei einer Unterbilanz ist das Grundkapital nicht mehr voll gedeckt; Zünd (1982) 216

2 Auch Drucker (1980) 39 verweist auf die Notwendigkeit einer höheren Kapitalisierung in unsicheren Zeiten.

3 siehe dazu das Beispiel einer der befragten Unternehmen unter 14.

Die Finanzierung durch **Lieferantenkredite** würde in einer Depression deutlich an Bedeutung verlieren, zum einen wegen des geringeren Geschäftsvolumens, zum anderen wegen der abnehmenden Bereitschaft, Zielverkäufe zu tätigen.

Zur Verringerung der Zinsbelastung wären **Options- und Wandelanleihen**[1] geeignet, deren Emission im positiven Börsenklima vor dem offenen Ausbruch wirtschaftlicher Turbulenzen keine Probleme aufwerfen sollte. Ein weiteres Mittel zur Verringerung der laufenden Liquiditätsbelastung durch den Zinsendienst wäre die Emission von **Null-Coupon-Anleihen** (Zero-Bonds).

Als weitere Instrumente zur Verringerung der laufenden Zinsbelastung wären **partiarische Darlehen** und **gewinnbeteiligte** Obligationen geeignet.[2] Bei diesen Finanzierungsformen ist die tatsächliche Belastung von der Gewinnsituation der Unternehmung abhängig, so dass in einer Depression keine oder nur geringfügige Zahlungen zu leisten wären.

Eine Vereinbarung von festen Zinssätzen sollte auf circa 5-7 Jahre beschränkt sein. Im Anschluss an die wirtschaftlichen Turbulenzen einer erneuten Wirtschaftskrise wäre mit deutlich tieferen Zinssätzen zu rechnen.[3] Davor könnte die Zinsentwicklung jedoch nicht abgeschätzt werden, da trotz aller Stimulierungsversuche der Notenbanken die Zinssätze vermutlich wegen der zunehmenden Ängste vor Zahlungseinstellungen, auch durch öffentliche Haushalte, steigen würden.[4]

---

1 siehe dazu Boemle (1983) 303ff.

2 Boemle (1983) 283, 296

3 Nachdem im Zuge der Deflation alle "faulen" Schulden vernichtet wurden, besteht dann nicht mehr ein derartiges Verlustrisiko, weshalb die Risikoprämie zurückgeht. Ausserdem würden jene Schuldner, die sich Liquidität zu jedem Preis beschaffen, um ihren Verpflichtungen nachzukommen, dann bereits aus dem Markt ausgeschieden sein.

4 In den 30er Jahren sind die Zinsen für Anleihen minderer Qualität deutlich gestiegen (Kursverfall).

Aus diesem Grunde sollte auch ein eventuelles **Prolongationsrisiko**[1] ausgeschlossen werden. Wie bereits oben vermerkt, bestünde die nicht zu unterschätzende Gefahr, dass im Umfeld einer Depression die Umschuldung fälliger Verbindlichkeiten nicht mehr wie in der Vergangenheit erfolgen könnte. Deshalb sollte darauf geachtet werden, dass in den nächsten 5-7 Jahren keine namhaften Beträge zur Rückzahlung anstehen. So sollten die Möglichkeiten geprüft werden, einen sofort kündbaren Kontokorrentkredit in einen festen Kredit umzuwandeln.

Ist der Ausschluss des Prolongationsrisikos nicht möglich, so ist frühzeitig an den Aufbau einer ausreichenden Liquiditätsreserve zu denken.

Bei der Auswahl der Kreditgeber ist darauf zu achten, dass die Gläubiger ausgegliederter SGE, die im Krisenfall aufgegeben werden (Konkurs), nicht identisch sind mit jenen der Kernunternehmung und der krisenresistenten Bereiche. Zu gross ist die Gefahr von Retorsionsmassnahmen, die dann die angestrebte Risikoüberwälzung zunichte machen.

9.4 Zusammenfassung

Die Analyse einzelner Bilanzpositionen zeigt Veränderungen und Gefahren auf, mit denen in einer Deflation zu rechnen wäre. Gerade der Liquidität käme in einem solchen Umfeld eine zentrale Bedeutung zu, weshalb für einen ausreichenden Bestand an frei verfügbaren Mitteln gesorgt werden muss, der zudem sicher angelegt ist. Beim übrigen Umlaufvermögen ist auf eine möglichst geringe Kapitalbindung und den Ausschluss von Verlusten, z.B. durch Debitorenausfälle und Rohstoffpreisverfall, zu achten.

Die Positionen des Anlagevermögens wären in einer Depression durch einen umfangreichen Abschreibungsbedarf gekennzeichnet.

---

1 Büschgen (1971) 124

Dieser ist bei der Aufstellung von Planbilanzen zu berücksichtigen, die dazu dienen sollen, den erforderlichen Eigenfinanzierungrad zu bestimmen, da eine etwaige Überschuldung das rasche Ende der Unternehmung zur Folge hätte.[1]

Für das verbleibende FK sind Massnahmen zu ergreifen, um Kreditkündigungen und Zinssteigerungen, die durch die damit verbundene Liquiditätsbelastung rasch zu einer akuten Unternehmenskrise führen könnten, weitgehend auszuschliessen. Dabei sind auch Fragen der Fälligkeitsstruktur und der Zusammensetzung der Gläubiger zu klären.

1 Schröder (1986) 171 spricht gar von einer "handelsrechtlichen Überschuldungsfalle".

10 MASSNAHMEN AUF DER KOSTENSEITE

10.1 Grundüberlegung

Angesichts eines Szenarios rückläufiger Umsätze und fallender Preise ist es unmittelbar einleuchtend, dass Fixkosten und Kostenremanenzen rasch zu einer akuten Gefährdung der Unternehmung führen können. Nachdem nur wenige Möglichkeiten einer Ertragsstabilisierung bestehen (s.u. 11), die zudem noch von erheblicher Unsicherheit gekennzeichnet sind, sollten gegenwärtig Massnahmen zur Kostensenkung und -flexibilisierung in Angriff genommen werden. Auch sind bereits entsprechende Einzelmassnahmen für den Krisenfall zu planen.

Generell lässt sich festhalten, dass eine weitere Erhöhung des Fixkostensockels soweit als möglich vermieden werden sollte. Wie bereits oben erwähnt, bieten sich alternativ die Auswärtsvergabe von Arbeiten oder vermehrte Überstunden an.

Angesichts der Fülle an Literatur über Kostentheorie und Möglichkeiten der Kostensenkung[1], sollen nachfolgend nur Ansätze zur Reduktion zweier wesentlicher Kostenfaktoren, der Löhne und der Gemeinkosten, kurz umrissen werden.

10.2 Die Personalkosten

Hierbei steht die Verringerung der fixen Lohnansprüche im Krisenverlauf im Vordergrund, die von entscheidender Bedeutung wären, da die Personalausgaben z.B. in der bundesdeutschen Industrie immerhin durchschnittlich 20% der Gesamtaufwendungen ausmachen.[2]

---

1 Einen knappen Überlick über die umfassende betriebswirtschaftliche Kostentheorie gibt Picot (1984) 145ff. Die Darstellung aller Theorien und Verfahren der Kostensenkung würde den Rahmen der vorliegenden Arbeit sprengen.

2 Rehkugler (1984) 133

Grundsätzlich sind zwei Ansätze der Kostensenkung, nämlich eine quantitative und eine preisliche Anpassung, denkbar.[1]

Zur Verringerung des Arbeitseinsatzes sind im Vorfeld der Depression folgende Massnahmen möglich:

- Einstellungsstopp
- Abschluss von Zeitarbeitsverträgen
- Einsatz von Tagelöhnern
- vermehrte Überstundenarbeit

Ziel dieser Massnahmen ist es, ein weiteres Anwachsen der fixen Ausgabenpositionen in der Endphase der Hochkonjunktur zu vermeiden, da eine rasche Anpassung durch Freisetzung von Arbeitskräften im Konjunkturabschwung meist nicht möglich ist (Kündigungsschutz, -fristen).

Sobald der Eintritt der befürchteten Depression offensichtlich würde, wären weitere Massnahmen zu ergreifen, die der Reduktion der Lohnkosten dienen:

- Kurzarbeit[2]
- Entlassung von überschüssigen Arbeitskräften
- Frühpensionierungen

Dabei kann den entlassenen Mitarbeitern eine temporäre Beschäftigung angeboten werden, für den Fall, dass die Auftragslage den Einsatz zusätzlicher Arbeitskräfte erlaubt.

Voraussetzung für eine rasche Reaktion im Krisenverlauf ist die Ausarbeitung eines detaillierten **Entlassungsplans**, in dem auch eine Rangordnung der Mitarbeiter aufgestellt wird, in der deren Vielseitigkeit und die Verwendbarkeit zu anderen Zwecken im Verlauf einer Depression Berücksichtigung finden.

---

1 Rehkugler (1984) 135
2 Dabei wird allerdings die Wirksamkeit zur Senkung der Personalkosten oftmals überschätzt; Baur (1979) 135

Auch sind die rechtlichen Konsequenzen bereits heute abzuklären, so die Verpflichtung zur Leistung von Abfindungen und zur Erstellung von Sozialplänen. Dabei spielt zudem die Frage eine Rolle, wie eine Belastung der Unternehmung durch derartige Sozialleistungen soweit als möglich ausgeschlossen werden kann. Möglich wäre z.B. die Streckung von Zahlungverpflichtungen, die nach offenem Krisenausbruch nur noch schwerlich von den Begünstigten auf dem Rechtswege durchzusetzen wären. Es ist nämlich davon auszugehen, dass in einer Depression Moratorien erlassen werden, um Schuldner vor ihren Gläubigern zu schützen. Ausserdem könnte nach einer Währungsreform die Tilgung mit entwertetem Geld erfolgen.

Dennoch sollte aus Sicherheitserwägungen an den Aufbau eines ausreichenden finanziellen Polsters gedacht werden, um eine Existenzgefährdung durch Sozialleistungen soweit als möglich auszuschliessen.[1] Dies auch gerade deshalb, weil vorbereitete Unternehmen früher als andere die wahre Tragweite der wirtschaftlichen Turbulenzen erfassen und deshalb vermutlich zu den ersten gehören würden, die einschneidende Massnahmen ergreifen.

Zugleich empfiehlt es sich, bereits vorgängig Schulungsmassnahmen einzuleiten, die dazu dienen, Mitarbeiter rascher in anderen Positionen einsetzen zu können.

Neben diesen Massnahmen zur Steuerung des mengenmässigen Arbeitseinsatzes sind auch die Möglichkeiten zur Verringerung der Löhne zu prüfen.[2]

Dabei könnte eine Verringerung der Fixkosten zugunsten eines höheren Anteils **gewinnabhängiger** Entlohnung angestrebt werden. Damit gelingt zwar keine völlige Flexibilisierung der Lohnkosten, dennoch ist es ein erster Schritt zur Entlastung der

---

1 siehe zu dieser Thematik z.B. Brede (1977) 795ff.
2 die nachfolgenden Ausführungen stützen sich auf Rehkugler (1984) 136f.

Kostenseite bei Auftreten eines deutlichen Umsatzrückgangs. Zudem ist diese Massnahme nur zum jetzigen Zeitpunkt erfolgversprechend durchzusetzen, da die Arbeitnehmer nur dann gewillt sind, den Anteil gewinnabhängiger Entlohnung zu erhöhen, wenn sie anhaltend gute Gewinne erwarten. Gleiches gilt für eine erhöhte Mitarbeiterbeteiligung, die als eine der Massnahmen zur Verbesserung der Liquidität angeregt wurde.

In der Depression wäre eine Lohnreduzierung oder zumindest eine teilweise Lohnstundung anzustreben. Dabei zeigt jedoch das Beispiel der grossen Depression in den USA[1], dass die Löhne erst mit erheblicher zeitlicher Verzögerung zu sinken beginnen. Davor ist das Krisenausmass noch nicht für jeden offensichtlich, und es wird ein erneuter Aufschwung für die unmittelbare Zukunft erwartet. Gerade die Gewerkschaften werden sich lange Zeit mit dem Argument der Erhaltung von Massenkaufkraft gegen jede Lohnsenkung sträuben.[2] Vermutlich wird die Bereitschaft, Lohnkürzungen zu akzeptieren, jedoch mit zunehmender Verschärfung der wirtschaftlichen Turbulenzen steigen.

Aus diesem Grunde sollten gegenwärtig auch **keine** langlaufenden Tarifverträge abgeschlossen werden, damit bei Eintritt einer deflationären Depression rasche Anpassungen durchgesetzt werden können. Ebenso wäre eine Bindung der Löhne an den Verbraucherpreisindex möglich, wobei allerdings auch Lohnsenkungen ausdrücklich für zulässig erklärt werden müssen. Da derzeit nur wenige eine Deflation für möglich halten, besteht eine gewisse Wahrscheinlichkeit, dass sich derartige Klauseln durchsetzen lassen.

Zweifellos wird der Umstand, dass die Arbeitnehmer oftmals ebenfalls hoch verschuldet sind, die gesamtwirtschaftlichen Auswirkungen derartiger Massnahmen erhöhen und zu einer

---

1 Schumpeter (1961) 860, Abb. 41
2 siehe auch Rehkugler (1984) 138

Verschärfung der Krise beitragen. Betriebswirtschaftlich gesehen sind diese jedoch unabdingbar, könnten doch nur so das Unternehmen und eine Vielzahl von Arbeitplätzen auch in ungünstigem wirtschaftlichen Umfeld erhalten werden.

10.3 Die Gemeinkosten

Die Gemeinkosten stellen ebenfalls einen immer grösseren Teil der gesamten Kostenstruktur dar[1], weshalb bei dieser Position nachhaltige Anstrengungen zu unternehmen sind.[2] Dies auch gerade deshalb, weil "(...) sich in lang anhaltenden Aufschwungsperioden erhebliche Produktivitätsreserven (...) angesammelt haben, die nun liquiditätswirksam freigesetzt werden können, ohne die Leistungsfähigkeit dieser Bereiche deshalb zwangsläufig zu schwächen."[3]

Theorie und Praxis haben in der Vergangenheit vielfältige Methoden entwickelt, um dieser Kostenposition Herr zu werden. Folgende Verfahren gelangen üblicherweise zur Anwendung:[4]

Die **globale Kostensenkung** eignet sich zur raschen Erzielung von Einsparungen bei Kriseneintritt. Allerdings erfolgt dabei keine Berücksichtigung der in den einzelnen Kostenstellen bestehenden Einsparungsreserven, und es besteht die Gefahr, dass tatsächlich notwendige Leistungen gestrichen werden, was mittel- und längerfristig kontraproduktive Wirkungen zur Folge haben kann.

Bei der Methode der **Gemeinkosten-Wertanalyse** (GWA) werden hingegen die einzelnen Tätigkeiten nach ihrem Nutzen hinterfragt, und es wird versucht, jene, die tatsächlich erforderlich sind, möglichst effizient, also kostengünstig, zu gestalten.

---

1 So lag der Anteil der Gemeinkosten an den Gesamtkosten in der europäischen Industrie im Jahre 1980 bei immerhin 60%; Letsch (1984) 4

2 Auf diesen Umstand verweist auch Picot (1984) 162

3 Schierenbeck (1980) 202

4 Die nachfolgenden Ausführungen stützen sich auf Letsch (1984) 12ff., auf den zur Vertiefung verwiesen wird.

Der mit diesem Verfahren verbundene Aufwand ist zwar grösser als der bei der globalen Kostensenkung, dafür werden jedoch nur jene Arbeiten gestrichen, die in der Tat überflüssig sind. Zudem ergibt sich durch die Involvierung der verantwortlichen Mitarbeiter oftmals ein positiver Motivationseffekt, der zusätzlich zu einem erhöhten Kostenbewusstsein und einer höheren Produktivität führen kann. Aufgrund des damit verbundenen Zeitaufwands und der zeitlichen Verzögerung bis zur Umsetzung der Massnahmen (insgesamt 18-24 Monate) empfiehlt sich eine baldige Durchführung der GWA noch vor Eintritt eines konjunkturellen Abschwungs.

Auch beim **Zero-Base-Budgeting** erfolgt eine Hinterfragung einzelner Tätigkeiten im Hinblick auf ihre Notwendigkeit zur Erreichung der Unternehmensziele. Die als notwendig angesehenen Tätigkeiten werden in einer Rangordnung zusammengefasst und nur so viele verwirklicht, wie sich mit dem gegebenen Budget finanzieren lassen. Ergebnis der Untersuchung sind zumeist grössere Veränderungen im organisatorischen Bereich, so dass diese Methode, auch wegen ihrer Komplexität und des hohen Aufwands, nur in grösseren zeitlichen Abständen und frühzeitig vor der Depression angewendet werden kann.

Die übrigen Methoden der Gemeinkostensenkung, wie das betriebliche Vorschlagswesen und Quality Circles, sind ebenfalls nur auf Dauer erfolgreich und sollten deshalb aus langfristiger Perspektive eingeführt werden. Zur Vorbereitung einer Unternehmung auf eine Deflation genügen sie jedoch keineswegs.

Unabhängig von der weiteren wirtschaftlichen Entwicklung sind die dargestellten Möglichkeiten der Kostensenkung empfehlenswert, da die freigesetzten Mittel anderen Zwecken zugeführt werden können und so einen Beitrag zur Verbesserung der Wettbewerbsfähigkeit der Unternehmung leisten.

10.4 Zusammenfassung

Es ist selbstverständlich, dass Kostensenkung und -flexibilisierung von entscheidender Bedeutung im Rahmen des präventiven Krisenmanagements zur Bewältigung einer schweren Wirtschaftskrise sein müssen. Dabei sind vor allem bei den zwei grössten Kostenpositionen, den Löhnen und Gehältern sowie den Gemeinkosten, Einsparungen anzustreben.

Bei den Personalkosten sind Entlassungen, aber auch Lohnkürzungen ins Auge zu fassen, die einer vorgängigen gründlichen Vorbereitung bedürfen. Im Vorfeld der befürchteten Depression ist an eine Kostenflexibilisierung durch Einführung einer gewinnabhängigen Entlohnung zu denken.

Auch die Massnahmen zur Senkung der Gemeinkosten sind bereits vor Eintreten eines konjunkturellen Abschwungs einzuleiten, besonders da sie die Wettbewerbsfähigkeit unabhängig von der gesamtwirtschaftlichen Lage nachhaltig beeinflussen. Als Notmassnahme zur raschen Senkung der Gemeinkosten, z.B. zur Verhinderung einer Liquiditätskrise, bietet sich die Methode der globalen Kostensenkung an. Erfolgversprechender, weil differenzierter, sind die Gemeinkosten-Wertanalyse und das Zero-Base-Budgeting, die allerdings vor Krisenausbruch durchgeführt werden müssen.

11 MASSNAHMEN ZUR RISIKOBESCHRÄNKUNG

11.1 Grundüberlegung

Zur Flankierung der bereits besprochenen Massnahmen im Bereich der Unternehmensfinanzierung und der Kostenstruktur sind weitere denkbar, die einer zusätzlichen Beschränkung der Risiken dienen und somit einen wesentlichen Bestandteil des präventiven Krisenmanagements darstellen.

Ziele der Versuche zur Risikoüberwälzung und -beschränkung sind zumeist

- eine Stabilisierung der Erträge trotz Depression und
- der Ausschluss von Verlustrisiken, z.B. durch den Konkurs von Kunden und anderen Vertragspartnern.

In der Folge werden mehrere Massnahmen charakterisiert, mit denen sich die genannten Ziele zumindest teilweise realisieren lassen, wobei gewisse Überschneidungen mit den bereits gemachten Aussagen nicht immer zu vermeiden sind. Sicherlich werden sich je nach konkreter Situation der Unternehmung noch weitere Möglichkeiten der Risikobeschränkung bieten.

Gemeinsam ist den meisten angeführten Massnahmen, dass sie bereits vor dem Auftreten wirtschaftlicher Schwierigkeiten ergriffen werden müssen. Sobald letztere für die Allgemeinheit offensichtlich werden, ist es zu spät, Risiken auf andere zu verlagern. Es werden sich keine Vertragspartner mehr finden, die bereit sind, Risiken zu übernehmen.

11.2 Abschluss von Versicherungen

Der Abschluss von Versicherungen zur Überwälzung der mit einer Depression verbundenen Risiken ist ausschliesslich auf dem Gebiet der **Debitoren** möglich. Wie unter 9.1.2 dargelegt, bietet sich wahlweise die Vereinbarung einer Warenkredit-, einer Teilzahlungskredit- oder einer Ausfuhrkreditversicherung an[1], wobei diese nur die Risiken in der Anfangsphase einer Depression abdecken. Im Krisenverlauf würde eine Kreditversicherung mit grösster Wahrscheinlichkeit nicht mehr möglich sein.

Bei der Vereinbarung derartiger Versicherungen ist auch auf die Bonität des Vertragspartners zu achten. Zweifellos handelt es sich dabei um ein schwieriges Unterfangen, dennoch sollte versucht werden, die Bonität des Versicherers und vor allem dessen Verhalten und Kulanz im Schadensfall einzuschätzen. Zahlungsverweigerung oder -verzögerung könnten in einer schweren Wirtschaftskrise rasch den Untergang selbst gesunder Unternehmen herbeiführen.

11.3 **Analyse und Überprüfung aller Verträge**

Die kritische Überprüfung aller bedeutenden Verträge aus dem Blickwinkel der Gefahr einer deflationären Depression kann von zentraler Bedeutung für die Überlebenssicherung der Unternehmung sein.

Überprüft werden sollten z.B.:
- Kreditverträge
- Leasingverträge
- Lieferverträge (Einkauf und Verkauf)
- Arbeitsverträge
- Tarifverträge etc.

Dabei sollten folgende Punkte analysiert und in einer zusammenfassenden Übersicht dargestellt werden:
- Kündigungsfristen
- Kündigungsklauseln (z.B. wegen Zahlungsverzug, verspäteter Lieferung etc.)
- Fälligkeiten, Auslaufzeitpunkt des Vertrags
- Konventionalstrafen bei Nichterfüllung etc.

---

1 Büschgen (1971) 77ff.

Ziel dieser Überprüfung ist es, unangenehme Überraschungen im Krisenverlauf auszuschliessen und zugleich für eine grösstmögliche Flexibilität zu sorgen. Bei letzterem geht es darum, die Möglichkeiten zur Kündigung ungünstiger Verträge (z.B. feste Abnahmevereinbarungen) auszuloten oder bei der nächsten Fälligkeit des Vertrages eine Änderung der Klauseln anzustreben.

Bei **Kreditverträgen** steht, wie bereits mehrfach erwähnt, der Ausschluss einer vorgängigen Kündigung und von Zinserhöhungen im Vordergrund. Durch entsprechende Änderungen der Verträge können Risiken dieser Art weitgehend ausgeschlossen werden, was von entscheidener Bedeutung im Rahmen eines Konzepts der Überlebenssicherung ist.

Gleiches gilt für **Leasingverträge**, wobei die Möglichkeiten einer vorzeitigen Vertragskündigung oder der Durchsetzung tieferer Leasingraten geprüft werden sollten.

Auch bei den **festen Abnahmevereinbarungen** ist auf eine Flexibilisierung dergestalt zu achten, dass die Preise auch gesenkt werden können, z.B. durch Bindung der Einkaufspreise an einen Preisindex. Darüber hinaus sollte auch eine Anpassung der Einkaufsmengen problemlos möglich sein.

Die Umgestaltung der **Tarifverträge** mit dem Ziel einer erhöhten Lohnflexibilität auch nach unten wurde bereits oben angesprochen.

Die zusammenfassende Darstellung sollte Auskunft über nachteilige Klauseln, Fälligkeiten und Kündigungsmöglichkeiten geben sowie zu ergreifende Massnahmen und Zuständigkeiten regeln. Darüber hinaus sind die negativen Konsequenzen bei Nichteinhaltung des Vertrages zu prüfen, wie z.B. etwaige Konventionalstrafen. Letzteres erlaubt dann eine Festlegung des Vorgehens in einer Depression, wie beispielsweise die Nichterfüllung vertraglicher Pflichten, wenn deren Einhaltung vom Vertragspartner nur schwerlich durchgesetzt werden kann.

Zugleich geht aus der Aufstellung auch hervor, welche Verträge unbedingt eingehalten werden müssen, da deren Nichtbeachtung zu negative Konsequenzen zur Folge hätte.

Die gleiche Analyse hat auch für Verträge zu erfolgen, in denen der Vertragspartner Risiken übernimmt (z.B. feste Abnahme unserer Erzeugnisse). Dabei sollten die Möglichkeiten von Kündigungen und die unter Umständen vereinbarten Konventionalstrafen aufgezeigt werden. Auch könnten bereits Regelungen aufgestellt werden, in denen das eigene Vorgehen bei Nichtbeachtung von Verträgen und die Konzessionsbereitschaft und -fähigkeit festgelegt werden. In diesem Zusammenhang kann es auch darum gehen, dass man einem Vertragspartner, den man in der Depression gerne übernehmen würde, nicht so schnell entgegenkommt, um ihn für das Übernahmeangebot empfänglicher zu machen. Umgekehrt kann man einem Partner, der auf lange Sicht als Kunde attraktiv bleibt, frühzeitiger Konzessionen machen, um sein Überleben nicht zu gefährden und ihn enger zu binden.

Das Ergebnis der Vertragsüberprüfung und der darauf basierende Massnahmenkatalog bilden dann einen essentiellen Bestandteil der Notfallplanung.

11.4 Abschluss von festen Liefervereinbarungen

Diese Massnahme bezweckt die Sicherung des Cash Flow[1] auch im Umfeld einer Depression. Durch die Vereinbarung fester Abnahmepreise und unter Umständen auch Mengen kann versucht werden, die Ertragslage zu stabilisieren. Oftmals werden die Kunden nur allzu gerne bereit sein, sich die Lieferungen auf Jahre hinaus zu sichern, besonders wenn anhaltend positive Zukunftserwartungen vorliegen.

1 Büschgen (1971) 118

Vorteil wäre die Überwälzung des Preisrisikos auf den Kunden, wobei allerdings die erhebliche Gefahr des Ausfalls von Vertragspartern besteht. Vermutlich könnte auf diese Weise nur eine **vorübergehende Ertragsstabilisierung** erfolgen, da mit zunehmender Verschärfung der wirtschaftlichen Turbulenzen eine Modifikation der Vertragskonditionen unvermeidbar würde, soll der Abnehmer nicht in den Konkurs getrieben werden.

Zur Verhinderung einer einseitigen Nichterfüllung des Vertrags ist an die Vereinbarung einer Konventionalstrafe[1] zu denken, wobei diese allerdings ausserordentlich hoch zu bemessen wäre, um auch in einer Depression noch abschreckend zu wirken.

Vorteil dieses Vertrags wäre auch eine engere Bindung des Kunden, der vermutlich erst die Käufe bei der Konkurrenz einstellen würde, um den vertraglichen Pflichten nachzukommen. So könnte diese Regelung zu einem **Marktanteilsgewinn** beitragen, was jedoch auf Dauer sicherlich nicht ohne Konzessionen des Verkäufers möglich sein wird.

Eine ähnliche Beurteilung ergibt sich auch für die anderen Möglichkeiten einer Ertragsstabilisierung, wie die Vornahme von Terminverkäufen, die Verpachtung von Unternehmensteilen und die Vergabe von Lizenzen. Alle diese Instrumente können dazu dienen, das Absinken der Erträge in der Anfangsphase der Depression zu verlangsamen. Mit zunehmender Verschlechterung der wirtschaftlichen Lage wäre jedoch mit dem Ausfall von Vertragspartnern zu rechnen, weshalb die Einnahmen aus diesen Transaktionen nicht in vollem Umfang in die Simulation einfliessen sollten.

Zur engen Anbindung eventueller Übernahmekandidaten in der Depression wären diese Massnahmen ebenfalls geeignet, und sie

---

1 Diese sollte theoretisch den potentiellen Cash Flow Einbussen bei Nichteinhaltung entsprechen; Büschgen (1971) 118

könnten somit zur Vorbereitung entsprechender Strategien dienen.[1]

11.5 **Kooperation und Kartellierung**[2]

Angesichts eines heftigen Preisverfalls ist es naheliegend, mit anderen Anbietern zu kooperieren oder eine Kartellierung anzustreben. Dadurch könnte versucht werden, den Preisverfall zu stoppen und so die Umsatzrückgänge in Grenzen zu halten.[3]

Die Erfolgswahrscheinlichkeit dieser Strategie hängt unter anderem von der Preiselastizität der Nachfrage ab. Gelingt es dem Kartell, die Preise zu stablisieren, so kommt dies im Umfeld einer allgemeinen Deflation einer **Preiserhöhung** gleich. Deshalb stellt sich die Frage, wie die Abnehmer auf diese relative Preisveränderung reagieren. Ist die Nachfrage weitgehend preisunelastisch, so wird die abgesetzte Menge nur geringfügig zurückgehen. Im umgekehrten Fall ist hingegen ein Scheitern des Kartells wahrscheinlich, da die Kunden auf Substitutionsprodukte ausweichen oder auf den Konsum gänzlich verzichten. Generell ist davon auszugehen, dass die Nachfrager im Umfeld einer Depression nur bei sehr wenigen Produkten bereit wären, einen erhöhten relativen Preis zu akzeptieren. Folge der Kartellierung wäre somit ein überproportionaler Rückgang der abgesetzten Menge, so dass das Ziel einer Ertragsstabilisierung nur in den wenigsten Fällen erreicht werden könnte.[4]

---

1 siehe dazu ausführlich unter 12.
2 von den in einigen Staaten bestehenden rechtlichen Restriktionen kann in diesem Zusammenhang nach Ansicht des Verfassers abstrahiert werden, da bei Eintritt einer schweren Depression Kartelle mit grösster Wahrscheinlichkeit geduldet, wenn nicht gar gefördert werden.
3 Büschgen (1971) 117 verweist auf den Umstand, dass sich mit solchen Massnahmen nur der "sekundäre" Rückgang des Cash Flow wegen zunehmender Konkurrenz, nicht jedoch der eigentliche, konjunkturell bedingte Rückgang verhindern lässt.
4 siehe dazu auch die Darstellung der Kartellierung im Deutschland der 30er Jahre in Martin/Lüftl (1986) 287ff.

Ausserdem spielt bei der Beurteilung der Erfolgswahrscheinlichkeit auch die individuelle Lage aller Anbieter eine zentrale Rolle, da eine Kartellierung der **Zementierung von Marktanteilen** gleichkäme. Angesichts der allgemeinen wirtschaftlichen Rahmenbedingungen und der unterschiedlichen Finanzlage der einzelnen Unternehmen (Eigenkapital, Liquidität) besteht die Gefahr, dass einzelne Anbieter den Kartellpreis unterbieten und so zu einer Destabilisierung und schliesslich zum Verfall des Kartells beitragen. Gerade vorbereitete Unternehmen werden sich fragen, welchen Nutzen ihnen ein Kartellbeitritt bringt, wären sie doch sonst in der Lage, durch einen scharfen **Verdrängungswettbewerb** den eigenen Marktanteil deutlich zu erhöhen, was zu einer Verbesserung ihrer Ausgangslage für den nächsten Aufschwung beitrüge. Vermutlich würde in einem deflationären Umfeld jeder sich selbst der Nächste sein.[1]

Eine weitere Voraussetzung für eine erfolgreiche Kartellierung ist die Abschottung vor Importen, wovon mit zunehmendem Protektionismus allerdings auszugehen wäre.

Es ist äusserst wahrscheinlich, dass die Kartellierungsbestrebungen im Krisenverlauf mit Unterstützung von öffentlicher Seite zunehmen werden. Dennoch sollte die Erfolgwahrscheinlichkeit nur gering angesetzt werden, weshalb diese Massnahme nicht als Lösung der betriebswirtschaftlichen Probleme angesehen werden darf.

Die Instabilität des OPEC-Kartells zeigt, in welche Schwierigkeiten derartige Vereinbarungen geraten, sobald der Absatz zurückgeht. Im Zuge einer deutlich rückläufigen Nachfrage nach Öl und Ölprodukten im Verlauf einer Wirtschaftskrise würde dieses Kartell vermutlich auseinanderbrechen, was auch

---

1 Meffert (1984) 70 stellt fest, dass sich in einem wirtschaftlichen oder strukturellen Abschwung die Spannungen im Rahmen von Kooperationen mehren. Auch Büschgen (1971) 118 führt die Problematik unterschiedlicher Ausgangspositionen der einzelnen Unternehmen als Hindernis für Kooperation und Kartellierung an. Siehe auch Weinhold-Stünzi (1984) 14f.

das "Preisziel" von nur noch 5 US-$ je Barrel aus Tab. 2 erklärt.

Soll dennoch versucht werden, durch eine enge Zusammenarbeit der Anbieter zumindest einem ruinösen Preiskampf vorzubeugen, so sollten die betreffenden Konkurrenten bereits gegenwärtig einer Analyse (analog jener in Kapitel 8) unterzogen werden, wobei deren Fähigkeit, wirtschaftliche Turbulenzen zu überstehen, im Mittelpunkt steht. Basierend auf dieser Untersuchung können die Erfolgswahrscheinlichkeit, die erforderlichen Massnahmen (v.a. die Höhe der Konventionalstrafen in Abhängigkeit von der "Ausbruchswahrscheinlichkeit" einzelner Anbieter), aber auch das eigene Verhalten bereits heute geplant werden.

In Abhängigkeit von der eigenen Ausgangsposition bieten sich drei mögliche Varianten an:

1. Teilnahme am Kartell
2. Opposition gegen ein etwaiges Kartell
3. Kartellbeitritt, mit der Absicht, die Kartellvereinbarung zu unterlaufen, was jedoch stark von den Sanktionsmöglichkeiten der Partner abhängt.

Vermutlich werden jedoch vorbereitete Unternehmen, wie bereits erwähnt, wenig geneigt sein, sich dauerhaft einem Kartell zu beugen, erlaubt ihnen doch die erfolgte Vorbereitung ein aggressives Verhalten zur Verbesserung der eigenen Wettbewerbsposition (s.u. 12).

Unabhängig von der ungünstigen Beurteilung der Kartellbildung können **Kooperationen** auf Teilgebieten, wie z.B. dem Vertrieb, durchaus sinnvoll sein, wenn sich so Kosten einsparen lassen. In welchen Teilbereichen sich eine derartige Zusammenarbeit mit anderen Unternehmen anbietet, hängt von der jeweiligen Situation und dem tatsächlichen Krisenverlauf ab.

11.6 **Diversifikation in krisenresistente Bereiche**

Wie bereits mehrfach angesprochen, gab es in der grossen Depression der 30er Jahre durchaus auch Bereiche und Branchen, die sich als krisenresistent erwiesen haben, wie z.B. die Nahrungsmittelindustrie.

Aus diesem Grunde bietet es sich gerade für Unternehmen in besonders krisenanfälligen Sektoren an, in diese Bereiche zu diversifizieren, um so das Risiko zu streuen und zu vermindern.[1]

Dabei sind jedoch die gegenwärtig hohen Eintrittskosten in die Märkte zu bedenken, da für die Übernahme entsprechender Unternehmen Rekordpreise zu zahlen wären. Gleiches gilt für den eigenen Einstieg in fremde Märkte, der bekanntermassen mit erheblichem finanziellen Aufwand verbunden ist. Vermutlich steht die mit solchen Versuchen verbundene Belastung der Liquidität und der Unternehmensfinanzen in keiner Relation zum Vorteil der Präsenz in einem vermeintlich krisenresistenten Markt. Hinzu kommt die oftmals fehlende Kenntnis über die betreffende Branche, was zusätzlich das Risiko von Fehlschlägen deutlich erhöht.

Erfolgversprechender ist m.E. die Diversifikation in Randgebiete der angestammten Produktpalette, wie z.B. eine vermehrte Konzentration auf den Reparaturbereich.

Zusätzlich könnte versucht werden, mit jenen Branchen ins Geschäft zu kommen, die von eventuellen staatlichen Stabilisierungsbemühungen profitieren würden. Dies wären vermutlich die Bauindustrie und der gesamte Bereich des Umweltschutzes. Allerdings sind derartige staatliche Belebungsmassnahmen nur in wenigen Staaten zu erwarten, da die weithin zerrütteten Staatsfinanzen - wie dargelegt - nur wenig fiskalpolitischen Spielraum lassen.

---

1 angeregt von Büschgen (1971) 119; siehe auch Schierenbeck (1980) 342ff.

Letztlich hängt der Entscheid über mögliche Diversifikationsbemühungen von der individuellen Situation der einzelnen Unternehmung ab. Auch ein Unternehmen, das nur in krisenanfälligen Bereichen operiert, kann die Depression überstehen oder gar von ihr Nutzen ziehen, wenn es sich ausreichend auf die veränderte wirtschaftliche Situation vorbereitet. In einem solchen Fall ist es oftmals sinnvoller, Finanzierung und Liquidität zu verbessern als kostspielige und unsichere Diversifikationsbemühungen zu unternehmen.

Abschliessend lässt sich festhalten, dass eine Diversifikation überwiegend jenen Unternehmen anzuraten ist, die ohne grossen Aufwand in naheliegende Bereiche vorstossen können. Gegen den Aufkauf von anderen Unternehmen spricht der Umstand, dass ein solcher in einer Depression ohne jeden Zweifel billiger wäre, selbst dann, wenn ein Unternehmen in einer krisenresistenten Branche gekauft würde.[1] Gleiches gilt für den Versuch, neue Geschäftsbereiche aufzubauen.

11.7 **Erhöhte Beteiligung Dritter**

Durch die ebenfalls bereits angesprochene Beteiligung Dritter an krisenanfälligen Unternehmensteilen können die daraus erwachsenden Verlustgefahren breiter verteilt werden. Vorteil dieses Versuchs der Risikostreuung ist zudem eine Verbesserung der Liquidität.

Mögliche Vertragspartner sind:
- die Belegschaft
- das Management
- Aussenstehende

Wie die meisten angeführten Massnahmen hat auch der Verkauf von Unternehmensteilen an Dritte bereits vor Eintritt einer

---

1 siehe ausführlich unter 12.

Depression zu erfolgen, solange positive Zukunftserwartungen vorliegen.

11.8 Rechtliche Verselbständigung

Wie bereits mehrfach angesprochen (siehe v.a. unter 8.6.3) bietet eine rechtliche Verselbständigung von Unternehmensteilen die Möglichkeit, die Risiken für das Gesamtunternehmen zu beschränken. Werden solche Massnahmen in Zeiten guter Konjunktur und gesunder Unternehmensfinanzen ergriffen, so werden sie kaum zu Schwierigkeiten mit Vertragspartnern und Gläubigern führen. Auch aus diesem Grund haben eine rechtliche Verselbständigung und der Ausschluss weitergehender Haftung bereits vor einer etwaigen Depression zu erfolgen.[1] Nach Krisenausbruch würden derartige Versuche der Risikoüberwälzung kaum noch die Zustimmung der Betroffenen finden.

11.9 Zusammenfassung

1. Risikobeschränkung und -überwälzung bilden einen wichtigen Kernpunkt des präventiven Krisenmanagements. Gerade hier sind wichtige Massnahmen bereits heute in die Wege zu leiten.
2. Der Abschluss von Versicherungen ist praktisch nur zur Beschränkung des Delkredererisikos möglich.
3. Die wichtigsten Verträge sind einer eingehenden Prüfung zu unterziehen, deren Ergebnis eine Übersicht sein sollte, in der Klauseln, Fälligkeiten und Kündigungsmöglichkeiten sowie das eigene Verhalten in der Depression zusammengefasst sind.
4. Feste Liefervereinbarungen können Kunden enger an das eigene Unternehmen binden und so zu einer temporären Ertragstabilisierung beitragen.
5. Mit der Bildung von Kartellen könnte versucht werden, einem ruinösen Preiskampf vorzubeugen. Die Erfolgswahrschein-

---

1 Dies auch, um nicht in Konflikt mit dem Konkursrecht zu geraten.

lichkeit ist jedoch gering anzusetzen, besonders da die Ausgangslage der einzelnen Kartellmitglieder vermutlich unterschiedlich ist. Vorbereitete Unternehmen werden geneigt sein, die eigene Wettbewerbsposition zu Lasten der anderen Marktteilnehmer zu verbessern.

6. Eine Diversifikation in vermeintlich krisenresistente Branchen könnte zu einer Ertragsstabilisierung im Krisenverlauf beitragen. Die hohen Kosten einer solchen Strategie wirken in der überwiegenden Zahl der Fälle jedoch prohibitiv.
7. Auch durch die Beteiligung Dritter an gefährdeten Unternehmensteilen kann eine breitere Streuung der Risiken erreicht werden.
8. Die Rechtliche Verselbständigung von Unternehmensteilen erlaubt ebenfalls eine Überwälzung von Risiken, vorausgesetzt, es werden keine Garantien oder Bürgschaften abgegeben.

12 WAHRNEHMUNG VON CHANCEN

12.1 Grundüberlegung

Wie in der vorangegangenen Darstellung deutlich geworden ist, stellt die Gefahr einer Deflation eine akute Bedrohung für Unternehmen dar. "Andererseits bieten turbulente Zeiten zugleich all denen ungeahnte Möglichkeiten, die die neuen Realitäten verstehen, akzeptieren und ausnutzen. Hier bietet sich die grosse Chance, Führungsqualitäten unter Beweis zu stellen."[1]

Doch auch die Wahrnehmung der sich bietenden Chancen erfordert bereits im Vorfeld einer Depression eine intensive **Vorbereitung.** Zum einen müssen die sich voraussichtlich bietenden Chancen evaluiert und die zu deren Wahrnehmung erforderlichen Massnahmen geplant werden, denn nur wer zielgerichtet operiert, kann aus der Fülle an Gelegenheiten genau jene herausgreifen, die langfristig am meisten zur Verbesserung der eigenen Position beitragen.

Zum anderen setzt die erfolgreiche Nutzung von Chancen ein ausreichendes Mass an frei verfügbaren Mitteln voraus. Gerade erst durch den frühzeitigen Aufbau von Liquidität gelangt eine Unternehmung in die günstige Position, die Chancen auch nutzen zu können.

Die sich in einer Depression bietenden Gelegenheiten würden sich vermutlich auf Jahrzehnte hinaus nicht mehr ergeben, so dass durch ein zielgerichtetes Verhalten die Basis für eine dauerhafte Verbesserung der Wettbewerbsposition der Unternehmung gelegt werden könnte. Dabei sollten für die Ausarbeitung eines Plans zur Chancenwahrung mindestens ebenso viele Überlegungen angestellt werden wie für die Erarbeitung der zur Überlebenssicherung nötigen Massnahmenkataloge.

---

1 Drucker (1980) 13; auch andere Autoren verweisen auf diesen Umstand, so z.B. Löhneysen (1982) 334, Müller (1982) 257ff., Silver (1988) 25f.

Eine Auswahl sich bietender Möglichkeiten soll nachfolgend kurz umrissen werden.

12.2 Durchsetzung unpopulärer Massnahmen

Eine unmittelbare Chance der Depression läge in dem Umstand begründet, dass sich bereits lange geplante unpopuläre Massnahmen, wie z.B. die Schliessung einer unrentablen Fabrik, im Umfeld einer allgemeinen Wirtschaftskrise vermutlich leichter durchsetzen liessen. Gerade solche tiefgreifenden Umstrukturierungen würden von Mitarbeitern und Gewerkschaften eher akzeptiert werden, wenn so die Hoffnung bestünde, wenigstens den Rest der Unternehmung und damit Arbeitsplätze zu erhalten. Längst fällige Anpassungen im Strukturwandel könnten somit rascher realisiert werden.

12.3 Ausnutzung staatlicher Förderungsprogramme

Auch wenn Massnahmen des Staates zur Belebung der wirtschaftlichen Aktivität nur in wenigen Ländern zu erwarten sind, bieten diese dennoch eine der wenigen Möglichkeiten, in der Depression Gewinne zu erzielen.

Um in den Genuss derartiger Programme zu gelangen, bietet sich neben der Erweiterung des betrieblichen Leistungsangebots in dieser Hinsicht auch die Pflege entsprechender Kontakte zu staatlichen Stellen an.

Bedeutsam wären staatliche Programme jedoch vermutlich nur in den klassischen Förderbereichen, wie vor allem der Bauwirtschaft.

12.4 Handel mit gebrauchten Gütern aller Art

Nachdem im Zuge einer Depression mit einer Welle von Unternehmenszusammenbrüchen zu rechnen wäre, könnte mit Gütern aus der Konkursmasse anderer Unternehmen ein intensiver Handel getrieben werden. Während die Nachfrage nach neuen Gütern sinken würde, besteht eine gewisse Wahrscheinlichkeit, dass gebrauchte Waren, wenn auch nur zu stark ermässigten Preisen, Absatz fänden.[1]

Doch auch bei dieser Aktivität sollte auf einen möglichst niedrigen Lagerbestand geachtet werden, weshalb sich eine Spezialisierung auf eine Auswahl von Gütern anbietet.[2]

12.5 **Verdrängung von Konkurrenz**

Gerade durch die Erhöhung des eigenen Marktanteils und die damit verbundene Verdrängung von Konkurrenz kann die Ausgangsposition der Unternehmung für den anschliessenden Aufschwung verbessert werden.[3]

Durch die erfolgte Vorbereitung und die Konsolidierung der Finanzen ist bereits die Grundlage für eine Erhöhung des eigenen Marktanteils gelegt. Sie erlaubt ein langfristig ausgerichtetes Verhalten, wie beispielsweise die bewusste Verfolgung eines Verdrängungswettbewerbs, da nicht der Zwang zur Liquiditätsbeschaffung im Vordergrund steht. Aus dieser Position der Stärke heraus wäre es auch möglich, Konkurrenten zur Kooperation oder zum Verkauf interessanter Unternehmensteile zu bewegen.

Besonders jene Unternehmen, die gegenwärtig eine expansive Politik verfolgen und umfangreiche Investitionen tätigen, werden durch die damit einhergehende Verschlechterung der finanziellen Situation anfällig für Konjunkturabschwünge. In einer Depression wären gerade sie von einem Konkurs bedroht, was einer vorbereiteten Unternehmung die Chance einer erfolgreichen Marktanteilserhöhung böte.

---

1 entsprechend der Entwicklung in der grossen Depression; Hart (1938) 28
2 für ein bereits bestehendes, erfolgreiches Beispiel vom Handel mit Gütern aus Konkursen, siehe Michulsky (1989) 58
3 zur Bedeutung des Marktanteils siehe unter 8.4, Abb. 29. Für weitere Verhaltensweisen, die der Verbesserung der strategischen Positionierung dienen, siehe unter 13.

Gegenwärtig könnten bereits entsprechende **Marketingpläne** ausgearbeitet werden, in denen die Massnahmen zur Abwerbung von Kunden detailliert festgelegt sind. Einen dadurch ausgelösten erhöhten Wettbewerb können vorbereitete Unternehmen zweifellos besser überstehen als die Konkurrenz.

Auch besteht die Möglichkeit, interessante Konkurrenten aufzukaufen. Angesichts des schlechten wirtschaftlichen Umfelds wäre dabei davon auszugehen, dass eine Übernahme und damit eine Ausweitung des Marktanteils ausgesprochen günstig erfolgen könnte. Ob man Unternehmen kauft oder den eigenen Marktanteil nach deren Ausscheiden aus dem Markt ausweitet, hängt auch von den weiteren Zukunftsaussichten der betreffenden Branche ab. Ist davon auszugehen, dass auch nach Durchschreiten der Depression ein (substitutionsbedingter) Niedergang zu erwarten ist, so empfiehlt es sich, keine weiteren Kapazitäten zu erwerben und statt dessen in Zukunftsbereiche zu diversifizieren.

12.6 **Übernahme anderer Unternehmen**

Wie bereits oben erwähnt, ist gegenwärtig der ideale Zeitpunkt zum Verkauf von Unternehmen, während in einer allfälligen Depression der Kauf interessanter Unternehmen zu erwägen wäre.

Unabhängig davon, ob Übernahmen in der eigenen Branche oder in anderen Bereichen geplant sind, empfiehlt sich die Aufstellung einer "Opferliste", in der Übernahmekandidaten zusammengefasst dargestellt werden. Geriete eines der interessanten Unternehmen im Krisenverlauf in Schwierigkeiten, so könnte versucht werden, dieses günstig zu erwerben. Bei der Beurteilung der in Frage kommenden Unternehmen ist auf deren gegenwärtige Ertragslage, vor allem aber auf die strategische Positionierung zu achten. Die Analyse der gegebenen strategischen Stellung einer Unternehmung kann ebenfalls auf den unter 8.4 charakterisierten PIMS-Faktoren basieren. Möglich ist die Beurteilung der strategischen Positionierung mittels des sogenannten

Limited Information Model, welches es auch Aussenstehenden erlaubt, Aussagen über die Ausgangslage einer Unternehmung zu machen.[1] Zur Beurteilung der Zukunftsaussichten ist wiederum auf die **Substitutionszeitkurve** und das **Anwenderproblem** als strategische Orientierungsgrössen zu achten.[2]

Neben der bereits angesprochenen Übernahme von Konkurrenten würde sich vor allem die **Diversifikation** in neue, zukunftsträchtige Bereiche anbieten. Wie bei der Besprechung des Phänomens der langen Wellen der Konjunktur in Kapitel 2 dargelegt, bilden neue Basistechnologien mit grosser Wahrscheinlichkeit die Basis der Kondratieff-Wellen, und es ist gemäss **Marchetti** in den nächsten Jahren mit einem Innovationsschub zu rechnen.[3] Besitzt diese Analyse Gültigkeit, so kann eine Diversifikation in solche Geschäftsbereiche ein ausserordentlich hohes Wachstumspotential eröffnen. Welche Bereiche dies wären, kann nicht mit Sicherheit vorhergesagt werden. Mit grosser Wahrscheinlichkeit zählen jedoch die Mikroelektronik und die Bio- und Gentechnologie zu den interessanten Sektoren.

Bei der Beurteilung der Diversifikationsmöglichkeiten ist auch an den Mittelbedarf zu denken, der nach erfolgtem Erwerb der Unternehmung entsteht. Neben den Aufwendungen für allfällige Modernisierungen ist bei Unternehmen, die einen neuen Markt erschliessen, wie bereits oben ausgeführt, ein erheblicher Mitteleinsatz vonnöten, um rasch einen verteidigungsfähigen Marktanteil zu erzielen.[4] Ergibt die Analyse, dass die eigene Unternehmung nicht über die erforderliche Finanzkraft verfügt, so sollte von einer Akquisition Abstand genommen werden.

Gerade im Umfeld einer Wirtschaftskrise empfiehlt es sich somit, durch die Vornahme sorgfältig geplanter Übernahmen die langfristige Positionierung der Unternehmung zu verbessern. So

1 Malik (1987) 57
2 Gälweiler (1987) 27f.
3 Marchetti (1982) 125; siehe auch unter 2.2.1.4.
4 Malik (1989) 11ff.

gesehen kommt diesen Entscheiden eine strategische Bedeutung zu.

12.7 **Erwerb von Grundbesitz**

Gerade der Aufkauf von Grundbesitz würde sich im Umfeld einer Depression anbieten. Durch Notverkäufe bedingt ist, wie bereits unter 9.2.3 ausgeführt, mit einem heftigen Preisverfall bei Immobilien zu rechnen. Andererseits besteht die Gefahr einer **Währungsreform** im Krisenverlauf, die vermutlich jedoch erst am Tiefpunkt der Depression, also nach einer mehrjährigen Abwärtsentwicklung vollzogen würde.

Zur Absicherung des Vermögens bietet sich deshalb der **sukzessive Umstieg** von Liquidität in Sachwerte an, wobei Immobilien wegen des zu erwartenden gedrückten Preisniveaus und der aus ihnen zufliessenden Erträge als die interessanteste Möglichkeit anzusehen sind.

Bei der Auswahl sollten Mietshäuser in guter Lage, nicht jedoch Luxusobjekte, in Betracht gezogen werden. Unbebaute Grundstücke wären hingegen nicht so interessant, da auch in der erneuten Aufwärtsentwicklung nicht sofort mit einem Bauboom zu rechnen wäre.[1]

Auch zur Verfolgung dieser Strategie ist bereits heute Vorbereitung nötig, wobei vor allem an die Zurverfügungstellung ausreichender finanzieller Mittel zu denken ist. Von der Aufnahme von Krediten zum Kauf der Liegenschaften ist jedoch abzuraten, da eine Entschuldung durch die Währungsumstellung nicht zu erwarten wäre.

Darüber hinaus sollte bereits gegenwärtig eine Evaluierung

---

1 Dies zeigt das Beispiel der 30er Jahre, als sich die Bauindustrie deutlich langsamer von der Krise erholt hat; siehe unter A2.5.6.

interessanter Standorte erfolgen, so dass sich bietende Gelegenheiten zielgerichtet wahrgenommen werden können.

12.8 Beratung anderer Unternehmen bei der Krisenbewältigung[1]

Aufgrund des bereits erfolgten präventiven Krisenmanagements verfügen die Führungskräfte vorbereiteter Unternehmen über tiefgreifende Kenntnisse über Wesen und Verlauf einer allfälligen deflationären Depression. Deshalb bietet es sich an, dieses Know-how auch anderen Unternehmen zugänglich zu machen, sobald der Kriseneintritt allgemein offensichtlich würde. Auf diese Weise lässt sich auch eine bessere Auslastung vorhandener Managementkapazitäten sicherstellen, indem z.B. ein temporäres Krisenmanagement übernommen wird.

Nachdem vermutlich überwiegend bedrängte Unternehmen diese Dienstleistung in Anspruch nehmen würden, ist von einer nur geringen Fähigkeit zur Bezahlung der erbrachten Leistungen auszugehen. Alternativ bietet sich deshalb die Einräumung von Beteiligungen an den betreffenden Unternehmen an, was gleichzeitig einen Anreiz zur dauerhaften Betreuung des jeweiligen Unternehmens schafft. In diesem Fall ist der Berater vor dem Eintreten einer Währungsreform geschützt und kann gleichzeitig von dem zu erwartenden Wertzuwachs der Beteiligung profitieren, sollte es gelingen, die Unternehmung erfolgreich durch die Deflation zu manövrieren.

12.9 Zusammenfassung

Wie jede Krise so würde auch eine erneute Depression vielfältige Chancen für jene bieten, die Wesen und Ausmass der wirtschaftlichen Turbulenzen erkennen.

Doch um diese Chancen nützen zu können, bedarf es bereits heute einer Vorbereitung, die sowohl die Planung der entspre-

---

1 siehe dazu das Beispiel einer der befragten Unternehmen unter 14.

chenden Massnahmen als auch die Zurverfügungstellung der dazu erforderlichen finanziellen Ressourcen umfasst.

Besondere Chancen sind im günstigen Erwerb von Grundbesitz und anderen Unternehmen zu sehen. Doch auch die Beratung anderer Unternehmen und der Handel mit gebrauchten Gütern aller Art können zu zusätzlichen Erträgen in der Depression beitragen.

13 **VERHALTEN IN DEPRESSION UND AUFSCHWUNG**[1]

13.1 **Einführung**

Im Rahmen des bereits angesprochenen PIMS-Programms[2] wurde auch untersucht, welche Verhaltensweisen in einer Rezession und in dem daran anschliessenden Aufschwung[3] aus kurz- und langfristiger Sicht am vorteilhaftesten sind.

Basis der Untersuchung bildeten 300 Geschäftseinheiten, die eine Rezession mit schrumpfenden Märkten durchliefen, an die sich mindestens ein Jahr mit positiver Marktwachstumsrate anschloss. Beurteilungskriterien für die einzelnen Verhaltensweisen waren die Auswirkung auf den laufenden Ertrag, gemessen am inflationsbereinigten Ist-ROI, und die zukünftige strategische Positionierung, gemessen an der Verbesserung des PAR-ROIs in den nächsten zwei Jahren.[4]

Obwohl sich diese Erfahrungen auf die zumeist moderaten Rezessionen und Branchenkrisen der 70er und 80er Jahre beziehen, geben sie wertvolle **Hinweise** für das Verhalten in einer allfälligen Depression.

Wie in den vorangegangenen Ausführungen deutlich geworden ist, stellt gerade die Senkung von Kosten einen wesentlichen Bestandteil des präventiven Krisenmanagements dar. Die empirische Erfahrung erlaubt es, nun **Prioritäten** zu setzen, weil auch die langfristigen Konsequenzen berücksichtigt werden können.[5] Es lässt sich so festlegen, an welchen Positionen man möglichst lange festhalten sollte.

---

1 Die nachfolgenden Ausführungen basieren auf Guiniven (1987); siehe dazu auch Malik/Stelter (1990). Für eine ältere Untersuchung siehe Neubauer (1980).

2 siehe die Ausführungen unter 8.4.

3 definiert als erstes Jahr mit Umsatzwachstum nach einer Rezession.

4 Guiniven (1987) Folie 3 und 4

5 Meffert (1984) 50 verweist auf den Umstand, dass sich Unternehmen in stagnierenden und schrumpfenden Märkten vermehrt an kurzfristigen Zielen orientieren.

Gerade Unternehmen, die vorbereitet in die Deflation eintreten, könnten so in deren Verlauf abwägen, welche Einsparungen ergriffen werden sollten. Dies kann nachhaltig zu einer Verbesserung ihrer "Wettbewerbsstärke"[1] beitragen.

Letztlich bleibt jedoch festzuhalten, dass es an Erfahrungen über den Erfolg einzelner Verhaltensweisen in einer **Depression** mangelt. Die vorhandenen Kenntnisse können lediglich als Anhaltspunkte dienen.[2]

13.2 **Die Aufwendungen für Marketing**

Gerade bei dieser Position würde man in einer Depression vermutlich zu Einsparungen neigen, da sich so meist rasch eine spürbare finanzielle Entlastung erreichen lässt. Diese Einschätzung wird auch von der Empirie gestützt, die einen deutlich höheren ROI für jene SGE ausweist, die ihre Ausgaben für Marketing überproportional im Verhältnis zum Umsatzrückgang eingeschränkt haben (Abb. 29). Langfristig empfiehlt es sich jedoch, bei den Marketingaufwendungen nur eine unterproportionale Einschränkung vorzunehmen, da so eine Verbesserung des PAR-ROIs, also der strategischen Stellung, erreicht werden könnte. Der Hintergrund für dieses vielleicht überraschende Ergebnis ist vermutlich in dem Tatbestand zu sehen, dass eine kontinuierliche Marktbearbeitung zu besseren Resultaten führt.

Vorbereitete und entsprechend liquide Unternehmen sollten deshalb in einer schweren Depression trotz der ungünstigen Ertragslage die Marketingaufwendungen weitgehend stabil halten und so ihre Position gegenüber der Konkurrenz nachhaltig verbessern.

---

1 Meffert (1984) 60

2 Dies gilt auch gerade im Bereich des Marketings. Alle Ansätze zum Marketing in gesättigten und schrumpfenden Märkten können zwar Hinweise für denkbare Verhaltensweisen liefern. Im Umfeld einer deflationären Depression wären sie jedoch nach Auffassung des Verfassers nur wenig geeignet.

Abb. 29: Wirkung der Veränderung der Aufwendungen für Marketing[1]

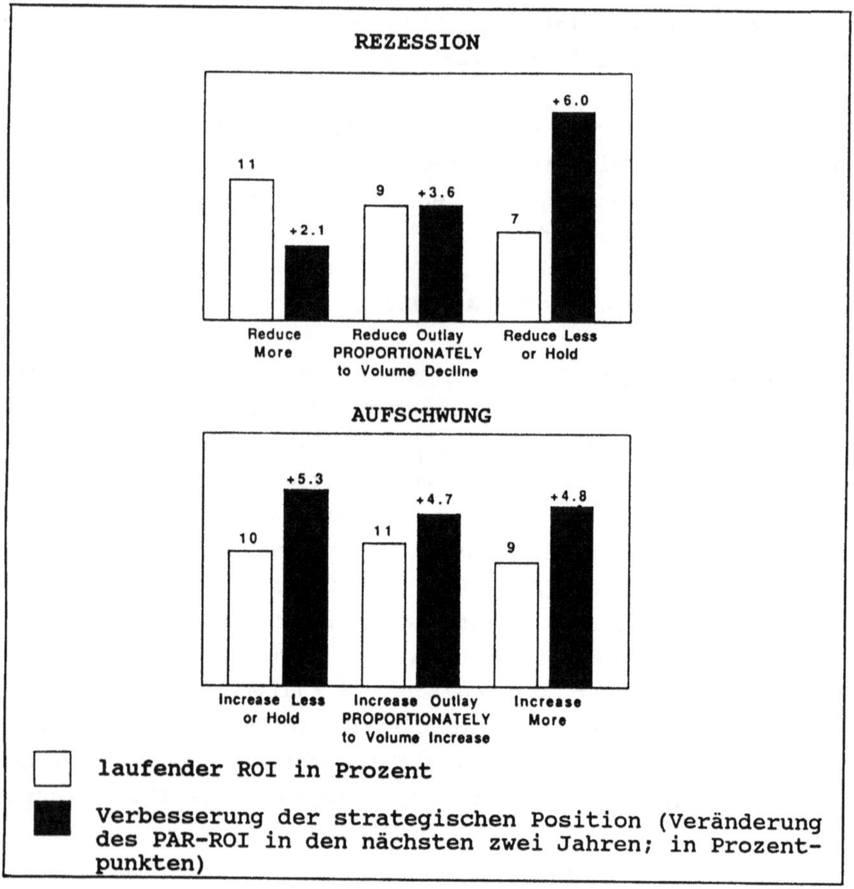

Treten hingegen finanzielle Engpässe auf, so trägt eine deutliche Kürzung im Marketingbereich zu einer Verbesserung der Ertragslage bei und kann so zu einer Entlastung der Liquidität führen.

Auch in einem erneuten **Aufschwung** empfiehlt sich die Verfolgung einer antizyklischen Strategie. Jene Unternehmen, die ihre

---

1 Guiniven (1987) Folie 6

Aufwendungen für Marketing nicht oder nur unterproportional erhöht haben, wiesen für die nachfolgenden 2 Jahre einen deutlich besseren PAR-ROI aus. Eine proportionale Erhöhung der Aufwendungen verbessert zwar den laufenden ROI, hat strategisch gesehen jedoch keine so positiven Auswirkungen.

Nachdem in einer Deflation auch die Preise für Marketingleistungen deutlich sinken würden, sollte es vorbereiteten Unternehmen möglich sein, nur unterproportionale, leistungsmässige Kürzungen vorzunehmen. Hierin wäre eine ausserordentlich grosse Chance, zur Verbesserung der eigenen Position zu sehen.

Welches Marktverhalten in einer Depression angebracht wäre, lässt sich nicht sagen. Anhaltspunkte geben die Untersuchungen in gesättigten und schrumpfenden Märkten, die entweder eine **Differenzierung** oder aber eine **Focussierung** (Marktführerschaft) empfehlen.[1] Auch wird ein "konstruktives" Marketing gefordert, welches die vorhandenen Marktstrukturen, unter anderem "anbieter- und nachfragergerechte Preise", sicherstellen soll.[2] Die Wirksamkeit derartigen Verhaltens im Umfeld einer deflationären Depression ist jedoch sehr in Frage zu stellen, da "(a)m Abgrund des Konkurses stehende Mitbewerber (...) zu unberechenbaren Reaktionen fähig (...)"[3] sind.

13.3 Die Produktionskapazitäten

In den vorangegangenen **Rezessionen** und Branchenkrisen hat die Veränderung der vorhandenen Produktionskapazitäten keinen Einfluss auf die laufende Ertragslage gehabt (Abb. 30). Dies liegt vermutlich an der Zeit, die vergeht, bis Kapazitätsstilllegungen wirksam werden. Ausserdem spielt der Tatbestand eine Rolle, dass zwar durch die Verringerung der Kapazitäten das durchschnittliche Investment gesenkt wird, gleichzeitig

1 Meffert (1984) 56ff.
2 Weinhold-Stünzi (1984) 14; siehe auch Belz (1989)
3 Weinhold-Stünzi (1984) 8

jedoch Sonderabschreibungen den Gewinn schmälern, so dass der ROI nicht erhöht werden kann.

Abb. 30: Wirkung der Veränderung von Kapazitäten[1]

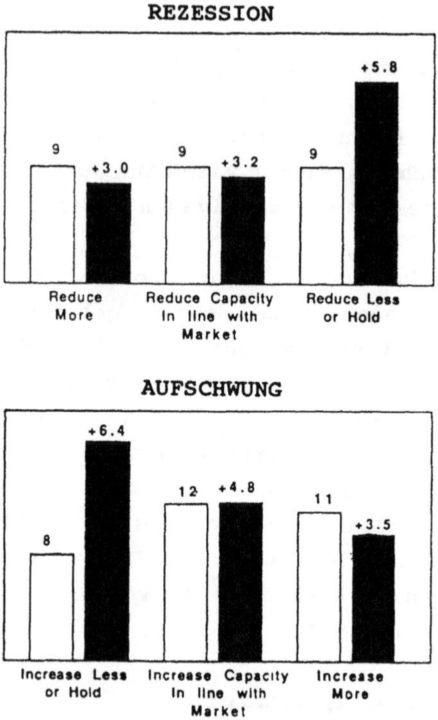

laufender ROI in Prozent

Verbesserung der strategischen Position (Veränderung des PAR-ROI in den nächsten zwei Jahren; in Prozentpunkten)

Im anschliessenden **Aufschwung** würde eine Ausweitung der Kapazität die besten Auswirkungen auf den laufenden Ertrag haben, während es sich aus langfristiger Orientierung empfiehlt, nur eine unterproportionale Ausweitung vorzunehmen. Unternehmen, die prozyklisch auf die konjunkturelle Entwicklung reagierten,

1 Guiniven (1987) Folie 7

haben ihre strategische Positionierung im Vergleich zur Konkurrenz geschädigt.

Nachdem die hier befürchtete deflationäre **Depression** jedoch deutlich stärkere Ausmasse als die der Untersuchung zugrundeliegenden Rezessionen hätte, würde sich eine Anpassung der Kapazitäten wohl nicht vermeiden lassen. Die Erfahrung der 30er Jahre (siehe Anhang 2) zeigt jedoch, dass eine wirtschaftliche Aufwärtsentwicklung rasch und heftig einsetzen könnte, zu deren Nutzung **ausreichende** Kapazitäten bereitstehen müssten.

13.4 Die relative Qualität

Im Zuge einer ungünstigen Ertragslage liegt es oftmals nahe, durch eine Minderung der Qualität Kosten zu senken.[1] Folge dieser Massnahme ist eine nur geringfügig bessere Ertragslage in der **Rezession**, die allerdings mit einer deutlich verschlechterten strategischen Positionierung zu bezahlen wäre (Abb. 31). Gründe für diese langfristig negativen Konsequenzen sind vermutlich die Abwanderung von enttäuschten Kunden zur Konkurrenz und höhere Aufwendungen für Gewährleistungen.

Der Ertrag der Qualitätsverschlechterung stünde somit in keiner Relation zu den langfristigen Konsequenzen, so dass auch im Umfeld einer Depression auf den Qualitätsstandard besonderer Wert gelegt werden sollte.[2] Qualitätssteigerungen würden nur geringfügig den laufenden ROI belasten, jedoch längerfristig zu einem deutlich höheren PAR-ROI beitragen.

Gleiches gilt für das Verhalten in der anschliessenden Aufschwungsperiode, wobei gleichbleibende oder steigende Qualität die strategische Positionierung relativ zur Konkurrenz positiv beeinflussen.

---

1 Baur (1979) 168
2 Auch Weinhold-Stünzi (1984) 14 verweist auf die negativen Konsequenzen von Qualitätsreduktionen.

Abb. 31: Wirkung der Veränderung der relativen Qualität[1]

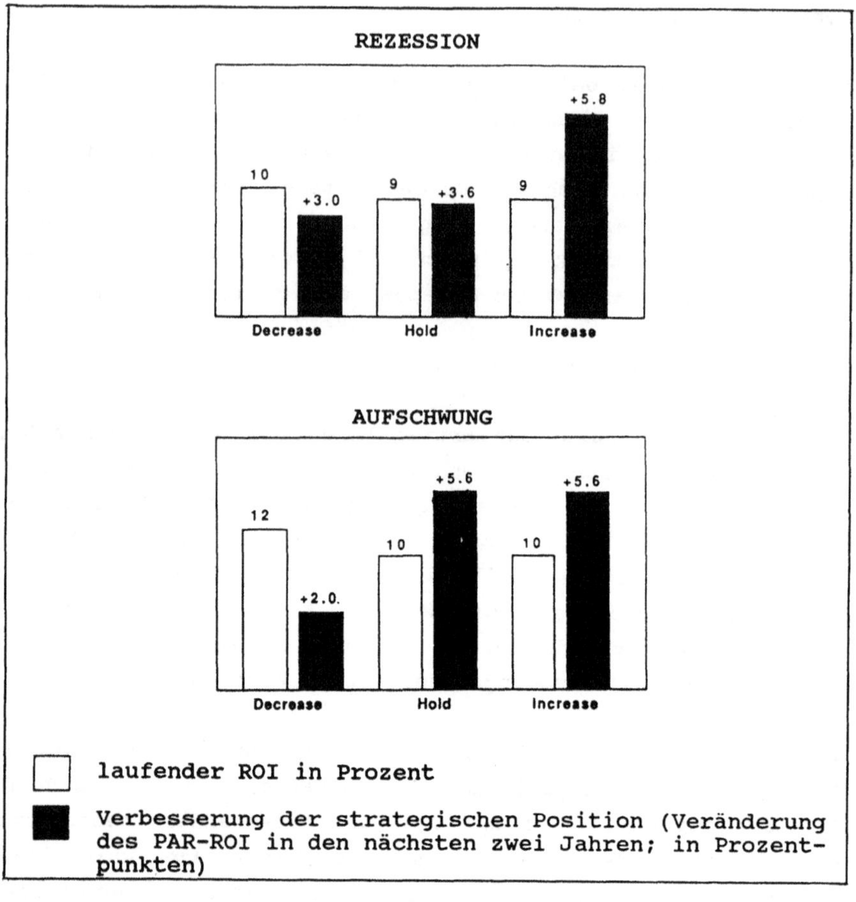

Nachdem die relative Qualität aus **Sicht des Kunden** definiert ist, wäre es im Zuge einer Depression durchaus möglich, dass die Kunden ihre Qualitätsansprüche senken.[2] Will eine Unternehmung dieser Veränderung des Konsumentenverhaltens Rechnung tragen, so sollte eine Produktpalette niedrigerer Qualität lanciert werden, die jedoch einen anderen Namen trägt und

---

1 Guiniven (1987) Folie 8

2 Darauf verweist Büschgen (1971) 109. Allerdings geht er implizit davon aus, dass qualitativ bessere Produkte auch teurer sein müssen, während der relative Preis beim Qualitätsbegriff von PIMS ausgeklammert wird.

nicht mit den übrigen Produkten in Verbindung gebracht wird. Ist ein vorhandenes Qualitätsimage erst einmal geschädigt, so bedarf es vermutlich eines längeren Zeitraums, bis verlorenes Vertrauen wiederhergestellt ist.

13.5 **Der relative Preis**

Abb. 32: Wirkung der Veränderung des relativen Preises[1]

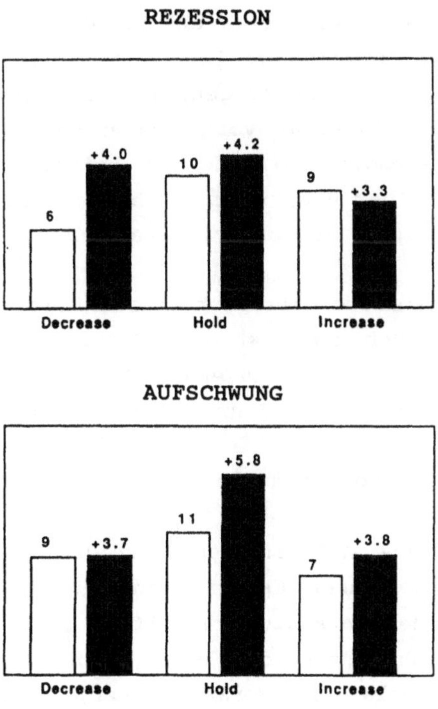

☐ laufender ROI in Prozent

■ Verbesserung der strategischen Position (Veränderung des PAR-ROI in den nächsten zwei Jahren; in Prozentpunkten)

---

1 Guiniven (1987) Folie 9

In der hier befürchteten Depression wäre mit massiven Preissenkungen zu rechnen, die vor allem von hochverschuldeten und illiquiden Konkurrenten ausgelöst würden. Einer solchen Preissenkungstendenz würde sich keine Unternehmung entziehen können, jedoch stellt sich die Frage nach dem Ausmass der eigenen Preissenkungen.

Sowohl aus kurz- wie auch aus langfristiger Perspektive empfiehlt sich die Beibehaltung der relativen **Preisstruktur**, was bedeutet, dass die Preise ebenso wie jene der Konkurrenz gesenkt werden. Interessant ist, dass jene Unternehmen, die besonders starke Preissenkungen, die zur Verringerung ihrer relativen Preise führten, vorgenommen haben, den geringsten ROI in der Rezession hinzunehmen hatten. Dieses Ergebnis leuchtet unmittelbar ein, führt doch die überdurchschnittlich hohe Preissenkung zu einer geringeren Marge.

Das gleiche Ergebnis ergibt sich hinsichtlich der Preispolitik im **Aufschwung**. Auch dann ist eine Beibehaltung des relativen Preises sowohl für den laufenden Ertrag als auch für den PAR-ROI der nächsten zwei Jahre am vorteilhaftesten.

13.6 Der Anteil neuer Produkte am Umsatz

Eine Erhöhung des Anteils neuer Produkte hat den in der Stichprobe enthaltenen Unternehmen zu einer verbesserten Ertragslage in der **Rezession** verholfen. Längerfristig gesehen empfiehlt es sich jedoch, den Anteil neuer Produkte am Umsatz unverändert zu belassen, vorausgesetzt, er liegt bereits im optimalen Bereich von etwa 12%.[1] Durch eine Reduzierung des Anteils neuer Produkte liess sich sogar eine deutlich bessere Ertragslage in der Rezession erzielen, ohne eine wesentliche Verschlechterung des PAR-ROIs der nächsten zwei Jahre.

---

1 Malik/Stelter (1990)

Abb. 33: Wirkung der Veränderung des Anteils neuer Produkte am Umsatz[1]

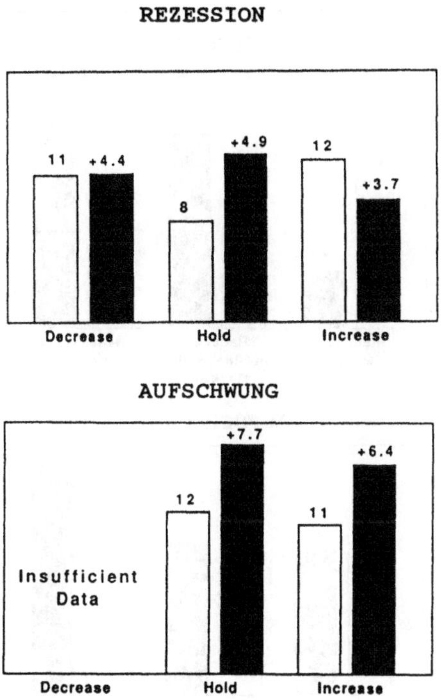

☐ laufender ROI in Prozent

■ Verbesserung der strategischen Position (Veränderung des PAR-ROI in den nächsten zwei Jahren; in Prozentpunkten)

Auch im Aufschwung war die Beibehaltung der bisherigen Innovationspolitik am erfolgversprechendsten.

---

1 Guiniven (1987) Folie 10

13.7 Die Ausgaben für Produktentwicklung

Abb. 34: Wirkung der Veränderung der Ausgaben für Produktentwicklung[1]

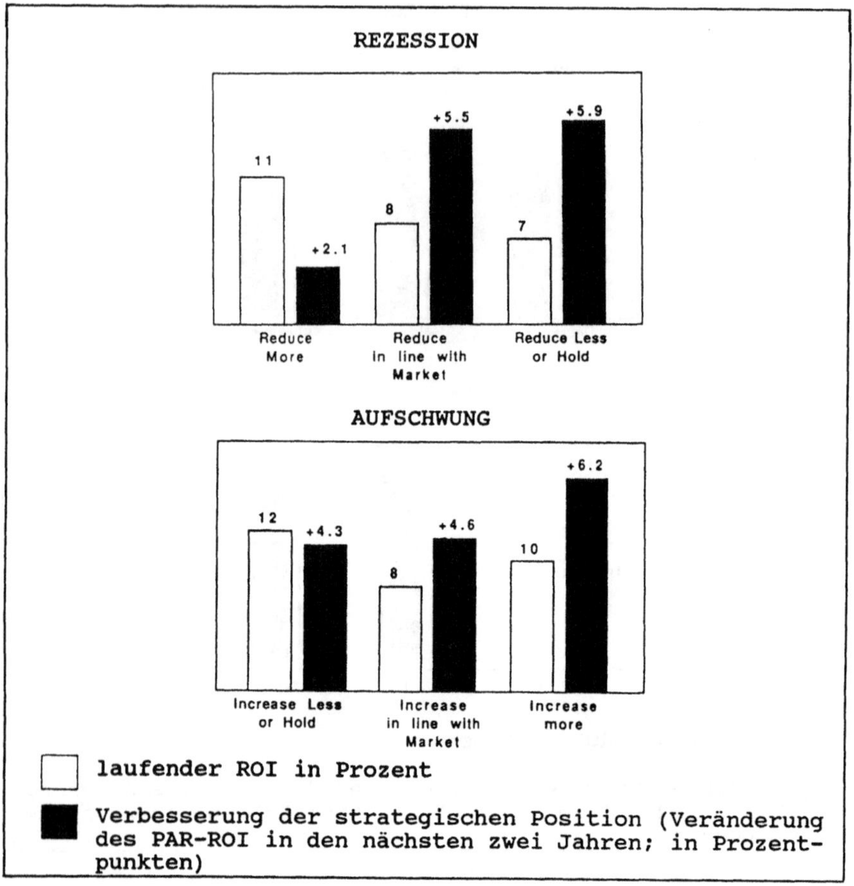

Durch eine sofortige Rückführung der Ausgaben in diesem Bereich liess sich in der **Rezession** eine deutliche Verbesserung der Ertragslage erzielen. Langfristig gesehen schadet dieses Vorgehen jedoch, so dass eine proportionale Einschränkung der Ausgaben in diesem Bereich angezeigt wäre.

1 Guiniven (1987) Folie 11

Generell lässt sich festhalten, dass ein höherer Anteil an Ausgaben für die Produktentwicklung, aufgrund der damit verbundenen höheren Konkurrenzfähigkeit, längerfristig zu besseren Erträgen führt. Deshalb sollten auch im Aufschwung die Ausgaben stärker als der Umsatz zunehmen.

In einer Depression wäre, wie bereits mehrfach angesprochen, mit einer erhöhten Innovationsaktivität zu rechnen. Gerade aus diesem Grunde sollten die Einschränkungen nicht schwerpunktmässig in diesem Bereich erfolgen. Sinkende Aufwendungen für Gehälter und Material sollten es ermöglichen, den Forschungsumfang beizubehalten.[1]

12.8 **Das Alter der Produktionsanlagen**

Bereits oben wurde darauf hingewiesen, dass (Erweiterungs-) Investitionen im Vorfeld einer Depression nach Möglichkeit unterbleiben sollten. Doch stellt sich die Frage, ob in einer Depression eine Veralterung des Kapitalstocks in Kauf genommen werden kann oder sich umgekehrt eine Modernisierung der Anlagen empfiehlt.

Interessanterweise hat eine Verjüngung des produktiven Anlagevermögens in den untersuchten Fällen zu einem verbesserten ROI in der **Rezession** geführt. Ursache für diese Entwicklung ist vermutlich der mit den Investitionen einhergehende Rationalisierungseffekt. Aus langfristiger Sicht empfiehlt sich hingegen eine Beibehaltung der gegenwärtigen Investitionspolitik. Jene Unternehmen, die ihre Produktionsanlagen veraltern liessen, mussten auch einen geringeren laufenden ROI hinnehmen.[2]

---

1 Bei diesem Entscheid sollte auch auf die technologische Stellung der jeweiligen SGE geachtet werden (siehe unter 8.3.1.2). Befindet sich die Technologie bereits kurz vor der Ausschöpfung ihrer Möglichkeiten, so sollten vermehrt Entwicklungen in anderen Bereichen vorgenommen werden.

2 Dieses Ergebnis kann jedoch auch darin begründet sein, dass Unternehmen mit schlechter Ertragslage auf die Durchführung von Investitionen verzichteten. Die Korrelation sagt schliesslich noch nichts über den

Abb. 35: Wirkung der Veränderung des Alters der Produktionsanlagen[1]

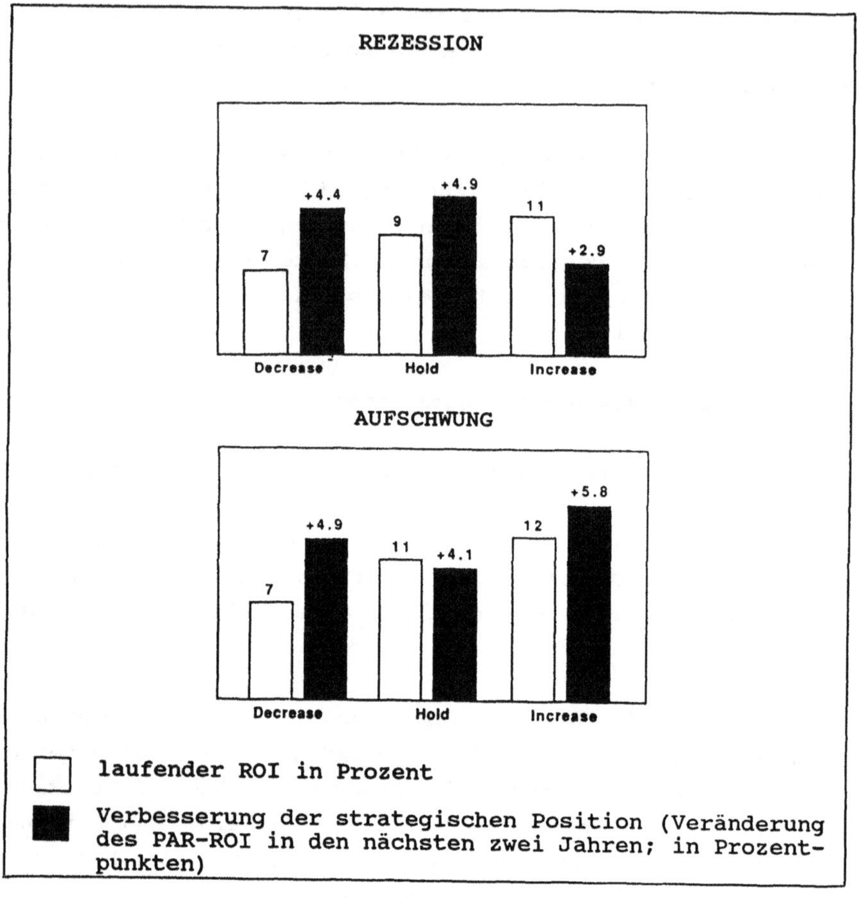

Im wirtschaftlichen Aufschwung ist eine Modernisierung des Kapitalstocks sowohl kurz- als auch langfristig zu empfehlen.

Wirkungszusammenhang aus. Meffert (1984) 49 verweist auf eine Untersuchung in der schwedischen Textilindustrie, wo eine abnehmende Rentabilität zu einem Rückgang der Investitionstätigkeit geführt hat, der dann wiederum eine Abnahme von Produktivität und Rentabilität zur Folge hatte.

1 Guiniven (1987) Folie 12

In bezug auf die hier interessierende Problemstellung einer eventuellen deflationären Depression erscheinen diese Ergebnisse nur sehr beschränkt verwertbar. Vermutlich empfiehlt es sich in der Depression, angesichts fallender Preise für Investitionsgüter und zunehmender Überkapazitäten, mit der Vornahme von Investitionen zu warten. Wird dennoch eine Modernisierung des vorhandenen Kapitalstocks angestrebt, so könnte dies durch Übernahme von Konkurrenten oder den Kauf von Maschinen aus der Konkursmasse anderer Unternehmen erfolgen.

13.9 Die vertikale Integration

Wie unter 9.2.1 ausgeführt, empfiehlt sich zum gegenwärtigen Zeitpunkt eine vermehrte Auswärtsvergabe von Arbeiten, um so ein weiteres Anwachsen des Fixkostensockels zu verhindern. In einer Wirtschaftskrise könnte man angesichts vorhandener Überkapazitäten dazu tendieren, wieder vermehrt Arbeiten selbst auszuführen.

Interessanterweise zeigen die Erfahrungen aus vergangenen Rezessionen und Branchenkrisen, dass es sowohl kurz- als auch langfristig falsch ist, den Grad an vertikaler Integration zu verändern. Während eine vermehrte Auswärtsvergabe angesichts vorhandener Überkapazitäten ohnehin kaum in Frage käme, wäre die Wirkung vermehrter Integration auf den Ist-ROI negativ. Dies liegt vermutlich an den hohen Umstellungskosten und an der Tatsache, dass der Zulieferer bereits von Erfahrungskurven[1]- und Kostendegressionseffekten profitiert hat und deshalb in der Lage ist, günstiger zu liefern.

Eine Veränderung des Grades an vertikaler Integration trägt somit nicht zu einer verbesserten Ertragslage bei, und auch aus längerfristiger Perspektive empfiehlt es sich, den gegebenen Integrationsgrad beizubehalten. Gleiches gilt für die anschliessende Aufwärtsentwicklung.

---

1 siehe dazu z.B. Neubauer (1982) 14ff., Gälweiler (1987) 37ff.

Abb. 36: Wirkung der Veränderung der vertikalen Integration[1]

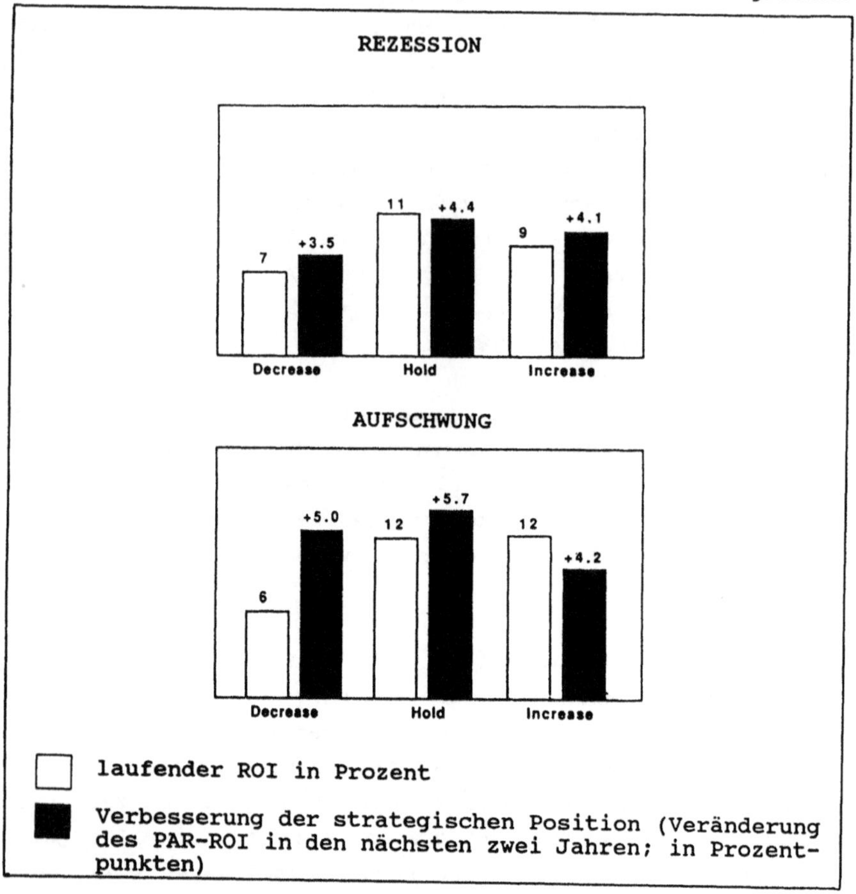

13.10 Das Nettoumlaufvermögen

In einer Depression wäre mit einem deutlichen Rückgang des Nettoumlaufvermögens zu rechnen (weniger Lager, Forderungen etc.). Doch wie das Beispiel der grossen Depression zeigt (siehe Anhang 2), ist es nicht gelungen, das Umlaufvermögen proportional zum Umsatzrückgang abzubauen.

---

1 Guiniven (1987) Folie 13

Abb. 37: Wirkung der Veränderung des Nettoumlaufvermögens[1]

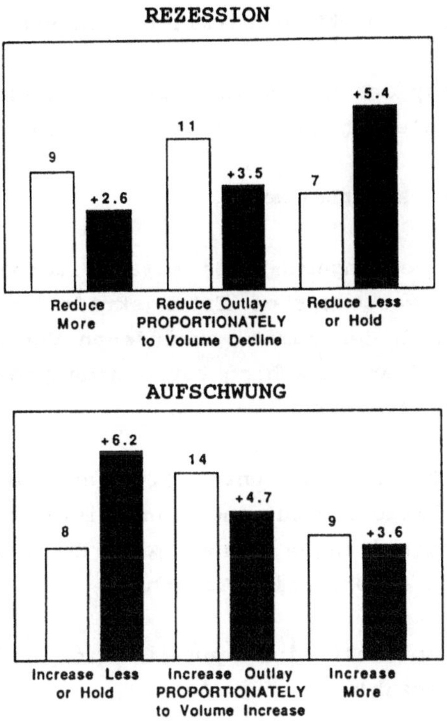

☐ laufender ROI in Prozent

■ Verbesserung der strategischen Position (Veränderung des PAR-ROI in den nächsten zwei Jahren; in Prozentpunkten)

Wie aus Abb. 37 ersichtlich, hat sich ein solches Verhalten bei den untersuchten Unternehmen in einem geringeren laufenden Ertrag niedergeschlagen, jedoch die strategische Positionierung verbessert. Ursache dafür war vermutlich eine erhöhte Lieferbereitschaft und die Einräumung von Zahlungszielen.

1 Guiniven (1987) Folie 14

Nichtsdestotrotz sollte in einer Depression versucht werden, das Nettoumlaufvermögen soweit als möglich zu reduzieren. Eine proportionale Rückführung des Umlaufvermögens würde sich vermutlich dennoch nicht verwirklichen lassen.

Im **Aufschwung** empfiehlt sich aus langfristiger Sicht eine nur unterproportionale Erhöhung des Umlaufvermögens.

13.11 Die Anzahl Mitarbeiter

Die drastische Verringerung des Mitarbeiterbestandes hat zu einer deutlich verbesserten Ertragskraft in der **Rezession** beigetragen. Durch den damit verbundenen Verlust an eingearbeiteten Fachkräften verschlechterte sich jedoch die strategische Position (Abb. 38).

Hier zeigt sich, wie die unter 10.2 angeregten Massnahmen der Lohnflexibilisierung zu einer langfristigen Besserstellung der Unternehmung beitragen können, weil Entlassungen nicht im gleichen Ausmass erforderlich werden.

Im **Aufschwung** empfiehlt sich dann eine proportionale Erhöhung der Beschäftigtenzahl.

Abb. 38: Wirkung der Veränderung des Mitarbeiterbestandes[1]

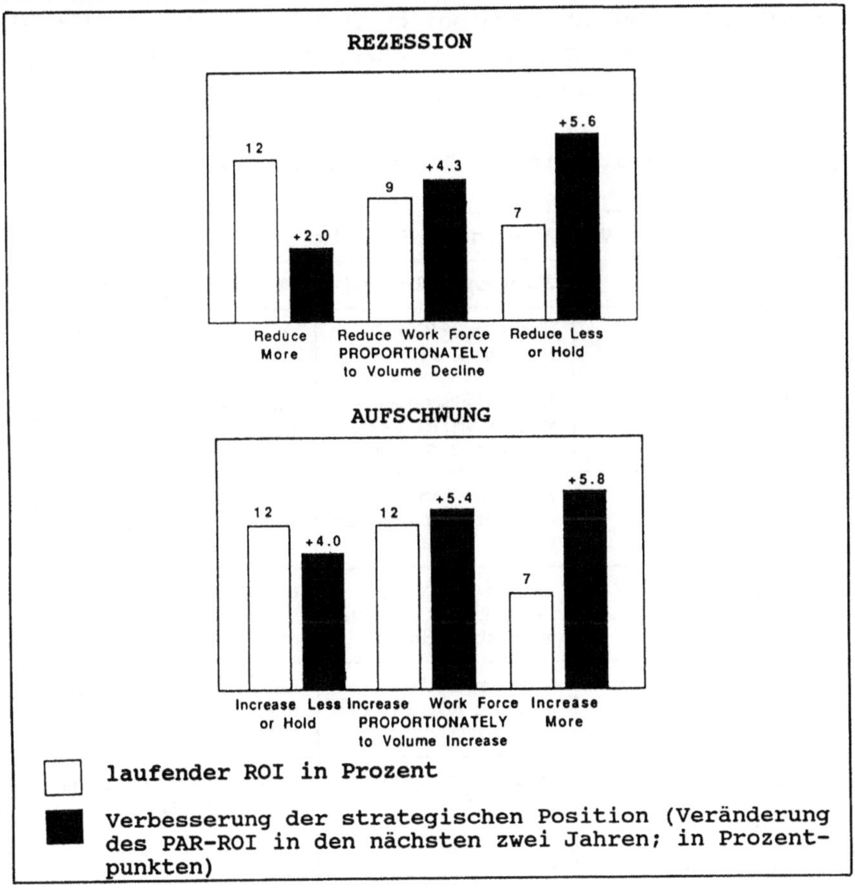

13.12 Zusammenfassung

Nachdem Erfahrungen über die Wirkungsweise einzelner Massnahmen in einer Depression fehlen, empfiehlt sich die Abstellung auf Erkenntnisse aus Rezessionen und Branchenkrisen der jüngeren Vergangenheit. Diese geben wertvolle Hinweise über kurz- und langfristige Konsequenzen einzelner Massnahmen und erlauben

---

1 Guiniven (1987) Folie 15

es vorbereiteten Unternehmen, trotz des ungünstigen gesamtwirtschaftlichen Umfelds **strategisch** zu handeln. Hierin ist eine der wesentlichen **Chancen** zu sehen, die nachhaltig zu einer Verbesserung der Wettbewerbsposition beitragen kann.

Tab. 14: Verhalten in der Rezession/Depression[1]

Verhalten in der Rezession		
Ziel	Steigerung Ist-ROI	Wettbewerbsposition
Marketing	überproportional einschränken	weniger einschränken oder halten
Produktions-kapazität	Kapazitätsveränderung bewirkt keine ROI-Verbesserung	unterproportionale Einschränkung der Kapazität
Relative Qualität	Absenken bringt geringfügig höheren ROI in Rezession	Erhöhung der rel. Qualität stärkt Position deutlich
Relativer Preis	Halten des rel. Preises mit Abstand am besten für ROI	Halten des relativen Preises am besten für die langfr. Position
Umsatzanteil neuer Produkte	Neue Produkte stärken ROI in der Rezession	Langfristig ist konstante Innovationsrate am besten
Ausgaben für Forschung und Entwicklung neuer Produkte	überproportional Einschränken	Unterproportional Einschränken/Halten
Alter der Produktionsanlagen	Durchschnittsalter senken	Durchschnittsalter gleich belassen
Vertikale Integration (Make or Buy)	unverändert belassen	unverändert belassen
Umlaufvermögen	Proportional zum Umsatzrückgang senken	Unterproportional senken
Mitarbeiter	Überproportional senken	Unterproportional senken/halten

1 siehe auch Malik/Stelter (1990)

Tab. 15: Verhalten im Aufschwung[1]

Verhalten im Aufschwung		
Ziel	Steigerung Ist-ROI	Wettbewerbsposition
Marketing	proportional erhöhen	unterproportional erhöhen bzw. halten
Produktions-kapazität	Kapazitätsveränderung entsprechend Umsatzzunahme	unterproportionale Erhöhung der Kapazität
Relative Qualität	Absenken bringt höheren ROI im Aufschwung	Erhöhung bzw. Halten der rel. Qualität stärkt Position
Relativer Preis	Halten des rel. Preises mit Abstand am besten für ROI	Halten des relativen Preises am besten für die langfr. Position
Umsatzanteil neuer Produkte	Konstante Innovationsrate am besten	Langfristig ist konstante Innovationsrate am besten
Ausgaben für Forschung und Entwicklung neuer Produkte	Unterproportional Erhöhen	Überproportional Erhöhen
Alter der Produktionsanlagen	Durchschnittsalter senken	Durchschnittsalter senken
Vertikale Integration (Make or Buy)	unverändert belassen/erhöhen	unverändert belassen
Umlaufvermögen	Proportional zur Umsatzsteigerung erhöhen	Unterproportional steigern oder halten
Mitarbeiter	Unterproportional steigern/halten	Überproportional steigern

1 siehe auch Malik/Stelter (1990)

14 **Beispiel für eine Notfallplanung**

Eine der befragten Unternehmungen[1] verfügt bereits über eine recht detaillierte Notfallplanung, in der eine Vielzahl der oben dargestellten Massnahmen aufgeführt sind. Das Beispiel soll einen Eindruck davon vermitteln, wie eine derartige Planung gestaltet werden kann.

Bei der Firma handelt es sich um eine international tätige Unternehmung der Baubranche, die überwiegend mit der Projektierung und Betreuung von Bauvorhaben als Generalunternehmer betraut wird.

Ausgangspunkt der Planung bildete die Annahme einer rasch eintretenden, völligen Veränderung der wirtschaftlichen Rahmenbedingungen, ähnlich der grossen Depression der 30er Jahre. Dabei wurde von einem allgemeinen Geldmangel, Investitionskürzungen, Arbeitslosigkeit, fallenden Preisen für Immobilien und dauerhafte Güter sowie einem zunehmenden Protektionismus ausgegangen. Auch wurden politische und soziale Spannungen bei den Überlegungen berücksichtigt.

Zielsetzung der Planung war:

1. Das Überleben einer derartigen Krisenperiode zu sichern und für rasches Handeln gewappnet zu sein.
2. Die Gewinnung von zusätzlichen Erkenntnissen über das laufende Geschäft, von denen man auch ohne Kriseneintritt profitieren kann.
3. Durch die Wahrnehmung von Chancen von der Krise zu profitieren.

Ausgangspunkt der Analyse bildeten jeweils spezifische Einzelereignisse, mit deren Eintreten im Zuge einer deflationären

---

1 An dieser Stelle sei den Gesprächspartnern, die aus Vertraulichkeitsgründen ungenannt bleiben müssen, nochmals sehr herzlich für die freundliche und umfassende Unterstützung und Auskunftsbereitschaft gedankt.

Depression zu rechnen wäre. Bezogen auf jedes dieser Ereignisse wurden Massnahmenkataloge und vorbereitende Massnahmen festgelegt sowie die Verantwortlichkeiten geregelt. Nachfolgend sollen einige der Ereignisse und der entsprechenden Reaktionen auf Unternehmensebene dargestellt werden,

1. **Ereignis:** Innerhalb von 6 Monaten treten Überkapazitäten von 50 - 70% auf.

Massnahmen:
- Personalabbau
- Versuch der Lohnanpassung für die verbleibenden Mitarbeiter
- Einsatz des Topmanagements zur Unterstützung von Krisenmanagementaufgaben in anderen Unternehmen
- Umschulung der Mitarbeiter
- Übergang auf Kurzarbeit, die zu einer raschen Reduktion der Lohnkosten führt
- Frühpensionierungen

Vorbereitung:
- Überprüfung der rechtlichen Restriktionen (Kündigungsschutz) bei der Freisetzung von Mitarbeitern in den einzelnen Ländern
- Analyse der Mitarbeiterqualifikation im Hinblick auf eine deflationäre Depression zur Unterstützung des Freisetzungsentscheids ("Rangordnung")
- Abklärung der Durchsetzbarkeit von Kostensenkungsmassnahmen und ihrer Auswirkungen
- Festlegung von Massnahmen im Bereich der Public Relations, um negative Reaktionen in der Öffentlichkeit zu verringern
- Formulierung einer adäquaten Preispolitik
- Bestimmung (innerbetrieblicher) Frühwarnindikatoren, wie Auftragsbestand und -eingang, aber auch Tendenzen an den Weltaktienmärkten.

2. **Ereignis:** Liquiditätsengpässe; ausgelöst durch Debitorenverluste und Zahlungsrückstände

Massnahmen:
- Aufbau einer ausreichenden Liquiditätsreserve
- Sicherstellung der Fremdfinanzierung (Ausschluss von Kündigungen etc.)
- Durchführung von Kostensenkungsmassnahmen
- Aufgabe von belastenden Bereichen, Einstellung von Investitionen
- Überprüfung der Standorte; eventuell Filialschliessungen
- Verkauf von Unternehmensteilen an das Management oder Dritte
- Einschränkung des Leistungsangebots mit Verzicht auf kostspielige Sonderleistungen

Vorbereitung:
- Analyse des Kostensenkungspotentials
- Analyse der bestehenden Delkredererisiken
- Straffes Debitorenmanagement (Durchsetzung von Zahlungszielen)
- Pflege der Bankbeziehungen
- Analyse der Rentabilität von Leistungskomponenten und Standorten

3. **Ereignis:** Staatliche Transferbeschränkungen, Protektionismus

Massnahmen:
- Übergabe der Tochtergesellschaften an das lokale Management (treuhänderisch)
- Temporäre Übereignung der Tochtergesellschaften an das jeweilige Management als Massnahme der "Nationalisierung"
- Sicherung des Firmennamens

Vorbereitung:
- Ausarbeitung der vertraglichen Regelungen
- Abklärungen mit/Instruktion des lokalen Managements
- Analyse der Konsequenzen in und nach der Krise

4. **Ereignis:** Drastischer Verfall der Grundstücks- und Immobilienpreise; Überangebot an Räumlichkeiten aller Art

Massnahmen:
- Erwerb von Grundbesitz
- Durchführung von Immobilienberatung für Dritte
- Umschulung von Mitarbeitern

Vorbereitung:
- Aufbau ausreichender finanzieller Reserven
- Verringerung des Fremdkapitalanteils

5. **Ereignis:** Andere Unternehmen haben Schwierigkeiten mit Überkapazitäten, Liquidität und Gemeinkosten

Massnahmen:
- Entwicklung von Beratungspaketen
- Übernahme von temporären Krisenmanagementaufgaben

Vorbereitung:
- Ausarbeitung eines entsprechenden Beratungskonzepts
- Planung der entsprechenden Massnahmen zur Marktbearbeitung

6. **Ereignis:** Staatliche Ankurbelungsmassnahmen; positive Entwicklung in den krisenresistenten Branchen

Massnahmen:
- Anpassung des Leistungsangebots an den sich verändernden Bedarf

Vorbereitung:
- Laufende Pflege der voraussichtlich krisenresistenten Kunden
- Entwicklung von Leistungen, die im Fall einer Depression nachgefragt werden
- Aufstellung von Marketingplänen

7. **Ereignis:** Rückgang der Aktienkurse des eigenen Unternehmens unter den Wert X

Massnahmen:

- Offene Informationspolitik des Unternehmens
- Aufrechterhaltung eines Marktes für die Aktien

Diese Planung zeigt m.E. sehr deutlich, welche Arten von Massnahmen in einer deflationären Depression zu erwägen sind und auch, welche Punkte bereits im Vorfeld einer Depression abgeklärt werden müssen.

Einige der von der Unternehmung anvisierten Massnahmen erscheinen jedoch als nur beschränkt praktikabel. So wird ein Verkauf von Unternehmensteilen im Verlauf einer Depression nicht oder nur zu äusserst tiefen Preisen möglich sein, was auch dann gilt, wenn das Management als Käufer auftritt. Auch die Aufrechterhaltung eines geordneten Handels in den eigenen Aktien ist zwar als Ziel anstrebenswert - gerade auch um nicht selbst Opfer einer Übernahme zu werden. Inwiefern sich dieses Ziel jedoch erreichen lässt, ist nur schwer zu beurteilen. Zur Stabilisierung des Aktienkurses wird es vermutlich noch darüber hinausgehender Massnahmen bedürfen (Aufkauf durch die Hauptaktionäre etc.), die jedoch mit erheblichen Gefahren verbunden sind, wie das Beispiel deutscher Konzerne in der Weltwirtschaftskrise der 30er Jahre zeigt.[1]

Lohnsenkungen werden sich im Zuge der befürchteten Depression nur sehr beschränkt durchsetzen lassen, wobei es sich jedoch von Unternehmung zu Unternehmung und je nach Land unterschiedlich gestalten kann. Bevor also Lohnkürzungen eingeplant werden, ist deren Durchsetzbarkeit kritisch zu prüfen.

---

1 siehe z.B. den Fall der Schultheiss-Patzenhofer Brauerei AG in Abraham (1933) 81ff.

Besonders interessant ist, dass sich diese Extrembetrachtung der Unternehmung als **Mittel der Strategiegenerierung** bewährt hat. Die Unternehmung, die diese Notfallplanung erarbeitet hat, konnte nach Durchführung der vorbereitenden Massnahmen neue SGE aufbauen, die der Erhöhung der Krisenresistenz dienen sollten, jedoch bereits gegenwärtig eine **neue Ertragsquelle** darstellen.

Ein anderes der befragten Unternehmen hat mit den Hausbanken eine Regelung getroffen, wonach Kredite nurmehr bei tatsächlichem Zahlungsverzug, und nicht mehr wie gemäss der ursprünglichen Regelung bei einer allgemeinen Verschlechterung der wirtschaftlichen Lage des Kreditnehmers gekündigt werden dürfen. Zusätzlich wurde für den Fall einer Kreditkündigung eine Tilgung in 6 Halbjahresraten vereinbart, was zusätzlich dazu beitragen soll, dass die Liquidität nicht übermässig belastet wird. Auch diese Massnahme erscheint geeignet, das Überleben der Unternehmung zu sichern, besonders da sie vor unangenehmen Überraschungen schützt, die durchaus existenzgefährdend sein können.

Diese wenigen Beispiele müssen an dieser Stelle genügen, um mögliche Massnahmen und Strategien im Hinblick auf eine deflationäre Depression zu verdeutlichen.

15 SCHLUSSBEMERKUNG

Ziel der vorliegenden Arbeit war es, diejenigen Gefahrenmomente aufzuzeigen, die für den Eintritt einer deflationären Depression sprechen, und zugleich Hinweise für Vorsorgemassnahmen auf Unternehmensebene zu geben.

Dass es sich bei der hier vertretenen Ansicht nicht um ein völlig unwahrscheinliches Gedankenspiel handelt, zeigt sich auch daran, dass sich angesehene Ökonomen und Manager, wie z.B. der **Harvard-Professor Benjamin Friedman**[1] und der Chrysler-Chef **Lee Iacocca**[2], äusserst kritisch über die weitere wirtschaftliche Entwicklung geäussert haben. Gerade die Verschuldungswelle der 80er Jahre hat die Weltwirtschaft anfällig für Rezessionen und wirtschaftliche Turbulenzen gemacht. Der kleinste Auslöser könnte genügen, um einen deflationären Prozess in Gang zu setzen, den wohl nur jene Unternehmen überleben könnten, die sich bereits vorgängig intensiv darauf vorbereitet haben.[3]

Hätten in der Vergangenheit alle solide gewirtschaftet, so bestünde kein Grund zur Besorgnis. Die Turbulenzen, die sich aus den der Kondratieff-Welle zugrunde liegenden Phänomenen des technologischen Wandels, der Sättigung und Substitution, ergeben, könnten relativ leicht überwunden werden. Durch die Verschuldung jedoch sind die Möglichkeiten, solche Turbulenzen zu überstehen, deutlich geringer geworden.

Inwiefern die während der Ausarbeitung der Arbeit eingesetzte Öffnung und Liberalisierung im **Ostblock** zu einer anderen Einschätzung der Lage führen muss, kann nicht abschliessend beantwortet werden. Zwar ist es ohne Zweifel richtig, dass

---

1 siehe z.B. B. Friedman (1988a), (1989)

2 So vermerkte L. Iacocca im Jahre 1988: "If my theory's right, the bad times are going to strike fast and furious. That means that the next few years will witness some sort of crisis or crash."; Iacocca/Kleinfield (1989) 285

3 Auch in der englischsprachigen Presse finden sich zunehmend Stimmen, die vor der Gefahr einer Deflation warnen, so z.B. o.V. (1990c) 98

die enormen Nachholbedürfnisse sowohl im Bereich der Infrastruktur als auch der Produktionsmittel und des Konsums zu einer Lösung der angesprochenen Sättigungsprobleme führen können. Andererseits muss man in diesem Zusammenhang auch die Frage nach der dazu erforderlichen Kaufkraft stellen. Bedürfnisse alleine stellen bekanntlich noch keine Nachfrage dar.

Die bereits bestehende hohe Auslandsverschuldung dieser Staaten (siehe unter A1.3) schränkt den Spielraum für zusätzliche Verschuldung zum Import westlicher Güter ein. Es besteht sogar die Gefahr, dass die unproduktive Verwendung der Kredite zur raschen Befriedigung von Konsumwünschen der Bevölkerung, zu einer zweiten Verschuldungskrise ähnlich jener der Entwicklungsländer führt.

Die zusätzliche Verschuldung des Ostblocks könnte zwar dazu beitragen, die zur Fortführung des Systems notwendige **Zusatzverschuldung** zu erzielen. Diese Wirkung wäre jedoch nur temporär und könnte einen etwaigen Krisenausbruch nur aufschieben.

Der von verschiedenen Seiten geforderte Marshall-Plan[1] für Osteuropa wäre in der Tat nötig, um den Staaten eine derart positive Entwicklung, wie sie überwiegend erwartet wird, zu ermöglichen. Doch stellt sich die Frage, wer über die zu dessen Finanzierung erforderlichen Mittel verfügt. Die westlichen Industrienationen sind jedenfalls nicht in der Lage, ein solches Programm zu finanzieren (siehe unter A1.1).

Somit erscheint es als äusserst zweifelhaft, dass durch eine Exportzunahme in diese Region ein konjunktureller Rückgang auf Dauer verhindert werden kann. Und tritt dieser ein, so werden die internationalen Verflechtungen vermutlich schnell zu einer weltweiten Konjunkturabkühlung führen, die angesichts der Verschuldung durchaus in eine deflationäre Depression münden könnte.

---

1 so z.B. von Weizsäcker (1990) 17

Aus diesen Gründen ist es trotz der allgemeinen "Ost-Euphorie" angebracht, auch für den Fall einer **Deflation** Vorsorge zu treffen. Wie das geschehen könnte, wurde in den vorangegangenen Ausführungen dargestellt. Sicherlich sind auch weitere Massnahmen denkbar, doch können im Rahmen einer derartigen Arbeit niemals alle Verhaltensweisen tiefschürfend behandelt werden.

Viele der angeführten Massnahmen erscheinen vielleicht auch als trivial und selbstverständlich. In einem deflationären Umfeld könnte ihnen jedoch eine überlebenswichtige Bedeutung zukommen.

Einzelne Massnahmen mögen auch als ethisch nicht vertretbar und unsozial erscheinen. Doch muss jeder Verantwortungsträger selbst entscheiden, welche Massnahmen er für die Sicherung des Überlebens der Unternehmung und zur Wahrnehmung von Chancen für angebracht hält. Es wurde lediglich versucht, durch Beispiele das Verständnis für eine deflationäre Depression zu wecken, womit keine ethische Würdigung der angeführten Massnahmen verbunden ist.

Auch wenn zu hoffen bleibt, dass es sich bei den vorangegangenen Ausführungen nur um Gedankenspiele handelt, die niemals Realität werden, empfiehlt sich eine vorgängige Auseinandersetzung mit dieser Thematik auf Unternehmensebene. Wie die Erfahrung zeigt, trägt diese Extrembetrachtung zu einem verbesserten Verständnis für die Unternehmenssituation und auch zur Generierung neuer Strategien bei, was alleine schon den verhältnismässig geringen Aufwand der Erstellung einer Notfallplanung rechtfertigt.

Sollte es hingegen tatsächlich zu einer Wirtschaftskrise kommen, so wäre es sehr erfreulich, wenn die vorliegende Arbeit einen Beitrag zur Überlebenssicherung von Unternehmen und damit dem Erhalt von Arbeitsplätzen leisten würde.

16 ZUSAMMENFASSUNG

1. Es bestehen Anzeichen für wirtschaftliche Turbulenzen, die durchaus zu einer deflationären Depression ähnlich der Weltwirtschaftskrise der 30er Jahre führen könnten. Die Ursachen sind in den der Kondratieff-Welle zugrundeliegenden Prozessen des technologischen Wandels, der Sättigung und Substitution, sowie in der starken Verschuldungszunahme in den letzten Jahrzehnten, besonders in den 80er Jahren, zu sehen.

2. Entgegen der landläufigen Meinung wäre die Wirtschaftspolitik vermutlich nicht in der Lage, einen deflationären Prozess zu stoppen. Durch die bereits bestehende Verschuldung haben sich die meisten Staaten der Möglichkeit fiskalpolitischer Eingriffe zur Wirtschaftsstimulierung (deficit spending) begeben. Auch die Geldpolitik kann nicht zu einer Überwindung deflationärer Tendenzen beitragen, da sie von der Verschuldungsbereitschaft der Privaten abhängt. Angesichts der bereits bestehenden Schuldenlast ist von einer solchen Bereitschaft jedoch nicht auszugehen.

3. Die Gefahr einer deflationären Depression stellt eine Bedrohung für Unternehmen dar, da von heftigsten Umsatzrückgängen auszugehen wäre. Sowohl die Preise als auch die verkauften Mengen würden deutlich zurückgehen. Hinzu käme die fehlende Erfahrung der heutigen Verantwortungsträger mit einer Deflation, was Panikreaktionen und Fehlentscheide befürchten liesse.

4. Aus diesen Gründen empfiehlt sich ein präventives Krisenmanagement auf Unternehmensebene, welches Überlebenssicherung und Chancenwahrung zum Ziel hat. Kernpunkt bildet dabei die vorgängige Ausarbeitung eines Notfallplans.

5. Grundlage für die Aufstellung eines Plans für den Fall einer Depression bildet die Analyse der Unternehmung aus

dem Blickwinkel einer deflationären Depression, wobei die Simulation der Umsatzrückgänge und die zu erwartende Liquiditätsentwicklung im Zentrum des Interesses stehen.

6. Ergebnis dieser Untersuchung ist eine Aufstellung, die Auskunft über die vermutliche Krisenresistenz von Unternehmensteilen und der Gesamtunternehmung gibt.

7. Basierend auf den Ergebnissen der Unternehmensanalyse ist es möglich, Massnahmen abzuleiten, die der Überlebenssicherung der Unternehmung dienen. Im Vordergrund stehen dabei die Erhöhung der Liquidität, Schuldenabbau und Kostensenkung sowie weitere Massnahmen der Risikobeschränkung und -überwälzung.

8. Eine Deflation würde auch erhebliche Chancen für jene bieten, die Verlauf und Ausmass der wirtschaftlichen Turbulenzen erkennen. Doch auch zur Chancenwahrung bedarf es bereits einer vorgängigen Vorbereitung, die einerseits die Ausarbeitung entsprechender Pläne, andererseits die Zurverfügungstellung ausreichender finanzieller Ressourcen umfasst.

9. Durch langfristig orientiertes Verhalten lässt sich auch in einer Depression eine Verbesserung der Wettbewerbsposition einer Unternehmung erreichen. Voraussetzung ist allerdings auch hier das Vorhandensein ausreichender finanzieller Ressourcen.

10. Auch für den Fall, dass es zu keiner deflationären Krise kommen sollte, trägt die Auseinandersetzung mit dieser Thematik zu einem besseren Unternehmensverständnis und zur Generierung von Strategien bei, wie die Beispiele befragter Unternehmen zeigen.

ANHÄNGE

A1 DIE WELTWEITE VERSCHULDUNG

A1.1 Die Verschuldung der sieben führenden westlichen Industrienationen (G7)

Die Wirtschaftsentwicklung der 80er Jahre war in den meisten Industrieländern von einer erheblichen Zunahme der Verschuldung in praktisch allen Wirtschaftsbereichen gekennzeichnet. In der Folge soll eine Auswahl von Graphiken die Ausmasse der Verschuldung und vor allem das Tempo des Schuldenwachstums verdeutlichen. Wie bereits unter 3 ausgeführt, ist es nämlich gerade die Verschuldung der westlichen Industrienationen, die Anlass zur Befürchtung einer deflationären Depression gibt.

A1.1.1 Die Verschuldung der USA

A1.1.1.1 Die Staatsverschuldung

Abb. A-1: Neuverschuldung des US-Bundesstaats in % des BIP[1]

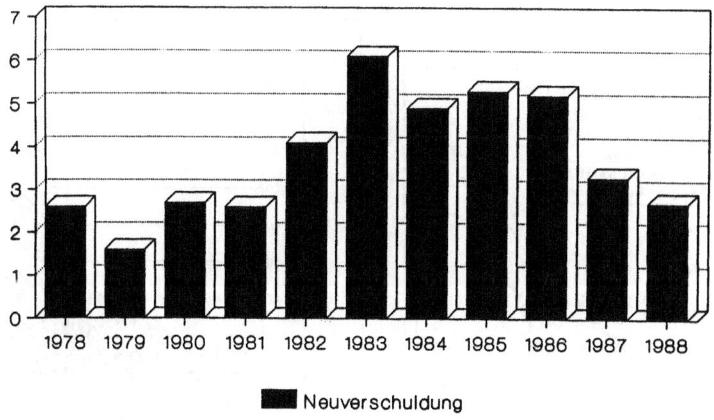

1 Zahlen aus International Herald Tribune vom 10.01.1989 und NZZ vom 4. 03. 1989.

Gerade der amerikanische Bundesstaat hat in den 80er Jahren eine spürbare Zunahme der Verschuldung vorzuweisen, wie Abb. A-1 verdeutlicht.

Betrachtet man nur die ausgewiesene Verschuldung der öffentlichen Haushalte, so liegt die Schuldenlast der Vereinigten Staaten unter dem Durchschnitt der OECD-Staaten (Abb. A-2). Hinzu kommen jedoch die Schulden der sogenannten "Government Sponsored Enterprises", die wegen impliziter oder expliziter staatlicher Garantien zur Staatsverschuldung zu rechnen sind. Gerade bei dieser Position kam es in den letzten Jahren zu einem spürbaren Wachstum, wie Abb. A-3 zeigt.

Zusätzlich bestehen noch weitere Eventualverbindlichkeiten, wie die vergebenen Direktkredite und Kreditgarantien (Abb. A-4) sowie die Versicherung der Bankeinlagen (Abb. A-5).

Abb. A-2: Verschuldung in % des BIP/BSP (OECD)[1]

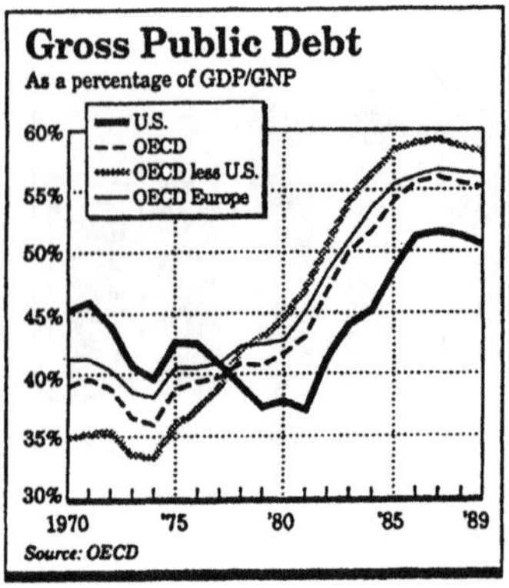

Abb. A-3: Verschuldung der staatlich geförderten Unternehmen[2]

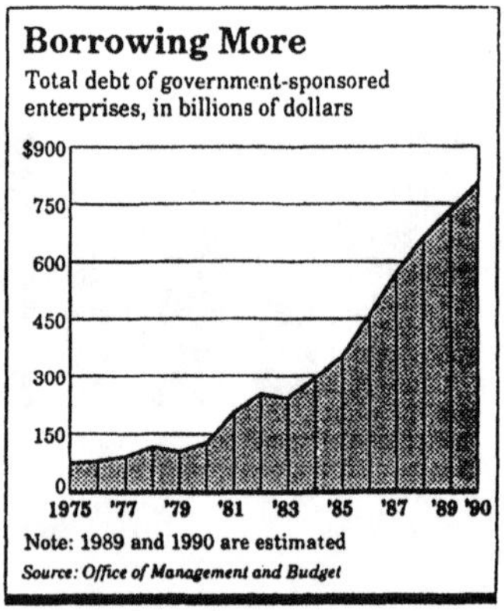

1 entnommen aus o.V. (1989w) 8
2 entnommen aus Wessel (1989b) 1

Abb. A-4: Direktkredite und Kreditgarantien[1]

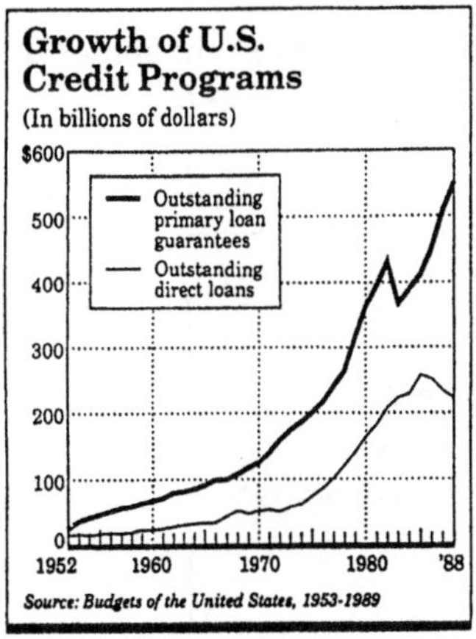

Abb. A-5: Versicherte Bankeinlagen[2]

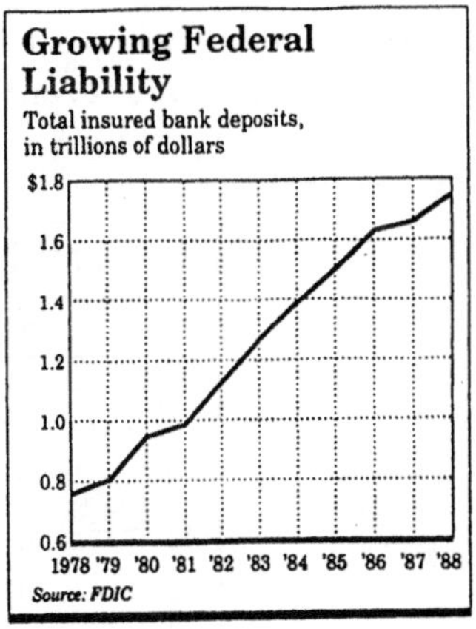

Die Gefahr dieser Eventualverbindlichkeiten ist darin zu sehen, dass sie in einem konjunkturellen Rückgang vermutlich akut würden, was den fiskalpolitischen Spielraum des amerikanischen Bundesstaats zusätzlich einschränken würde. Abb. A-6 fasst bestehende und Eventualverbindlichkeiten der amerikanischen Bundesregierung zusammen.

Auffallend ist jedoch nicht nur die absolute Schuldenhöhe, sondern besonders deren Wachstum in Zeiten der Hochkonjunktur. Während die USA seit 1983 den längsten Aufschwung in Friedenszeiten erlebten, ist es dem Staat nicht gelungen, die eigenen Finanzen auf eine solide Grundlage zu stellen. Hier zeigt sich ein erheblicher Unterschied zu den 20er Jahren, als der amerikanische Bundesstaat erhebliche Überschüsse ausgewiesen hat, welche erst die Grundlage für die Ankurbelungsmassnahmen Roosevelts in der grossen Depression gelegt haben. Würde sich eine ähnliche wirtschaftliche Lage wie zu Beginn der 30er

1 entnommen aus Gale (1989b) 8
2 entnommen aus Duke (1989) 18

Jahre ergeben, so wäre der Staat wohl kaum in der Lage, wirtschaftspolitisch zu stimulieren.

Abb. A-6: Bestehende Verschuldung des amerikanischen Bundesstaats und Eventualverbindlichkeiten[1]

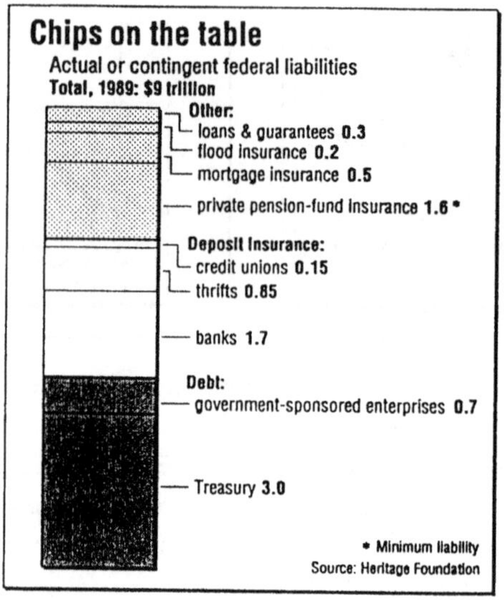

A1.1.1.2 **Die Unternehmensverschuldung**

Wie unter 3.3.1 dargestellt, gibt gerade die Unternehmensverschuldung Anlass zur Besorgnis. Hintergrund für die aus Abb. A-7 und A-8 ersichtliche Verschlechterung der finanziellen Situation ist vor allem die Welle an Mergers and Acquisitions und Leveraged Buyouts (LBOs). Nur so lässt sich erklären, weshalb der Nettowert des US-Unternehmenssektors 1988, nach sechs Jahren Hochkonjunktur, unter dem Wert von 1970 liegt,

1 entnommen aus o.V. (1989r) 42

einem Jahr, in dem sich die Vereinigten Staaten in einer Rezession befanden.

Abb. A-7: Bilanz des US-Unternehmungssektors (ohne Farmen; nur Aktiengesellschaften)[1]

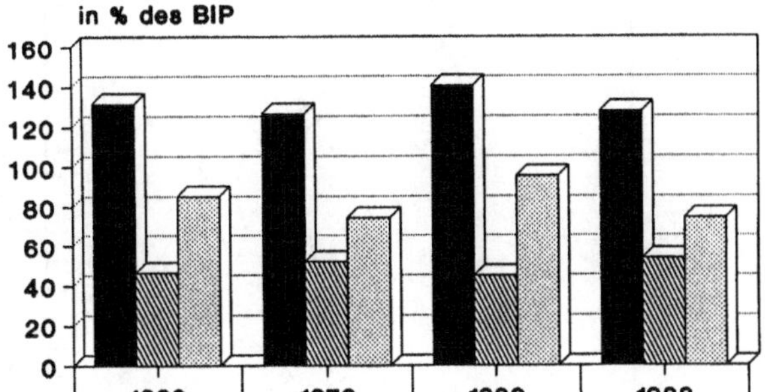

	1960	1970	1980	1988
Aktiven	131,5	126,6	140,5	128
Verbindlichkeiten	46,4	52,1	45,1	53,7
Nettowert	85,2	74,5	95,4	74,3

Abb. A-8 zeigt eindringlich die gestiegene Belastung der Unternehmen durch den Zinsendienst, wobei auffallend ist, dass auch die kleineren Unternehmen einen immer grösseren Teil ihres Cash Flows zur Bedienung eingegangener Verbindlichkeiten verwenden müssen. Dies stützt die These, wonach ein normaler konjunktureller Rückgang genügen könnte, um eine deflationäre Entwicklung auszulösen. Bereits seit 1987 sind die Konkurszahlen wieder im Steigen begriffen, wobei es als äusserst alarmierend anzusehen ist, dass immer grössere Unternehmen Konkurs anmelden (Abb. A-10).

1 Quelle: Board of Governors of the Federal System, hier gemäss der Zusammenstellung von Friedman (1989) o.S.; siehe auch Malik/Stelter (1990)

Abb. A-8: Belastung des Cash Flow durch den Zinsendienst 1946 - 1988[1]

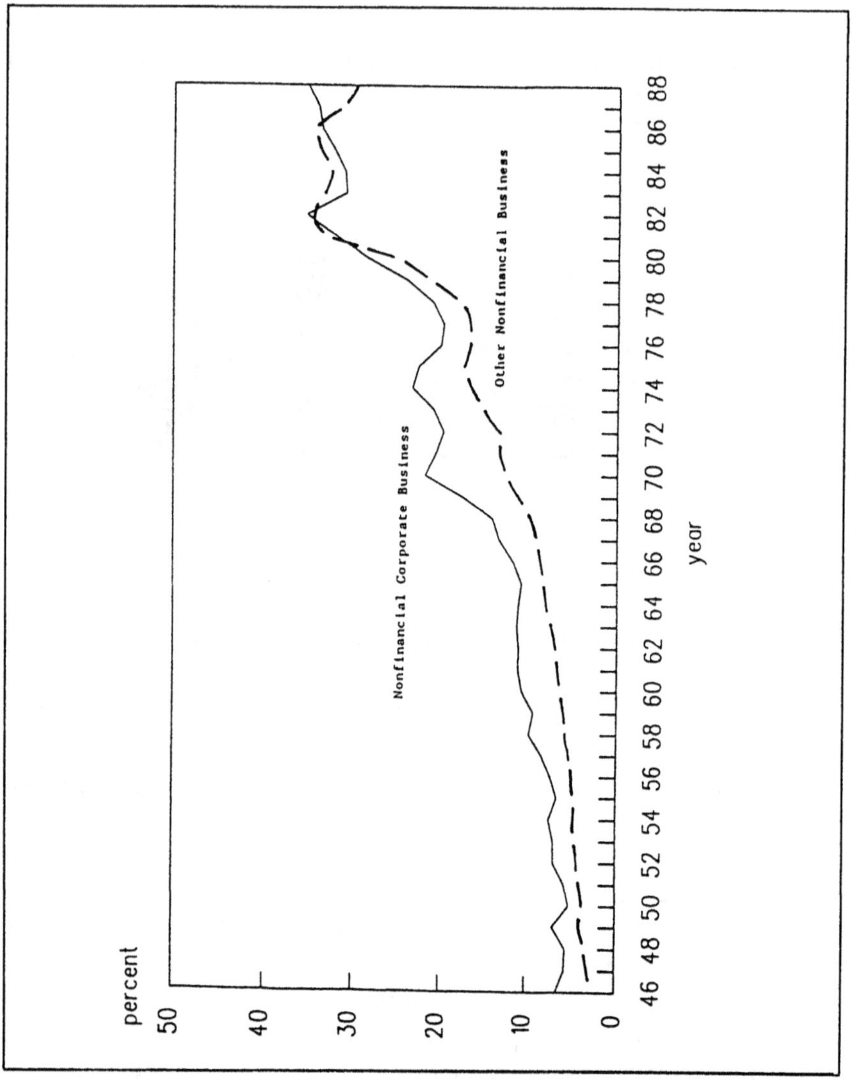

1 entnommen aus B. Friedman (1989) o.S.

Abb. A-9: Leveraged Buyouts in den USA 1979-88[1]

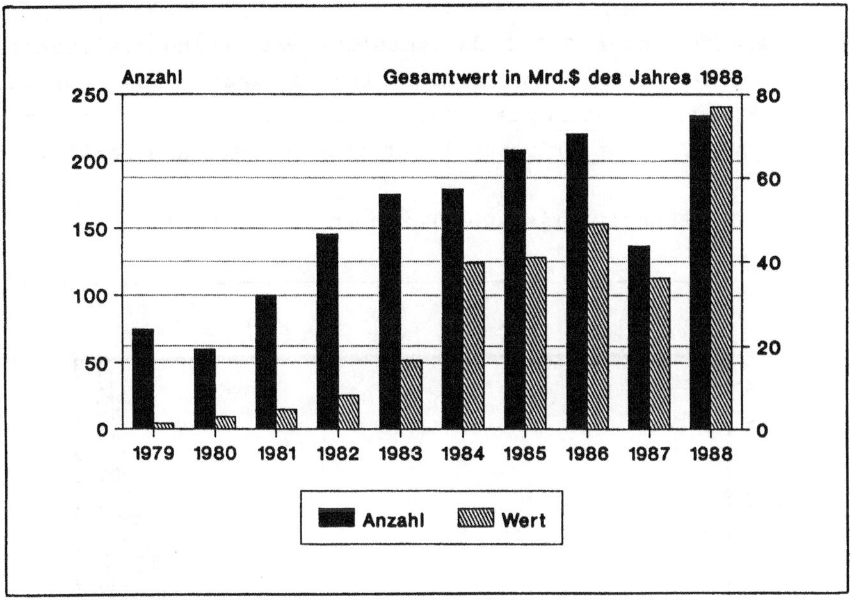

Abb. A-10: Unternehmenskonkurse in den USA 1985-1989[2]

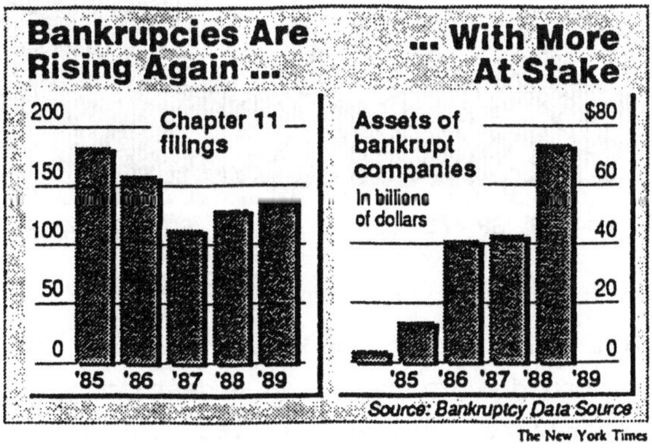

1 Zahlen aus Jensen (1989b) 65
2 entnommen aus Eichenwald (1990) 9

A1.1.1.3 Die Konsumentenverschuldung

Die bereits unter 3.3.2 dargestellte Verschuldungssituation der amerikanischen Privathaushalte schlägt sich bereits gegenwärtig in einer im historischen Vergleich überdurchschnittlich hohen Zahl an privaten Bankrotten nieder (Abb. A-11).

Abb. A-11: Bankrotte je 1000 Personen in den USA[1]

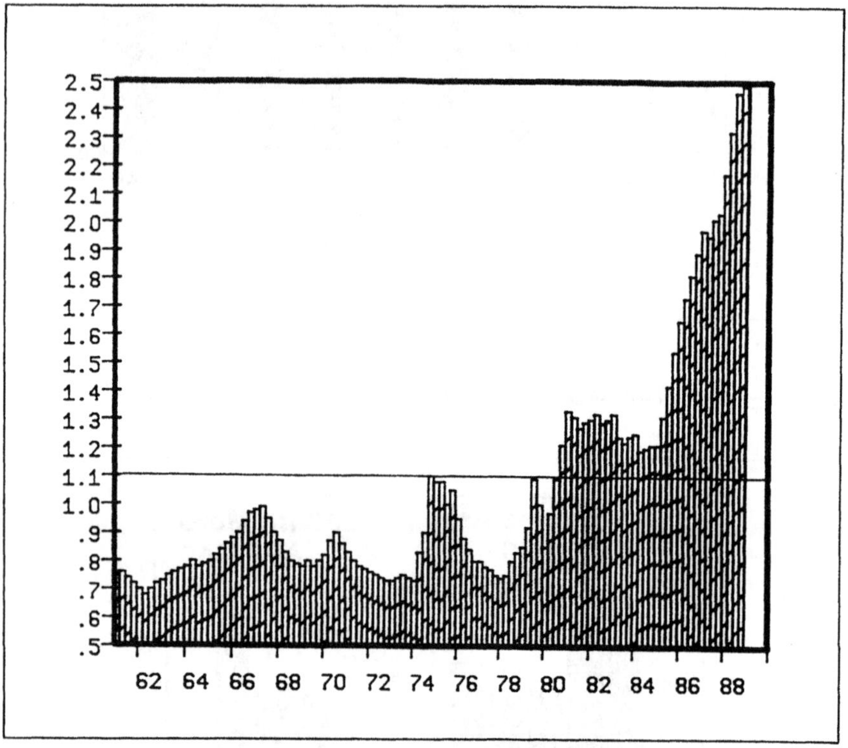

Lässt sich der Anstieg der Konkurse zwischen 1979 und 1982 noch mit der schuldnerfreundlichen Umgestaltung des amerikanischen Konkursrechts erklären, so ist die Zunahme seit 1984 als ein ernstes Warnsignal zu sehen, da dieser Anstieg trotz

1 entnommen aus Comstock Partners (1989) 2; siehe auch Luckett (1988)

des guten wirtschaftlichen Umfelds erfolgt ist.[1] Gab es 1946 noch rund 9000 Konkursfälle pro Jahr, so wurde diese Zahl 1988 bereits **wöchentlich** erreicht.[2]

Die starke Zunahme der Konsumkredite stützt die These, wonach der Boom der 80er Jahre einzig und alleine auf gestiegener Verschuldung basiert. Bis jetzt hatten die steigenden Konkurszahlen noch keinen negativen Einfluss auf die konjunkturelle Entwicklung. "Nevertheless, the possibility that rising numbers of bankruptcies will begin to affect lending or spending patterns cannot be dismissed, particulary if the current strength in employment and household net worth should wane."[3]

Im Frühjahr 1990 zeigen sich bereits zunehmend Probleme mit Konsumkrediten[4], die noch deutlich höhere Konkurszahlen in den kommenden Jahren befürchten lassen, was durchaus zu einer deflationären Entwicklung beitragen könnte.

A1.1.1.4 **Die Gesamtverschuldung**

Abb. A-12 zeigt die Entwicklung der Gesamtverschuldung in den USA seit 1916. Offensichtlich liegt die derzeitige Verschuldung auf einem Niveau, welches selbst jene des Jahres 1929 und des Zweiten Weltkriegs übersteigt. Lediglich zwischen 1930 und 1935 lässt sich eine relativ zum erstellten Sozialprodukt höhere inländische Verschuldung feststellen. Ursache dafür war jedoch der deutliche Rückgang des BIP (siehe dazu unter A2.1). Aus dieser historischen Perspektive erscheint die zu verzeichnende Verschuldung als zu hoch, was für eine erhöhte konjunkturelle Anfälligkeit der Vereinigten Staaten spricht. Hinzu kommt, dass diese gestiegene Verschuldung zu einem grossen Teil durch das Ausland finanziert wurde, was dazu beigetragen hat, dass die USA sich innerhalb weniger Jahre vom grössten

---

1 Luckett (1988) 592
2 Luckett (1988) 591
3 Luckett (1988) 602
4 siehe dazu Malabre (1990) 1

Gläubiger- zum grössten Schuldnerland der Welt entwickelt haben (Abb. A-13).

Abb. A-12: US-Gesamtverschuldung im Verhältnis zum BSP 1916-1987[1]

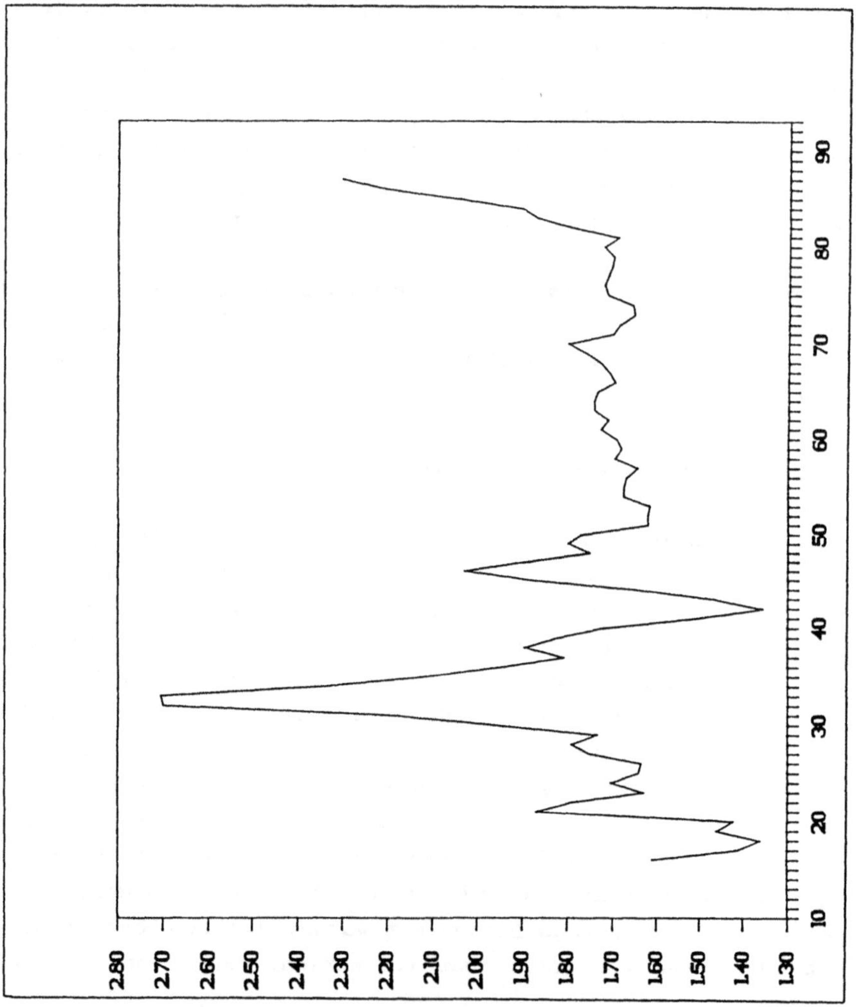

1 entnommen aus Nef (1989) Anhang 1; in dieser Abbildung sind die Schulden des Finanzsektors mit enthalten, weshalb die Verschuldung über jener der Abb. 12 liegt, die nur den Nichtfinanz-Sektor erfasst.

Abb. A-13: US-Netto-Auslandsverschuldung[1]

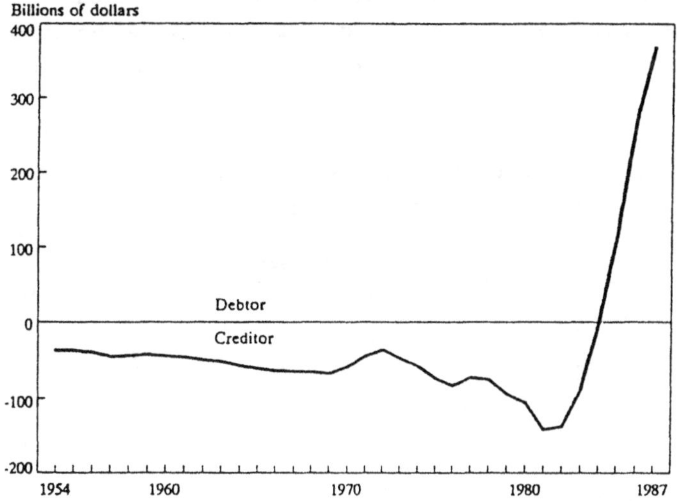

A1.1.2 **Die Verschuldung der Bundesrepublik Deutschland**

A1.1.2.1 **Die Staatsverschuldung**

Nach der Entschuldung durch die Währungsreform des Jahres 1948 hielt sich die deutsche Staatsverschuldung bis Anfang der 70er Jahre in engen Grenzen. Erst seit diesem Zeitpunkt ist eine deutliche Verschuldungszunahme zu verzeichnen (Abb. A-14) [2]

Folge ist eine deutliche Verringerung des fiskalpolitischen Spielraums, da ein immer grösserer Teil der Neuverschuldung für den Zinsendienst eingegangen wird. Lag der Zinsanteil am

---

1 entnommen aus Faust (1989) 4

2 In einigen Bundesländern stellt sich die Lage bereits äusserst bedenklich dar, so z.B. im Saarland, das bereits 50% der Haushaltseinnahmen für den Zinsendienst verwenden muss. Bremen und Nordrhein-Westfalen werden sich voraussichtlich bald in einer ähnlichen Situation befinden; Mandel/Wolf (1989) 148

Bundeshaushalt 1982 noch bei 9%, so erreichte er 1989 11,1%, und für das Jahr 1992 werden bereits 12,8% erwartet. Trotz aller Bemühungen der Haushaltskonsolidierung werden sich alleine die Schulden des Bundes 1992 voraussichtlich auf 600 Mrd. DM belaufen, gut das Doppelte des Standes von 1982.[1]

Abb. A-14: Deutsche Staatsverschuldung in % des BSP[2]
(Bund, Länder und Gemeinden)

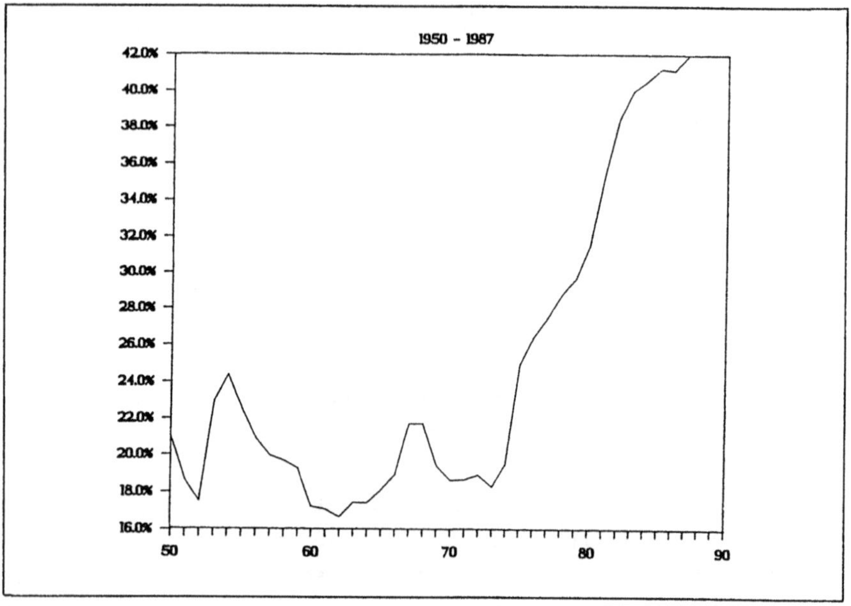

A1.1.2.2 **Die Unternehmensverschuldung**

Wie aus Abb. A-15 ersichtlich, ist die Eigenkapitalquote bundesdeutscher Unternehmen seit 1950 kontinuierlich zurückgegangen, und auch die gute Konjunktur der letzten Jahre hat nur wenig zu einer Verbesserung dieser Situation beigetragen. Je

1 o.V. (1989y) 6
2 entnommen aus Nef (1989) Anhang 21

nach Branche schwankt der EK-Anteil zwischen 4 und 40%.[1] Diese Werte zeigen eindeutig, dass auch die deutsche Wirtschaft nicht in der Lage wäre, einen heftigen Konjunkturrückgang mit fallenden Preisen zu überstehen.

Abb. A-15: Durchschnittliche Eigenkapitalquote bundesdeutscher Unternehmen 1950-1984[2]

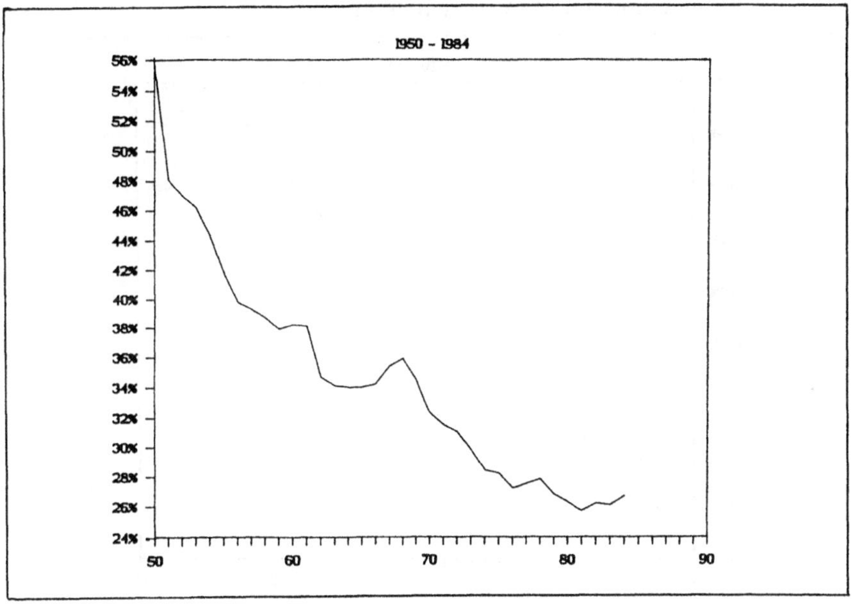

A1.1.2.3 Die **Konsumentenverschuldung**

Abb. A-16 zeigt das Verhältnis von Bankausleihungen zum erstellten Bruttosozialprodukt. Auch hier ist ein deutlich zunehmender Verschuldungsgrad feststellbar[3], was ebenfalls für eine erhöhte konjunkturelle Anfälligkeit spricht. Sollte es zu einem Rückgang der Konjunktur (z.B. wegen Protektionismus)

---

1 Nef (1989) 7
2 entnommen aus Nef (1989) Anhang 22
3 Von 1982 bis 1989 stieg die Verschuldung der privaten Haushalte ohne Hypotheken von 437 Mrd. DM auf 690 Mrd. DM, also um mehr als die Hälfte; Mandel/Wolf (1989) 16

kommen, so wäre auch in der Bundesrepublik ein deflationärer Prozess der Schuldenvernichtung denkbar. Der Auslöser der Entwicklung würde vermutlich dennoch in den USA liegen, da diese nach wie vor von zentraler Bedeutung für die Weltwirtschaft sind.

Abb. A-16: Bankausleihungen an Private in % des BSP in der Bundesrepublik Deutschland[1]

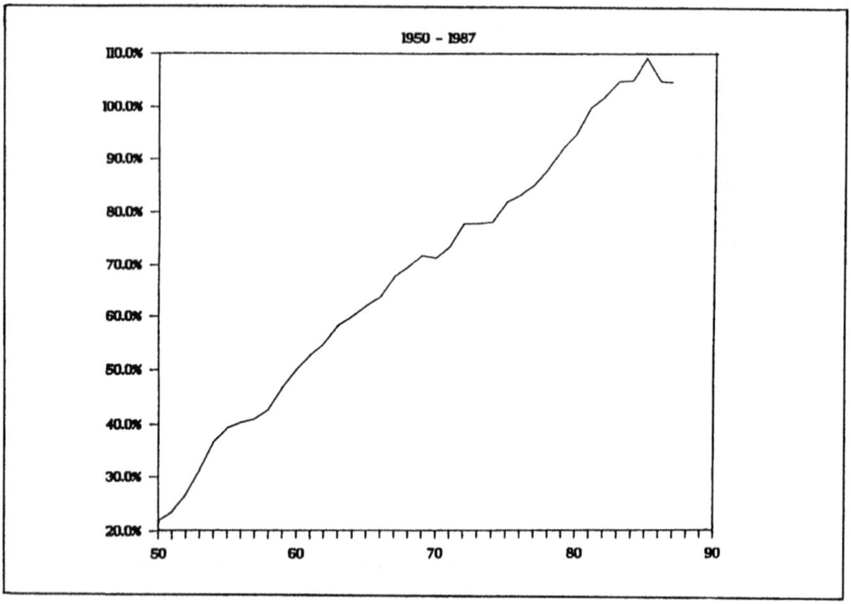

A1.1.2.4 **Die Gesamtverschuldung**

Deutlich zeigt sich der Verschuldungszuwachs aller drei Sektoren in Abb. A-17. Dabei wird die private Verschuldung geringer als in Abb. A-16 ausgewiesen, was auf die andere Zuordnung der Hypothekarkredite zurückzuführen ist. Diese werden in der nachfolgenden Darstellung dem Unternehmenssektor zugerechnet.

---

1 entnommen aus Nef (1989) Anhang 23

Auch hier ist offensichtlich, dass die gute wirtschaftliche Entwicklung mit einer immer höheren Verschuldung erkauft wurde. Dauerhaft ist ein solches Verschuldungswachstum jedoch nicht möglich, so dass durchaus Schwierigkeiten bei der Bedienung der eingegangenen Verbindlichkeiten auftreten können. Bei Gültigkeit der unter 4.2 dargestellten Theorie wäre davon auszugehen, dass es nurmehr eine Frage der Zeit ist, bis die erforderliche Zusatzverschuldung nicht mehr erfolgen kann.

Abb. A-17: Verschuldung in der Bundesrepublik Deutschland[1]

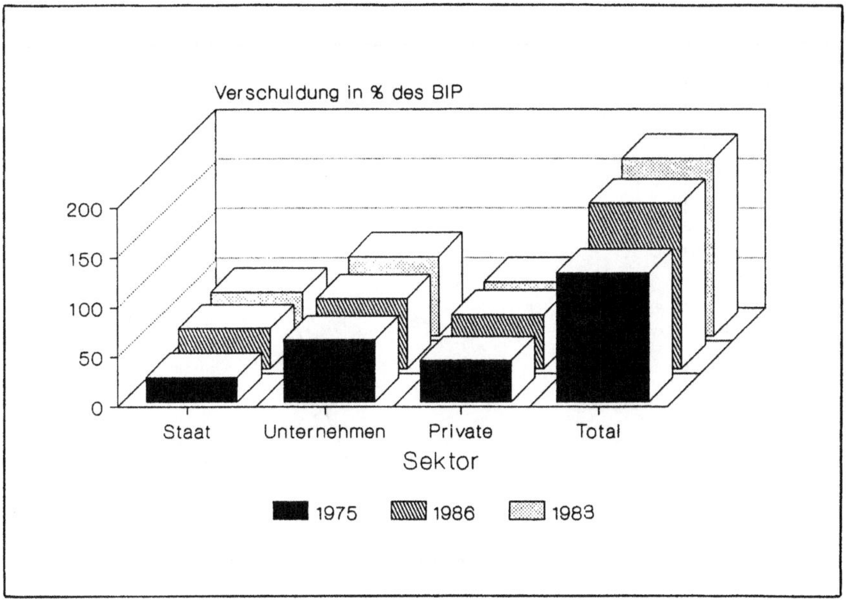

1 BIZ (1987) 80, Deutsche Bundesbank (1988) 48; eigene Berechnungen.

A1.1.3 Die Verschuldung Japans

A1.1.3.1 Die Staatsverschuldung

Nach dem zweiten Weltkrieg sank die Verschuldung des japanischen Zentralstaats bis auf nur noch 5% des BSP (1967). Seither kam es jedoch zu einer immer stärkeren Verschuldung, was zu einem Anwachsen der Verbindlichkeiten auf nunmehr rund 50% des BSP geführt hat. Die Verschuldung des gesamten öffentlichen Sektors liegt bei etwa 80% des BSP.[1]

Abb. A-18: Japanische Zentralstaatsschuld in % des BSP[2]

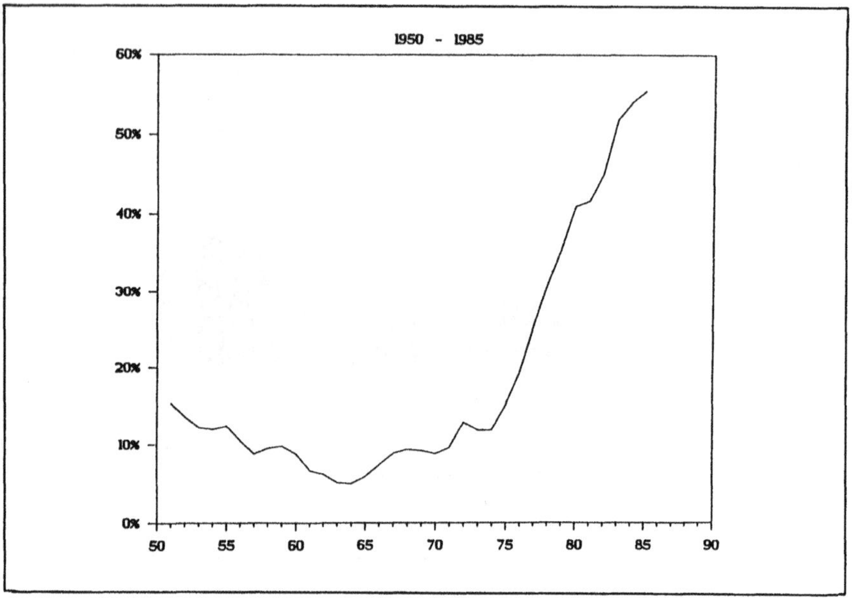

A1.1.3.2. Die Konsumentenverschuldung

Trotz der nach wie vor, international gesehen, hohen Sparquote zeigt sich auch in Japan eine immer grössere Verschuldungsbe-

1 Nef (1989) 6
2 entnommen aus Nef (1989) Anhang 15

reitschaft der privaten Haushalte. So hat sich die Anzahl ausgegebener Kreditkarten seit 1980 versechsfacht, und auch die Konsumkredite weisen ein rasches Wachstum auf (Abb. A-19).[1]

Abb. A-19: Konsumkredite in Japan 1982-1988 (in Bio.Yen)[2]

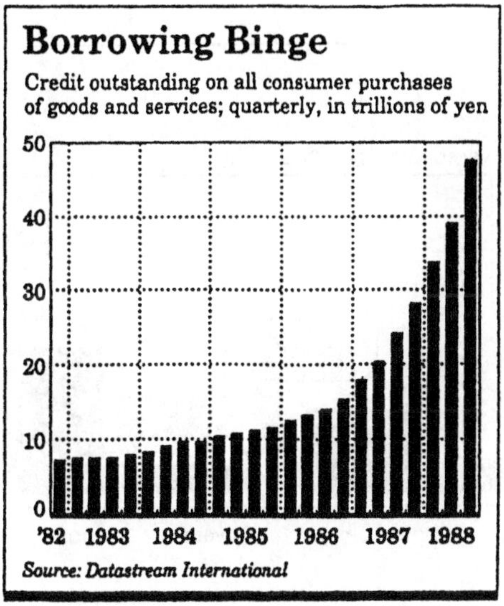

A1.1.3.3 **Die Gesamtverschuldung**

Besonders deutlich zeigt sich die Verschuldung Japans in Abb. A-20. Offensichtlich ist der wirtschaftliche Erfolg der vergangenen zwanzig Jahre zumindest teilweise auch mit der zunehmenden Verschuldung aller Wirtschaftssektoren erkauft worden. Anders als in der grossen Depression der 30er Jahre[3]

1 Brauchli (1989) 1
2 entnommen aus Brauchli (1989) 1
3 siehe dazu Kindleberger (1973) 190ff.

wäre Japan somit nicht in der Lage, eine Krise mit expansiver Fiskalpolitik zu bekämpfen.

Zudem besteht angesichts der überhöhten Preise an Aktien- und Immobilienmarkt (Abb. 24) ein erhebliches "deflationäres Potential"[1]

Abb. A-20 Die Gesamtverschuldung Japans[2]

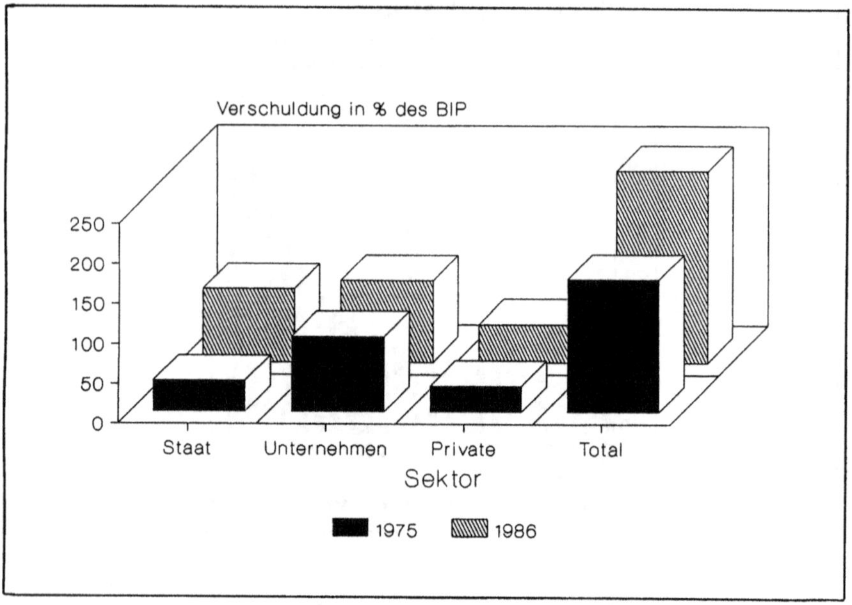

A1.1.4 Die Verschuldung Grossbritanniens

A1.1.4.1 Die Staatsverschuldung

England gehört mit der Schweiz zu jenen wenigen Staaten, die in den letzten Jahren ihre Verschuldung im Verhältnis zum Sozialprodukt zurückgeführt haben.[3] Dazu beigetragen haben die

1 Salvigsen (1988) 48
2 Zahlen aus BIZ (1987) 80
3 siehe Abb. 10

Einnahmen aus dem Nordseeöl und der Verkauf von staatseigenen Unternehmen, weshalb davon auszugehen ist, dass nach Abschluss dieses Verkaufsprogramms wieder grössere Defizite auftreten und die Staatsverschuldung erneut ansteigt.[1]

Abb. A-21: Englische Staatsschuld in % des BSP[2]

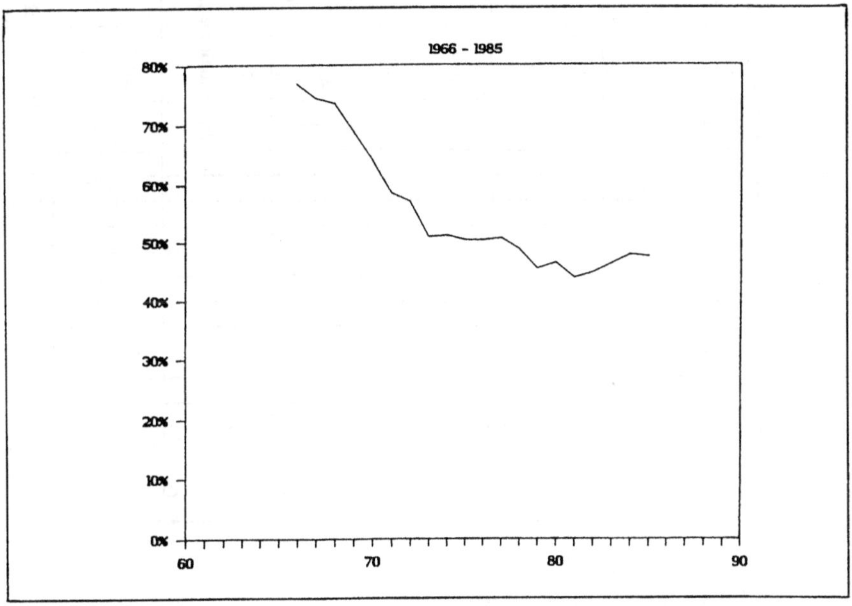

A1.1.4.2 **Die Privatverschuldung**

In den 80er Jahren ist eine deutliche Zunahme der Verschuldung der privaten Haushalte zu verzeichnen (Abb. A-22). Seit 1980 hat sich der Verschuldungsgrad der privaten Haushalte von 30% auf derzeit rund 65% mehr als verdoppelt. Der Unternehmenssektor hat hingegen seine Verschuldung im Einklang mit der Sozialpro-

---

1 Nef (1989) 7f.; ebenso Mandel/Wolf (1989) 83
2 entnommen aus Nef (1989) Anhang 24

duktentwicklung erhöht, so dass sie nach wie vor bei etwa 65% des BSP liegt.[1]

Abb. A-22: Privatverschuldung in England 1970-1988 (relativ zum BSP)[2]

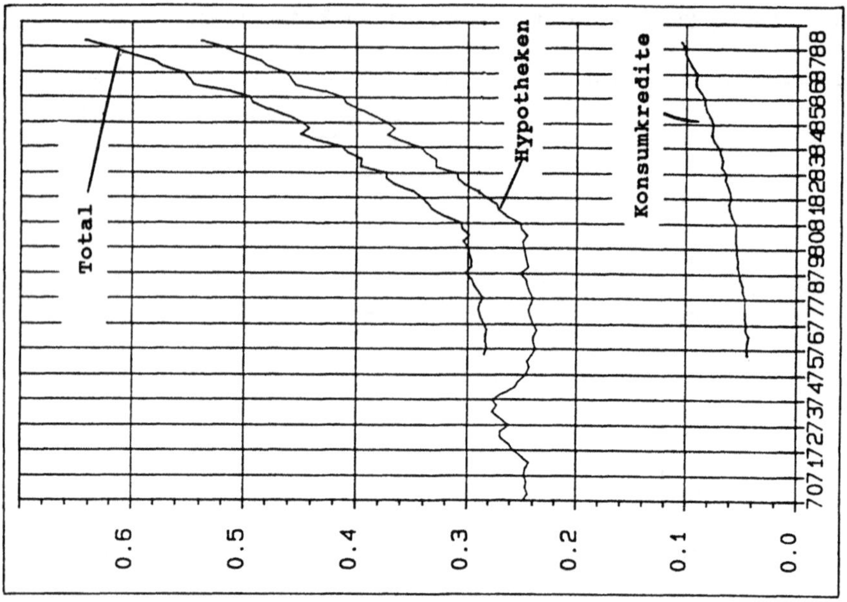

A1.1.4.3 **Die Gesamtverschuldung**

Besonders in der deutlich gestiegenen Konsumentenverschuldung ist eine Gefahr für die weitere wirtschaftliche Entwicklung zu sehen. Zwar tragen der Schuldenabbau des Staates und die solide Politik der Unternehmen dazu bei, dass sich im Fall einer erneuten Wirtschaftskrise deren Ausmasse relativ zu anderen Ländern in Grenzen halten. Dennoch ist die Verschuldung bereits derart hoch, dass auch Grossbritannien von einer deflationären Entwicklung nicht verschont bliebe, sollte es in anderen Ländern zu einer Deflation kommen.

1 Nef (1989) 8
2 entnommen aus Nef (1989) Anhang 25

Abb. A-23: Die Gesamtverschuldung Grossbritanniens[1]

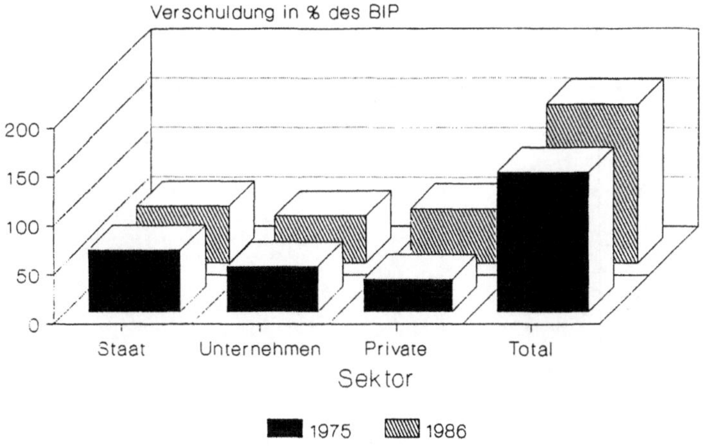

A1.1.5 **Die Verschuldung von Kanada**

A1.1.5.1 **Die Staatsverschuldung**

Besonders eindrucksvoll an der Entwicklung der kanadischen Staatsverschuldung ist der schnelle Anstieg seit 1973. Innerhalb von nur 17 Jahren hat sich die Verschuldung des Bundesstaats mehr als verzehnfacht (Abb. A-24), von 21,5 Mrd. kan. $ 1972 auf 321 Mrd. kan. $ 1989.[2]

Folge der gestiegenen Verschuldung ist eine zunehmende Belastung durch den Zinsendienst, für den unterdessen bereits 25% der Budgetausgaben aufzuwenden sind.[3]

1 Zahlen aus BIZ (1987) 80
2 o.V. (1989z) 33
3 o.V. (1989z) 33

Insgesamt liegt die Verschuldung der öffentlichen Haushalte bei etwa 100% des BSP.[1]

Abb. A-24: Verschuldung des kanadischen Zentralstaats (in % des BSP)[2]

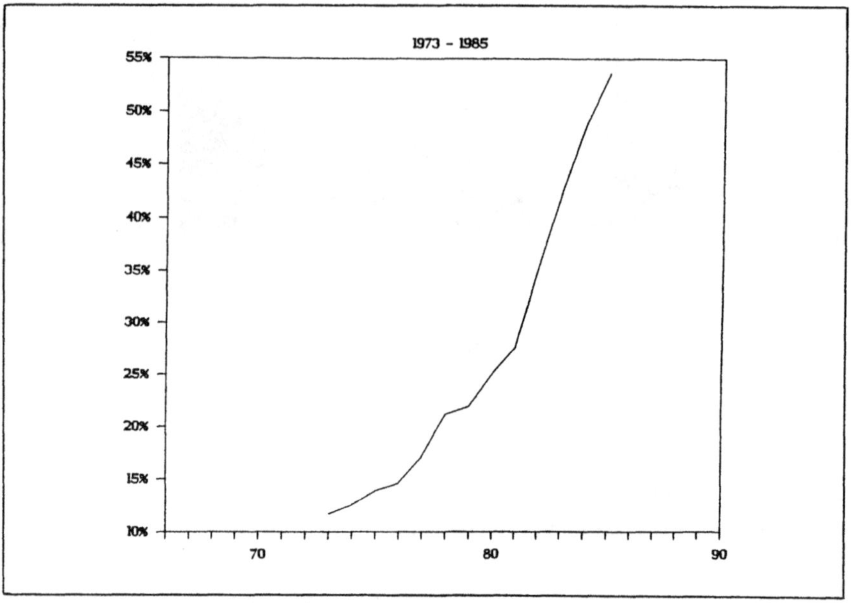

A1.1.5.2 **Die Gesamtverschuldung**

Auch in den anderen Wirtschaftssektoren lässt sich ein deutlicher Verschuldungszuwachs feststellen. Bereits die Rezession der Jahre 1981/82 hatte in Kanada zu deutlich schwereren Erschütterungen geführt, die vor allem auf die hohe Unternehmens- und Hypothekarverschuldung zurückzuführen waren (Insolvenzen).[3]

---

1 Nef (1989) 6
2 entnommen aus Nef (1989) Anhang 17
3 BIZ (1987) 86

Abb. A-25: Die Gesamtverschuldung von Kanada[1]

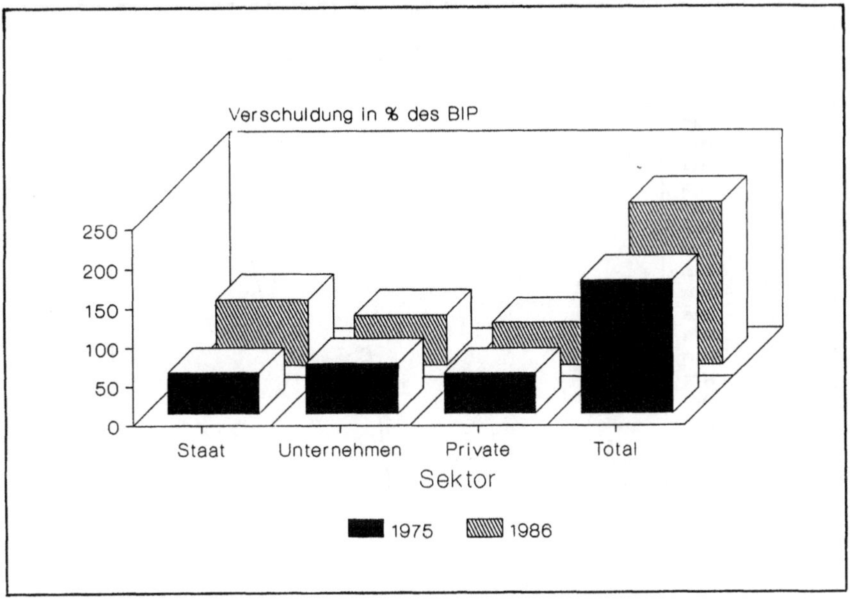

A1.1.6 **Die Staatsverschuldung Frankreichs**

Die Staatsschuld Frankreichs liegt mit nur 25% des BSP deutlich tiefer als in den anderen Industrieländern. Allerdings tritt der französische Staat als Bürge für eine Vielzahl von Staatsunternehmen auf, so dass sich auch hier erhebliche Eventualverbindlichkeiten ergeben. Die Wachstumsrate der Verschuldung ist, nach Italien, die zweithöchste der G-7-Länder (USA, Kanada, Japan, Deutschland, Grossbritannien, Frankreich und Italien).[2]

---

1 Zahlen aus BIZ (1987) 80
2 Nef (1989) 8

Abb. A-26: Französische Staatsverschuldung in % des BSP[1]

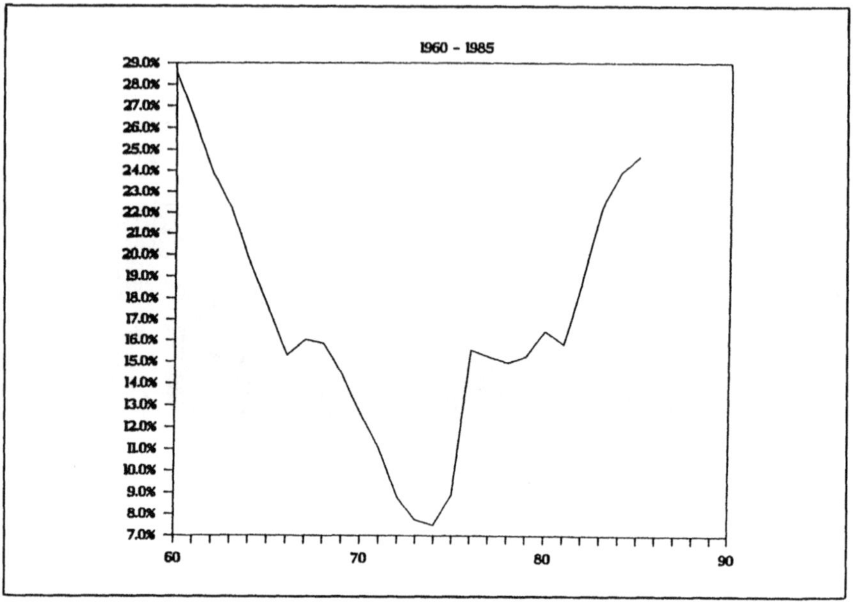

A1.1.7 **Die Staatsverschuldung Italiens**

Italien ist zweifellos eines der Länder mit der höchsten Staatsverschuldung und der höchsten Wachstumsrate der Schulden. Ursache dieser exponentiellen Zunahme der Verschuldung ist der **Zinseszinseffekt**[2], da die Zinskosten regelmässig mit neuen Schulden "finanziert" werden (Abb. A-28). Doch während andere Länder jetzt erst erkennen, dass sie kaum in der Lage sind, den Zinseszinseffekt zu bremsen[3], wird in Italien bereits von allerhöchster Stelle vor dem Eintreten eines **Staatsbankrotts** gewarnt.[4]

1 entnommen aus Nef (1989) Anhang 26
2 siehe dazu generell Lüftl/Martin (1984) 47, Martin/Lüftl (1986) 207ff.
3 so z.B. Deutschland; siehe o.V. (1989y) 6
4 So hat der italienische Ministerpräsident Andreotti anlässlich der Haushaltsvorlage für das Jahr 1990 von einem "drohenden Staatsbankrott" gesprochen; zitiert nach Bender (1989) 18

Die Abnahme der durchschnittlichen Kreditlaufzeit auf nur noch drei Jahre ist ein Zeichen dafür, dass auch die Kreditgeber das Risiko einer Zahlungseinstellung fürchten.[1]

Bereits 1990 könnte es zu ernsthaften Schwierigkeiten am italienischen Kapitalmarkt kommen, da es nach der Aufhebung der Kapitalverkehrsbeschränkungen mehr Möglichkeiten der Geldanlage geben wird als in der Vergangenheit und gleichzeitig 2/3 der ausstehenden Staatsverschuldung refinanziert werden müssen.[2]

Abb. A-27: Italienische Staatsschuld in % des BSP[3]

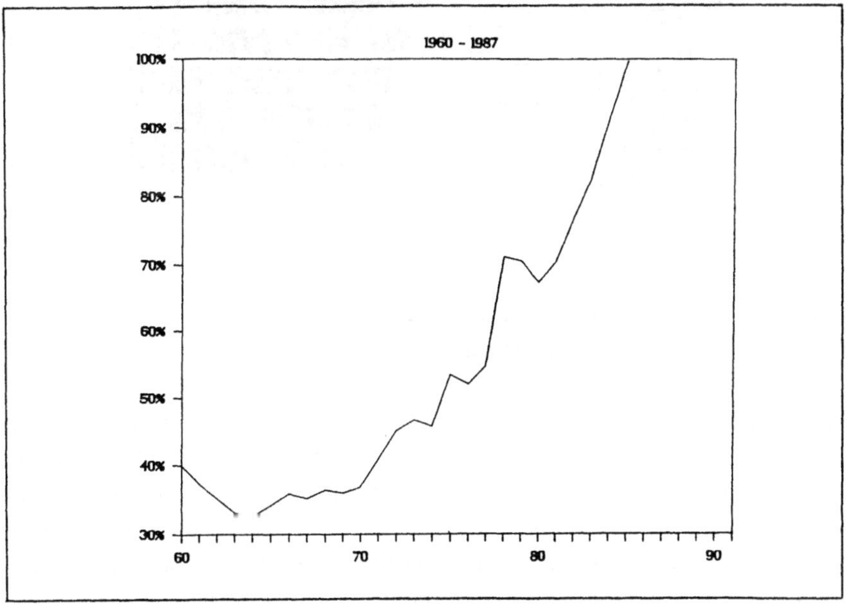

1 o.V. (1989v) 67
2 o.V. (1989v) 67
3 entnommen aus Nef (1989) Anhang 19

Abb. A-28: Neuverschuldung des italienischen öffentlichen Sektors in % des BIP[1]

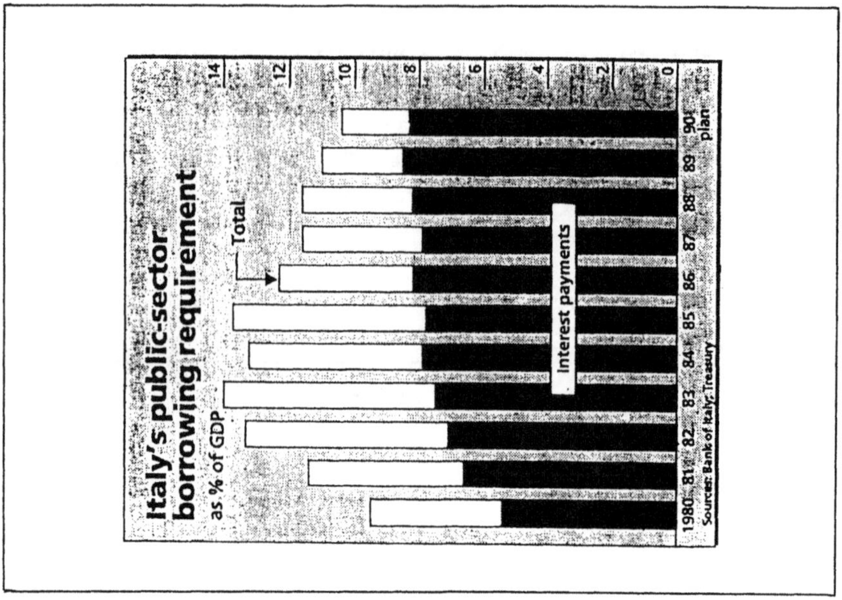

A1.2 **Die Verschuldung der Schweiz**

A1.2.1 **Die Staatsverschuldung**

Wie aus Abb. A-29 ersichtlich, ist die Staatsverschuldung in der Schweiz seit den 50er Jahren kontinuierlich rückläufig. Besonders der Bund hat in den letzten Jahren eine solide Finanzpolitik betrieben, die Spielraum für den Fall einer wirtschaftlichen Abkühlung schafft. Es wäre dem Staat so möglich, durch stimulierende Massnahmen die nationalen Auswirkungen einer Weltwirtschaftskrise abzuschwächen. Gerade die im internationalen Vergleich einmalig niedrige Belastung durch den Zinsendienst eröffnet den unter Umständen erforderlichen finanzpolitischen Spielraum (Abb. A-30).

---

1 entnommen aus o.V. (1989v) 67

<u>Abb. A-29:</u> Schweizer Staatsschuld in % des BSP (Gemeinden, Kantone und Bund)[1]

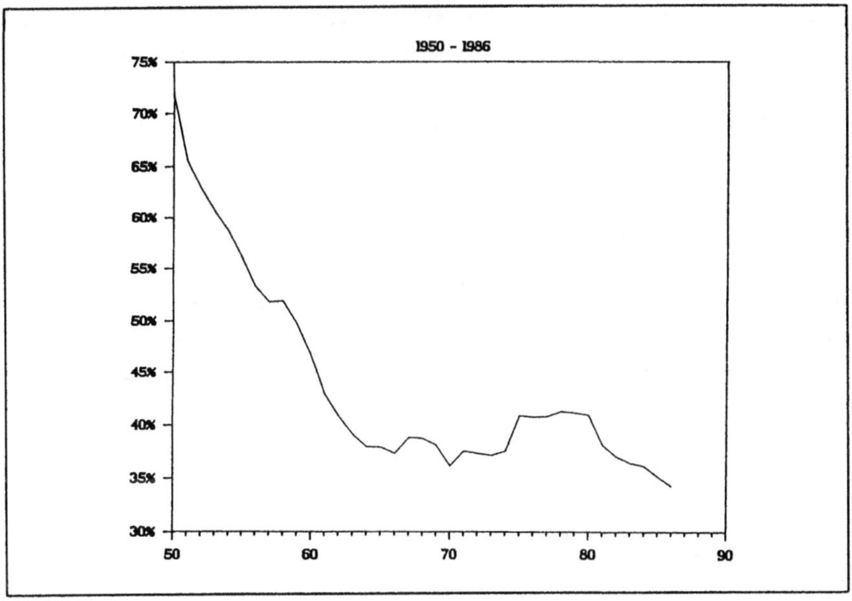

<u>Abb. A-30:</u> Finanzrechnung des Bundes[2]

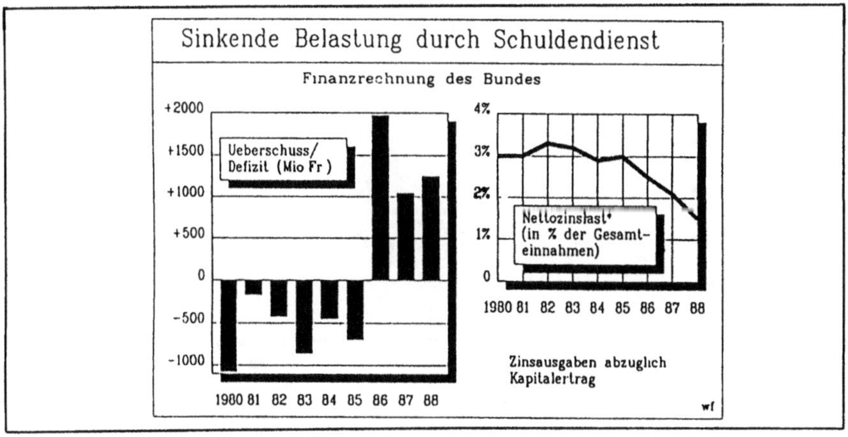

1 entnommen aus Nef (1989) Anhang 28
2 Quelle: Finanz und Wirtschaft vom 21.6.1989

A1.2.2 **Die Privatverschuldung**

Bei der Privatverschuldung steht die in den letzten Jahren stark gewachsene Hypothekarverschuldung im Vordergrund. Wie aus Abb. A-31 ersichtlich, blieb diese bis 1975 relativ konstant bei rund 75% des Bruttosozialprodukts. Unterdessen liegt der entsprechende Wert bei 118% des BSP.[1]

In dieser Entwicklung ist auch die Ursache für die stark steigenden Immobilienpreise zu sehen. Dabei besteht die Gefahr, dass es mit Ausschöpfung der Verschuldungskapazität zu einem Abnehmen der Preissteigerungsraten kommt, was, sobald die Zinskosten über den Wertzuwächsen liegen, zu einem Preissturz und damit zu einer deflationären Entwicklung führen könnte.[2]

Abb. A-31: Hypothekarschulden in % des BSP[3]

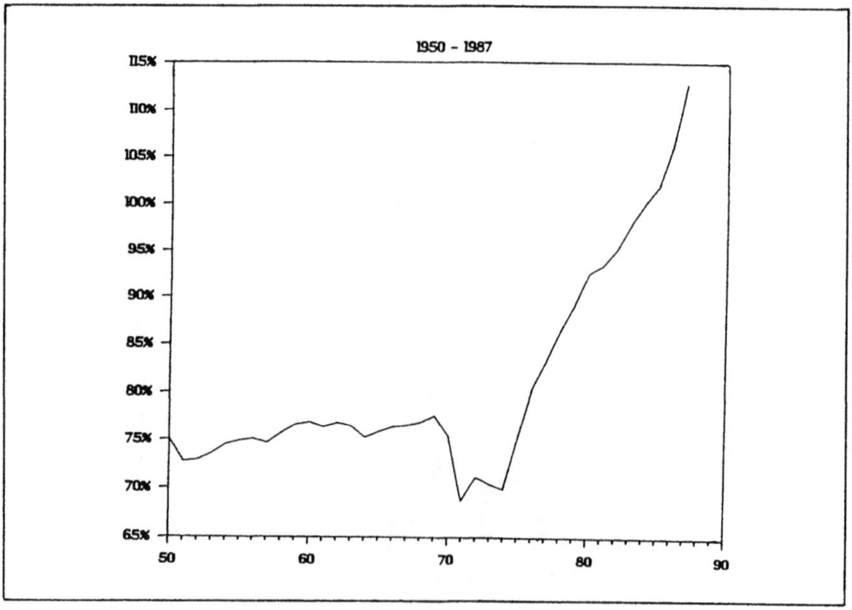

1 o.V. (1989f) 97
2 siehe dazu Martin/Lüftl (1986) 259ff.; ähnlich: Nef (1989) 9
3 entnommen aus Nef (1989) Anhang 29

A1.2.3 **Die Gesamtverschuldung**

Abb. A-32 gibt einen Überblick über die Entwicklung der schweizerischen Gesamtverschuldung. Interessant ist, dass auch in der Schweiz seit 1974 eine rasch zunehmende Verschuldung feststellbar ist. Ursache ist vor allem der bereits oben angesprochene Anstieg der Hypothekarverschuldung.

Aus diesem Grunde ist die Schweiz ebenfalls für konjunkturelle Abschwünge anfällig, so dass sie sich einer deflationären Entwicklung wohl kaum entziehen könnte.

Abb. A-32: Die Gesamtverschuldung der Schweiz (ohne Industrieobligationen und ausserhalb des Bankensystems bestehende Schuldverhältnisse)[1]

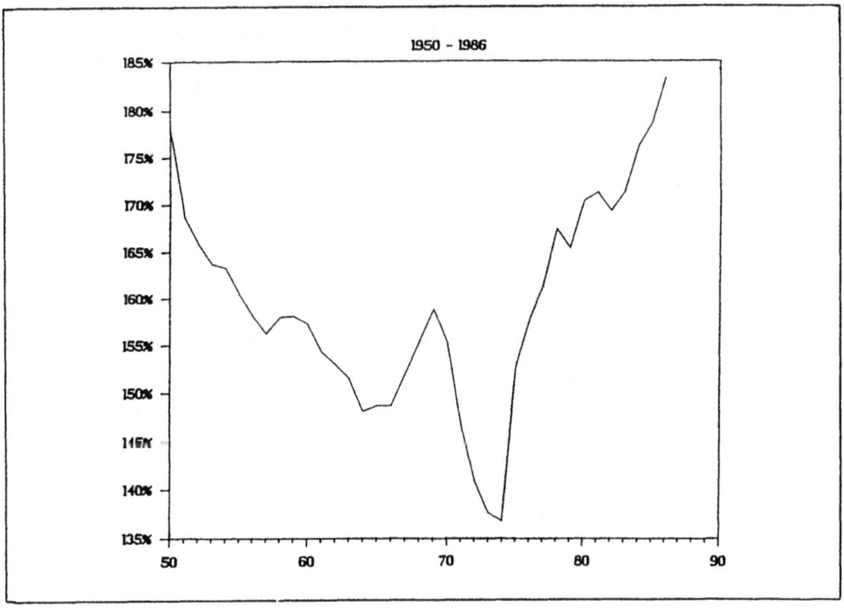

1 entnommen aus Nef (1989) Anhang 27

A1.3 Die Verschuldung Osteuropas

Abb. A-33: Verschuldung der osteuropäischen Staaten in konvertibler Währung[1]

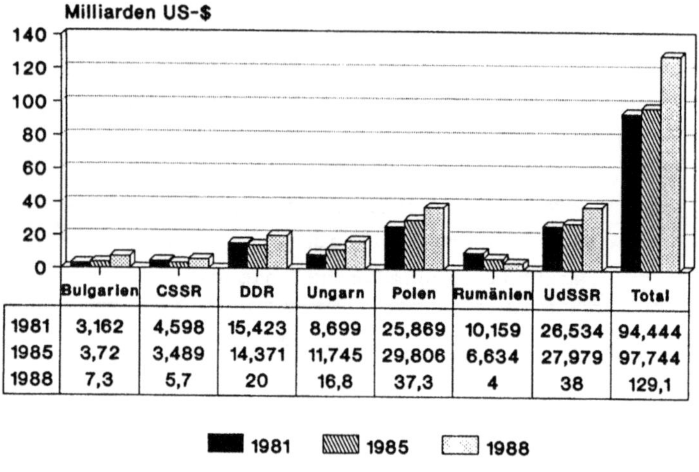

	Bulgarien	CSSR	DDR	Ungarn	Polen	Rumänien	UdSSR	Total
1981	3,162	4,598	15,423	8,699	25,869	10,159	26,534	94,444
1985	3,72	3,489	14,371	11,745	29,806	6,634	27,979	97,744
1988	7,3	5,7	20	16,8	37,3	4	38	129,1

Auch hier hat die absolute Höhe der Auslandsverschuldung nur eine beschränkte Aussagekraft. Analog zur Verschuldung der westlichen Industrienationen sind die Schulden in Relation zum Einkommen, hier also zu den Exporterlösen, zu setzen.

Diese sind die Devisenquelle, die letztlich die Fähigkeit zum Schuldendienst bestimmt.

---

1 Zahlen aus OECD (1989a) 24

Abb. A-34: Nettoauslandsverschuldung in Prozent der jährlichen Exporterlöse[1]

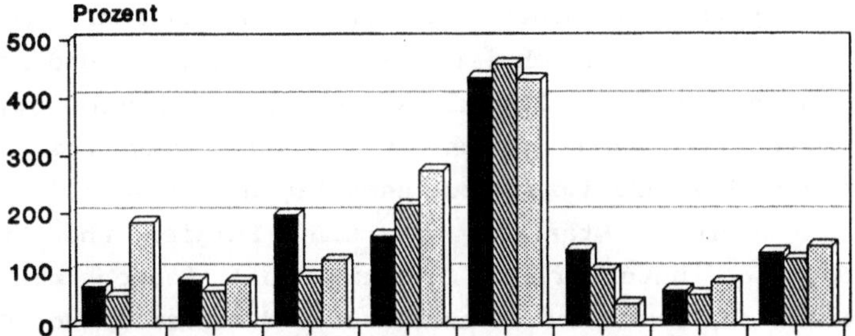

	Bulgarien	CSSR	DDR	Ungarn	Polen	Rumänien	UdSSR	Total
1981	71	82	198	160	435	135	63	131
1985	53	62	89	213	458	99	55	118
1988	184	80	117	274	431	39	77	142

1981 1985 1988

Ein Wert von unter 100 bedeutet eine nur geringe Belastung durch die Auslandsschuld, während Werte von über 200 eine starke Belastung anzeigen. Demnach sind Polen, Ungarn und Bulgarien als hochverschuldet anzusehen, so dass sie über keinen weiteren Verschuldungsspielraum verfügen.[2]

Nach Untersuchungen der OECD wären nur die DDR, Rumänien und die UdSSR in der Lage, einen drastischen Vertrauensverlust an den Kapitalmärkten ohne Importbeschränkungen zu verkraften. Bei Bulgarien und Ungarn könnte eine solche Verschlechterung der Möglichkeiten zur Schuldaufnahme, zu einer Liquiditätskrise führen.

1 Zahlen aus OECD (1989a) 29; Nettoauslandsschulden sind dabei die Bruttoverbindlichkeiten abzüglich der Guthaben bei westlichen Banken ("BIS-area").

2 OECD (1989a) 31

Besonders auffällig ist der deutliche Rückgang der Verschuldung Rumäniens im betrachteten Zeitraum. Diese war nur durch drastische Einsparungsanstrengungen und Exportforcierung möglich, was v.a. zu Lasten des privaten Konsums ging.[1] Dies ist m.E. ein gutes Beispiel dafür, dass eine ordnungsgemässe Rückführung von überhöhten Schulden praktisch nur in einem totalitären Staat möglich ist, der einschneidende und schmerzhafte Massnahmen notfalls mit Gewalt durchsetzen kann. Eben diese Autorität fehlt jedoch in den westlichen Industrienationen, was die **Unfähigkeit** zur Bewältigung der Schuldenproblematik in einigen Staaten, wie z.B. Belgien und Italien, nachdrücklich unterstreicht. Damit soll jedoch **keineswegs** gesagt werden, dass totalitäre und menschenverachtende Staatsformen zu begrüssen seien.

Über die inländische Verschuldung der Ostblockstaaten finden sich nur wenige Angaben. So lassen sich die Defizite im sowjetischen Staatshaushalt nur schätzen (Abb. A-34).

Zur Deckung des Defizits wurde Geld gedruckt, was einen Geldüberhang und Inflation zur Folge hat. Ohne eine Rückführung dieses Defizits erscheinen eine Gesundung und ein Erfolg der Politik der Perestroika als ausgeschlossen.[2]

Hier zeigt sich, dass beide Grossmächte die Grenzen ihrer finanziellen Leistungsfähigkeit bereits erreicht/überschritten haben, was m.E. einer der Hauptgründe für die vielfältigen Fortschritte auf dem Gebiet der Abrüstung ist.

Angesichts der bestehenden Verschuldung dieser Staaten erscheint ein gewisses Mass an Pessimismus über die Wahrscheinlichkeit eines "Ostbooms" angebracht. Nachdem eine erhöhte Auslandsverschuldung nur noch in beschränktem Rahmen möglich ist, sind die Importmöglichkeiten dieser Staaten als nur noch gering

---

1 OECD (1989a) 53
2 o.V. (1989n) 16

Abb. A-35: Haushaltsdefizite der UdSSR[1]

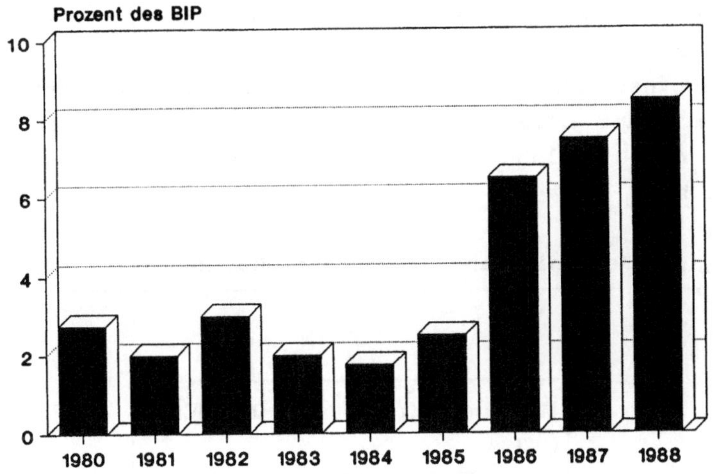

anzusehen. Sollte es tatsächlich zu einer Verschuldungskrise in den USA kommen, so würden die dadurch ausgelösten Turbulenzen vermutlich die positiven Effekte der Ostöffnung bei weitem übersteigen.

Für diese vorsichtige Beurteilung der sich aus der Öffnung ergebenden Veränderungen spricht auch der geringe Kenntnisstand der osteuropäischen Verantwortungsträger (Tab. A-1). Dieser wird einer raschen Verwirklichung der Marktwirtschaft entgegenstehen.

Für die Neuauflage eines Wiederaufbauprogramms, ähnlich dem Marshall-Plan des Jahres 1948, fehlen den westlichen Industrienationen offensichtlich die erforderlichen finanziellen Mittel. Auch aus diesem Grunde ist eine vorsichtige Beurteilung der Entwicklung in Osteuropa angebracht. Die vorhandenen Bedürfnisse

1 erstellt in Anlehnung an o.V. (1989n) 15

genügen nach Auffassung des Verfassers keineswegs, um die Gefahr einer deflationären Depression auszuschliessen. Die sich unter Umständen ergebenden Exportpotentiale erscheinen vorerst als zu gering, um einen Konjunkturrückgang in der westlichen Welt, allen voran den USA, aufzuhalten. Und sollte es zu einer Abkühlung der wirtschaftlichen Aktivität kommen, so wäre der offene Ausbruch einer Verschuldungskrise und damit der Umschlag in eine deflationäre Entwicklung durchaus möglich.

Tab. A-1: Kenntnisstand osteuropäischer Manager[1]

Weiterbildung: Kenntnislücke Ost

Bereiche, in denen ungarische Manager dem internationalen Standard nachhinken (Angaben in Prozent)

Marketing	59
Finanzmanagement	54
Organisationsentwicklung	42
Strategische Planung	41
Umweltschutz	39
Technologiemanagement	34
Personalwesen	25
Produktionsmanagement	17

Quelle: Ungarisches Industrieministerium

WirtschaftsWoche

1 entnommen aus Zumbusch (1990) 50

A1.4 Die Verschuldung der Entwicklungsländer[1]

Wie aus Abb. A-36 ersichtlich, hat sich die Schuldenlast der Entwicklungsländer in den 80er Jahren fast verdoppelt. Trotz aller Bemühungen ist es nicht gelungen, die Schuldenkrise zu entschärfen.

Abb. A-36: Die Verschuldung der Entwicklungsländer[2]

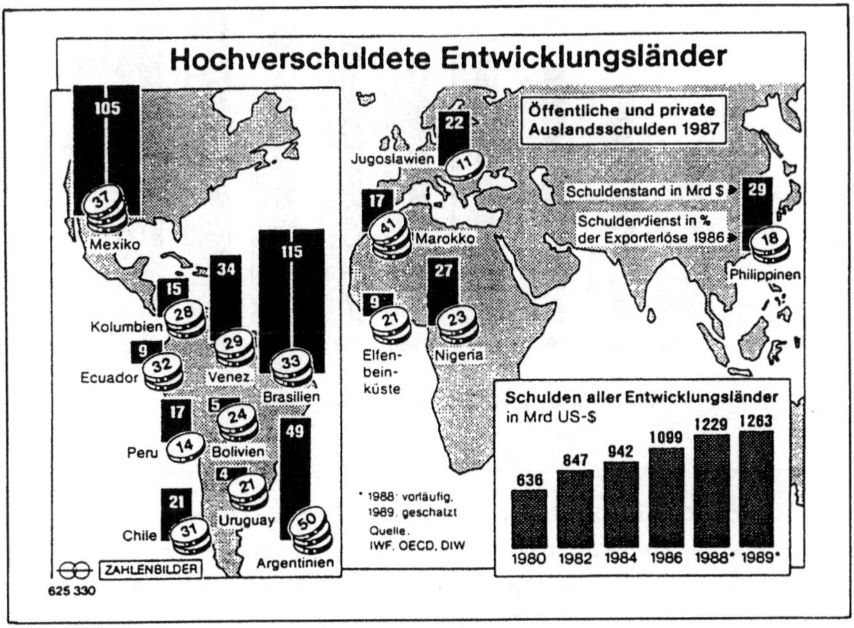

1 siehe ausführlich Congdon (1988) 105ff.
2 Quelle: Finanz und Wirtschaft vom 29.10.1988

Von entscheidender Bedeutung bei der Beurteilung der Aussenverschuldung ist auch hier der Vergleich mit den Exporterlösen. Es zeigt sich, dass die Belastung der Exporterlöse durch Zinsen und Tilgung nur unwesentlich abgenommen hat. So ist es den Ländern nicht möglich, im Aussenhandel verdientes Geld zu Investitionen in die eigene Volkswirtschaft zu verwenden, was die mittel- langfristigen Wachstumsaussichten und damit wiederum die Fähigkeit zum Schuldendienst schmälert.[1]

Abb. A-37: Auslandsverschuldung der 14 Hauptschuldnerländer[2]

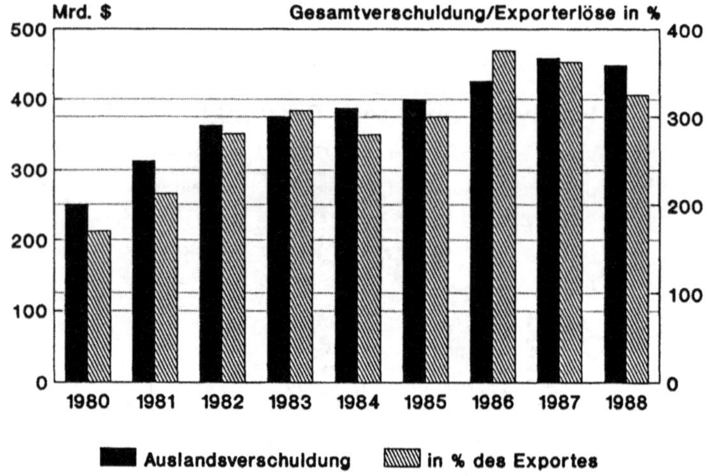

Hinzu kommt das Problem der inländischen Verschuldung, die massgeblich zur Kapitalflucht beiträgt. Immerhin entsprechen die Guthaben von Bürgern lateinamerikanischer Staaten im Ausland annähernd der Verschuldung der betreffenden Staaten. Voraussetzung für eine Rückkehr dieser Mittel wäre eine Änderung der nationalen Wirtschaftspolitiken zur Wiederherstellung eines ausreichenden Vertrauens. Doch wird es vermutlich Jahre, wenn nicht gar Jahrzehnte dauern, bis ein solches Vertrauen geschaffen wäre.

---

1 o.V. (1989l) 77

2 Zahlen gemäss BIZ (1989) 148; die Hauptschuldnerländer sind: Argentinien, Bolivien, Brasilien, Chile, Ecuador, Elfenbeinküste, Kolumbien, Marokko, Mexico, Nigeria, Peru, Philippinen, Uruguay und Venezuela.

Abb. A-38: Bruttozinszahlungen und Exporterlöse (14 Hauptschuldnerländer)[1]

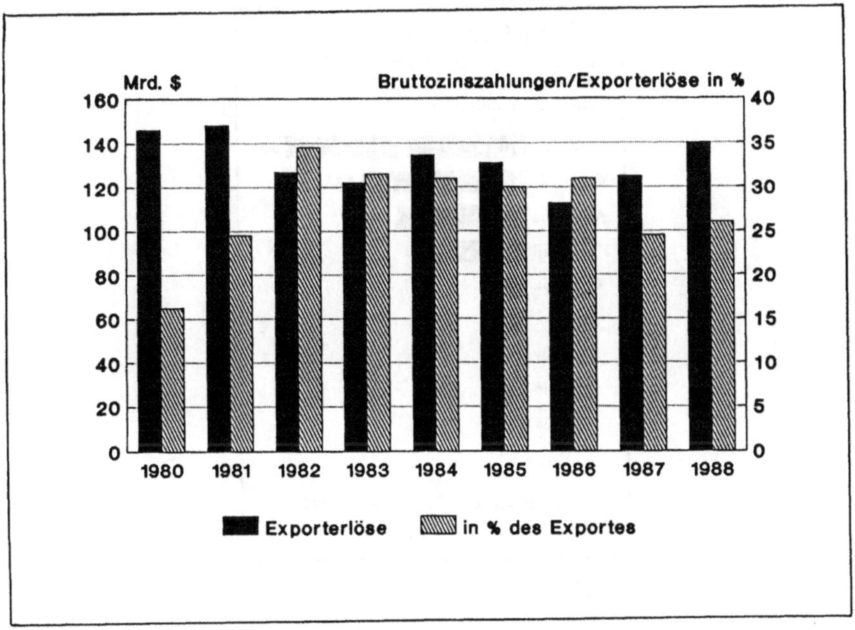

Trotz der untragbaren Belastung durch den Schuldendienst und der unter 3.7 dargestellten Anfälligkeit besonders US-amerikanischer Banken ist m.E. nicht davon auszugehen, dass eine Wirtschaftskrise durch Zahlungseinstellung dieser Staaten ausgelöst würde. Vielmehr wären derartige Bankrotte erst im Verlauf einer etwaigen Wirtschaftskrise zu erwarten.

1 Zahlen aus BIZ (1989) 148

Abb. A-39: Lateinamerikanisches Fluchtkapital[1]

A1.5 **Schlussfolgerung**

Offensichtlich ist weltweit, besonders in den 80er Jahren, eine starke Verschuldungszunahme zu verzeichnen.

Nachdem die Schulden nicht nur absolut, sondern auch relativ zu den massgeblichen Grössen BSP/BIP und den Exporterlösen zugenommen haben, sind Schwierigkeiten bei der Bedienung der eingegangenen Verbindlichkeiten zu erwarten. Dauerhaft kann die Wachstumsrate der Verschuldung nicht über jener des BSP liegen.

Geht man von der Gültigkeit der unter 4.2.2 dargestellten Theorie aus, so ist es mit zunehmender Ausschöpfung der

1 entnommen aus Moffet (1989) 1

weltweiten Verschuldungskapazität wahrscheinlich, dass es immer grössere Schwierigkeiten bereiten wird, einen Nachschuldner zu finden, der eine Bedienung der bestehenden Schulden ermöglicht.

Auch durch eine zunehmende Verschuldung des Ostblocks, der, wie bereits angeführt, enge Grenzen gesetzt sind, liesse sich das Auftreten von Liquiditätsengpässen wohl nicht auf Dauer verhindern. Und treten diese auf, so kann eine deflationäre Entwicklung in Gang kommen, die über Kettenreaktionen (siehe unter 3.2) zu einer weltweiten Depression führen könnte.

A2 ENTWICKLUNGEN IN DER GROSSEN DEPRESSION IN DEN USA[1] UND SCHLUSSFOLGERUNGEN FÜR GEGENWART UND ZUKUNFT

A2.1 Die Veränderung gesamtwirtschaftlicher Grössen

Abb. A-40 : Reales Bruttoinlandsprodukt 1929-1937 (in konstanten Dollar von 1929)[2]

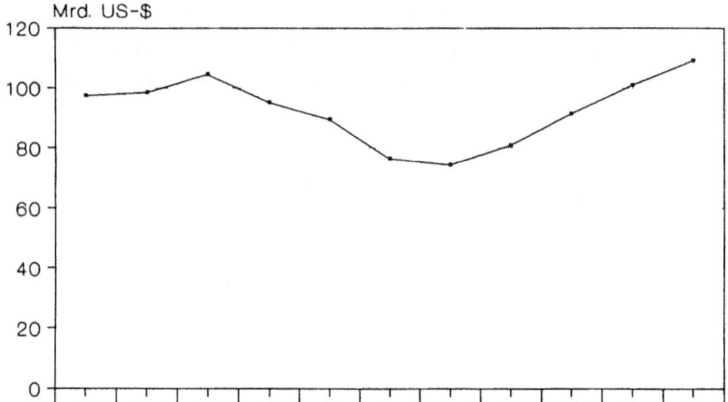

1927	1928	1929	1930	1931	1932	1933	1934	1935	1936	1937
97,3	98,5	104,4	95,1	89,5	76,4	74,2	80,8	91,4	100,9	109,1

Der Rückgang des Bruttoinlandsprodukts um real 29% zwischen 1929 und 1933 ist einmalig in der Wirtschaftsgeschichte dieses Jahrhunderts. Erst 1937 wurden die Werte von 1929 wieder überschritten. Nominell, d.h. in laufenden Preisen, stellt sich der wirtschaftliche Einbruch noch verheerender dar (Rückgang um 53%).[3]

1 Der Verfasser beschränkt sich im folgenden auf jene Kernpunkte der damaligen wirtschaftlichen Entwicklung, die von Bedeutung für den hier interessierenden Zusammenhang sind. Für ausführliche Darstellungen wird auf die umfangreiche Literatur zu diesem Themengebiet verwiesen, so z.B. Schumpeter (1961) 935ff., Kindleberger (1973).

2 Zahlen aus Temin (1976) 4

3 Friedman/Schwartz (1963) 301

Abb. A-41 zeigt die unterschiedliche Entwicklung in einzelnen Produktionsbereichen.

Abb. A-41: US-Produktionsreihen[1]

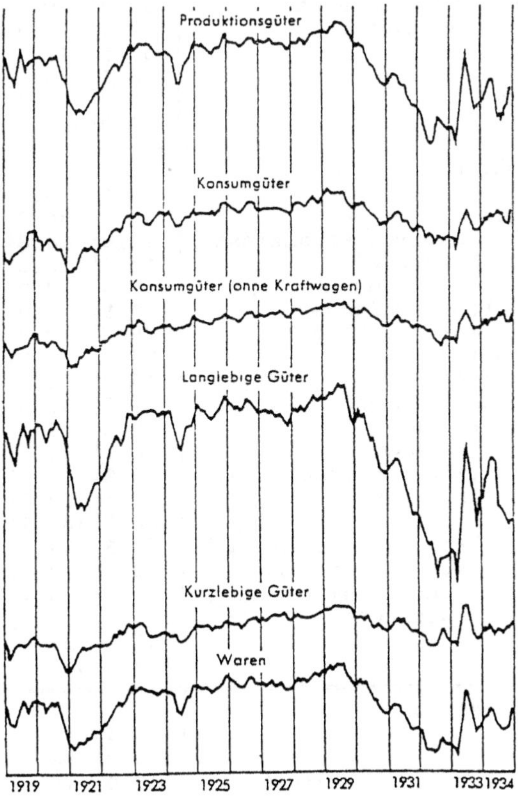

Wie sich die Vermögensposition der Vereinigten Staaten in diesem kurzen Zeitraum verändert hat, zeigt Tabelle A-2 auf der nachfolgenden Seite.[2]

1 entnommen aus Schumpeter (1961) 824; langlebige Güter haben eine Durchschnittsnutzungsdauer von über, kurzlebige von unter zwei Jahren. Waren umfassen alle in den anderen Indizes verwandten Zahlenreihen; Schumpeter (1961) 1106.

2 Zahlen aus Goldsmith et al. (1956) 48ff.; eigene Berechnungen.

Tabelle A-1: Volksvermögen USA 1929/1933 (Mrd. $)

	1929	1933	Δ	Δ %
Sachvermögen				
Wohnbauten	95.9	74.3	-21.6	-22.5
übrige Bauten	93.9	85.2	-8.7	-9.3
Bauland	24.1	18.7	-5.4	-22.4
übriges Land	89.5	62.4	-17.1	-19.1
dauerhafte Produktionsgüter	38.4	29.2	-9.2	-24.0
dauerhafte Konsumgüter	42.2	25.7	-16.5	-39.1
Lagerbestände	31.5	18.7	-12.8	-40.6
Viehbestand	6.5	3.2	-3.3	-50.8
Edelmetalle	5.0	5.1	+0.1	+2.0
Total	472.0	322.4	-104.6	-24.5
Finanzvermögen				
Bargeld	6.5	8.1	+1.6	+24.6
Bankeinlagen	44.8	36.2	-8.6	-19.2
Einlagen bei anderen Finanzinst.	17.9	18.8	+0.9	+5.0
Lebensversicherungen	17.5	20.9	+3.4	+19.4
private Pensionsfonds	0.5	0.7	+0.2	+40.0
staatliche Pensionsfonds	1.5	3.0	+1.5	+100.0
Forderungen (geschäftlich)	46.7	30.2	-16.5	-35.3
Forderungen (privat)	15.3	11.9	-3.4	-22.2
Wertpapierkredite	16.3	5.2	-11.1	-68.1
Hypotheken ohne Farmen	37.3	33.5	-3.8	-10.2
Hypotheken Farmen	9.6	7.7	-1.9	-19.8
Wertpapiere (US-Gov.)	16.2	23.9	+7.7	+47.5
Wertpapiere (Staaten/Gemeinden)	16.9	19.1	+2.2	+13.0
Unternehmensanleihen	38.1	37.7	-0.4	-0.1
Aktien	186.7	101.7	-85.0	-45.5
Kapital von Personengesellschaft.	27.5	17.6	-9.9	-36.0
Kapital non-profit Finanzinst.	2.1	2.3	+0.2	+9.5
Kapital Staatsunternehmen	0.4	3.1	+2.7	+675.0
aufgelaufene Ansprüche	7.6	5.4	-2.1	-28.9
Übrige	45.3	24.0	-21.3	-47.0
Total	554.8	410.7	-144.1	-26.0
Verbindlichkeiten				
Bargeld	6.4	7.7	+1.3	+20.3
Bankeinlagen	44.8	36.2	-8.6	-19.2
Einlagen bei and. Finanzinst.	17.9	18.9	+1.0	+0.5
Lebensversicherungen	17.5	20.9	+3.4	+19.4
priv. Pensionsfonds	0.5	0.7	+0.2	+40.0
staatl. Pensionsfonds	1.5	3.0	+1.5	+100.0
Verb. geg. Finanzintermediären	25.4	18.3	-7.1	-28.0
Verb. geg. anderen Unternehmen	28.6	19.4	-7.2	-25.2
Verb. geg. Privaten	1.2	0.3	-0.9	-75.0
Wertpapierkredite	16.3	5.2	-11.1	-68.1
Hypotheken	46.9	41.1	-5.8	-12.4
Anleihen/Wechsel	76.1	83.8	+7.7	+10.1
aufgelauf. Ansprüche	7.6	5.4	-2.2	-28.9
übrige Verbindlichkeiten	33.5	20.6	-12.9	-38.5
Total	324.3	281.4	-42.9	-13.2
Kapital	657.4	451.7	-205.7	-31.3

Der Zuwachs an Forderungen gegenüber Lebensversicherungen spiegelt eine Flucht privater Investoren in diese sichere Anlageform wider. Keine bedeutende Versicherung hat im Verlauf der Depression ihre Zahlungen eingestellt.[1]
Die Übertragung auf heutige Verhältnisse ist allerdings nicht zulässig, da die amerikanischen Versicherungen bereits zum gegenwärtigen Zeitpunkt geschwächt sind, besonders wegen risikoreichen Engagements in Immobilien und Junk Bonds.[2]
Der starke Rückgang der Aktienvermögen und der Wertpapierkredite ist vor allem auf die deutlichen Kursverluste an der Börse zurückzuführen, die von September 1929 bis Oktober 1933 im Index rund 65% betragen haben.[3]

Steigende Staatsdefizite erklären den Anstieg des ausstehenden Anleihenvolumens. So stieg die Bundesschuld von 15,7 Mrd. $ (1929) auf 21,5 Mrd. $ (1932), und die Schulden der übrigen Gebietskörperschaften stiegen von 14,5 auf 18 Mrd. $.[4]
Den grössten Anstieg weist das Kapital staatlicher Unternehmen auf, was auf die Gründung von Gesellschaften mit dem Ziel der Krisenbekämpfung zurückgeführt werden kann.[5]
Der Einbruch bei Produktions- und Konsumgütern sowie den Lagerbeständen ist im engen Zusammenhang mit dem Nachfragerückgang zu sehen.

---

1 Hart (1938) 32, 92f.

2 Dies zeigt sich auch an den bereits gestiegenen Konkurszahlen; Nash (1989) 11. Einige Lebensversicherungen "(...) are precaviously leveraged, and the quality of their investments is dubious. (...) A wave of insurance collapses could have a domino effect."; Welles/ Farrell (1989) 43. Viele Fachleute sehen bereits Parallelen zur Lage der Savings and Loans anfangs der 80er Jahre. Das Anlagevolumen im Bereich von Junk Bonds liegt bei etwa 60 Mrd. $, was angesichts der Gesamtaktiven von rund 1,2 Bio. $ minim erscheint. Einige Unternehmen haben jedoch fast 50% ihrer Aktiven in "top quality junk" angelegt; o.V. (1989t) 101

3 Kindleberger (1973) 115; am absoluten Tiefststand im Juni 1932 betrugen die Verluste rund 84%.

4 Hart (1938) 5, 1937 betrug die Bundesschuld dann 32,4 Mrd. $; siehe ausführlich zur Finanzlage öffentlicher Haushalte: Hart (1938) 218ff.

5 Gegründet wurde u.a. die Reconstruction Finance Corporation (Kreditvergabe an Kreditinstitute und Farmen), mehrere Farm Credit Agencies und Federal Home Loan Bank Board Agencies (Hypothekenfinanzierung), Hart (1938) 114ff.

Abb. A-42: Bundeshaushalt 1920-1937[1]

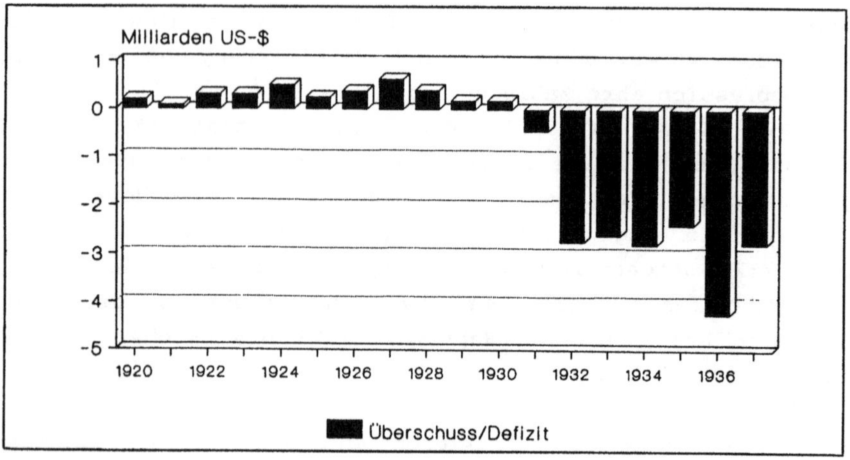

Die gestiegene Bargeldhaltung und die gleichzeitig gesunkenen Einlagen bei den Kreditinstituten sind die Reaktionen auf die verschiedenen Bankenkrisen.

Abb. A-43: Die Entwicklung der Geldmengenaggregate 1927-1937[2]

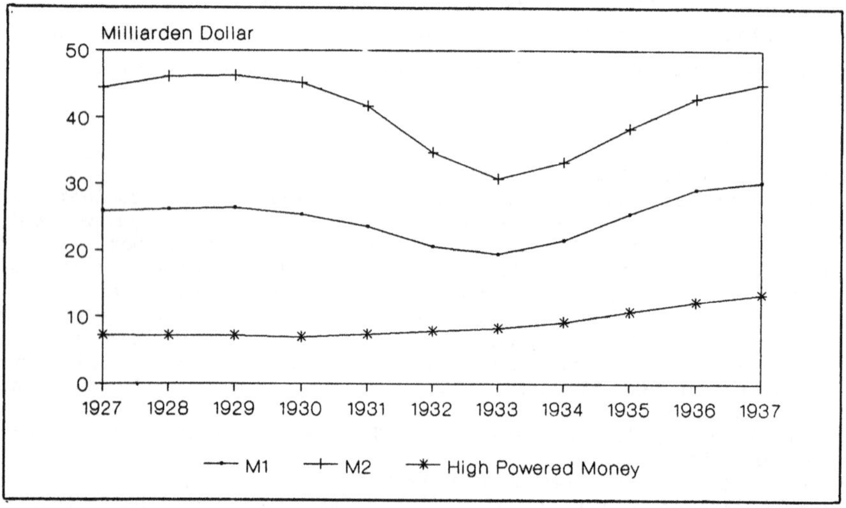

1 Zahlen aus Galloway (1933) 222, Hart (1938) 356
2 Friedman/Schwartz (1963); zusammengestellt durch Temin (1976) 5

Aus dieser Abbildung ist ersichtlich, dass der für eine Deflation typische Prozess der Geld-(=Schulden-) Vernichtung erst ab Ende 1930 begonnen hat (bezogen auf die Aggregate M1 und M2). Die Zentralbankgeldmenge ("high powered money") sank hingegen in der betrachteten Periode **nicht**, was die These, wonach die Ursache der Depression nicht in einer verfehlten Geldpolitik zu sehen ist, m.E. stützt (siehe Diskussion unter 5).

Der anhaltende Rückgang der Preise über mehrere Jahre hinweg zeigt sich eindrücklich in Abb. A-44. Keiner der Preisindices hat bis 1937 den Stand von vor der Krise wieder erreicht. Wie unterschiedlich die Preisrückgänge innerhalb der einzelnen Indices ausgefallen sind, zeigen die folgenden Abbildungen.

Abb. A-44: Preisindices 1927-1937[1]

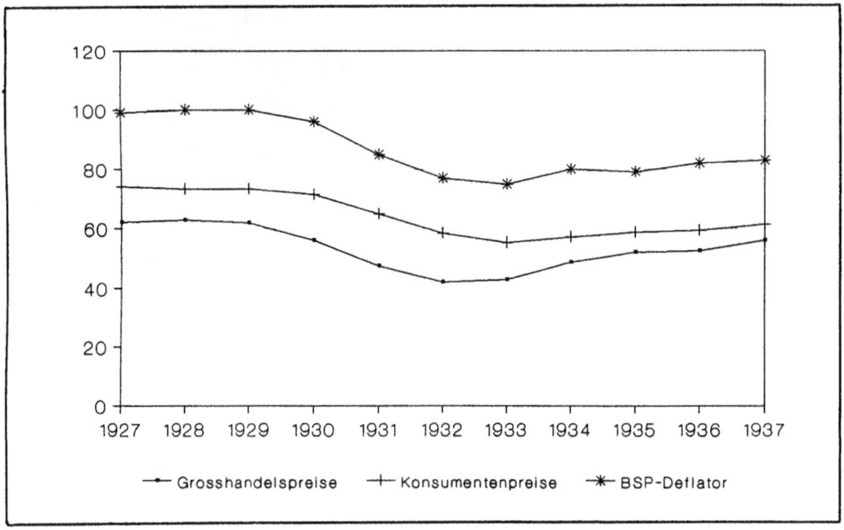

Auffallend ist der überproportionale Rückgang der Nahrungsmittelpreise (erklärt auch den deutlichen Rückgang im mit Geld bewerteten Viehbestand), was vermutlich auf das kurzfristig

1 Zahlen aus Temin (1976) 6

relativ preisunelastische Angebot und die hohe Verschuldung der Farmen[1] zurückgeführt werden kann.

Wie sich die Preise und Ausstossmengen einzelner Produkte entwickelt haben, wird unten dargestellt.

Abb. A-45: Veränderung der Grosshandelspreise (Prozentualer Rückgang im Index) 1929-1933[2]

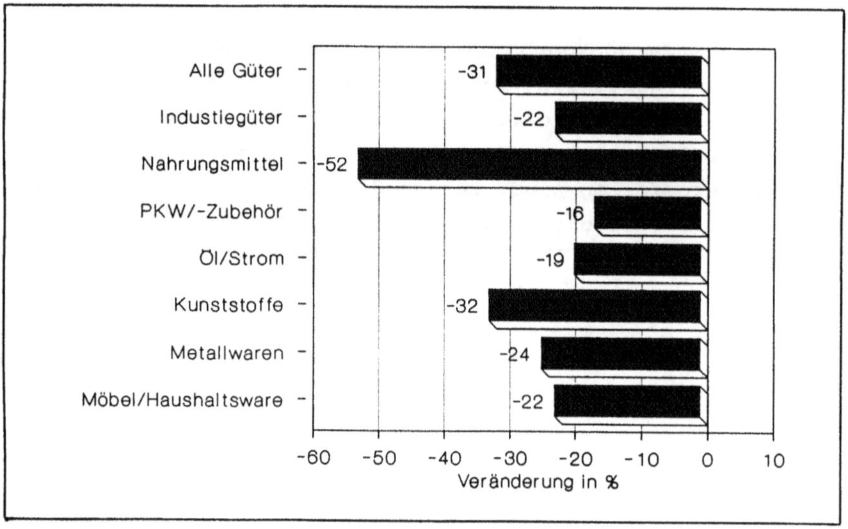

1 Kindleberger (1973) 98f.; siehe zur Verschuldung der Farmen und deren Auswirkungen, Hart (1938) 136ff. Der grösste Teil wurde mit der Absicht, von Wertzuwächsen auf Grundstücken zu profitieren, aufgenommen; Schumpeter (1961) 755.

2 Zahlen aus Batra (1988b) 289f.

Abb. A-46: Konsumentenpreise 1929-1933 (Prozentualer Rückgang im Index)[1]

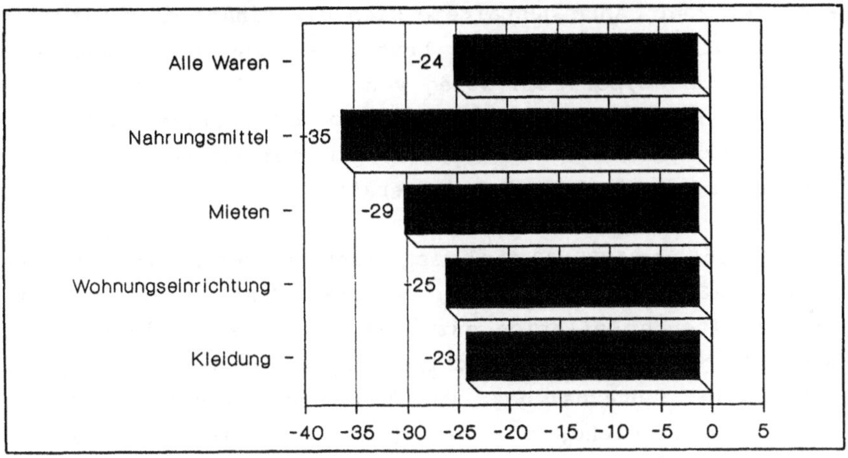

A2.2 Entwicklung des Welthandels Januar 1929 - März 1933

Abb. A-47: Entwicklung des Welthandels[2]

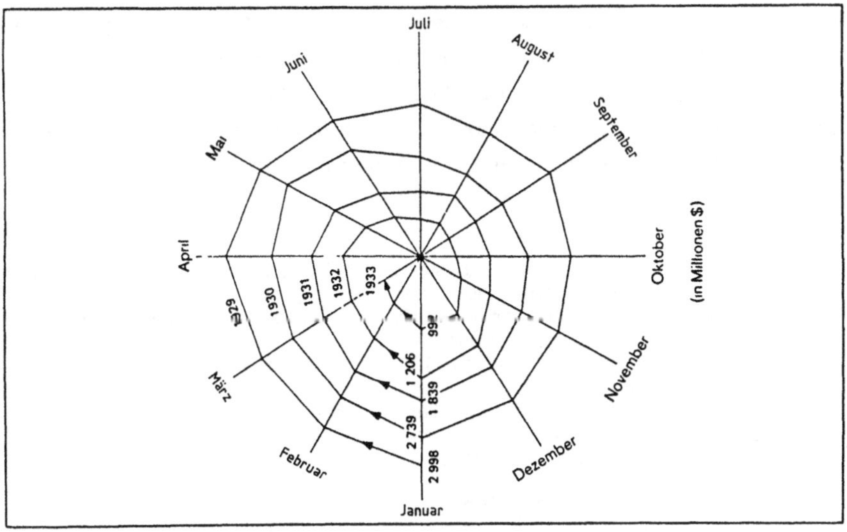

1 Zahlen aus Batra (1988b) 290

2 entnommen aus Kindleberger (1973) 179

A2.3 **Veränderung der Finanzlage von Privathaushalten**

Ende der 20er Jahre gestaltete sich die finanzielle Situation der Haushalte ähnlich wie heute. Alleine das Volumen an ausstehenden Hypotheken stieg von 1920 (11 Mrd. $) bis 1929 (27 Mrd. $) um fast 150%.[1] Die neu geschaffene Möglichkeit von Ratenkäufen führte zu einem Boom in der Automobilindustrie, aber auch bei Möbeln und Radiogeräten.[2]

Im Zeitraum von 1929-33 fiel das persönlich verfügbare Einkommen um **real** 26,1%, von 229,5 Mrd. auf 169,6 Mrd. US-$. Dabei trug die anhaltende Deflation dazu bei, dass jene, die weiterhin beschäftigt waren, ihre Nachfrage nach Luxuswaren wie grosse Automobile, Unterhaltung und Tourismus **erhöhten.**[3] Dennoch waren die Bereiche, die dauerhafte Konsum- und Luxusgüter herstellten, stark von der Depression betroffen.

Abbildung A-48 zeigt deutlich, wie stark die **reale** Verschuldung und damit die finanzielle Belastung der privaten Haushalte in der untersuchten Periode zugenommen hat. Der Anstieg um rund 40% zwischen 1929 und 1932 erklärt zusätzlich den deutlichen Nachfragerückgang, da er Folge des Kaufkraftgewinnes der amerikanischen Währung war.[4] Die Konsumenten konzentrierten sich in der Folge auf den Schuldenabbau, was zu einem Absinken der Grenzneigung zum Konsum führte.[5]

---

1 Persons (1930) 104; schätzungsweise 1/3 bis 50% dieser Hypotheken gerieten bis 1933 in Zahlungsverzug; Hart (1938) 5. Ab 1932 kam es zu Moratorien und zur Stützung durch staatliche Refinanzierungsgesellschaften. Bereits 1929 wurden rund doppelt so viele Zwangsversteigerungen vorgenommen wie 1926, 1932 annähernd viermal so viele. Hart (1938) 18, 162ff.

2 Persons (1930) 108ff.; gemäss Feske (1933) 5 ist ein Grossteil der Verkäufe nur mit Konsumkrediten möglich gewesen. 60% der Autos wurden auf Ratenbasis gekauft; Holthausen/Merriam/Nugent (1940) 16.

3 Bernstein (1987) 171

4 siehe dazu auch die Darstellung unter 3.2 oben.

5 Bernstein (1987) 172; so ging die kurzfristige Verschuldung von Konsumenten und Personenunternehmen schätzungsweise von 27 Mrd. $ (1929) auf 9 Mrd. $ (1934) zurück; Hart (1938) 119

Abb. A-48: Reale Haushaltsschulden in den USA 1929-35 (ohne Lombardkredite; in konstanten US-$ des Jahres 1958)[1]

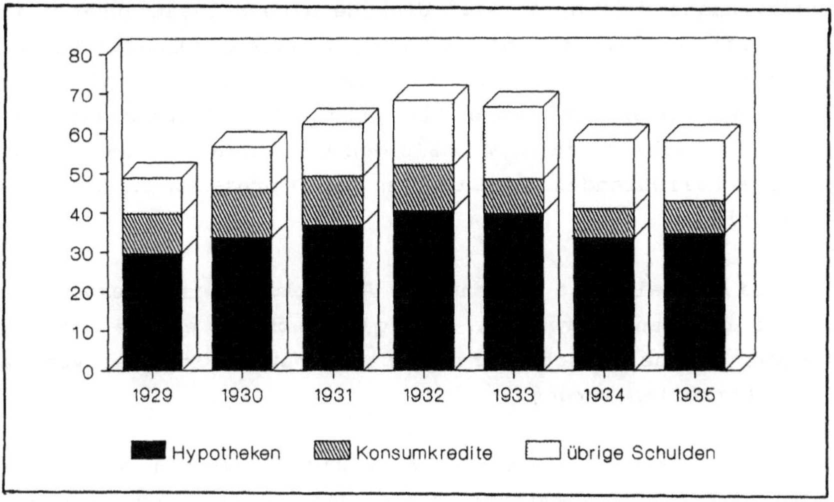

Abb. A-49: Rückgang ausstehender Abzahlungskredite je nach Branche[2]

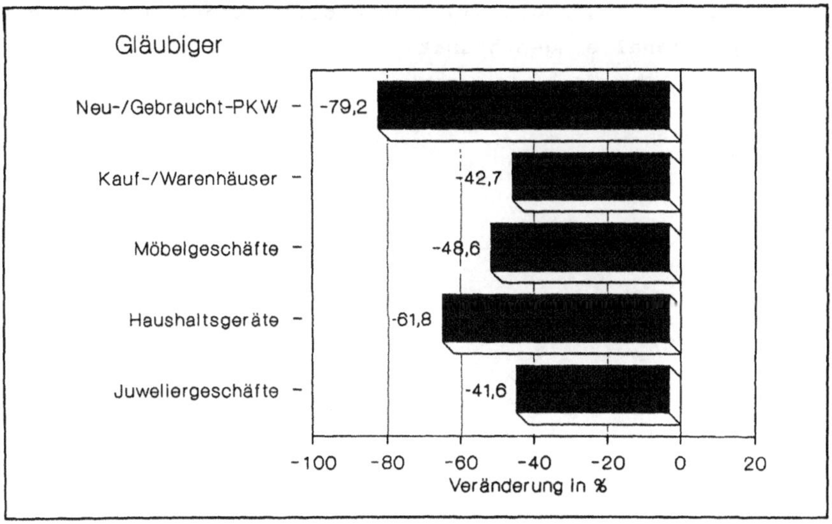

1 Zahlen aus Mishkin (1978) 921
2 Holthausen/Merriam/Nugent (1940) 50ff.; eigene Berechnungen.

Der Rückgang der Nachfrage manifestiert sich auch bei den Ratenkäufen, die eng mit der wirtschaftlichen Entwicklung zusammenhängen (Abb. A-49).[1] Ursache dieses Zusammenhangs ist die Tatsache, dass vor allem höherpreisige dauerhafte Konsumgüter auf Kredit gekauft werden, was die Konsumenten üblicherweise nur dann tun, wenn sie positive Zukunftserwartungen haben. Das erklärt auch, weshalb das Volumen an aus dem Verkauf von PKW herrührenden Krediten in der Depression am stärksten zurückging.

Tabelle A-3 zeigt die prozentuale Verteilung der Konsumausgaben in der grossen Depression. Sie gibt bereits einige Hinweise darauf, welche Branchen unter- bzw. überproportional von der Krise betroffen wurden.

So erwiesen sich - wie man auch intuitiv erwarten würde - die Ausgaben für Nahrungsmittel, Wohnen und medizinische Versorgung als relativ krisenresistent, wie aus dem Anteilszuwachs an den (gesunkenen) Gesamtausgaben ersichtlich ist. Umgekehrt wurden die Aufwendungen für Automobile, Möbel und Kleidung überproportional eingeschränkt.

---

1 Holthausen/Merriam/Nugent (1940) 11

Tab. A-3: Prozentuale Verteilung der Konsumausgaben (USA) 1929-35[1]

	1929	1931	1933	1935
Automobile und Teile	4,2	2,6	2,2	3,5
Möbel, Haushaltseinrichtung	4,4	3,9	3,3	3,6
Nahrungsmittel	24,4	27,1	28,0	28,4
Kleidung und Schuhe	11,9	11,8	10,7	11,0
Benzin und Öl	1,5	1,8	1,9	1,9
Heizöl und Kohle	1,8	1,8	2,0	1,9
Übriges*	6,0	6,1	6,1	6,3
Wohnung	9,5	10,4	11,3	10,8
Haushaltsgeräte	6,1	6,2	5,9	6,1
Transport	4,0	3,7	3,6	3,5
Körperpflege	2,6	2,5	2,1	2,3
Medizinische Versorgung	4,1	4,3	4,3	4,1
Erholung/Unterhaltung	3,3	3,5	3,0	3,1
Fortbildung	1,0	1,2	1,1	1,1
religiöse/wohltätige Zwecke	1,7	2,0	1,9	1,7

*= Tabakwaren, Toilettenartikel, halbdauerhafte Haushaltsgegenstände, übrige Haushaltswaren, Arzneimittel, nichtdauerhafte Spielzeuge und Sportartikel, Netto-Auslandsübertragungen.

1 Bernstein (1987) 181

A2.4 Veränderung der Finanzlage von US-Aktiengesellschaften[1]

Ähnlich wie in letzter Zeit war auch in den 20er Jahren die Wirtschaftsentwicklung der Vereinigten Staaten erfreulich. Die Gewinne der Unternehmen stiegen damals wie heute kontinuierlich an.

Erhebliche Unterschiede zeigen sich jedoch bei der Verwendung der liquiden Mittel: Zwar gab es schon Mergers and Acquisitions in grossem Ausmass[2], diese führten jedoch zu keiner deutlichen Verschlechterung der Liquiditätslage der Unternehmen.

Im Durchschnitt aller Industrieunternehmen war das Umlaufsvermögen 1929 zweimal so gross wie die gesamten Verbindlichkeiten.[3]

Abb. A-50: Liquidität US-amerikanischer Unternehmen 1929[4]

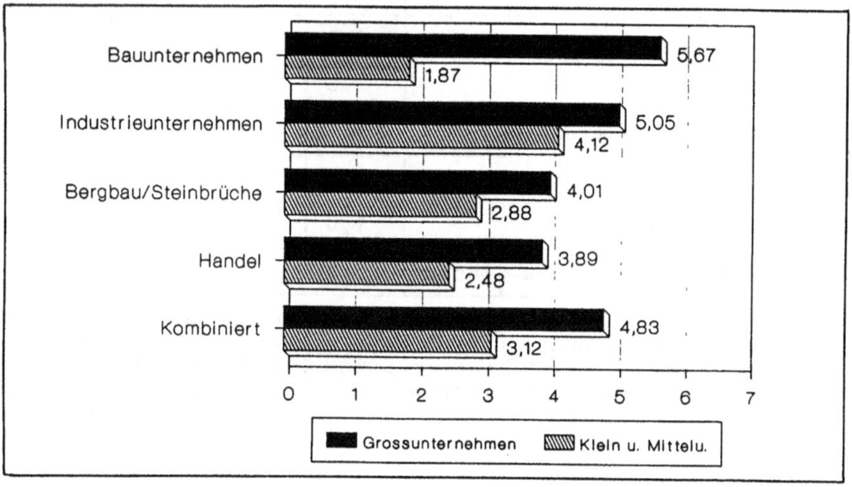

---

1 Diese machten zwar nicht ganz 50% aller US-amerikanischen Unternehmen aus, im Industriebereich erstellten sie jedoch ca. 90% aller Waren; Merwin (1942) 8f.

2 Eis (1969) 271, Galbraith (1969) 70f.

3 Means (1933) 182f.

4 Current Ratio; erstellt in Anlehnung an Means (1933) 192; die Zahlen beziehen sich auf alle industriellen Aktiengesellschaften. "Grosse" Unternehmen sind dabei die 334 von Moody's Investors'Service zusammengestellten Firmen, die zusammen mehr als 25% der gesamten Industrieschulden auf sich vereinigten. "Kleine" Unternehmen sind die verbleibenden, auf die der Rest der Schulden verteilt wird; Means (1933) 191

Ein Teil der liquiden Mittel wurde in Form von Broker-Loans angelegt, die überdurchschnittlich hohe Erträge brachten.[1] Auf diese Weise haben die amerikanischen Unternehmen vom Börsenboom der 20er Jahre profitiert, wobei sie allerdings auch direkte Aktienanlagen tätigten. Trotz dieser Engagements erwies sich die Finanzlage amerikanischer Aktiengesellschaften im Verlauf der grossen Depression als ausserordentlich gut.

Abb. A-51: Schulden industrieller Aktiengesellschaften 1927/32[2]

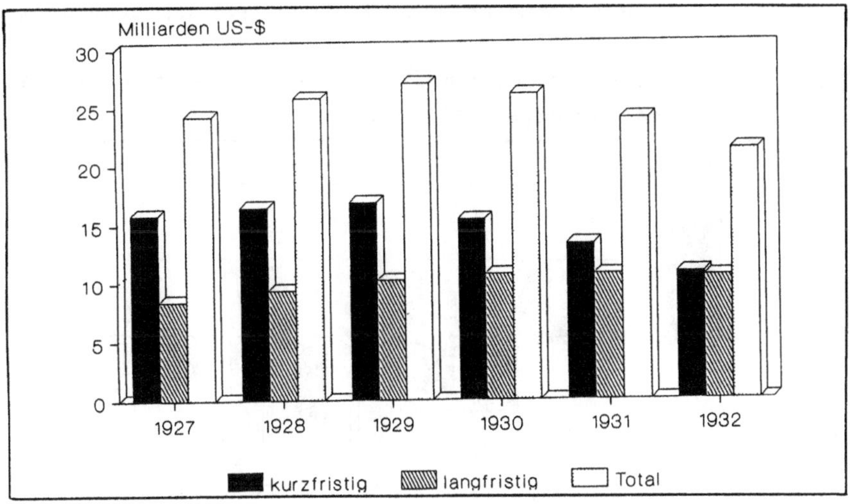

Der Zuwachs der Verschuldung in den Jahren 1920-29 (+21%) erfolgte im Einklang mit der Verbesserung der Gewinne, so dass nicht von einer übertriebenen Schuldaufnahme gesprochen werden kann.[3] Vor allem die Grossunternehmen waren ausserordentlich **gut finanziert**. Kleinere Aktiengesellschaften waren ebenfalls, wenn auch nicht im gleichen Masse, **liquide**.[4]

1 Lutz (1945) 1, 56ff.; Galbraith (1969) 49, 58
2 Zahlen aus Means (1933) 175
3 Means (1933) 182
4 Merwin (1942) 11; Lutz (1945) 63ff., der allerdings nur eine Stichprobe von Produktionsunternehmungen untersucht, die jedoch Tendenzaussagen ermöglicht. Erstaunlich ist, dass über den ganzen Zeitraum der Depression hinweg die einschlägigen Liquiditätsanforderungen bezüglich Current Ratio (2:1) und Quick Ratio (1:1) erfüllt wurden.

Personengesellschaften und Einzelunternehmen haben ihre Verschuldung in den 20er Jahren hingegen **deutlich erhöht.**[1]

Diese Ausgangslage spiegeln auch die Konkurszahlen der Jahre 1930-32 wider. Die Verluste aus jenen Konkursen, die über den entsprechenden Werten des Jahres 1929 lagen, also unmittelbar auf die Depression zurückgeführt werden können, beliefen sich auf nur 4% aller 1929 ausstehenden Verbindlichkeiten von Industrieunternehmen, was angesichts eines Rückgangs auf etwas mehr als 50% der normalen Kapazitätsauslastung erstaunlich ist.[2]

Abb. A-52: Dividenden und jährliche Ersparnisse von US-Aktiengesellschaften, 1929-33[3]

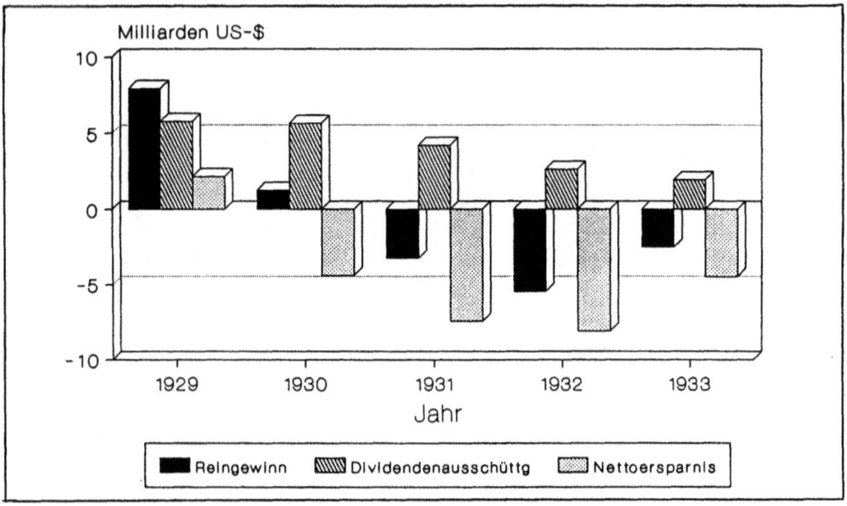

1 Bernanke (1983) 261
2 Means (1933) 195ff.; die Konkurszahlen enthalten auch "unincorporated enterprises", so dass der Anteil der Aktiengesellschaften als noch geringer angenommen werden kann. Es erscheint zumindest fraglich, das Jahr 1929 als Basis zu nehmen (im Juni 1929 war die Konkursrate auf dem niedrigsten Stand seit 4 Jahren; Feske (1933) 98). Zweckmässiger zur Berechnung der von der Depression bedingten Konkurse wäre zweifellos ein mehrjähriger Durchschnitt. Ausserdem besagt diese Zahl nichts über das wahre Ausmass der Verluste von Gläubigern und Anteilseignern, die oftmals auf Forderungen verzichteten; Fabricant (1935) 9, FN 12.
3 Zahlen aus Fabricant (1935) 7

Die Gewinnsituation im Verlauf der grossen Depression war ausserordentlich schlecht, wobei trotz der eingetretenen Verluste weiterhin Dividenden ausgeschüttet wurden, was den Verlust an eigenen Mitteln im Unternehmenssektor zusätzlich erhöhte. Dabei muss allerdings bedacht werden, dass die aggregierten Zahlen nichts über die Verteilung der Gewinne aussagen. Diese zeigt nämlich, dass nur die Grossunternehmen (mit mehr als 50 Mio.$ Aktiven) während der Depression immer Gewinne auswiesen. Ein Grossteil der Dividendenzahlungen wird aus dieser Gruppe stammen, wobei jedoch zusätzlich andere Unternehmen trotz Verlusten Ausschüttungen vornahmen, mit dem Ziel der Stützung von Kapitalgebern.[1]

Abb. A-53: Rendite 1931/32 nach Unternehmensgrösse[2]

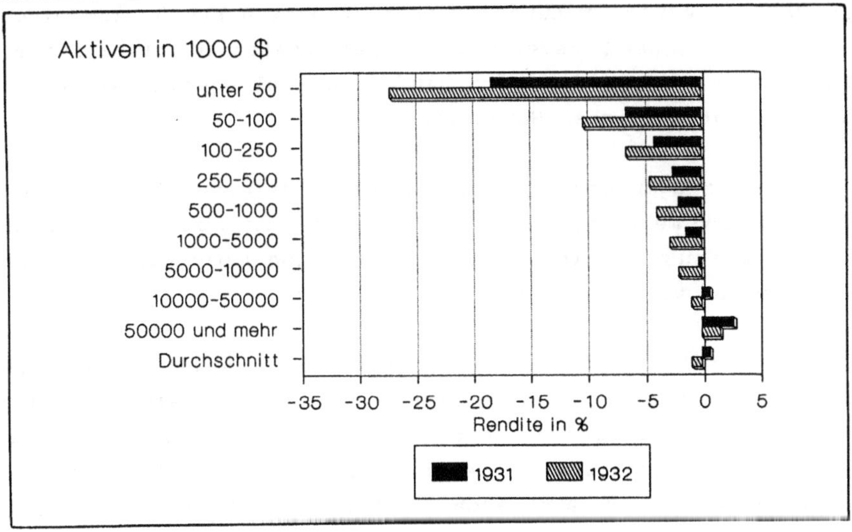

Massive Verluste machten vor allem kleinere Unternehmen, was auch zu entsprechend hohen Konkurszahlen in dieser Gruppe

1 Merwin (1942) 10; Fabricant (1935) 7; dabei wird es sich v.a. um Zahlungen an Holding-Unternehmen gehandelt haben, Galbraith (1969) 195f.

2 Fabricant (1935) 2; Rendite ist dabei der Gewinn nach Steuern zuzüglich der bezahlten Zinsen, bezogen auf das eingesetzte buchmässige Eigenkapital und die langfristigen fremden Mittel. Die Liquidität (gemessen an der Quick Ratio) verschlechterte sich mit abnehmender Unternehmensgrösse ebenfalls, was auf den hohen Anteil an kurzfristigen FK bei kleineren Unternehmen zurückgeführt werden kann; Hart (1938) 213ff.

beitrug, die sich allerdings wertmässig nicht stark in der Statistik niederschlagen.

Vermutlich spielt bei der guten Gewinnsituation der Grossunternehmen auch die Tatsache eine Rolle, dass diese Nettogläubiger waren und so über Zinseinkünfte verfügten.

Die Schlussfolgerung, wonach eine Unternehmung nur gross genug sein muss, um auch in der Depression Gewinne ausweisen zu können, trifft allerdings nur bedingt zu.[1] Jene Unternehmen, die bereits zum gegenwärtigen Zeitpunkt einen Grossteil ihrer Gewinne aus dem Wertschriftenbestand beziehen, werden, im Unterschied zu den 30er Jahren, vermutlich deutliche Verluste im Verlauf einer erneuten Krise hinzunehmen haben, zum einen wegen drastischer Kursverluste bei den gehaltenen Wertpapieren, zum anderen wegen den sich häufenden Zahlungseinstellungen, auch von öffentlichen Haushalten.

Dennoch verfügen Grossunternehmen oft über genug finanzielle Reserven und mehr Möglichkeiten, Verluste durch buchhalterische Massnahmen zu eliminieren, was ihre Position gegenüber kleineren Unternehmen verbessert.[2]

Die Gewinnsituation in den jeweiligen Industriezweigen spiegelt die Entwicklung in den einzelnen Märkten wider (siehe unten). Ausser dem Versorgungssektor (vor allem Kraftwerke), wiesen auch die Nahrungsmittel-, die Tabak- und die chemische Industrie Gewinne aus.[3] Doch sind auch innerhalb der einzelnen Gruppen starke Unterschiede feststellbar, so z.B. bei den Eisenbahn-

---

1 Die Grossunternehmen werden vermutlich über einen grossen Anteil an den von ihnen bedienten Märkten verfügt haben, so dass sie von günstigen Kostenstrukturen (Erfahrungskurveneffekte, etc.) profitieren konnten. Auch war es ihnen möglich, einen internen Ausgleich zwischen profitablen und defizitären Geschäftsbereichen vorzunehmen. Siehe auch Büschgen (1971) 85.

2 Fabricant (1935) 3, der auch auf andere Punkte wie z.B. Aktionärsdarlehen verweist, die zu einem derart schlechten Ergebnis bei kleineren Unternehmen beigetragen haben.

3 Fabricant (1935) 3ff.

gesellschaften, die Verluste auswiesen, die in den aggregierten Zahlen des Versorgungs- und Transportsektors nicht erscheinen.

Abb. A-54: Rendite in den verschiedenen Branchen[1]

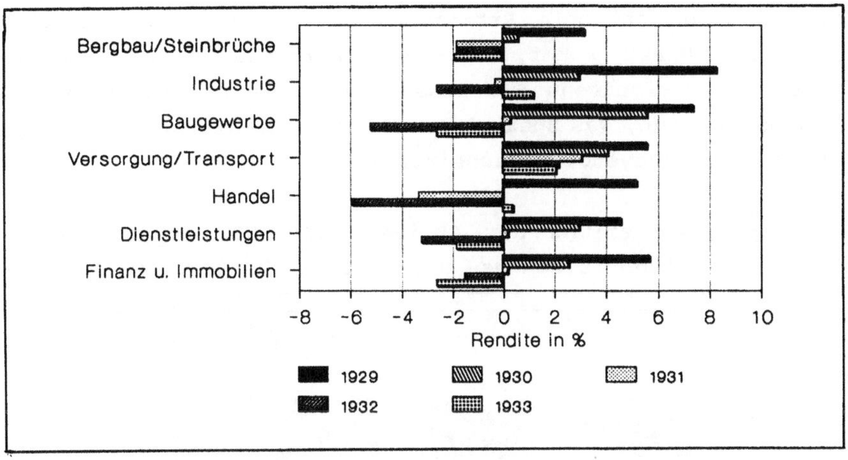

Abb. A-55: Rendite in verschiedenen Industriezweigen[2]

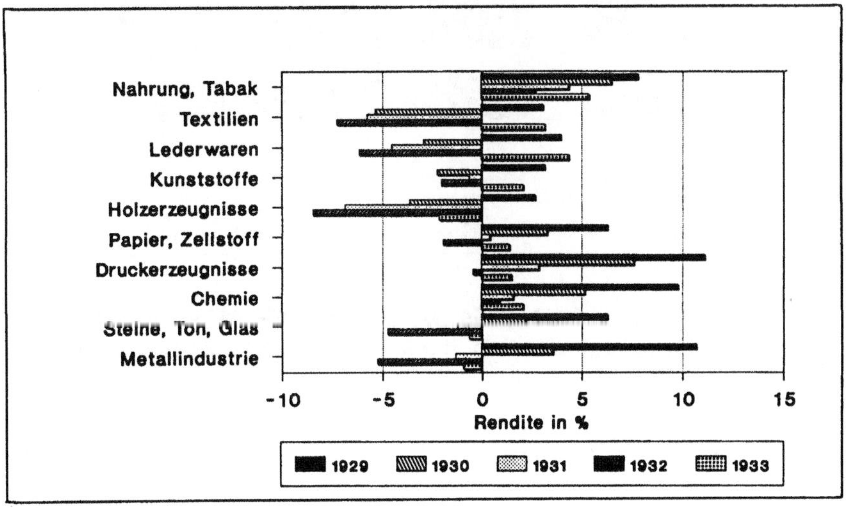

1 Zahlen aus Fabricant (1935) 4
2 FN 1

Die absolut hoch erscheinenden Abschreibungen in den Depressionsjahren hielten sich relativ zu Preisverfall und Umsatzrückgängen in Grenzen.[1] Vermutlich werden die Unternehmen nur die nötigsten Abschreibungen vorgenommen haben, im Bestreben, die ohnehin schlechte Ertragslage nicht noch zusätzlich zu belasten. Hinzu kommt, dass die Wirtschaftskrise und das gedrückte Preisniveau als aussergewöhnlich und vorübergehend angesehen wurde, was zusätzlich die Vornahme von Abschreibungen als weniger notwendig erscheinen liess.

Abb. A-56: Aufteilung der Aktiven 1929-1932 (ohne Finanz-, Dienstleistungs- und Immobilienunternehmen)[2]

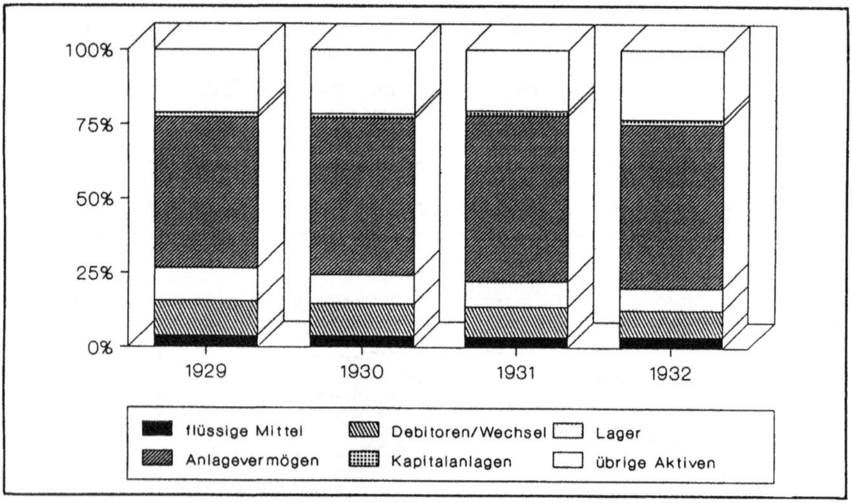

Der Rückgang der Lagerbestände entspricht **nicht** dem Einbruch der Geschäftstätigkeit, so dass die Umschlagsgeschwindigkeit gesunken ist.

Unter der Position der "übrigen Aktiven" sind vor allem

1 Fabricant (1935) 10
2 Zahlen aus Fabricant (1935) 8

konzerninterne Beteiligungen und Schulden sowie immaterielle Vermögenswerte und Rechnungsabrenzungsposten enthalten.[1]

Abb. A-57: Veränderung der Aktiva von US-Aktiengesellschaften 1929/32[2]

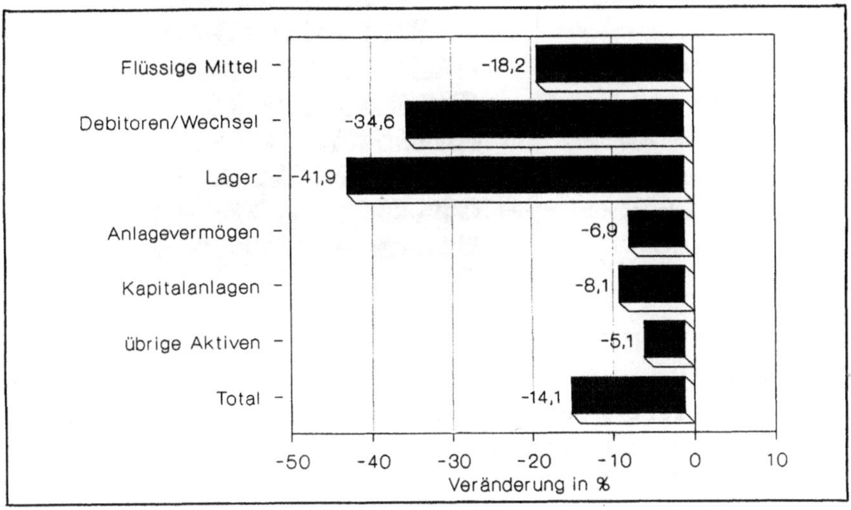

Der allgemeine Verlust der Aktiven führte zu einer im Verhältnis zum Vermögen steigenden langfristigen Verschuldung, weil letztere praktisch unverändert blieb.

Über die Veränderung der Investitionstätigkeit gibt Abb. A-58 Auskunft.[3]

1 Fabricant (1935) 10
2 Zahlen aus Fabricant (1935) 8; eigene Berechnungen.
3 Die Angaben stammen aus Koch (1943) 22; der eine Stichprobe von Grossunternehmen untersucht. Deren Entwicklung war zwar, wie bereits erwähnt, besser als jene der ganzen Industrie, dennoch geben die Veränderungen **Hinweise** auf wichtige Vorgänge, weshalb hier auf diese Studie abgestellt wird. Die Stichprobe enthält 84 Industrieunternehmen aus 11 Branchen sowie 14 grosse Warenhausketten und 13 Handelsgesellschaften, die zur Gruppe "Trade" zusammengefasst werden; Koch (1943) 10ff.; 113ff. Die untersuchten Aktiengesellschaften haben ihren Anteil an der gesamten Investitionstätigkeit im Vergleich zum Branchendurchschnitt erhöht, während die übrigen Unternehmen ihre Investitionen noch stärker einschränkten.

Abb. A-58: Veränderung der Investitionen in einzelnen Branchen

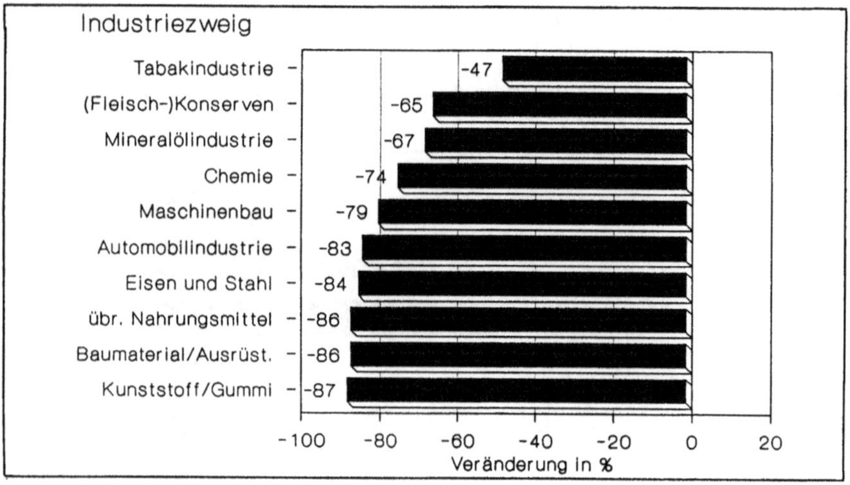

Abb. A-59: Veränderung des Umlaufvermögens (Rohstoffe, Fertigprodukte, Debitoren, Wertschriften und flüssige Mittel) 1920-39[1]

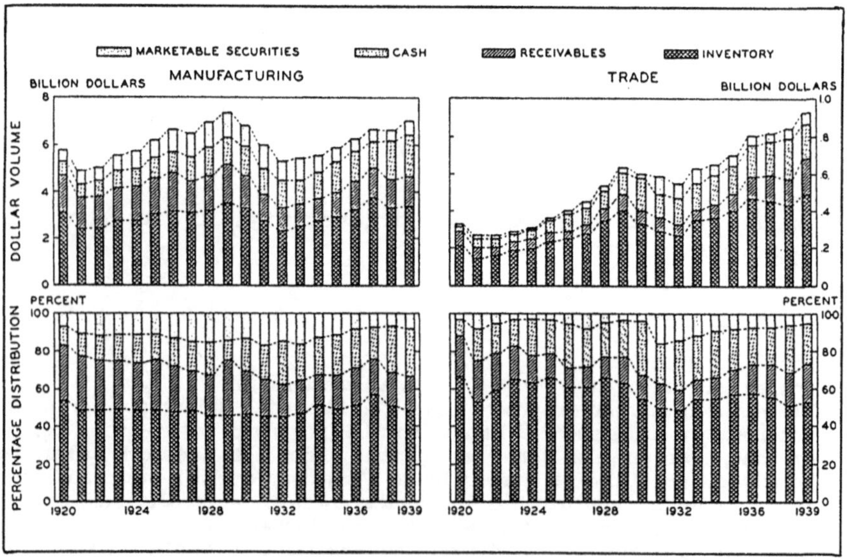

---

1 entnommen aus Koch (1943) 47

Dabei fällt auf:

1. Im Zuge der Depression stieg der Anteil der flüssigen Mittel und börsengängigen Wertpapiere im Verhältnis zum übrigen Umlaufvermögen. Dies spricht für eine erhöhte Liquiditätspräferenz der Unternehmen, spiegelt aber auch die Tatsache wider, dass Bargeld in deflationären Zeiten einen positiven Realzins aufweist. Ausserdem spielt die Tatsache eine Rolle, dass eine Refinanzierung fälliger Schulden oftmals **unmöglich** war, weshalb die Liquidität erhöht wurde, um einer Refinanzierungskrise vorzubeugen.[1]
2. Es ist den Industrieunternehmen im Gegensatz zum Handel nicht gelungen, den Anteil der Lagerbestände am Umlaufvermögen zu verringern. Dies deutet darauf hin, dass sie einen Teil der Lagerhaltung für die Handelsunternehmen übernehmen mussten.
3. Der markanteste Rückgang ergibt sich bei den Forderungen, was auf das geschrumpfte Geschäftsvolumen zurückgeführt werden kann. Vermutlich wurde auch eine Beschränkung der Zahlungsziele vorgenommen, um das Delkredererisiko zu vermindern.

Bei der Zusammensetzung der kurzfristigen Fremdfinanzierung sticht der nochmals starke Rückgang der Wechselverbindlichkeiten ("notes payable"), denen hier die kurzfristigen Bankverbindlichkeiten zugerechnet werden[2], im Zuge der Depression (Abb. A-60) hervor. Das Volumen an Kreditoren nahm mit dem Rückgang der Geschäftstätigkeit ab, wobei ihr Anteil an der kurzfristigen Fremdfinanzierung geringfügig stieg. Bezogen auf die Bilanzsumme sind sie jedoch zurückgegangen.

Die übrigen kurzfristigen Verbindlichkeiten umfassen Forderungen von Mitarbeitern, Aktionären, Anleihensgläubigern und dem Staat, also vor allem beschlossene Dividenden und Steuerverbindlichkeiten. Veränderungen dieser Position lassen sich

1 Hart (1938) 182f.
2 Koch (1943) 65, 130

jedoch nicht sinnvoll interpretieren, da sie unter anderem auf veränderte Rechnungslegung zurückgeführt werden können.[1]

Abb. A-60: Zusammensetzung der kurzfristigen Fremdfinanzierung[2]

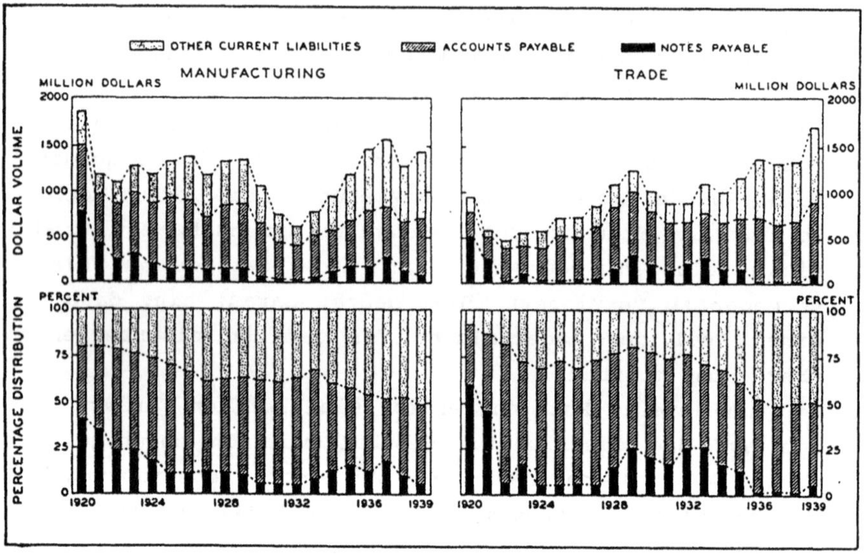

Der wesentliche Unterschied zwischen der heutigen Situation und jener des Jahres 1929 liegt m.E. in der deutlich höheren Verschuldung der Grossunternehmen, bei geringerer Liquidität, was zu einem guten Teil auf die Welle von Mergers and Acquisitions sowie Leveraged Buyouts zurückgeführt werden kann. Deshalb könnte eine potentielle Krise, trotz aller staatlichen Interventionen und dem bestehenden Konkursrecht, deutlich schwerere Auswirkungen auf den Unternehmenssektor haben, was wiederum die Ausmasse der Krise erhöhen würde.

1 Koch (1943) 74f.
2 entnommen aus Koch (1943) 66

Abb. A-61: Liquidität von US-Konzernen 1929/1987[1]

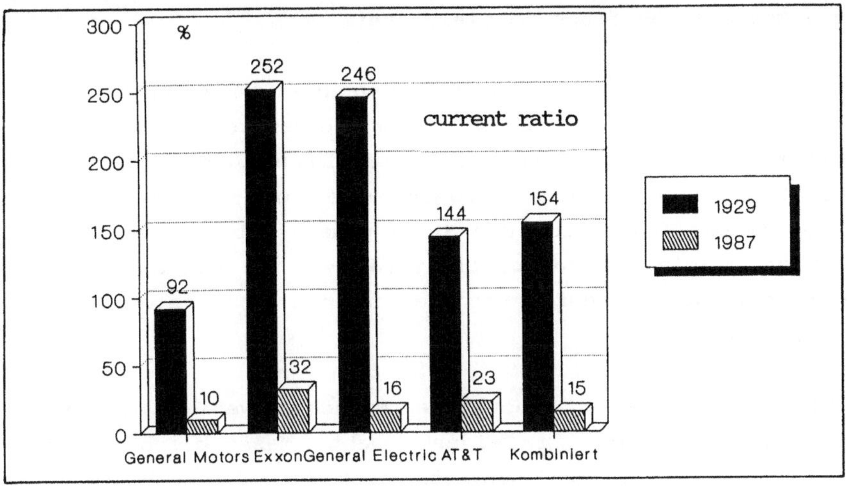

A2.5 Die Situation in einzelnen Industriezweigen

A2.5.1 Allgemeine Tendenzen

Auch in der Depression gab es Industriezweige, die trotz der ungünstigen gesamtwirtschaftlichen Rahmenbedingungen die Krise relativ gut überstanden, wie vor allem die Nahrungsmittel- und die Chemieindustrie, die Tabakwarenhersteller und Ölraffinerien. Generell haben sich die Anbieter von nicht-dauerhaften Konsumgütern und Dienstleistungen als krisenresistenter erwiesen.

Hinzu kamen verstärkte Innovationsaktivitäten im Bereich von Produkt, Produktionstechnik und Distribution, was auch daran lag, dass diese Branchen eher in der Lage waren, die Nachfrage nach ihrem Produkt zu beeinflussen.[2] Zusätzlich profitierten sie noch von anderen Entwicklungen, wie der Einführung elektrischer Kühlschränke (Tiefkühlkost) und der Verbesserung der

---

1 Quelle: The Holt Advisory; Malik/Stelter (1990)
2 Bernstein (1987) 176, 122; siehe dort generell für eine Darstellung der Entwicklung einzelner Branchen und vor allem die Innovationsaktivität.

Verkehrsinfrastruktur. Auch das veränderte Konsumverhalten stärkte die Nachfrage in diesen Bereichen.[1]

Die hart getroffenen Sektoren litten unter dem Kaufkraftschwund der Bevölkerung, so dass vor allem die Hersteller von Investitions-, dauerhaften Konsumgütern und Luxusgegenständen heftige Absatzeinbussen hinnehmen mussten. Gleichzeitig war ein grosser Teil dieser Industrien vom Strukturwandel betroffen (Substitution).[2] Die Innovationsaktivität war in diesen Bereichen geringer oder konzentrierte sich auf die Vornahme von Rationalisierungen.[3]

Zweifelsohne haben innovative Branchen weniger unter der grossen Depression zu leiden gehabt. Massgeblich erscheint jedoch die Tatsache, dass es sich bei den Produkten zum Grossteil um nicht-dauerhafte Güter gehandelt hat. In diesem Bereich ist tendenziell immer von einem weniger konjunkturabhängigen Nachfrageverhalten auszugehen. Zusätzlich waren die krisenresistenten Industriezweige vom Strukturwandel begünstigt[4], wie z.B. die Mineralölindustrie, was ebenfalls Schlüsse für Gegenwart und Zukunft erlaubt.

A2.5.2 **Die Nahrungsmittelindustrie**

Die Nahrungsmittelindustrie hat verglichen mit den übrigen Branchen geringere Einbussen zu verkraften gehabt ("depression-proof").[5] Besonders die Nachfrage nach billigen Nahrungsmitteln ist gestiegen, wobei der Trend zur vermehrten Frauenarbeit zusätzlich den Bedarf an haltbaren und leicht zuzubereitenden Nahrungsmitteln förderte.[6]

---

1 Bernstein (1987) 141f.; siehe oben Tabelle A-3
2 Bernstein (1987) 142
3 Bernstein (1987) 122
4 Bernstein (1987) 88
5 Bernstein (1987) 53
6 Bernstein (1987) 61f.

Zu Beginn der Depression wurden einige technische Verbesserungen vorgenommen, so bei Konservierung, Verpackung und Transport. Darüber hinaus wurden in der Krise **neue Produkte** lanciert und eine forcierte **Produktdifferenzierung** betrieben.[1]

Wie die nachfolgenden Abbildungen zeigen, ergaben sich dennoch deutliche Rückgänge in Preisen und Produktionswert, aber auch in Mengen.[2]

Abb. A-62: Veränderung der Produktionsmenge von Nahrungsmitteln 1933 gegenüber 1929[3]

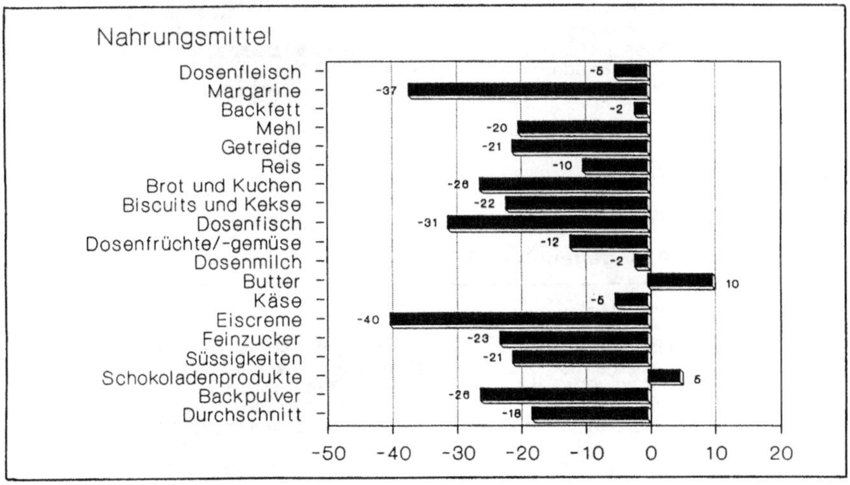

---

1 Bernstein (1987) 123ff.

2 Um eine bessere Vergleichbarkeit der Zahlen zu gewährleisten, erfolgt eine Konzentration auf nur eine Quelle. In vielen Fällen musste eine Auswahl der Produkte vorgenommen werden, so dass sich die Entwicklung bei ähnlichen Waren im Einzelfall anders gestaltet haben kann. So ergibt sich der Produktionswert der einzelnen Waren nicht immer aus der Multiplikation von Preis- und Mengenveränderung, da sich die Mengenangaben auf eine **Produktgruppe** beziehen, während Preise und Produktionswert eines einzelnen Produktes verwendet werden. Ziel dieser Darstellungen ist jedoch, **tendenziell** die **Auswirkungen** der Depression aufzuzeigen, so dass den einzelnen Angaben nur geringe Bedeutung zukommt. Dabei ist der Verfasser sich der **Problematik** von **Verallgemeinerungen** einzelner Entwicklungen (z.B. Kühlschränke, Fahrräder) bewusst (**Induktionsproblem**). Dennoch geben diese Beispiele wertvolle **Hinweise**, weshalb sie in diesem Zusammenhang angeführt werden.

3 Fabricant (1940) 124f., 382ff.; eigene Berechnungen

Abb. A-63: **Veränderung der Durchschnittpreise von Nahrungsmitteln 1933 gegenüber 1929**[1]

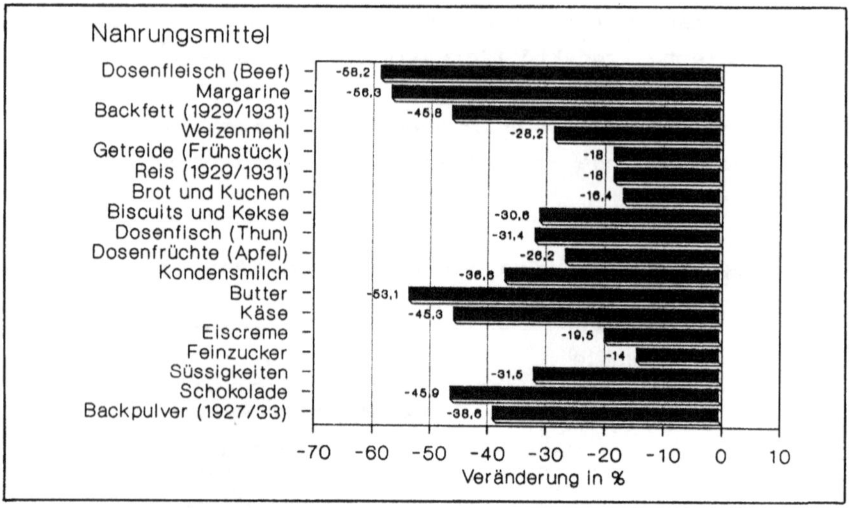

Abb. A-64: **Veränderung des Produktionswerts von Nahrungsmitteln 1933 gegenüber 1929**[2]

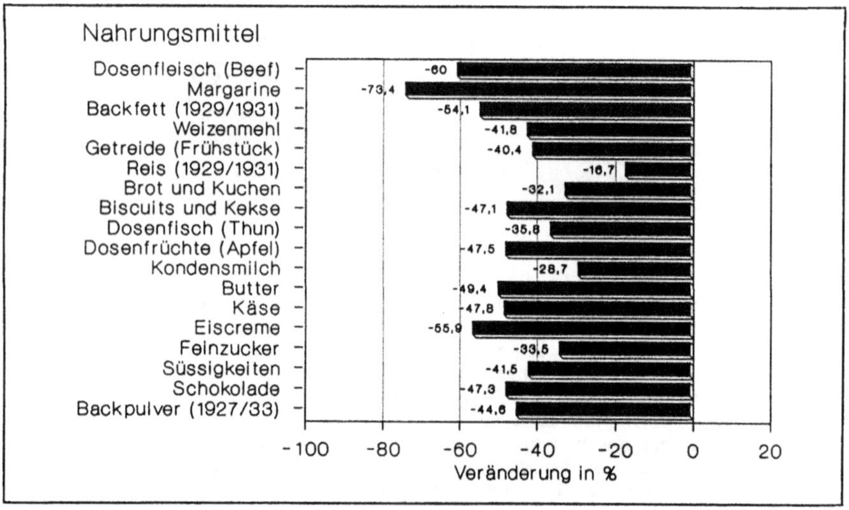

1 Fabricant (1940) 382ff.; eigene Berechnungen
2 FN 1

Dass die Nahrungsmittelindustrie trotz der teilweise drastischen Rückgänge im Produktionswert, der als Indikator für die Umsätze gelten kann, Gewinne auswies, liegt vermutlich auch daran, dass die Preise für landwirtschaftliche Erzeugnisse, also die Vorleistungen, einen ebenso deutlichen Preiseinbruch zu verzeichnen hatten. Hinzu kamen die bereits erwähnten Innovationen, die auch zu Kostensenkungen, z.B. in der Distribution, beigetragen haben.

A2.5.3 **Die Textilindustrie**

Bereits vor der Depression befand sich die amerikanische Textilindustrie in einer ungünstigen Lage, was vor allem auf den Strukturwandel und die Importe aus Billiglohnländern zurückzuführen war. Im Zuge der Depression verschlechterte sich die Situation zusätzlich, wobei der Bekleidungsbereich am wenigsten betroffen war. Neue Produkte wie z.B. Kunstseide und Papiertaschentücher führten zu einer Verdrängung der Textilindustrie aus angestammten Märkten.[1]

Infolge des drastischen Gewinnrückgangs hat sich die Textilbranche in den 30er Jahren auf die Vornahme von Massnahmen zur Produktivitätssteigerungen konzentriert, was angesichts eines Lohnkostenanteils von mehr als 50% an der Wertschöpfung verständlich ist. Demgegenüber wurde nur wenig Diversifikation betrieben, wobei eine Veränderung des Produktsortiments eventuell zu einer verbesserten Absatzlage hätte führen können. Die Innovationsaktivitäten konzentrierten sich auf die Entwicklung neuer Maschinen.[2]

Die Auswahl der einzelnen Produkte der Textilindustrie zeigt ebenfalls die Unterschiede zwischen dauerhaften und nichtdauerhaften Gütern. So zeigt ein Vergleich der Produktionsmengen von Ledergürteln und Lederschuhen deutlich das veränderte

---

1 Bernstein (1987) 75ff.
2 Bernstein (1987) 129ff.

Abb. A-65: Veränderung der Produktionsmenge von Textilien 1933 gegenüber 1929[1]

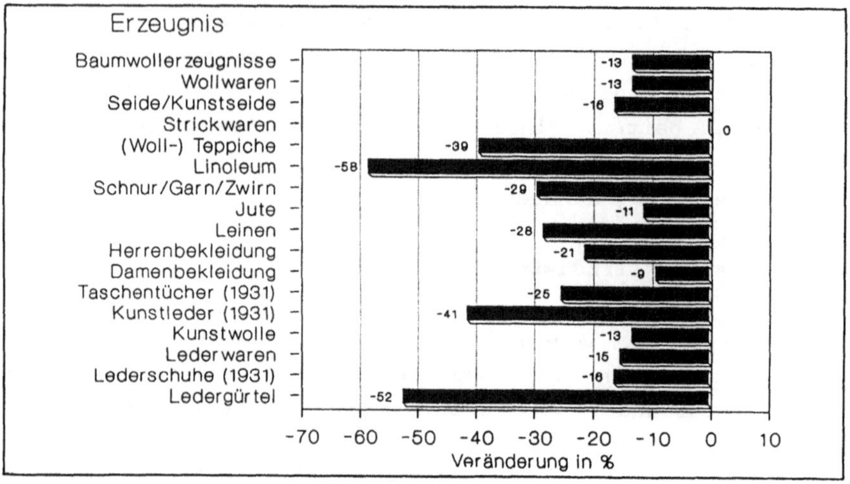

Abb. A-66: Veränderung der Durchschnittspreise von Textilien 1933 (*=1931/=1935) gegenüber 1929**[2]

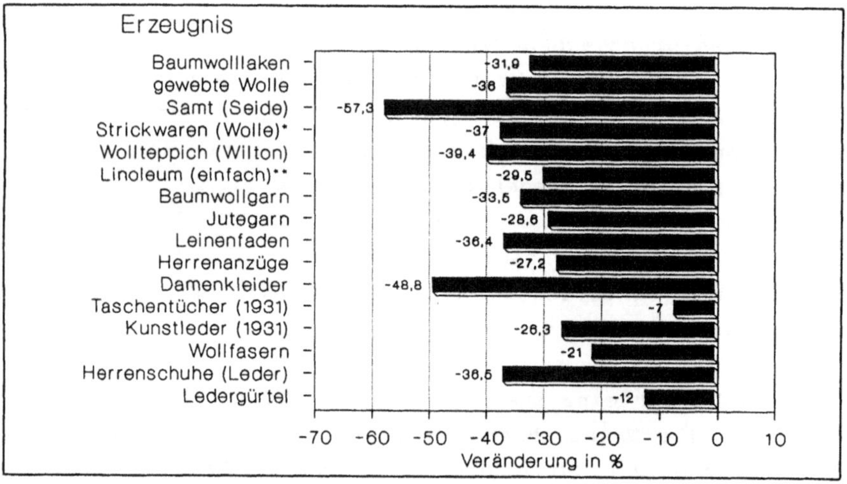

---

1 Fabricant (1940) 169ff., 192
2 Fabricant (1940) 416ff.; eigene Berechnungen

Kaufverhalten. Bei Schuhen ist eher von einem Verschleiss und damit einem Ersatzbedarf auszugehen, so dass selbst in Krisenzeiten Nachfrage besteht.

Auch die höherpreisigen Warengruppen haben tendenziell stärkere Absatzeinbrüche hinnehmen müssen.

Abb. A-67: Veränderung des Produktionswerts von Textilien 1933 (*=1931/**=1935) gegenüber 1929[1]

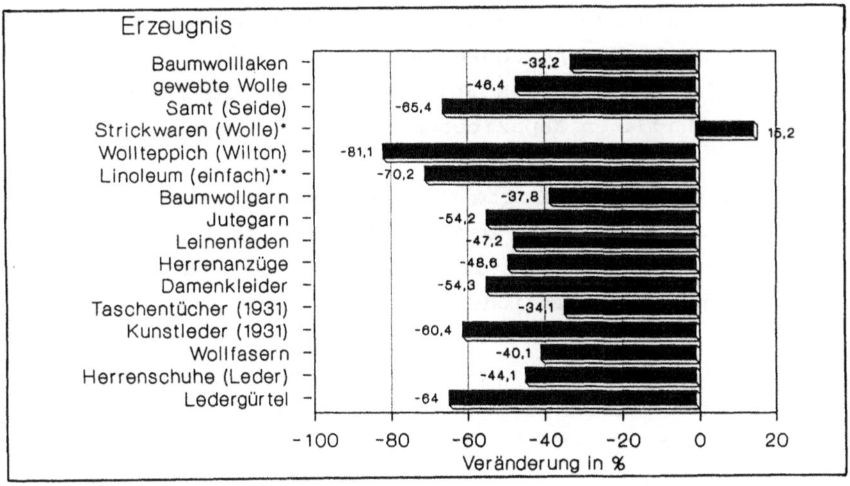

Die Textilindustrie würde im Fall einer erneuten tiefgreifenden Wirtschaftskrise einen starken Nachfragerückgang zu verkraften haben. Vermutlich würde die Bereitschaft zum Kauf von teueren Markenartikeln deutlich zurückgehen, während gleichzeitig die häufigen Modewechsel wenig neue Nachfrage bewirken werden. In Zeiten unsicherer Wirtschaftslage werden die Konsumenten eher "veraltete" Kleidung tragen und weniger auf Modetrends achten.[2] Deshalb wäre m.E. auch in der Textilindustrie mit drastischen Nachfragerückgängen zu rechnen, wobei allerdings

1 Fabricant (1940) 416ff.; eigene Berechnungen
2 Auch in der grossen Depression ging der Anteil der Ausgaben für Textilien zurück; siehe Tabelle A-3; Bernstein (1987) 172

zunehmender Protektionismus der einzelnen Staaten die Auswirkungen auf die nationalen Industrien unterschiedlich ausfallen liesse.

A2.5.4 Die **Kunststoff- und Papierindustrie**

Die Kunststoffindustrie sah sich vor allem mit drei Problemen konfrontiert:

1. höhere Lebensdauer der erstellten Produkte (Autoreifen)
2. weniger Nachfrage nach dauerhaften Konsumgütern
3. starke ausländische Konkurrenz

In der Folge nutzten die Reifenhersteller im Jahre 1932 nur 49% der vorhandenen Kapazitäten.[1]

Technologische Fortschritte sind während der grossen Depression kaum festzustellen, wenn man von wenigen bedeutenden Entwicklungen wie dem Neopren absieht, gleiches gilt für die Diversifikation in andere Bereiche.[2]

In der Papierindustrie waren 1932 42% der Kapazitäten unausgelastet. Der Versuch der Zeitungen, durch Farbdruck und neue Druckmaschinen den Absatz zu steigern (-11%), führte zu einem Aufbau neuer Produktlinien. Auch die neuen Produkte im Kosmetik- und Gesundheitsbereich trugen zu einer Stabilisierung bei.[3]

Die aus den nachfolgenden Abbildungen ersichtlichen Rückgänge in diesen zwei Branchen hängen eng mit den Veränderungen in den übrigen Sektoren und im Konsumverhalten zusammen. Der Absatzrückgang bei Reifen liegt hauptsächlich an der rückläufigen Automobilproduktion und der geringeren jährlichen Fahrleistung.

---

1 Bernstein (1987) 79f.
2 Bernstein (1987) 137
3 Bernstein (1987) 85, 137ff.

Abb. A-68: **Veränderung der Produktionsmengen in der Kunststoff-/Papierindustrie 1933 gegenüber 1929**[1]

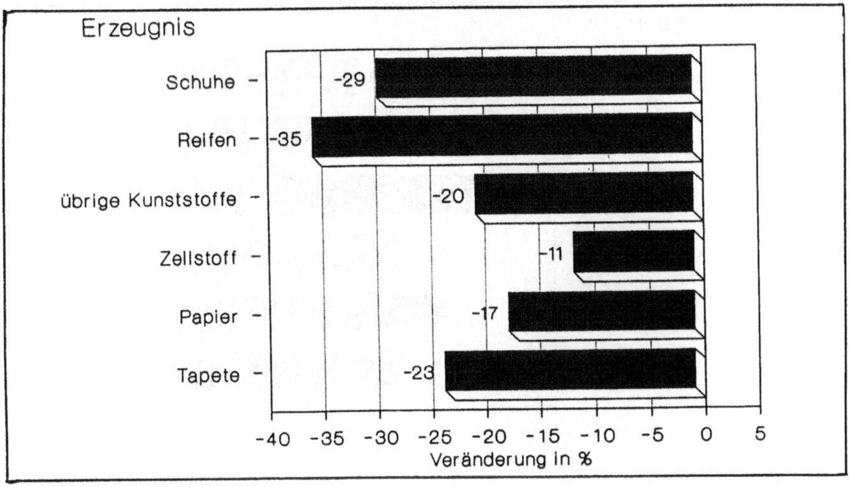

Abb. A-69: **Veränderung der Durchschnittspreise in der Kunststoff-/Papierindustrie 1933 gegenüber 1929**[2]

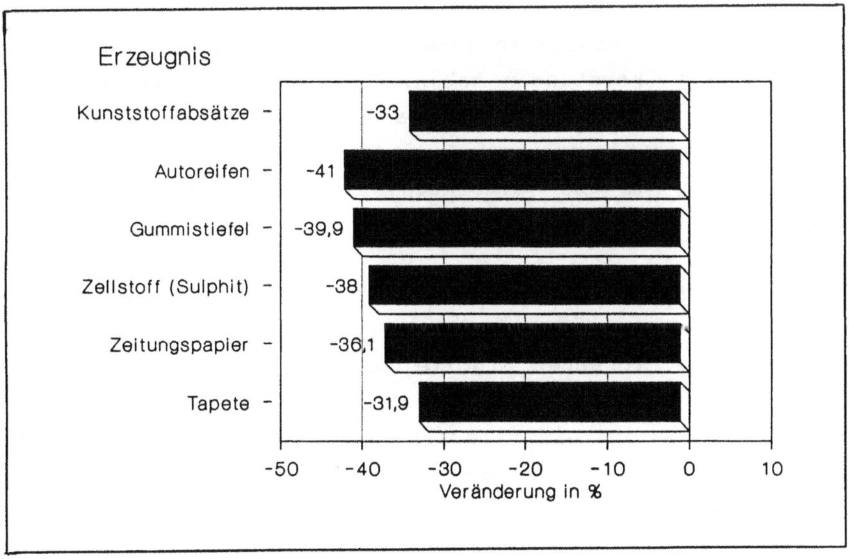

1 Fabricant (1940) 200, 207
2 Fabricant (1940) 200, 207, 476ff.; eigene Berechnungen

Abb. A-70: **Veränderung des Produktionswerts in der Kunststoff-/Papierindustrie 1933 gegenüber 1929**[1]

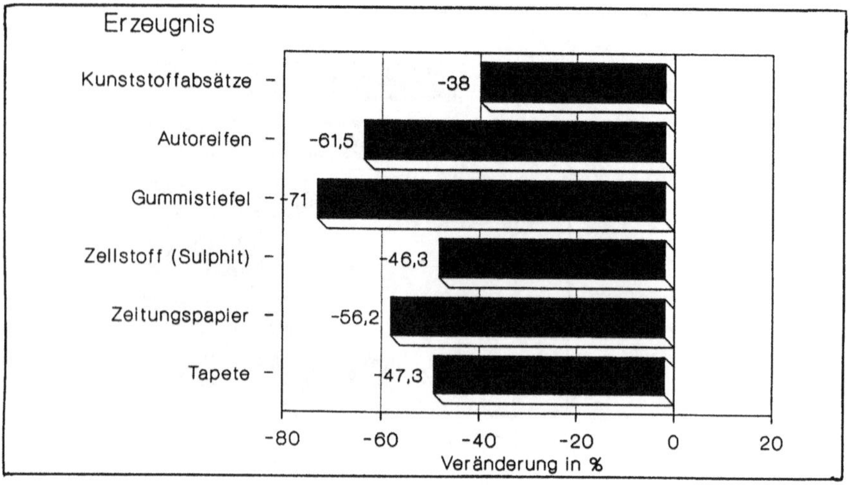

5.5 Die Chemie-, Kohle- und Mineralölindustrie

Die Ölbranche gehörte zu jenen Bereichen, die die Depression relativ gut überstanden haben. Einerseits gab es nach 1929 einen Zuwachs der Nachfrage nach Freizeitartikeln, die den Ölmarkt stimulierten. Andererseits wurden Anstrengungen unternommen, um die Vermarktung zu verbessern, so über den Aufbau eigener Tankstellennetze.[2]

Ob sich in der Zukunft eine ähnliche Krisenresistenz der Mineralölindustrie zeigen wird, ist zumindest fraglich. Viele der neu erschlossenen Erdölfelder sind erst ab Preisen von rund 20 US-$ je Fass rentabel. Da jedoch im Zuge einer potentiellen Krise mit einem Zerfall des OPEC-Kartells zu rechnen wäre, sind deutlich tiefere Preise durchaus realistisch. Dies würde Unternehmen mit eigenen Förderstätten vermutlich hart

---

1 Fabricant (1940) 200, 207, 476; eigene Berechnungen
2 Bernstein (1987) 65ff., 127ff. So sank der Benzinverbrauch erst ab 1932; Schumpeter (1961) 798

treffen, trotz der kurzzeitig relativ unelastischen Nachfrage (Heizöl).

Abb. A-71: Veränderung der Produktionsmengen von Chemie-, Öl- und Kohleprodukten 1933 (*=1931) gegenüber 1929[1]

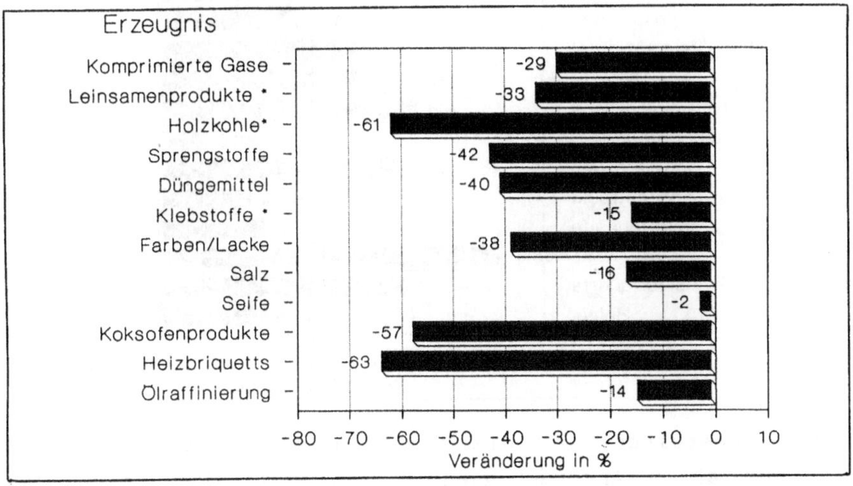

Abb. A-72: Veränderung der Durchschnittspreise von Chemie, Öl- und Kohleprodukten 1933 (*=1931) gegenüber 1929[2]

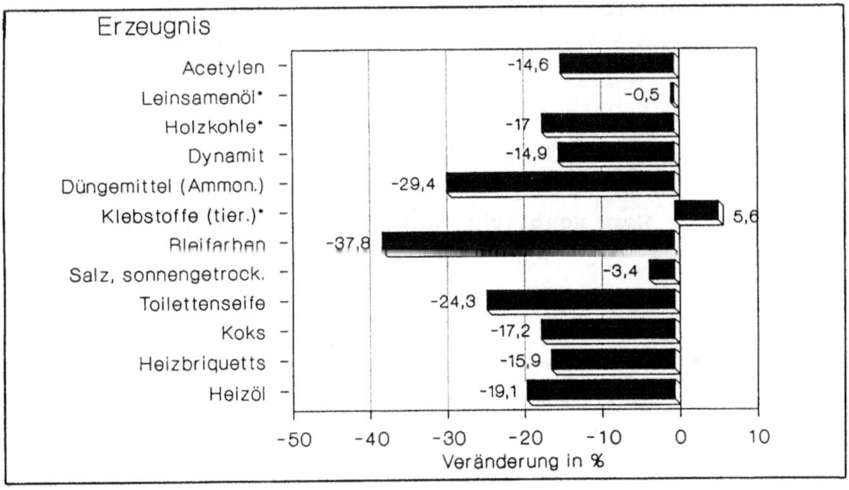

---

1 Fabricant (1940) 220f., 235
2 Fabricant (1940) 487ff.; eigene Berechnung

Abb. A-73: Veränderung des Produktionswerts von Chemie-, Öl- und Kohleprodukten 1933 (*=1931) gegenüber 1929[1]

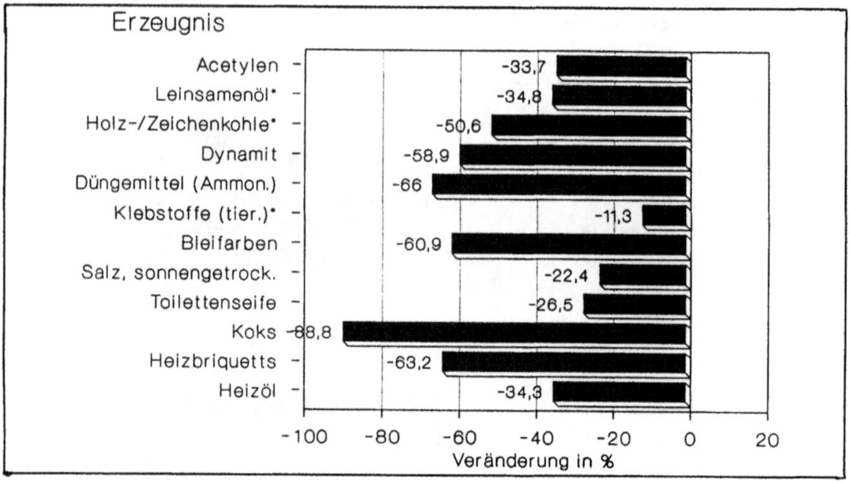

Ähnlich gestaltete sich die Situation in der Chemieindustrie, die vor allem Anstrengungen in Marketing (Einführung von Markennamen) und Distribution unternahm.[2]

Analysiert man die einzelnen Produkte, so sind im Konsumbereich (Seife, Salz) geringere Einbrüche festzustellen als bei den Produkten für andere Branchen, wie z.B. Koks, welches stark von der Lage in der Stahlindustrie abhängig war. Zusätzlich zeigt sich der bereits erfolgte Strukturwandel von der Kohle zum Heizöl, was zu einer entsprechend starken Ölnachfrage geführt hat. Der deutliche Absatzrückgang bei Düngemitteln lässt sich mit der katastrophalen Lage in der Landwirtschaft erklären.

In heutiger Zeit wäre vermutlich mit ähnlichen Entwicklungen zu rechnen. Die konsumnahen Erzeugnisse der Chemieindustrie, wie Seife und Waschmittel, würden sich als relativ krisenresistent erweisen. Bei anderen Produkten, die stark von der

1 Fabricant (1940) 487ff.; eigene Berechnungen
2 Bernstein (1987) 69

wirtschaftlichen Verfassung der industriellen Abnehmer abhängen, wären hingegen ähnlich hohe Verluste zu erwarten.

A2.5.6 **Steine, Ton, Glas und Holzprodukte**

Diese überwiegend dem Bausektor zuzurechnenden Produkte haben zum Teil ausgesprochen starke Einbussen zu verzeichnen gehabt.

Abb. A-74: Neubauten 1929-1940; Index 1947-49 = 100[1]

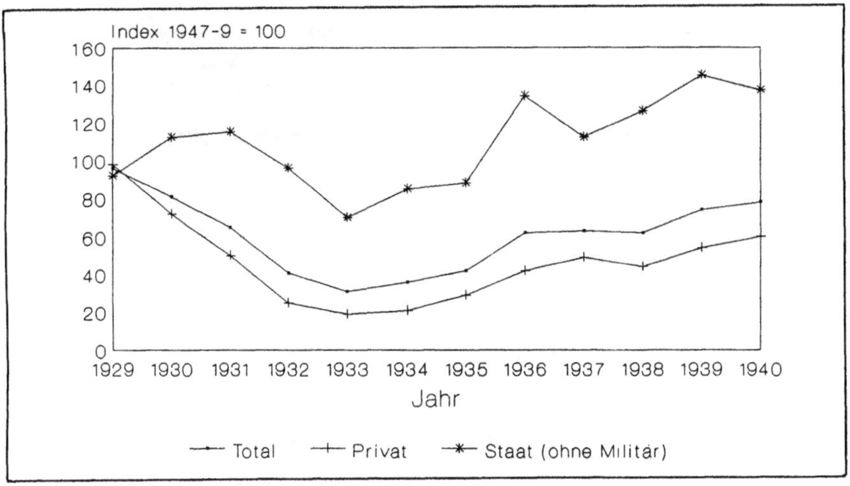

Wie aus Abb. A-74 ersichtlich, ist die Erstellung von Neubauten bis 1933 um ca. 60% zurückgegangen und hat bis 1940 nicht wieder den Stand von 1929 erreicht. Der dramatische Einbruch bei der Bautätigkeit erklärt auch den Absatzrückgang der hier dargestellten Produkte. Hinzu kamen strukturelle Veränderungen, wie die Verdrängung von Holz durch Stahl im Bereich der Hochbauten.[2] Trotz oder gerade wegen dieser schlechten wirtschaftlichen Situation wurden intensive Forschungsanstrengungen unternommen, die zur Einführung 13 völlig neuer Produkte und zu 24 Produktverbesserungen geführt haben.[3]

---

1 Zahlen aus Bernstein (1987) 74
2 Bernstein (1987) 86f
3 zwischen 1927 und 1938; Bernstein (1987) 129

Abb. A-75: Veränderung der Produktionsmenge von Stein-, Ton-, Glas- und Holzprodukten 1933 (*=1931) gegenüber 1929[1]

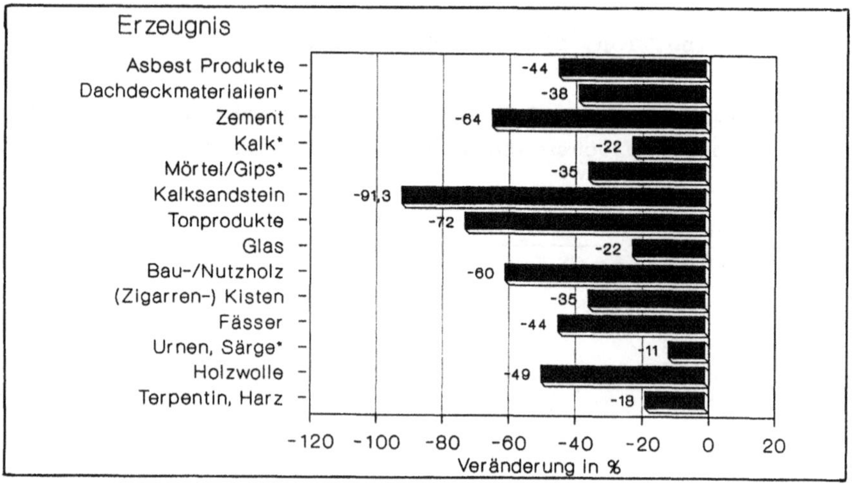

Abb. A-76: Veränderung der Durchschnittspreise von Stein-, Ton-, Glas- und Holzprodukten 1933(*=1931)/1929[2]

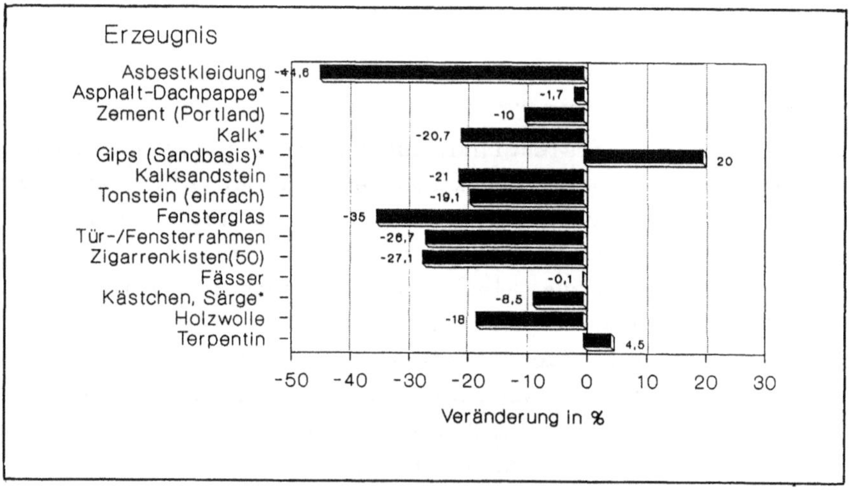

1 Fabricant (1940) 243, 253
2 Fabricant (1940) 520ff.; eigene Berechnungen

Abb. A-77: **Veränderung des Produktionswerts von Stein-, Ton-, Glas- und Holzprodukten 1933 (*=1931) gegenüber 1929**[1]

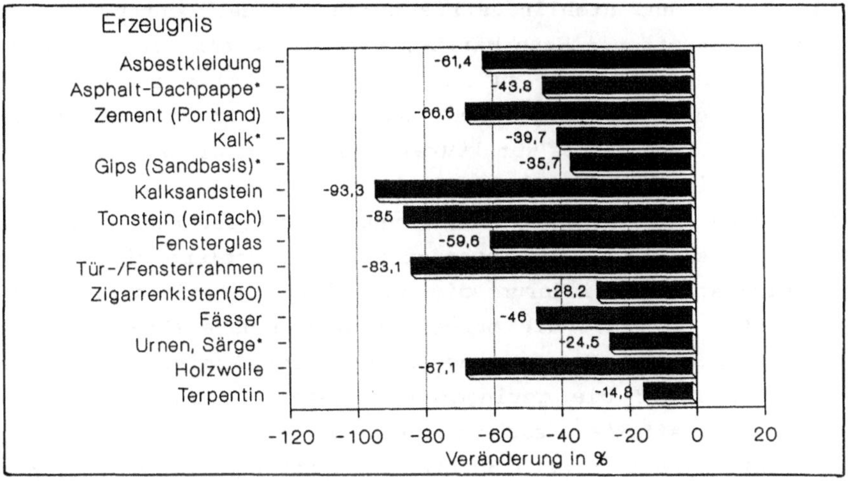

Wie auch in anderen Branchen lassen sich die einzelnen Veränderungen, so z.B. der Preisanstieg um 20% bei Gips, aus heutiger Sicht nicht mehr eindeutig interpretieren. Zentral erscheint dem Verfasser auch hier die Verdeutlichung der Ausmasse der Depression, die praktisch keinen Bereich der amerikanischen Wirtschaft verschont hat.

Die Holz verarbeitende Industrie litt ebenso wie die übrigen Hersteller dauerhafter (Konsum-) Güter unter der Depression. Wiesen im Jahre 1929 noch 4000 Sägewerke einen Gewinn aus, so gelang dies drei Jahre später nur noch 541. Gleichzeitig kam es zu einem **Angleichen der relativen Preise**, weil immer mehr Hersteller in die profitablen Bereiche drängten.[2] Dies ist m.E. ein gutes Beispiel dafür, dass man gerade in Zeiten der Depression durch konsequentes Ausnutzen von Kostensenkungspotentialen Marktbarrieren errichten muss, wenn man die eigene Position halten will.

---

1 Fabricant (1940) 520ff.; eigene Berechnungen
2 Bernstein (1987) 83f.

A2.5.7 **Eisen, Stahl und NE-Erzeugnisse**

Die Eisen- und Stahlindustrie wurde von der Depression sehr schwer getroffen.[1] Neue Märkte, wie Weissblech für Konservendosen, waren relativ zu klein, um die Krise in den alten Produktlinien zu überwinden. Zusätzlich zum krisenbedingten Absatzeinbruch gab es strukturelle Probleme, wie die zunehmende Substitution und die ausländische Konkurrenz. Erst der zweite Weltkrieg trug zu einer Überwindung der Krise bei, doch nach 1945 traten die tieferliegenden Strukturprobleme wieder auf.[2] Betrachtet man wiederum die einzelnen Geschäftszweige und Produkte, so fällt die bereits erwähnte gute Absatzlage bei Metalltuben und Konservendosen auf. Der Preisrückgang wird vermutlich auf die geringeren Rohmaterialkosten und Erfahrungskurveneffekte[3] zurückgeführt werden können, was dafür spricht, dass in diesen Bereichen, trotz Depression, verdient wurde. Zugleich sind diese Produkte als Folge von Innovationen in der Nahrungsmittelindustrie ein Indiz dafür, dass man auch im ungünstigen wirtschaftlichen Umfeld einer Weltwirtschaftskrise mit Produkten, die auf neuartige Weise einen konkreten Nutzen für den Käufer erbringen, Verkaufserfolge erzielen kann, zumindest im Vergleich zum übrigen Produktsortiment.

Die Produktionswerte von Armbanduhren mit und ohne Edelsteine stützen wiederum die These, wonach Güter des gehobenen (Luxus) Bedarfs tendenziell stärker unter der Deflation zu leiden haben.

---

1 Im Juli 1932 lag die Kapazitätsauslastung der Industrie bei 12%; Galbraith (1969) 161
2 Bernstein (1987) 133
3 siehe dazu z.B. Neubauer (1982) 14ff., Gälweiler (1987) 37ff.

<u>Abb. A-78:</u> **Veränderung der Produktionsmenge von Eisen-, Stahl- und NE-Erzeugnissen 1933 gegenüber 1929**[1]

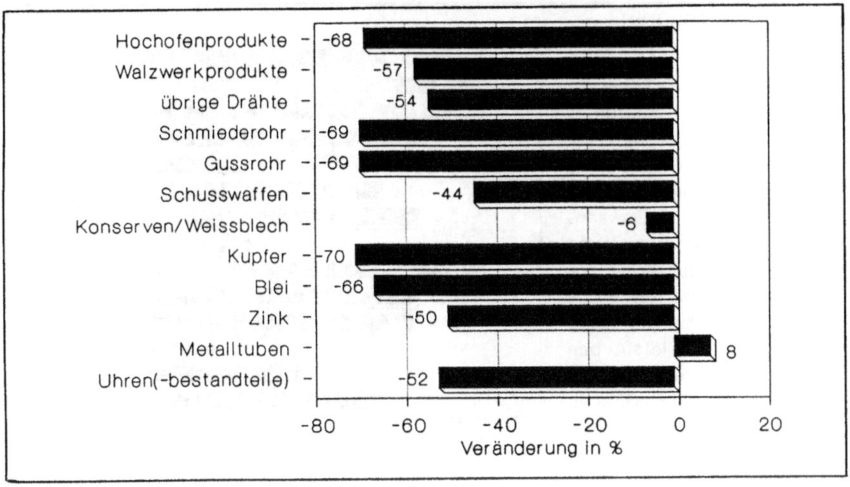

<u>Abb. A-79:</u> **Veränderung der Durchschnittspreise von Eisen-, Stahl- und NE-Erzeugnissen 1933 gegenüber 1929**[2]

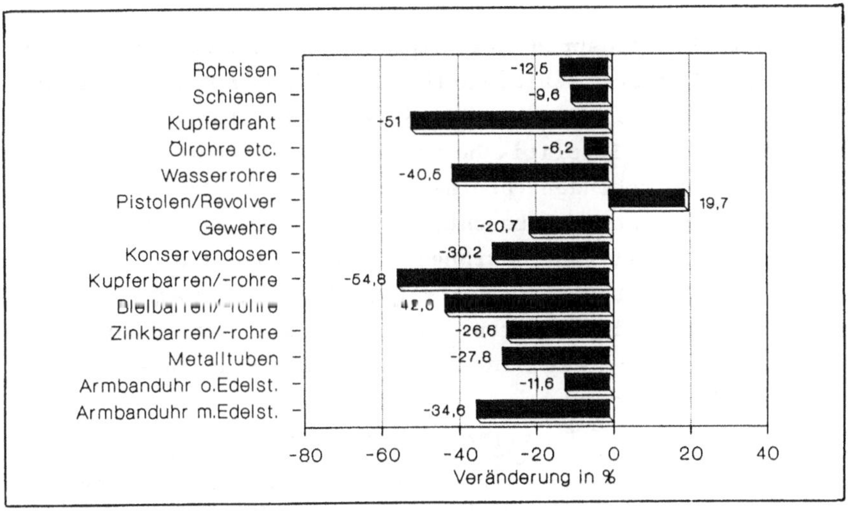

1 Fabricant (1940) 262, 275
2 Fabricant (1940) 543ff.; eigene Berechnungen

Abb. A-80: Veränderung des Produktionswerts von Eisen-, Stahl- und NE-Erzeugnissen 1933 gegenüber 1929[1]

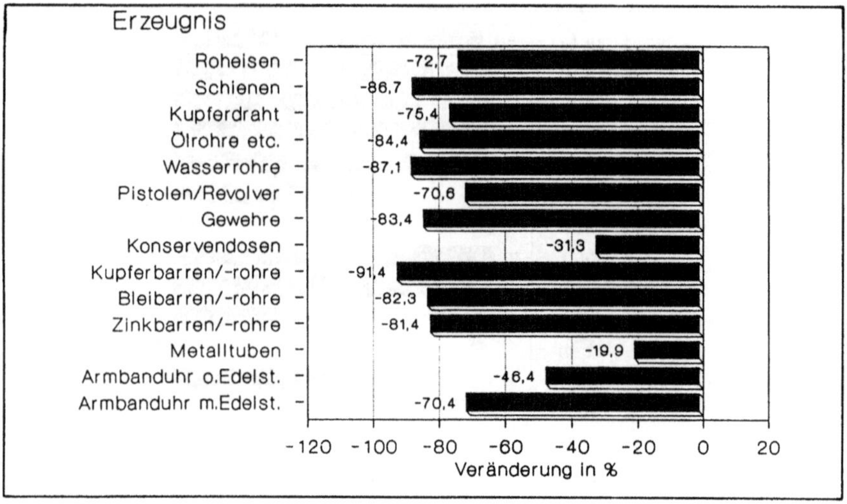

A2.5.8 Maschinen und Fahrzeuge

Die Automobilindustrie hat sich in der Depression auf die Produktion besserer Fahrzeuge für die gehobenen Kaufkraftklassen (die von der Deflation profitiert haben) konzentriert, was auch aus der Preispolitik hervorgeht, die darauf ausgerichtet war, die bestehenden Preise zu halten.[2] Durch häufigere Modellwechsel wurde versucht, trotz der Dauerhaftigkeit des Produkts, Käufer zu gewinnen, indem man ein schnelleres "Veraltern" anstrebte. Im Verlauf der Depression wurden fünfmal mehr Produkte in anderen Bereichen als dem Automobilbau entwickelt, was auf intensive Diversifikationsbemühungen

---

1 Fabricant (1940) 543ff.; eigene Berechnungen

2 Dies geschah besonders unter dem Eindruck der Erfahrungen aus den 20er Jahren, als Preissenkungen zu keiner mengenmässigen Absatzsteigerung führten und so die Umsätze zusätzlich verringerten. Dies deutet auf eine vorhandene relative Marktsättigung hin, da offensichtlich Kaufkraft fehlte. Der einzige Versuch, einen billigen "Depressions-Wagen" zu bauen, schlug fehl; Bernstein (1987) 59ff., 134f. Die Neuzulassungen sanken von 3,8 Mio. (1929) auf 1,1 Mio. (1932); Schumpeter (1961) 823f.

hinweist. So nahm General Motors die Produktion von Diesel- und Flugmotoren in diesen Jahren auf.[1]

Ein wichtiger Grund für den Absatzrückgang in den 30er Jahren ist im Automobilboom der 20er Jahre zu sehen. Der Bestand an PKW war jung, und folglich gab es nur einen vernachlässigbaren Ersatzbedarf[2], der vermutlich eher durch Gebrauchtwagen befriedigt wurde. Hier liegt m.E. eine gefährliche Parallele zur Gegenwart, da der Absatzboom der 80er Jahre, unabhängig von der weiteren wirtschaftlichen Entwicklung, eine Gegenreaktion erwarten lässt.[3]

Auch in dieser Gruppe von Erzeugnissen fällt eines mit überraschenden Produktionszuwächsen auf: die mechanischen Kühlschränke.[4] Hierbei handelte es sich ohne Zweifel um eine deutliche Verbesserung gegenüber herkömmlichen, mit Eisblöcken gekühlten Geräten. Kein Beispiel zeigt so deutlich wie dieses, dass man mit einer eindeutig besseren Lösung des Anwenderproblems durchschlagende Erfolge erzielen kann. Die Verbraucher waren auch bereit, sich zur Anschaffung eines solchen Geräts zu verschulden, da immerhin 80% der Kühlschränke auf Kredit verkauft wurden.[5]

Der Produktionsanstieg bei Fahrrädern lässt auf ein verändertes Verkehrsverhalten, mit Verzicht auf das Automobil und die öffentlichen Verkehrsmittel schliessen. So stieg die Nachfrage an, was auch den geringen Preisrückgang dieser Produktgruppe erklärt, die relativ (bezogen auf den Verbraucherpreisindex) teuerer wurde. Auf die heutige Zeit übertragen, wäre eine

1 Bernstein (1987) 133; für weitere Diversifikationsbereiche siehe Schumpeter (1961) 1054
2 Bernstein (1987) 58f.
3 Gleiches gilt mit grosser Wahrscheinlichkeit für den Markt der Unterhaltungselektronik.
4 Leider finden sich keine Angaben über die Preisentwicklung.
5 Bernstein (1987) 56. Zwar war auch das Automobil ein solches innovatives Produkt. Nach dem (verschuldungsbedingten) Boom in den 20er Jahren war der Markt jedoch - wie bereits festgestellt - relativ gesättigt. Zur Diskussion der damaligen Marktsättigung siehe Mercer/Morgan (1971).

ähnliche Entwicklung im Falle einer erneuten Depression zu vermuten.

Die Entwicklung im Bereich der Schreibmaschinen würde sich in einer zukünftigen Krise bei Personal Computern wiederholen, gefördert durch die Möglichkeiten des Kaufs von gebrauchten Geräten aus der Konkursmasse anderer Unternehmen.

Hohe Farmverschuldung und gedrückte Preise für landwirtschaftliche Produkte waren die Ursache des deutlichen Absatzrückgangs bei landwirtschaftlichen Maschinen.

Abb. A-81: Produktionsmenge von Maschinen und Fahrzeugen 1933 (*=1931) gegenüber 1929[1]

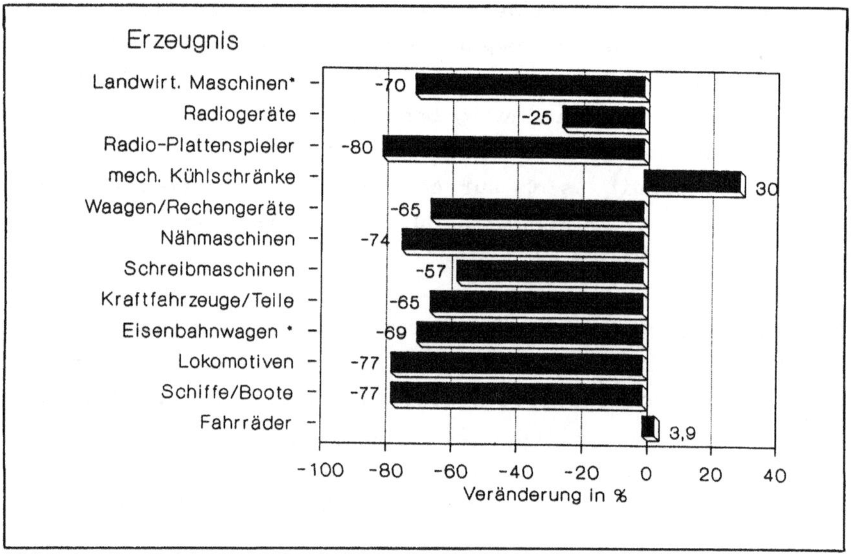

1 Fabricant (1940) 290, 302

Abb. A-82: Veränderung der Durchschnittspreise von Maschinen und Fahrzeugen 1933 (*=1931) gegenüber 1929[1]

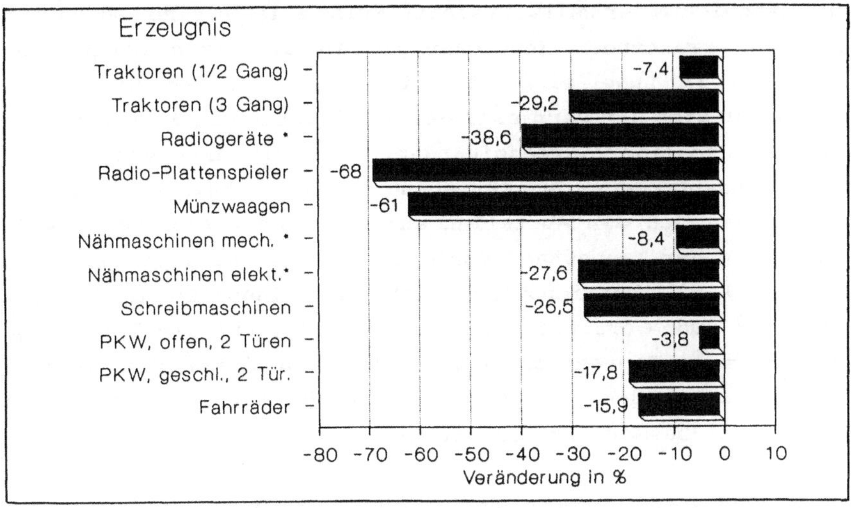

Abb. A-83: Veränderung des Produktionswerts von Maschinen und Fahrzeugen 1933 (*=1931) gegenüber 1929[2]

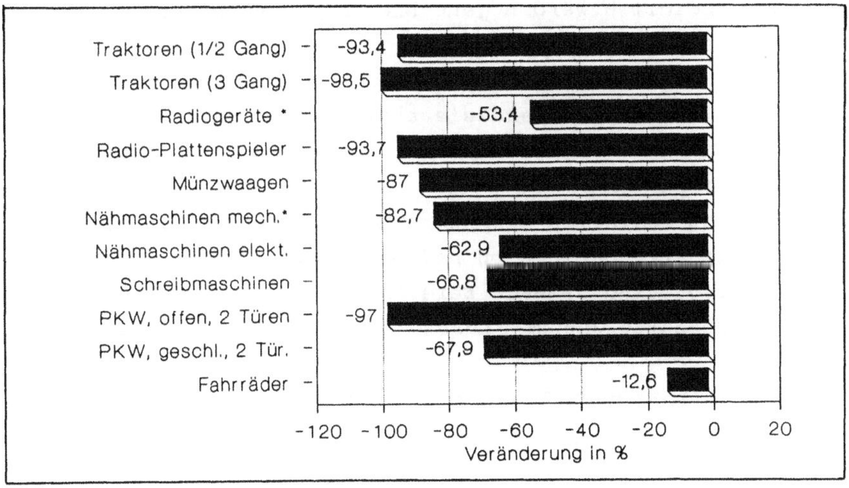

---

1 Fabricant (1940) 566f.; eigene Berechnungen
2 Fabricant (1940) 566ff.; eigene Berechnungen

A2.6 Schlussfolgerungen aus der vorangegangenen Darstellung

Die Geschichte der Weltwirtschaftskrise erlaubt eine Abschätzung der zu erwartenden Entwicklungen in einzelnen Märkten und Branchen im Zuge einer erneuten deflationären Depression. Dabei ist sich der Verfasser der Problematik von Verallgemeinerungen damaliger Erscheinungen, die mit dem Begriff des Induktionsproblems umschrieben werden, bewusst. Dennoch empfiehlt sich ein Abstellen auf damalige Erfahrungen, wofür vor allem der Tatbestand spricht, dass die Aussagen plausibel sind und mit betriebswirtschaftlichen Theorien in Einklang stehen.[1] Zudem erscheint es als sinnvoll, auf die Erfahrungen der grossen Depression abzustellen, da diese die einzigen Anhaltspunkte geben, auf die man sich stützen kann. Es ist sozusagen "besser als gar nichts".

Zusammenfassend lassen sich also verschiedene Schlussfolgerungen für das Verhalten im Hinblick auf eine erneute Wirtschaftskrise ziehen:

1. Wahrscheinlich werden jene Branchen eine potentielle Krise gut überstehen, die
   a) nicht-dauerhafte Konsumgüter herstellen, die relativ billig und standardisiert sind
   b) innovativ sind und bessere Lösungen für das Anwenderproblem bieten
   c) nicht schon von Strukturwandel, Sättigung und technologischer Substitution bedroht sind.
2. Gefährdet sind demnach Bereiche, die
   a) dauerhafte Konsum-, Luxus- oder Investitionsgüter herstellen
   b) nur wenig grundlegende (Produkt-) Innovationen vornehmen

---

1 so z.B. die These, wonach innovative Produkte krisenresistenter sind. So betrachtet Gälweiler (1987) 34 eine innovative technische Lösung eines Anwenderproblems als Orientierungsgrösse für ein zukünftiges Erfolgspotential.

c) ohnehin schon mit strukturellen Problemen, Sättigung und Substitutionstendenzen konfrontiert sind.

3. Ein weiterer interessanter Aspekt ist jener, wonach die vier krisenresistenten Branchen der 30er Jahre den geringsten Lohnkostenanteil an der Wertschöpfung aufwiesen.[1] Dies spricht wiederum für vorgängige Rationalisierungsanstrengungen, wobei allerdings ein Anstieg des Fixkostensockels gegenwärtig zu vermeiden ist.
4. Generell lässt sich feststellen, dass es **attraktiver** war, gebrauchte Dinge (PKW, Immobilien) zu erwerben als neue.[2] Dies spricht für eine Engagement im Handel mit gebrauchten Gütern aller Art.
5. Im Hinblick auf den sich verschärfenden Wettbewerb empfiehlt es sich, Kostensenkungspotentiale frühzeitig auszuschöpfen, da so der Marktzutritt für neue Wettbewerber erschwert werden kann.

---

1 Bernstein (1987) 131
2 Hart (1938) 28

LITERATURVERZEICHNIS

ABELL, DEREK F./HAMMOND, JOHN S.: (1979) Strategic Marketing Planning. Problems and Analytical Approaches, Englewood Cliffs 1979

ABRAHAM, ERICH W.: (1933) Konzern-Krach - Hintergründe, Entwicklung und Folgen der deutschen Konzernkrisen, Berlin 1933

ANSOFF, IGOR H.: (1976) Managing Surprise and Discontinuity-Strategic Response to Weak Signals, in: ZfbF 1976, S. 129-152

ARGENTI, JOHN: (1976) Corporate Collapse. The Causes and Symptoms, London u.a. 1976

ASQUITH, PAUL/MULLINS, DAVID W. JR./WOLFF, ERIC W.: (1989) Original Issue High Yield Bonds: Aging Analysis of Defaults, Exchanges, and Calls, in: The Journal of Finance, Nr. 4, September 1989, S. 923-952

BAUR, WALTER: (1979) Sanierungen. Wege aus Unternehmungskrisen, 2. Auflage, Wiesbaden 1979

BATRA, RAVI: (1988a) Die grosse Rezession von 1990 (Deutsche Übersetzung), München 1988

BATRA, RAVI: (1988b) Surviving the Great Depression of 1990-Protect Your Assets and Investments - and Come Out on Top, New York u.a. 1988

BECHTLER, THOMAS W.: (1986) Krisenmanagement-Übung, in: Management-Zeitschrift io, 1/1986, S. 7-9

BELZ, CHRISTIAN: (1989) Konstruktives Marketing. Marketing-Diagnose und Lösungen für umkämpfte Märkte in Sättigung, Stagnation und Schrumpfung, Savosa, St. Gallen 1989

BENDER, KLAUS W.: (1989) In Italien ein goldener Herbst der Konjunktur. Doch die Haushaltssanierung lässt weiter auf sich warten, in: Frankfurter Allgemeine Zeitung, 16.10. 1989, Nr. 240, S. 18

BERNANKE, BEN S.: (1983) Nonmonetary Effects of the Financial Crisis in the Propagation of the Great Depression, in: The American Economic Review, No. 3, June 1983, S. 257-276

BERNANKE, BEN S./CAMPBELL JOHN Y.: (1988) Is there a Corporate Debt Crisis?, in: Brookings Papers on Economic Activity, 1:1988, S. 83-139

BERNSTEIN, MICHAEL A.: (1987) The Great Depression - Delayed Recovery and Economic Change in America, 1929-1939, Cambridge u.a. 1987

BETHMANN, JOHANN PHILLIPP FREIHERR VON: (1982) Die Zinskatastrophe - Das Buch zur Krise, Königstein/Ts. 1982

BETHMANN, JOHANN PHILLIPP FREIHERR VON: (1984) Der verratene Kapitalismus - Die Ursachen der Krise, Königstein/Ts. 1984

BETHMANN, JOHANN PHILLIPP FREIHERR VON: (1986) Auf Inflation folgt Deflation - Unerhörte Warnungen, Königstein/Ts. 1986

BIZ: (1987) 57. Jahresbericht 1986/87 (1. April 1986 - 31. März 1987), Basel 1987

BIZ: (1988) 58. Jahresbericht 1987/88 (1. April 1987 - 31. März 1988), Basel 1988

BIZ: (1989) 59. Jahresbericht 1988/89 (1. April 1988 - 31. März 1989), Basel 1989

BLEICHER, KNUT: (1980) Führung, in: Handwörterbuch der Organisation (Hrsg.: Grochla, Erwin), 2., völlig neu gestaltete Auflage, Stuttgart 1980, Sp. 729-744

BLEICHER, KNUT: (1989) Wettlauf der Systeme, Interview, in: Prisma. Die Studentenzeitschrift an der Hochschule St. Gallen, Nr. 194, Dezember 1989, S. 13-22

BOEMLE, MAX: (1983) Unternehmungsfinanzierung. Aussenfinanzierung, Innenfinanzierung, Umwandlung, Fusion, Sanierung, Kapitalrückzahlung, Liquidation, 6., neu bearbeitete Auflage, Zürich 1983

BORCHARDT, KNUT: (1984) Inflationsgefahren in der Weltwirtschaftskrise? Zu den Spielräumen der Brüningschen Wirtschaftspolitik 1930-1932, in: Internationale Kapitalbewegungen, Verschuldung und Währungssystem, Festschrift zum 65. Geburtstag von Wilfried Guth (Hrsg.: Engels, Wolfram et al.), Mainz 1984, S. 21-42

BOULANGER, RAYMOND P.: (1988) Cutting Out Confusion on American Corporate Debt, in: The Wall Street Journal/Europe, 29.11.1988, Nr. 213, S. 6

BRAUCHLI, MARCUS W.: Shopping Spree. Japanese Consumers, Long Known as Savers, Catch On to Credit, in: The Wall Street Journal/Europe, 10.04.1989, S. 1f.

BREDE, HELMUT: (1977) Die finanzielle Sicherung von Sozialplänen, in: zfbf, 1977, S. 795-803

BÜSCHGEN, HANS E.: (1971) Das Unternehmen im Konjunkturwandel. Strukturgestaltung und Geschäftspolitik zur Unternehmenssicherung, Berlin, Bielefeld, München 1971

BRUMBAUGH, DAN R. JR./ CARRON, ANDREW S./LITAN, ROBERT E.: (1989) Cleaning Up the Depository Institutions Mess, in: Brookings Papers on Economic Activity, 1:1989, S. 243-295

BURSTEIN, DANIEL: (1988) YEN! Japans New Financial Empire and Its Threat to America, New York u.a. 1988

BUZZELL, ROBERT D./GALE, BRADLEY T.: (1987) The PIMS Principles. Linking Strategy to Performance, New York, London 1987

CANNER, GLENN B./LUCKETT, CHARLES A.: (1989) Home Equity Lending, in: Federal Reserve Bulletin, May 1989, S.333-344

CAYTAS, IVO G./MAHARI, JULIAN I.: (1988) Im Banne des Investment Banking. Fusionen und Übernahmen überleben den Crash 87, Zürich 1988

CELIS III, WILLIAM: (1989) Shaky Structure. Home Prices in U.S Slump Even in Markets On East, West Coasts, in: The Wall Street Journal/Europe, Nr. 228, 22-23.12.1989, S. 1 u. 20

CLARK, EVANS: (1933) The Nation's Total Internal Debts, in: The Internal Debts of the United States (Hrsg.: Clark, Evans), New York 1933, S. 3-23

CLARK, JOHN/FREEMAN, CHRISTOPHER/ SOETE, LUC: (1981) Long Waves and Technological Developments in the 20th Century, in: Konjunktur, Krise, Gesellschaft: wirtschaftl. Wechsellagen u. soziale Entwicklung im 19. u. 20. Jhd. (Hrsg.: Petzina, Dietmar/van Roon, Ger), Stuttgart 1981, S. 132-169

CLARK, JOHN/FREEMAN, CHRISTOPHER/ SOETE, LUC: (1984) Long Waves, Inventions, and Innovations, in: Long Waves in the World Economy (Hrsg.: Freeman, Christopher), London 1984, S. 63-77

CLARK JR., LINDLEY H./MALABRE JR.,ALFRED L.: (1988) Borrowing Binge: Takeover Trend Helps Push Corporate Debt and Defaults Upward, in: The Wall Street Journal/Europe, 16.03.1988, Nr. 33, S. 1f.

CLARK JR., LINDLEY H./MALABRE JR.,ALFRED L.: (1989) U.S. Economists Debate Signals Being Sent by Monetary Figures, in: The Wall Street Journal/Europe, 29.06.1989, Nr. 103, S. 9, 11

CLARK JR., LINDLEY H./MALABRE JR.,ALFRED L.: (1990) Lightening Up. Growth of Debt in U.S. Has Slowed Markedly, Auguring Less Inflation, in: The Wall Street Journal/Europe, Nr. 234, 4.01.1990, S. 1 u. 8

CLAY, MICHAEL J.: (1971) Contingency Planning, in: Long Range Planning, April 1971, S. 70-73

CLEARY, M.N./HOBBS, G.D.: (1984) The fifty year cycle: A Look at the Empirical Evidence, in: Long Waves in the World Economy (Hrsg.: Freeman, Christopher), London 1984, S. 164-182

COMSTOCK PARTNERS (HRSG.): (1989) The Bank Dick, Comstock Investment Strategy Review, June 6, 1989, New York

CONGDON, TIM: (1988) The Debt Threat - The Dangers of High Real Interest Rates for the World Economy, London 1988

CURTI, MARCO: (1987) Ist 1987 wirklich anders als 1929?, in Finanz und Wirtschaft, 9.12.1987, S. 18

DELBEKE, JOS: (1984) Recent Long Wave Theories. A Critical Survey, in: Long Waves in the World Economy (Hrsg.: Freeman, Christopher), London 1984, S. 1-12

DEUTSCHE BUNDESBANK: (1988) Ertragslage und Finanzierungsverhältnisse der Unternehmen im Jahre 1987, in: Monatsberichte der Deutschen Bundesbank, Nr. 11, November 1988, S. 13-27

DEUTSCHE BUNDESBANK: (1989) Ergebnisse der gesamtwirtschaftlichen Finanzierungsrechnung für das Jahr 1988, in: Monatsberichte der Deutschen Bundesbank, Nr. 5, Mai 1989, S. 12-20 und 37-49

DÖRNER, DIETRICH: (1981) Über die Schwierigkeiten menschlichen Umgangs mit Komplexität, in: Psychologische Rundschau, Juli 1981, S. 163-179

DÖRNER, DIETRICH ET AL. (HRSG.): (1983) Lohhausen - Vom Umgang mit Unbestimmtheit und Komplexität, Bern u.a. 1983

DORNBUSCH, RÜDIGER: (1989a) Amerika vor der Wende, in: Wirtschaftswoche, Nr. 13, 24.03.1989, S. 114-119

DORNBUSCH, RÜDIGER: (1989b) Japan's Role : The Soviet Card Will Be Tempting, in: The International Herald Tribune, 19. 07.1989, S. 4

DRUCKER, PETER F.: (1980) Management in turbulenter Zeit, Düsseldorf, Wien 1980

DUBOIS, MONIQUE: (1989) Aspekte der amerikanischen Staatsverschuldung. Langzeitproblem oder Zeitbombe, in: NZZ, 4.07.1989, Nr. 152, S. 37

DUIJN VAN, JACOB J: (1983) The Long Wave in Economic Life, London, Boston, Sydney 1983

DUIJN VAN, JACOB J: (1984) Fluctuations in Innovations over Time, in: Long Waves in the World Economy (Hrsg.: Freeman, Christopher), London 1984, S. 19-30

DUKE, PAUL JR.: (1989) Deposit-Insurance System In U.S. May Be Reined In, in: The Wall Street Journal/Europe, 5.09. 1989, Nr. 150, S. 18

DUNST, KLAUS H.: (1979) Portfolio Management. Konzeption für die strategische Unternehmensplanung, Berlin, New York 1979

DUPRIEZ, LEON H.: (1963) Konjunkturphilosophie (Deutsche Übersetzung), Berlin 1963

EICHENWALD, KURT: (1990) Wall Street in the 1990s: Deal Unmakers, in: The International Herald Tribune, 3.01.1990, S. 9 u. 11

EIS, CARL: (1969) The 1919-1930 Merger Movement in American Industry, in: The Journal of Law and Economics, 12/1969, S. 267-296

EISNER, ROBERT/PIEPER, PAUL J.: (1987) How to Make Sense of the Deficit, in: A Nation in Debt: Economists Debate the Federal Budget Deficit (Hrsg.: Fink, Richard H./High, Jack C.), Maryland 1987, S. 87-101

ERDMAN, PAUL: (1988) What's Next? How to Prepare Yourself for the Crash of '89 and Profit in the 1990's, Toronto u.a. 1988

FABER, MARC: (1988) The Great Money Illusion - The Confusion of the Confusions, Hongkong 1988

FABRICANT, SOLOMON: (1935) Profit, Losses and Business Assets, 1929-1934, Bulletin Nr. 55 des National Bureau of Economic Research, New York, 11.04.1935

FABRICANT, SOLOMON: (1940) The Output of Manufacturing Industries 1899-1937, Bd. 39 der Serie des National Bureau of Economic Research, New York 1940

FARRELL, CHRISTOPHER: (1989) The LBO Isn't a Superior New Species, in: International Business Week, 23.10.1989, S. 64

FARRELL, CHRISTOPHER/NATHANS, LEAH JR.: (1989) The Bills are coming due, in: International Business Week, 11.09.1989, S. 38-44

FAUST, JON: (1989) U.S. Foreign Indebtness: Are We Investing What We Borrow?, in: Economic Review (Hrsg.: Federal Reserve Bank of Kansas City), July/August 1989, S. 3-20

FESKE, JOHANNES: (1933) Wie sah Amerika die Lage seiner Wirtschaft und deren künftige Entwicklung vor dem Ausbruch der Krise vom Herbst 1929?, Diss. Berlin, Jena 1933

FISHER, IRVING: (1933) The Debt-Deflation Theory of Great Depressions, in: Econometrica, Oktober 1933, S. 337-357

FORRESTER, JAY W.: (1976) Business Structure, Economic Cycles, and National Policy, in: Futures, Juni 1976, S. 195-214

FORRESTER, JAY W.: (1984) Innovation and Economic Change, in: Long Waves in the World Economy (Hrsg.: Freeman, Christopher), London 1984, S. 126-134

FOSTER, RICHARD N.: (1986) Innovation - Die technologische Offensive (Deutsche Übersetzung), Wiesbaden 1986

FREEMAN, CHRISTOPHER/CLARK, JOHN/SOETE, LUC: (1982) Unemployment and Technical Innovation - A Study of Long Waves and Economic Development, London 1982

FREY, BRUNO S./SERNA, ANGEL: (1989) Obskure Objekte, in: Wirtschaftswoche, Nr. 30, 21.07.1989, S. 67f.

FRIEDMAN, BENJAMIN M.: (1982) Debt and Economic Activity in the United States, in: The Changing Roles of Debt and

Equity in Financing US Capital Formation (Hrsg.: Friedman, Benjamin M.), Chicago und London 1982; S. 91-110

FRIEDMAN, BENJAMIN M.: (1986) Increasing Indebtness and Financial Stability in the United States, in: Debt, Financial Stability, and Public Policy; A Symposium Sponsored by the Federal Reserve Bank of Kansas City (Hrsg.: Federal Bank of Kansas City), Kansas City 1986, S. 27-54

FRIEDMAN, BENJAMIN M.: (1988a) Comment and Discussion (zu: Bernanke/Campbell: Is there a Corporate Debt Crisis?), in: Brookings Papers on Economic Activity, 1:1988, S. 126-130

FRIEDMAN, BENJAMIN M.: (1988b) Day of Reckoning -The Consequences of American Economic Policy Under Reagan and After, New York 1988

FRIEDMAN, BENJAMIN M.: (1989) Implications of Corporate Indebtness for Monetary Policy, Preliminary Draft for the Group of Thirty, September 28-29, 1989, Harvard University

FRIEDMAN, MILTON: (1988) Why the Twin Deficits Are a Blessing, in: The Wall Street Journal/Europe, 15.12.1988, Nr. 225, S. 6

FRIEDMAN, MILTON/SCHWARTZ, ANNA JACOBSON: (1963) A Monetary History of the United States 1867 - 1960, Princeton 1963

GÄLWEILER, ALOYS: (1987) Strategische Unternehmensführung (Zusammengestellt, bearbeitet und ergänzt von Schwaninger, Markus), Frankfurt, New York 1987

GALBRAITH, JOHN K.: (1969) The Great Crash 1929, 5. Auflage, Harmondsworth 1969

GALE, WILLIAM G.: (1989a) America's Trillion Dollar Misunderstanding, in: The Wall Street Journal/Europe, 5.-6.05.1989, Nr. 65, S. 8

GALE, WILLIAM G.: (1989b) How to Control America's Debt Overhang, in: The Wall Street Journal/Europe, 26.10.1989, Nr. 187, S. 8

GALLOWAY, GEORGE B.: (1933) The Debt of the United States Government, in: The Internal Debts of the United States (Hrsg.: Clark, Evans), New York 1933, S. 211-253

GARFINKEL, MICHELLE R.: (1989) The Causes and Consequences of Leveraged Buyouts, in: Review (Hrsg.: Federal Reserve Bank of St. Louis), September/Oktober 1989, S. 23-34

GARNER, ALAN C.: (1989) The Social Security Surplus - A Solution to the Federal Budget Deficit?, in: Economic Review (Hrsg.: Federal Reserve Bank of Kansas City), Mai 1989, S. 25-39

GBUREK, MANFRED/KRÜGER, URSULA: (1989) Konzerne - Männer, Märkte, Macht, in: Wirtschaftswoche, 14.07.1989, Nr. 29, S. 40-52

GLISMANN, HANS H./RODEMER, HORST/WOLTER, FRANK: (1981) Lange Wellen wirtschaftlichen Wachstums (Replik und Weiterführung), in: Konjunktur, Krise, Gesellschaft: wirtschaftl. Wechsellagen u. soziale Entwicklung im 19. u. 20. Jhd. (Hrsg.: Petzina, Dietmar/van Roon, Ger), Stuttgart 1981, S. 66-106

GOLDSMITH, RAYMOND W. ET AL.: (1956) A Study of Saving in the United States, Volume 3 (Special Studies), Princeton 1956

GOLDSTEIN, JOSHUA S.: (1988) Long Cycles - Prosperity and War in the Modern Age, New Haven and London, 1988

GRANT, JAMES: (1988) Corporate Finance, "Leveraged to the Hilt" - Will History Repeat Itself?, in: The Wall Street Journal/Europe, 26.10.1988, Nr. 189, S. 6

GREENSPAN, ALAN: (1989) Corporate Restructuring and Leveraging, Statement before the Committee on Ways and Means, U.S. House of Representatives, February 2, 1989, abgedruckt in: Federal Reserve Bulletin, April 1989, S. 267-270

GUENTHER, ROBERT: (1989) U.S. Credit-Card Companies Ease Standards to Woo New Customers, in: The Wall Street Journal/Europe, 24.05.1989, Nr. 77, S. 9f.

GUILD, IAN/HARRIS, RHODRI: (1988) Forfaitierung. Die Alternative in der Aussenhandelsfinanzierung (Deutsche Übersetzung), Wiesbaden 1988

GUINIVEN, JOHN J.: (1987) Planning for the Bears, Vortrag an der SPI Membership Conference 1987 (Hrsg.: The Strategic Planning Institute), Cambridge u.a. 1987

HAMMER, HELMUT: (1974) Krisen managen, in: Rationalisierung, 7/8/1974, S. 175-177

HARDACH, GERD: (1981) Lange Wellen in Wirtschaft, Gesellschaft und Politik?. in: Konjunktur, Krise, Gesellschaft: wirtschaftl. Wechsellagen u. soziale Entwicklung im 19. u. 20. Jhd. (Hrsg.: Petzina, Dietmar/van Roon, Ger), Stuttgart 1981, S. 209-213

HARRMANN, ALFRED: (1968) Die Stillegung als betriebswirtschaftliches Problem, in: Neue Betriebswirtschaft, 4/1968, S. 21-26

HART, ALBERT G.: (1938) Debts and Recovery 1929-1937 - A Study of Changes in the Internal Debt Structure from 1929 to 1937 and A Programm for the Future (Hrsg.: The Twentieth Century Fund), New York 1938

HASENACK, WILHELM: (1974) Betriebsstillegung, in: Handwörterbuch der Betriebswirtschaft, 4. Auflage (Hrsg.: Grochla, Erwin/Wittmann, W.), Stuttgart 1974, Sp. 636-654

HEINS, RALPH: (1988) Dunkle Wolken am amerikanischen Wohnhausmarkt - Ist der Boom zu Ende?, in: Finanz und Wirtschaft, 22.10.1988, S. 35

HEINS, RALPH: (1989) Das Sparkassendebakel fordert seinen Preis - Savings-&-Loan-Krise und der US-Immobilienmarkt, in: Finanz und Wirtschaft, 22.02.1989, S. 39

HEINSOHN, GUNNAR: (1984) Privateigentum, Patriarchat, Geldwirtschaft - Eine sozialtheoretische Rekonstruktion zur Antike, Frankfurt 1984

HEINSOHN, GUNNAR/STEIGER, OTTO: (1981) Geld, Produktivität und Unsicherheit in Kapitalismus und Sozialismus, oder: Von den Lollarden Wat Taylors zur Solidarität Lech Walesas, in: Leviathan 2/1981, S. 164-194

HEINSOHN, GUNNAR/STEIGER, OTTO: (1985a) Marx, Keynes und die Lösung des Geldrätsels, in: Öffentlicher Sektor, Heft 4, Dezember 1985, S. 3-40

HEINSOHN, GUNNAR/STEIGER, OTTO: (1985b) Technical progress and monetary production: an explanation, in: Monnaie et Production, 2/1985, S. 85-98

HELBLING, CARL: (1987) Bilanz- und Erfolganalyse. Lehrbuch und Nachschlagewerk für die Praxis mit besonderer Berücksichtigung der Darstellung im Jahresabschluss- und Revisionsbericht, Bd. 70 der Schriftenreihe der Schweizerischen Treuhand- und Revisionskammer, 6., nachgeführte Auflage, Bern und Stuttgart 1987

HICKEL, RUDOLF: (1979) Konjunktur und Krise - neu betrachtet, in: Wirtschaftskrisen (Hrsg.: Diehl, Karl/Mombert, Paul), Frankfurt, Berlin, Wien 1979, S. V-CXLV

HILL, JOHN K.: (1989) Demographics and the Trade Balance, in: Economic Review (Hrsg.: Federal Reserve Bank of Dallas), September 1989, S. 1-11

HINTERHUBER, HANS H.: (1984) Strategische Unternehmungsführung, 3. verbesserte und erweiterte Auflage, Berlin, New York 1984

HOELTSCHI, RENE/ROCKSTROH, CHRISTIAN: (1988) Die Phasen einer Wachstumswelle - zur langfristigen wirtschaftlichen Entwicklung der Nachkriegszeit in den USA, der Bundesrepublik Deutschland und der Schweiz, Diskussionspapier Nr. 53 der volkswirtschaftlichen Abteilung der Hochschule St. Gallen, St. Gallen 1988

HOLDEN, TED/GLASGALL, WILLIAM: (1989) The Hard Line Coming From Tokyo Banks, in: International Business Week, 30.10.1989, S. 21

HOLT, CHARLES F.: (1972) Who benefited from the Prosperity of the Twenties?, in: Explorations in Economic History, July 1972, S. 277-289

HOLTFRERICH, CARL-LUDWIG/SCHÖTZ, HANS OTTO: (1988) Vom Weltgläubiger zum Weltschuldner: Erklärungsansätze zur historischen Entwicklung und Struktur der internationalen Vermögensdisposition der USA, Beiheft 13 des Bankhistorischen Archivs/Zeitschrift zur Bankengeschichte (Hrsg.: Wissenschaftlicher Beirat der Instituts für bankhistorische Forschung e.V.), Frankfurt 1988

HOLTHAUSEN DUNCAN McC./MERRIAM, MALCOLM L./NUGENT ROLF: (1940) The Volume of Consumer Installment Credit, 1929-38 (Hrsg.: National Bureau of Economic Research), New York 1940

HYLTON, RICHARD D.: (1990) New Study of Junk Bonds Foresees Wide Premiums, in: The International Herald Tribune, 26.01.1990, S. 13

IACOCCA, LEE/KLEINFIELD, SONNY: (1989) Talking Straight, New York u.a. 1989

ILLY, THOMAS: (1988) Bodenpreise - Crash-Potential ist vorhanden, in: Politik und Wirtschaft, Dezember 1988, S. 74-76

JENSEN, MICHAEL C.: (1989a) Is Leverage an Invitation to Bankruptcy?, in: The Wall Street Journal/Europe, 2.02.1989, Nr. 20, S. 6

JENSEN, MICHAEL C.: (1989b) Eclipse of the Public Company, in: Harvard Business Review, Nr.5, September-Oktober 1989, S. 61-74

KAUFMAN, HENRY: (1986) Debt: The Threat to Economic and Financial Stability, in: Debt, Financial Stability, and Public Policy; A Symposium Sponsored by the Federal Reserve Bank of Kansas City (Hrsg.: Federal Bank of Kansas City), Kansas City 1986, S. 15-26

KAUFMAN, HENRY: (1988) Kapital und Zinsen - Richtig reagieren in schwieriger Zeit (Deutsche Übersetzung), München 1988

KILPATRICK, WYLIE: (1933) The Debts of State and Local Government, in: The Internal Debts of the United States (Hrsg.: Clark, Evans), New York 1933, S. 254-290

KINDLEBERGER, CHARLES P.: (1973) Die Weltwirtschaftskrise, München 1973

KINDLEBERGER, CHARLES P.: (1978) Manias, Panics, and Crashes. A History of Financial Crises, London u.a. 1978

KLEINKNECHT, ALFRED: (1984) Observations on the Schumpeterian Swarming of Innovations, in: Long Waves in the World Economy (Hrsg.: Freeman, Christopher), London 1984, S. 48-62

KNESCHAUREK, FRANCESCO: (1987) Wachstum, Innovation und Wettbewerb, in: Schweizerische Zeitschrift für Volkswirtschaft und Statistik, 3/87, S. 249-273

KOCH, ALBERT R.: (1943) The Financing of Large Corporations 1920-39 (Hrsg.: National Bureau of Economic Research), New York 1943

KÖHLER, WOLFGANG/STIMPEL, ROLAND: (1989) Immobilienmarkt. Die sieben fetten Jahre, in: Wirtschaftswoche, Nr. 31, 29.07.89, S. 32-41

KONDRATIEFF, NIKOLAI D.: (1926) Die langen Wellen der Konjunktur, in: Archiv für Sozialwissenschaft und Sozialpolitik, Bd. 56/1926, S. 573-609

KONDRATIEFF, NIKOLAI D.: (1928) Die Preisdynamik der industriellen und landwirtschaftlichen Waren (zum Problem der relativen Dynamik und Konjunktur), in: Archiv für Sozialwissenschaft und Sozialpolitik, Bd.60/1928, S. 1-85

KONDRATIEFF NICOLAI D.: (1984) The long Wave Cycle, Übersetzung und Nachdruck, New York 1984

KOPCKE, RICHARD W.: (1989) The Roles of Debt and Equity in Financing Corporate Investments, in: New England Economic Review (Hrsg.: Federal Reserve Bank of Boston), Juli/August 1989, S. 25-48

KORETZ, GENE: (1988) Cities and States have no Cushion for the next Recession, in: International Business Week, 26. 12.1988, S. 14

KORETZ, GENE: (1989) More Mayors and Governors are coming up Short, in: International Business Week, 4.09.1989, S. 9

KREILKAMP, EDGAR: (1987) Strategisches Management und Marketing. Markt- und Wettbewerbsanalyse. Strategische Frühaufklärung. Portfolio-Management, Berlin, New York 1987

KRELLE, WILHELM: (1987) Long-Term Fluctuations of Technical Progress and Growth, in: Journal of Institutional and Theoretical Economics (Zeitschrift für die gesamte Staatswissenschaft), 1987, S. 379-401

KRELLE, WILHELM: (1989) Lange Wellen der wirtschaftlichen Entwicklung - Tatsachen und Erklärungen, Manuskript zur Walter Adolf Jöhr Vorlesung 1988 an der Hochschule St.Gallen (Hrsg.: Forschungsgemeinschaft für Nationalökonomie), St. Gallen 1989

KRIEG, WALTER: (1978) Risikobewältigung - Ein neuer Ansatz zur Ausgestaltung eines zukunftssichernden Führungsinstrumentariums, in: Management Zeitschrift io, 12/1978, S. 533-536

KRUBASIK, EDWARD G.: (1982) Technologie. Strategische Waffe, in: Wirtschaftswoche, 18.06.1982, S. 28-33

KRUMMENACHER, ALFRED: (1981) Krisenmanagement. Ein systemorientierter Ansatz zur Bewältigung von Unternehmungskrisen, Diss. St. Gallen, Zürich 1981

KRYSTEK, ULRICH: (1980) Organisatorische Möglichkeiten des Krisen-Managements, in: zfo 1980, S. 63-71

KRYSTEK, ULRICH: (1987) Unternehmungskrisen - Beschreibung, Vermeidung und Bewältigung überlebenskritischer Prozesse in Unternehmungen, Wiesbaden 1987

KRYSTEK, ULRICH: (1989) Führung in Ausnahmesituationen, Akute Krisen und Chancen als Führungsaufgabe, in: zfo, 1/1989, S. 30-37

LANGE, BERND: (1982) Bestimmung strategischer Erfolgsfaktoren und Grenzen ihrer empirischen Fundierung. Dargestellt am Beispiel der PIMS-Studie, in: Die Unternehmung, 1/1982, S. 27-41

LETSCH, MARKUS: (1984) Methoden und Verfahren der Gemeinkostensenkung, Diss. St. Gallen, Entlebuch 1984

LINKE, KLAUS: (1982) So kann man sich vor Kundenpleiten schützen, in: Management-Zeitschrift io, 4/1982, S. 146f.

LÖHNEYSEN, GISELA VON: (1982) Die rechtzeitige Erkennung von Unternehmungskrisen mit Hilfe von Frühwarnsystemen als Voraussetzung für ein wirksames Krisenmanagement, Diss. Göttingen, Göttingen 1982

LUCKETT, CHARLES A.: (1988) Personal Bankruptcies, in: Federal Reserve Bulletin, September 1988, S. 591-603

LÜFTL, WALTER/MARTIN, PAUL C.: (1984) Die Formeln für den Staatsbankrott - Am Beispiel des finanziellen Endes der Republik Österreich, München 1984

LUTZ, BENNO: (1983) Die finanzielle Führung der Unternehmung, in: Die Orientierung (Hrsg.: Schweizerische Volksbank), Nr. 62, 2., ergänzte Auflage, Bern 1983

LUTZ, FRIEDRICH A.: (1945) Corporate Cash Balances 1914-43, (Hrsg: National Bureau of Economic Research), New York 1945

MAGER, NATHAN M.: (1987) The Kondratieff Waves, New York u.a. 1987

MAIER, HARRY: (1987) Basic Innovations and the Next Long Wave of Productivity Growth: Socioeconomic Implications and Consequences, in: The Long-Wave Debate (Hrsg.: Vasko, Tibor), Berlin u.a. 1987, S. 46-65

MAIN, JEREMY: (1989) A Latin Debt Plan that Might Work, in: Fortune, 24.4.1989, Nr. 9, S. 85-88

MALABRE, ALFRED L.: (1988) Beyond our Means - How Reckless Borrowing now Threatens to Overwhelm Us, New York 1988

MALABRE, ALFRED L.: (1990) Worrisome Trends Seen For U.S. Consumers, in: The Wall Street Journal/Europe, 29.01.1990, Nr.251, S. 1

MALIK, FREDMUND: (1987) Messbare Erfolgspotentiale. PIMS-Profit Impact of Market Stategies, in: gdi impuls, 3/1987, S. 53-60

MALIK, FREDMUND: (1989) Innovationen als Überlebensstrategie, Informationsschrift Nr. 25 (Hrsg.: Suter+Suter), Basel 1989

MALIK, FREDMUND/STELTER, DANIEL: (1990) Krisengefahren in der Weltwirtschaft. Überlebensstrategien für das Unternehmen, Zürich 1990

MANDEL, ERNEST: (1984) Explaining Long Waves of Capitalist Development, in: Long Waves in the World Economy (Hrsg.: Freeman, Christopher), London 1984, S. 195-201

MANDEL, ERNEST: (1987) Die langen Wellen im Kapitalismus (Deutsche Übersetzung), Frankfurt 1987

MANDEL, ERNEST/WOLF, WINFRIED: (1989) Cash, Crash&Crisis. Profitboom, Börsenkrach und Wirtschaftskrise, Hamburg 1989

MARCHETTI, CESARE: (1980) Society as a Learning System: Discovery, Invention, and Innovation Cycles revisited, in: Technological Forecasting and Social Change, 1980, S. 267-282

MARCHETTI, CESARE: (1982) Die magische Entwicklungskurve, in: Bild der Wissenschaft, 10/82, S. 115-128

MARCHETTI, CESARE: (1983a) Recession 1983 - Ten More Years to go?, in: Technological Forecasting and Social Change, 24/83, S. 331-342

MARCHETTI, CESARE: (1983b) The Automobile in a System Context-

The past 80 years and the next 20 years, in: Technological Forecasting and Social Change, 23, S. 3-23

MARCHETTI, CESARE: (1985) Swings, Cycles and Global Economy, in: The New Scientist, Mai 1985, S. 12-15

MARCHETTI, CESARE: (1988) Kondratiev Revisited - After One Kondratiev Cycle (Hrsg.: International Institute for Applied Systems Analysis), Laxenburg 1988

MARTIN, PAUL C.: (1985) Cash - Strategie gegen den Crash, München 1985

MARTIN, PAUL C.: (1986) Sachwert schlägt Geldwert, Frankfurt und Berlin, 1986

MARTIN, PAUL C.: (1988) Aufwärts ohne Ende - Eine neue Theorie des Reichtums, München 1988

MARTIN, PAUL C./LÜFTL, WALTER: (1984) Die Pleite - Staatsschulden, Währungskrise und Betrug am Sparer, München 1984

MARTIN, PAUL C./LÜFTL, WALTER: (1986) Der Kapitalismus - ein System das funktioniert, München 1986

MEANS, GARDINER C.: (1933) The Debts of Industrial Corporations, in: The Internal Debts of the United States (Hrsg: Clark, Evans), New York 1933, S. 171-203

MEEHAN, JOHN/JERESKI, LAURA/YANG, CATHERINE: (1989) Suddenly, All This Terra Doesn't Feel So Firma, in: International Business Week, 23.10.1989, S. 40

MEFFERT, HERIBERT: (1984) Marketingstrategien in stagnierenden und schrumpfenden Märkten, in: Betriebswirtschaftliche Entscheidungen bei Stagnation, Edmund Heinen zum 65. Geburtstag (Hrsg.: Pack, Ludwig/Börner, Dietrich), Wiesbaden 1984, S. 37-72

MENSCH, GERHARD: (1975) Das technologische Patt, Innovationen überwinden die Depression, Frankfurt a. M. 1975

MENSCH, GERHARD/COUTINHO, CHARLES/KAASCH, KLAUS: (1984) Changing Capital Values and the Propensity to Innovate, in: Long Waves in the World Economy (Hrsg.: Freeman, Christopher), London 1984, S. 31-47

MERCER, LLOYD J./MORGAN, DOUGLAS W.: (1971) Alternative Interpretations of Market Saturation: Evaluation for the

Automobile Market in the Late Twenties, in: Explorations in Economic History, 1/1971, S. 269-290

MERWIN, CHARLES LEWIS JR.: (1942) Financing Small Corporations in Five Manufacturing Industries, Diss. Pensylvania (Hrsg.: National Bureau of Economic Research), New York 1942

METZ, RAINER: (1987) Kondratieff and the Theory of Linear Filters, in: The Long-Wave Debate (Hrsg.: Vasko, Tibor), Berlin u.a., 1987, S. 390-404

METZ, TIM: (1988) Black Monday. The Catastrohe of October 19, 1987... and Beyond, New York 1988

MICHULSKY, NORBERT: (1989) Gelegenheitskäufe. Nachlass per Katalog, in: Wirtschaftswoche, Nr. 28, 7.07.1989, S. 58

MILLS, FREDERICK C.: (1935) Aspects of Manufacturing Operations during Recovery, Bulletin 56 des National Bureau of Economic Research, New York, 10.05.1935

MINSKY, HYMAN P.: (1964) Longer Waves in Financial Relations: Financial Factors in the more Severe Depressions, in: American Economic Review, May 1964, S. 324-335

MISHKIN, FREDERIC S.: (1978) The Household Balance Sheet and the Great Depression, in: Journal of Economic History, Dezember 1978, S. 918-937

MOFFETT, MATT: (1989) Cash Migration. Mexico's Missing Pesos Aren't Coming Home to Bail Out Economy, in: The Wall Street Journal/Europe, 25.9.1989, Nr. 164, S. 1 u. 12

MÜLLER, RAINER: (1982) Krisenmanagement in der Unternehmung-Ein Beitrag zur organisatorischen Gestaltung des Prozesses der Krisenbewältigung, Diss. Köln, Bd. 5 der Kölner Schriften zur Betriebswirtschaft und Organisation (Hrsg.: Grochla, Erwin), Frankfurt a.M., Bern 1982

MYERS, HENRY F.: (1989) Why U.S. Consumer Debt May Not Be Too High, in: The Wall Street Journal/Europe, 23.10.1989, Nr. 184, S. 1

NAKICENOVIC, NEBOJA: (1987) Technological Substitution and Long Waves in the USA, in: The Long-Wave Debate (Hrsg.: Vasko, Tibor), Berlin u.a. 1987, S. 76-103

NASH, NATHANIEL C.: (1989) In U.S., Questions arise about

Insurers' Health. Some See Prallel with S&L Crisis, in: The International Herald Tribune, 6.04.1989, S. 11

NEF, ROLF: (1989) Verschuldung und Konjunkturzyklus (Hrsg.: Bank Cantrade AG, Zürich), November 1989

NEUBAUER, FRANZ-FRIEDRICH: (1980) Wer wird in der Rezession besonders hart getroffen? Aus der Erfahrung kann man lernen, in: Blick durch die Wirtschaft, 17.04.1980, Nr. 90, S. 3

NEUBAUER, FRANZ-FRIEDRICH: (1982) Portfoliomanagement, Neuwied 1982

NORRIS, FLOYD: (1989) Corporations'Cash Flows Are Congealing Rapidly, in: The International Herald Tribune, 12.05.1989, S.13

OECD (HRSG.): (1989a) Financial Market Trends, Nr. 42, Februar 1989

OECD (HRSG.): (1989b) Financial Accounts of OECD Countries, OECD Financial Statistics Part 2, 1/1988, Paris 1989

OSTROWSKI, HARTMUT: (1989) Einzigartiger Service für den Kunden, in: Die Welt, Nr. 242, 17.10.1989, S. 19

O.V.: (1983a) Deflation, in: Gabler Wirtschaftslexikon, 11. Auflage, Wiesbaden 1983, Sp. 995

O.V.: (1983b) Depression, in: Gabler Wirtschaftslexikon, 11. Auflage, Wiesbaden 1983, Sp. 1013

O.V.: (1988a) Are Buyouts so bad?, in: The International Herald Tribune, 29.11.1988

O.V.: (1988b) Handle With Care, in: The Economist (Supplement: World Economy Survey), 24.09.1988, S.55-65

O.V.: (1989a) Croesus Incorporated, in: The Economist, 18.03. 1989, S. 67f.

O.V.: (1989b) How banks lend, in: The Economist, 4.02.1989, S. 80f.

O.V.: (1989c) Jeder fünfte Haushalt lebt auf Pump, in: Basler Zeitung, 14.02.1989

O.V.: (1989d) Bush's off-budget iceberg, in: The Economist, 4.03.1989, S. 87f.

O.V.: (1989e) The folly of raiding the piggy-bank, in: The Economist, 8.04.1989, S. 49f.

O.V.: (1989f) Swiss mortgages - Avalanche, in: The Economist, 20.05.1989, S. 97f.

O.V.: (1989g) The junkification of American T-Bonds, in: The Economist, 27.05.1989, S. 93f.

O.V.: (1989h) American Mortgage Lending - Hey Mac, spare a dollar?, in: The Economist, 17.06.1989, S. 92, 98

O.V.: (1989i) Markant gestiegene US-Aussenverschuldung. 500-Milliarden-Dollar-Marke überschritten, in: NZZ, 30.06.1989, S. 33

O.V.: (1989j) The Perils of Insuring Bank Deposits, in: The Wall Street Journal/Europe, 8.05.1989, Nr. 66, S. 1

O.V.: (1989k) American Banks and property lending - Bricks without Straw, in: The Economist, 24.06.1989, S. 95f.

O.V.: (1989l) Debtor's hangover, in: The Economist, 20.05.1989, S. 77

O.V.: (1989m) Spent thrifts, contd, in: The Economist, 17.07.1989, S. 15

O.V.: (1989n) Roubles, roubles, in: The Economist, 17.07.1989, S. 15f.

O.V.: (1989o) Liquiditätsnöte britischer Management Buyouts, Folgen der Hochzinspolitik Londons, in: NZZ, 16.08.1989, Nr. 188, S. 31

O.V.: (1989p) Keine Gratisrezepte zur Korrektur der US-Leistungsbilanz. Fiskalkonsolidierung nach wie vor die beste Medizin, in: NZZ, 25.08.1989, Nr. 196, S. 33

O.V.: (1989q) America's junk-bond market. Being scrapped, in: The Economist, 23.09.1989, S. 102 u. 109

O.V.: (1989r) Federal Liabilities. Hidden Bombs, in: The Economist, 7.10.1989, S. 42f.

O.V.: (1989s) Bank lending. Sobering up, in: The Economist, 21.10.1989, S. 93f.

O.V.: (1989t) America's junk bond market. Shaken and stirred, in: The Economist, 21.10.1989, S. 94 u. 101

O.V.: (1989u) The Japanese learn how to spend their winnings, in: The Economist, 15.04.1989, S. 59-61

O.V.: (1989v) Numero uno, in: The Economist, 16.12.1989, S.67

O.V.: (1989w) Economic Integration, in: The Wall Street Journal/ Europe, 7.12.1989, S. 8

O.V.: (1989x) 350 Millionen Zinsen pro Tag. Die Industriestaaten verschulden sich immer mehr, in: Cash, Nr. 40, 6.10.1989, S. 39

O.V.: (1989y) Zeitbombe Zinsen, in: Wirtschaftswoche, 27.01. 1989, Nr. 5, S. 6

O.V.: (1989z) Kanada steht vor dem Schuldenberg, in: Finanz und Wirtschaft, 3.05.1989, Nr. 34, S. 33

O.V.: (1990a) Amerikas Banken erneut unter Ertragsdruck. Wertberichtigungen schmälern die Gewinne, in: NZZ, Nr. 20, 25.01.1990, S. 39

O.V.: (1990b) Roller-coasters of the world's bond markets, in: The Economist, 10.02.1990, S. 75f.

O.V.: (1990c) The death of Drexel, in: The Economist, 17.02. 1990, S. 97f.

PALYI, MELCHIOR: (1972) The Twilight of Gold 1914-1936- Myths and Realities, Chicago 1972

PENNAR, KAREN: (1989) Will Corporate Debt Force the Fed to Scrap Zero Inflation?, in: International Business Week, 23.10.1989, S. 14

PERLITZ, MANFRED/LÖBLER, HELGE: (1985) Brauchen Unternehmen zum Innovieren Krisen?, in: Zeitschrift für Betriebswirtschaft, 5/85, S. 424-450

PERSONS, CHARLES E.: (1930) Credit Expansion, 1920 to 1929, and its Lessons, in: Quaterly Journal of Economics, November 1930, S. 94-130

PETER, EUGEN W.: (1973) Factoring als Treuhand-, Finanzierungs- und Sicherungsinstrument offener kurzfristiger Buchforderungen in der Schweiz, Bern und Stuttgart 1973

PICOT, ARNOLD: (1984) Theoretische Überlegungen zur Kostenpolitik der Unternehmung bei rückläufiger Wirtschaftsentwicklung, in: Betriebswirtschaftliche Entscheidungen bei Stagnation, Edmund Heinen zum 65. Geburtstag (Hrsg.: Pack, Ludwig/Börner, Dietrich), Wiesbaden 1984, S. 145-164

PIZZO, STEPHEN/FRICKER, MARY/MUOLO, PAUL: (1989) Inside Job. The Looting of America's Savings and Loans, New York u.a. 1989

PÜMPIN, CUNO: (1980) Strategische Führung in der Unternehmungspraxis. Entwicklung, Einführung und Anpassung der Unternehmungsstrategie, in: Die Orientierung, Nr. 76 (Hrsg.: Schweizerische Volksbank), Bern 1980

REHKUGLER, HEINZ: (1984) Finanzielle Flexibilität durch Lohnverzicht?, in: Betriebswirtschaftliche Entscheidungen bei Stagnation, Edmund Heinen zum 65. Geburtstag (Hrsg.: Pack, Ludwig/Börner, Dietrich), Wiesbaden 1984, S. 127-144

REITHER, FRANZ: (1979) Über die kognitive Organisation bei der Bewältigung von Krisensituationen, in: Komplexe menschliche Informationsverarbeitung - Beiträge zur Tagung "Kognitive Psychologie" in Hamburg 1978 (Hrsg.: Ueckert, Hans/Rhenius, Detlef), Bern, Stuttgart, Wien 1979, S.210-222

RIESER, IGNAZ K.: (1980) Frühwarnsysteme für die Unternehmungspraxis, Diss. Basel, München 1980

RÖTHIG, PETER: (1976) Organisation und Krisen-Management. Zur organisatorischen Gestaltung der Unternehmung unter den Bedingungen eines Krisen-Management, in: zfo 1/1976, S. 13-20

ROSHARDT, GEROLD: (1988) Leveraged Buyouts - Fluch oder Segen? Die Auswirkungen auf Finanzmärkte und Konjunktur, in: Finanz und Wirtschaft, 23.11. 1988, S.35

ROSTOW, WALT W.: (1975) Kondratieff, Schumpeter, and Kuznets: Trend Periods Revisited, in: Journal of Economic History, 1975a, S. 719-753

ROSTOW, WALT W./KENNEDY, MICHAEL: (1979) A Simple Model of the Kondratiev Cycle, in: Research in Economic History, 1/1979, S. 1-36

RUBIN, LAURA S.: (1988) State and Local Government Finance in the Current Expansion, in: Federal Reserve Bulletin, Februar 1988, S. 79-88

SALVIGSEN, STANLEY: (1988) Interview, in: Inc. Magazine, September 1988, S. 35-51

SAY, JEAN B.: (1979) Briefe an Malthus, über verschiedene Gegenstände der politischen Oekonomie, insbesondere über die Ursachen der allgemeinen Stockung des Handels, auszugsweise editiert in: Wirtschaftskrisen (Hrsg.: Diehl, Karl/Mombert, Paul), Frankfurt, Berlin, Wien 1979 S. 53-87

SCHIERENBECK, HENNER: (1980) Unternehmungsfinanzen und Konjunktur. Eine theoretische und praxeologische Untersuchung der Zusammenhänge zwischen Konjunktur und betrieblicher Finanzwirtschaft, Habil. Freiburg, Stuttgart 1980

SCHOEFFLER, SIDNEY: (1979) Extracts from a Speech Made to the SSP Conference at Indiana University in November 1975, abgedruckt in: Abell/Hammond (1979), S. 321-323

SCHRÖDER, DIRK: (1983) Fundamentale Standort- und Zielbestimmung für die Unternehmung, in: Realisierung des Marketing. Marketing in unterschiedlichen Situationen von Märkten und Unternehmen, Festschrift zum 60. Geburtstag von Prof. Dr. Weinhold-Stünzi, Savosa und St. Gallen 1986, S. 151-190

SCHUMPETER, JOSEPH A.: (1961) Konjunkturzyklen - Eine theoretische, historische und statistische Analyse des kapitalistischen Prozesses, 2 Bde., Göttingen 1961

SCHWARZ, HORST: (1979) Problematik bei Betriebsstillegungen, in: Jahrbuch für Betriebswirte 1979. Aktuelle Informationen für Wirtschaftspraktiker (Hrsg.: Kresse, Werner/Alt, Walter), Stuttgart, Wien, Zürich 1979

SHILLING, GARY A.: (1989) What to Do if the Landing Is Not as Soft as Hoped, in: The Wall Street Journal/Europe, 18.07.1989, S. 7

SIGNER, THOMAS: (1989) Ist der Konjunkturzyklus tot?, in: Finanz und Wirtschaft, Nr. 98, 16.12.1989, S. 21

SIK, OTA: (1988) Zur Theorie kurzfristiger wirtschaftlicher Schwankungen, in: Wachstum und Krisen, Zur Theorie und Empirie von Konjunkturzyklen und Wachstumswellen (Hrsg.: Sik, Ota et al.), Berlin u.a. 1988, S. 1-107

SILK, LEONARD: (1989a) Budget and Trade Deficits Bring Dire Fed Warning, in: The International Herald Tribune, 6.-7. 05.1989, S. 11

SILK, LEONARD: (1989b) Why the Rich Get Richer And the Poor Get Poorer, in: The International Herald Tribune, 13.-14.05. 1989, S. 11

SILVER, A. DAVID: (1988) When the Bottom Drops. How Any Business Can Survive and Thrive in the Coming Hard Times, Rocklin 1988

SMITH, RANDALL/ANDERS GEORGE: (1988) Wobbly LBOs - Leveraged Buyouts that Appear Shaky are Increasing in U.S., in: The Wall Street Journal/Europe, 5.12.1988, Nr. 217, S. 1 u. 4

SOMARY, FELIX: (1956) Erinnerungen aus meinem Leben, Zürich 1956

SOMMERLATTE, TOM/DESCHAMPS, JEAN-PHILIPPE: (1985) Der strategische Einsatz von Technologien - Konzepte und Methoden zur Einbeziehung von Technologien in die Strategieentwicklung des Unternehmens, in: Management im Zeitalter der strategischen Führung (Hrsg.: Little, Arthur D. International Inc.), Wiesbaden 1985, S. 37-76

STEIN, HERBERT: (1989) Preparing for the Next Recession, in: The Wall Street Journal/Europe, 8.08.1989, Nr. 131, S.8

STERMAN, JOHN D.: (1987) The Economic Long Wave: Theory and Evidence, in: The Long-Wave Debate (Hrsg.: Vasko, Tibor), Berlin u.a. 1987, S. 127-161

STOBBE, ALFRED: (1984) Volkswirtschaftslehre I, Volkswirtschaftliches Rechnungswesen, 6. revidierte Auflage, Berlin u.a. 1984

TAYLOR, MARILYN L.: (1988) Divesting Business Units. Making the Decision and Making It Work, Lexington und Toronto 1988

TAYLOR, ROBERT E.: (1988) U.S. Regulators Warn Banks Of Leveraged-Buyout Risks, in: The Wall Street Journal/Europe, 27.10.1988, S. 11

TEMIN, PETER: (1976) Did Monetary Forces Cause the Great Depression?, New York 1976

THOMAS, PAULETTE: (1989) Shaky Rescue. As S&L Bailout Plan Draws Nearer Passage in U.S., Flaws Surface. Despite Regulatory Changes, Economics Look Utopian And the Bailouts Too Slow. Fear of Too Many Deposits, in: The Wall Street Journal/Europe, 21.-22.07.1989, S. 1 u. 8

TÖPFER, ARMIN: (1985) Personalmanagement in der Krise, in: Krisenmanagement und Sanierungsstrategien (Hrsg.: Töpfer, Armin/Schimke, Ernst), Landsberg 1985, S. 77-84

TURNHEIM, GEORG: (1988) Sanierungsstrategien. Mit strategischer Planung aus der Unternehmenskrise, Wien 1988

ULRICH, HANS: (1981) Die Betriebswirtschaftslehre als anwendungsorientierte Sozialwissenschaft, in: Die Führung des Betriebes. Herrn Professor Dr. Dr.h.c. Curt Sandig zu seinem 80. Geburtstag gewidmet (Hrsg.: Geist, Manfred N./Köhler, Richard), Stuttgart 1981, S. 1-25

VASKO, TIBOR: (1987) The Long-Wave Debate, Berlin u.a. 1987

VENOHR, BERND: (1988) "Marktgesetze" und strategische Unternehmensführung. Eine kritische Analyse des PIMS-Programms, Wiesbaden 1988

VISE, DAVID A./MUFSON, STEVEN: (1989) Defaults in Junk Bonds Send up Wave of Alarme, in: The International Herald Tribune, 22.08.1989, S. 1 u. 12

WEBER, ROLF ET AL.: (1984) Die Liquidität ist knapp. Was tun?, Landsberg am Lech 1984

WEILENMANN, PAUL: (1980) Der Cash Flow. Instrument der Unternehmensführung und der Unternehmensbeurteilung, in: Die Orientierung, Nr. 60 (Hrsg.: Schweizerische Volksbank), 2. Nachdruck, Bern 1980

WEINHOLD-STÜNZI, HEINZ: (1984) Marktorientierte Führung der Unternehmung in Rezession und Stagnation, in: Thexis, 2/1984, S. 8-15

WEIZSÄCKER, CARL F. VON: (1990) Wer die Einheit will, der muss den Aufstieg fördern. Hilfe zur Selbsthilfe: Nur ein neuartiger Marshallplan kann die Staaten Osteuropas retten, in: Die Welt, 24.02.1990, Nr. 47, S. 17

WELLES, CHRIS/FARRELL, CHRISTOPHER: (1989) Insurers Under Siege. Lawmakers, Consumers, and Corporate Customers are

Fighting Mad, in: International Business Week, 21.08.1989, S.36-43

WELZK, STEFAN: (1988) Vom Börsencrash zur Wirtschaftskrise - Hintergründe, Gefahren, Auswege, Köln 1988

WESSEL, DAVID: (1989a) If a Recession Hits, Is U.S. Prepared for It?, in: The Wall Street Journal/Europe, 17.04.1989, Nr. 53, S.1

WESSEL, DAVID: (1989b) Cute Nicknames Hide Big Risks, in: The Wall Street Journal/Europe, 17.07.1989, Nr. 115, S.1

WESSEL, DAVID/STOUT, HILARY: (1989) Delicate Balance. Long Spending Spree By U.S. Consumers Is Coming to an End, in: The Wall Street Journal/Europe, 7.-8.07.1989, Nr. 109, S. 1 und 5

WILL, GEORGE F.: (1989) Some Will Take Grim Delight in the Next Recession, in: The International Herald Tribune, 20.03.1989, S. 6

WRIGHT, RICHARD W./GUNTER, PAULI A.: (1988) Die zweite Welle-Japans Angriff auf die Weltfinanz, Wien 1988

WUFFLI, PETER A.: (1988) Wertsteigerung oder Überleben als Institution? Zukunftstrategie im Zeichen eines veränderten Unternehmungsverständnisses, in: NZZ, Nr. 268, 16.11.1988, S. 41f.

YANG, JOHN E.: (1989) Fiscal Follies . Gramm-Rudman Law Fails to Stop Growth of U.S. Budget Deficit, in: The Wall Street Journal/Europe, 5.10.1989, Nr. 172, S. 1f.

YIP, GEORGE S.: (1984) Vorstoss auf fremde Märkte. Wie man aus Barrieren Brücken macht, in: Harvard Manager, 1/1984, S. 46-50

ZUMBUSCH, JOHANNES: (1990) Nachhilfe im Westen, in: Wirtschaftswoche, 26.01.1990, Nr. 5, S. 50

ZÜND, ANDRE: (1982) Revisionslehre, Bd. 53 der Schriftenreihe der Schweizerischen Treuhand- und Revisionskammer, Zürich 1982

SONSTIGE QUELLEN

BIELER WIRTSCHAFTSBRIEF, Nr. 37, 12.12.1989; Hrsg.: Schröder, Dirk, Institut für Finanzanalyse und Systemtechnik, Rüschlistr. 10, CH-2502 Biel

DIE WELT, 17.03.1990, Nr. 65

FINANZ UND WIRTSCHAFT, 29.10.1988

FINANZ UND WIRTSCHAFT, 21.06.1989

NZZ, 4.03.1989

THE ELLIOTT WAVE COMMODITY FORECAST, Special Report, 6.01.1989; P.O. Box 1618, Gainesville, Georgia 30503, USA

THE HOLT ADVISORY, P.O.Box 2923, West Palm Beach, FL 33409, USA

THE INTERNATIONAL HERALD TRIBUNE, 10.01.1989

Aus unserem Programm

Wolf Bay
Dividenden, Steuern und Steuerreformen
Ein internationaler Vergleich
1990. XV, 186 Seiten, 12 Abb., 16 Tab., Broschur DM 78,-
ISBN 3-8244-0063-4

Die Arbeit untersucht sowohl auf theoretischer als auch auf empirischer Ebene den Zusammenhang zwischen Steuern und Dividenden. Von speziellem Interesse sind dabei die Auswirkungen der Körperschaftsteuerreform von 1977.

Margareta Bögelein
Ordnungspolitische Ausnahmebereiche
Marktwirtschaftliche Legitimation und wirtschaftspolitische Konsequenzen
1990. XIV, 342 Seiten, 8 Abb., Broschur DM 89,-
ISBN 3-8244-0056-1

Die Autorin untersucht, unter welchen Bedingungen staatliche Regulierungsmaßnahmen und wettbewerbspolitische Bereichsausnahmen in einem marktwirtschaftlichen System ökonomisch gerechtfertigt sind.

Ulrich Lenz
Kostensteigerung bei öffentlichen Aufträgen
Am Beispiel der Rüstungsgüter
1990. XII, 197 Seiten, 8 Abb., 8 Tab., Broschur DM 68,-
ISBN 3-8244-0064-2

Die Ausschreibung komplexer Projekte durch die öffentliche Hand zeichnet sich durch Kostensteigerungen während der Vertragslaufzeit aus. In einem empirischen Test werden mögliche Ursachen und Anreize für die Verbesserung der Effizienz entwickelt.

Klaus Masuch
Variable Verzinsung und Kreditlaufzeit bei monetären und realen Risiken
Eine theoretische Analyse unter besonderer Berücksichtigung der Rolle der Geldpolitik
1990. XVI, 257 Seiten, 6 Abb., Broschur DM 78,-
ISBN 3-8244-0061-8

Angesichts der rapiden Zunahme zinsvariabler Kredite in Form sogenannter Floater besitzt die portefeuille-theoretisch ausgerichtete Analyse besondere Aktualität.

Silvia Rogler
Gewinn- und Verlustrechnung nach dem Umsatzkostenverfahren
1990. XXII, 314 Seiten, 21 Abb., Broschur DM 89,-
ISBN 3-8244-0062-6

Kapitalgesellschaften können seit dem 1.Januar 1986 bei der Aufstellung ihrer Gewinn- und Verlustrechnung zwischen dem bisher üblichen Gesamtkostenverfahren und dem im anglo-amerikanischen Raum üblichen Umsatzkostenverfahren wählen (§ 275 HGB).

Andrea Rumler
Konsumentenbezogenes Marktmanagement
1990. XVII, 253 Seiten, 26 Abb., 8 Tab., Broschur DM 78,-
ISBN 3-8244-0058-8

Die zunehmende Hinwendung von Konsumgüter-Unternehmungen zu den Kundenbedürfnissen könnte an Konsumenten(gruppen) orientierte Organisationsformen zur Konsequenz haben. Die Arbeit erläutert Strategie und organisatorische Gestaltung.

Thomas C. A. Tochtermann
Organisation der strategischen Planung
Empirische Untersuchung deutscher und amerikanischer Unternehmen
1990. XVII, 325 Seiten, 80 Abb., Broschur DM 89,-
ISBN 3-8244-0059-6

Auf dem Hintergrund massiver Kritik an der Organisation der strategischen Planung untersucht die Arbeit, welche Faktoren die Organisationsgestaltung beeinflussen und welchen Einfluß die gewählte Planungsorganisation auf den Erfolg hat.

Christoph Weiser
Simultane Optimierung von Preis- und Investitionsstrategien
Ein diskreter kontrolltheoretischer Ansatz
1990. XI, 242 Seiten, 79 Abb., 62 Tab., Broschur DM 78,-
ISBN 3-8244-0052-9

In diesem Buch wird ein Modell entwickelt, das es erlaubt, Preis- und Investitionsverläufe unter Berücksichtigung von Erfahrungskurveneffekten und Diffusionsdynamik simultan zu optimieren.

Die Bücher erhalten Sie in Ihrer Buchhandlung!
Unser Verlagsverzeichnis können Sie anfordern bei:

Deutscher Universitäts-Verlag
Postfach 300 944
5090 Leverkusen 3

GPSR Compliance

The European Union's (EU) General Product Safety Regulation (GPSR) is a set of rules that requires consumer products to be safe and our obligations to ensure this.

If you have any concerns about our products, you can contact us on ProductSafety@springernature.com

In case Publisher is established outside the EU, the EU authorized representative is:

Springer Nature Customer Service Center GmbH
Europaplatz 3
69115 Heidelberg, Germany

Batch number: 10815962

Printed by Printforce, the Netherlands